Thomas Mann | Klaus Mainzer
Peter Kersandt | Martin Spieler (Hrsg.)

Recht und Verantwortung

Festschrift
für
Andrea Versteyl

Nomos

Die Deutsche Nationalbibliothek verzeichnet diese Publikation in der Deutschen Nationalbibliografie; detaillierte bibliografische Daten sind im Internet über http://dnb.d-nb.de abrufbar.

ISBN 978-3-7560-1213-8 (Print)

ISBN 978-3-7489-1740-3 (ePDF)

Onlineversion
Nomos eLibrary

1. Auflage 2023

Vorwort der Herausgeber

Ihrem Ursprung nach sind Festschriften eine juristentypische Literaturgattung aus dem akademischen Bereich, die anlässlich eines bestimmten Jubiläums, in der Regel dem 70. Geburtstag einer weithin anerkannten Wissenschaftlerpersönlichkeit, entstehen. Sie stellen so etwas wie „juristische Poesiealben" dar, in denen Schüler, Kollegen und Freunde (dann zumeist als „liber amicorum") ihre Ehrerbietung in Form fachlicher Beiträge darbringen, die thematisch an die besonderen juristischen Interessenbereiche der geehrten Person anknüpfen. Anwalts- oder Richterpersönlichkeiten wird eine solche gleichermaßen ideelle wie haptische Ehrung nur in ganz besonderen Ausnahmefällen zuteil, nämlich dann, wenn zum Erfolg in der juristischen Praxis auch noch eine herausragende wissenschaftliche Publikationstätigkeit hinzutritt. Eine Festschrift für eine Rechtsanwältin hat es gar, soweit ersichtlich, bislang nur im singulären Fall einer Strafrechtlerin gegeben.

Als eine der profiliertesten Exponentinnen ihres Berufsstandes im Öffentlichen Recht erfüllt auch Andrea Versteyl alle Voraussetzungen, um mit einer eigenen Festschrift gewürdigt zu werden.

Die akademischen Anfänge liegen in einem Doppelstudium der Philosophie und Rechtswissenschaft an der Universität Münster. Ein Referat über „Legalität und Moralität in der Rechtsphilosophie Immanuel Kants" begründete bereits im 1. Semester den Spannungsbogen ihrer späteren beruflichen und wissenschaftlichen Tätigkeit bis heute.

Nach dem 1. und 2. juristischen Staatsexamen (1977/1980) wurde Andrea Versteyl mit der rechtsvergleichend-/rechtsethnologischen Arbeit „Der übermächtige Dritte – eine rechtsvergleichende Untersuchung über den streitschlichtenden und streitentscheidenden Dritten" zum Dr. jur. promoviert.

1983 wurde Andrea Versteyl als Rechtsanwältin beim Amtsgericht Konstanz zugelassen; von 1988 bis 2001 war sie Partnerin der Kanzlei Meidert & Kollegen in Augsburg/München.

Seitdem hat sie als Anwältin u.a. eine Vielzahl zumeist umstrittener Genehmigungsverfahren für Industrieanlagen und Planfeststellungsverfahren für große Infrastrukturmaßnahmen auf Vorhabenträgerseite begleitet. Aus der Erfahrung der fehlenden Akzeptanz für diese Projekte folgte bereits

1991 – 1993 ein Forschungsvorhaben im Auftrag des Bayerischen Umweltministeriums (zusammen mit Prof. Reiner Schmidt) zur Akzeptanz von Abfallentsorgungsanlagen. Im Beirates wirkte sie an der 2015 erstmals verabschiedeten VDI-Richtlinie 7000 „Frühe Öffentlichkeitsbeteiligung bei Industrie- und Infrastrukturprojekten" mit.

Die aus der anwaltlichen Praxis ebenso resultierende enge Verbindung zwischen Umwelt- und Technikrecht hat Andrea Versteyl durch die Mitwirkung an Veranstaltungsreihen im Bereich Umwelt, Abfall- und Energiewirtschaft (z.B. Bayerische Immissionsschutztage, Berliner Abfallwirtschaftskonferenzen und Dresdner Kraftwerkstechnisches Kolloquium) sowie als Mitherausgeberin zahlreicher Veröffentlichungen in diesem Bereich vertieft.

Nach der Heirat mit dem Kollegen Prof. Dr. L. A. Versteyl (1999) setzte sie ihre berufliche Tätigkeit in Hannover und ab 2005 in Berlin und Hamburg fort.

Seit 1981 ist Andrea Versteyl als Lehrbeauftragte an verschiedenen Universitäten tätig (Konstanz, Augsburg, Hannover); die Juristische Fakultät der Leibnitz Universität Hannover ernannte sie 2010 zur Honorarprofessorin.

Im gleichen Jahr erfolgte die Berufung als Mitglied des Sächsischen Verfassungsgerichtshofes (bis 2021). Von 2011 bis 2022 wirkte sie als Mitglied des Nationalen Normenkontrollrates der Bundesregierung an der Prüfung des Erfüllungsaufwandes von Gesetzen mit.

Die Beschleunigung von Genehmigungsverfahren ist das zentrale Anliegen, dem sich Andrea Versteyl als Anwältin auf Vorhabenträgerseite, im Normenkontrollrat und in zahlreichen Publikationen bis heute widmet.

Ganz im Sinne der vorstehend skizzierten Vita ist auch die vorliegende Festschrift thematisch auf die Wirkungsfelder und Interessensgebiete der Jubilarin fokussiert. Ihre Tätigkeit als Verfassungsrichterin und als Mitglied im Nationalen Normenkontrollrat der Bundesregierung spiegelt sich in den Abschnitten, die sich mit Fragen der (guten) Gesetzgebung und den rechtsphilosophischen und ethischen Grundsatzfragen des Rechts befassen.

Die akademischen Anfänge bilden bis heute den großen Bogen von den Grundsatzfragen zur Rechtspraxis. Philosophisch reflektierte Rechtspraxis war Andrea Versteyl von Anfang an ein großes Anliegen. Daher würdigen in diesem Band auch Philosophinnen und Philosophen ihr Lebenswerk.

Ihrem beruflichen Schwerpunkt im Umwelt- und Planungsrecht entspricht es, dass sich auch der Kern der Festschrift diesem Rechtsgebiet zuwendet und dessen thematische Breite durch diverse Aufsätze zum allgemeinen Umwelt(verfahrens)rechts ebenso ausleuchtet wie mit Beiträgen zu Einzelfragen aus den besonderen Teilen des Umweltrechts, wie etwa dem Immissionsschutz-, Kreislaufwirtschafts-, Klimaschutz- oder dem Atomrecht.

Autoren und Herausgeber überreichen diesen Band der Jubilarin mit den besten Glückwünschen zum 70. Geburtstag! Sie wünschen ihr beste Gesundheit, viel Glück sowie ungebrochene Schaffenskraft und hoffen, mit ihr bei regem Gedankenaustausch noch lange freundschaftlich verbunden zu bleiben.

München und Göttingen im Juli 2023 *Thomas Mann, Klaus Mainzer,*
Peter Kersandt, Martin Spieler

Inhaltsverzeichnis

Rechtsetzung und Rechtsprechung

Bessere Rechtsetzung: Zwischen Reformprogramm und Praxistest

Sabine Kuhlmann

1. Einleitung
Andrea Versteyls Wirken im Nationalen Normenkontrollrat

Unter dem Druck eines zunehmenden internationalen Wettbewerbs, wachsender Regulierungsdichte und verstärkten Anforderungen an die Legitimität gesetzgeberischen Handelns wird seit dem Ende der 1990er Jahre in Deutschland und Europa verstärkt über Reformen der „Besseren Rechtsetzung" (*Better Regulation*) diskutiert. Diese zielen darauf ab, institutionelle Mechanismen in der „Regulierungsmaschinerie" zu verankern, die darauf hinwirken sollen, die Folgekosten des Gesetzesvollzugs zu reduzieren, eine verbesserte Wirksamkeit und Durchführbarkeit von Vorschriften zu gewährleisten und den Gesetzgebungsprozess insgesamt zu optimieren. Dabei geht es zum einen darum, den bürokratischen Aufwand und die Folgekosten (den sogenannten Erfüllungsaufwand) neuer Regulierungen für Unternehmen, Bürger[1] und die öffentliche Verwaltung zu verringern. Zum anderen sollen übermäßige Bürokratie und Überregulierungen eingedämmt werden, um gerade dadurch den staatlichen Handlungsspielraum zu erweitern, Regulierungen wirksamer und adressatengerechter zu gestalten und damit die Effektivität von Politikprogrammen zu erhöhen. Somit zielen *Better-Regulation*-Reformen nicht nur auf Kosteneinsparungen und Effizienzgewinne ab, sondern die Wirksamkeit des politisch-administrativen Handelns stellt eine zentrale Zieldimension dar. So werden – jenseits der monetarisierbaren Folgekosten – verstärkt die beabsichtigten und unbeabsichtigten substanziellen (Neben-)Wirkungen von Regulierungen, etwa mittels ex-post-Evaluation, in den Blick genommen, um die daraus resultierenden Erkenntnisse in zukünftige Regelungsentwürfe einzuspeisen und dadurch letztlich zu einem stärker evidenzbasierten Regulierungshandeln (*evidence-based policy making*) zu gelangen.

---

1 In diesem Text wird das generische Maskulinum geschlechtsabstrahierend verwendet.

Andrea Versteyl hat diese und viele angrenzende Themen als langjähriges Mitglied im Nationalen Normenkontrollrat (NKR) begleitet, inhaltlich-konzeptionell entscheidend geprägt und praktisch vorangebracht. Als Berichterstatterin für das Umweltressort, dessen Regulierungsaktivität mit vergleichsweise hohen Folgekosten verbunden ist, aber auch als Expertin für verfahrens- und prozessrechtliche Fragen sowie methodische Aspekte der „Besseren Rechtsetzung", wie etwa im Bereich der ex-post-Evaluation, kam ihr insoweit eine Schlüsselposition im Rat zu. Diese ergab sich zum einen daraus, dass die entsprechenden Regelungsmaterien vielfach inhaltlich anspruchsvoll und von hoher Komplexität waren und den Laien (die Autorin hier eingeschlossen) oftmals vor erhebliche Probleme stellten. Hier erwies sich die profunde Kenntnis der Rechtswissenschaftlerin und brillante Expertise der Rechtsanwältin Andrea Versteyl als unverzichtbar, um in die feinen Ziselierungen der Rechtsmaterie eindringen zu können und eine sachgerechte Auseinandersetzung mit dem Gegenstand zu ermöglichen. Darüber hinaus profitierte die gesamte NKR-Arbeit erheblich davon, dass Andrea Versteyl eine exzellente Kennerin der administrativen Vollzugsprozesse und der Gerichts- und Verwaltungspraxis ist, sodass sie rechtliche Expertise und Praxiskenntnis in hervorragender Weise verknüpfen konnte. Ihr erfolgreiches Engagement im Zusammenhang mit der Thematik der Beschleunigung von Planungs- und Genehmigungsverfahren, für welches das entsprechende NKR-Gutachten[2] beispielhaft steht, ist Ausdruck dieser bemerkenswerten Verknüpfung von fachlicher und rechtwissenschaftlicher Expertise einerseits und profundem Praxis- und Vollzugswissen andererseits, welches das rechtstatsächliche und empirische Interesse von Andrea Versteyl widerspiegelt. Von dieser außergewöhnlichen und fruchtbaren Verbindung mehrerer „Welten" hat die Arbeit im NKR enorm profitiert hat.

Der vorliegende Beitrag wird sich vor diesem Hintergrund mit der Thematik der „Besseren Rechtsetzung" als einem Reformansatz befassen, für den die Aktivitäten von Andrea Versteyl im NKR par excellence stehen. Nach einigen Ausführungen über *Better Regulation* als internationales Reformkonzept soll näher auf das Mandat und die Arbeit des NKR eingegangen werden. Abschließend wird ein Ausblick auf Zukunftsperspektiven der „Besseren Rechtsetzung" gegeben und es sollen in diesem Zusammenhang

2 NKR. (2019). *Möglichkeiten zur Beschleunigung verwaltungsgerichtlicher Verfahren über Vorhaben zur Errichtung von Infrastruktureinrichtungen und Industrieanlagen.* Gutachten für den Nationalen Normenkontrollrat, Berlin.

die Aktivitäten von Andrea Versteyl nochmals eingeordnet und gewürdigt werden.

2. Better Regulation als internationales Reformkonzept

Better Regulation als internationales Reformkonzept zielt darauf ab, die Defizite nationaler oder supranationaler Rechtsetzungssysteme durch die Einführung neuer institutioneller Mechanismen (z.B. unabhängige Normenkontrollräte) und Verfahren (z.B. verpflichtende Folgekostenabschätzung mittels Standardkostenmodell) im Rechtsetzungsprozess zu beheben oder zumindest zu reduzieren.[3] Ferner verfolgen Regierungen mit diesem Reformansatz die Absicht, Transparenz hinsichtlich der zukünftig (ex ante) zu erwartenden oder bereits (ex post) eingetretenen Folgekosten und Wirkungen einer Regelung zu schaffen, dadurch die Entscheidungsgrundlagen für Politik und Verwaltung zu verbessern (*evidence-based policy making*) und in der Konsequenz letztlich zu wirksameren und adressatengerechteren Regulierungen und Politikprogrammen zu gelangen. Dies wird vielfach auch mit der Erwartung verknüpft, die demokratische Legitimität und Akzeptanz von Entscheidungen zu stärken.[4] Dabei ist das Konzept der Besseren Rechtsetzung nicht auf bestimmte Politikfelder beschränkt, sondern stellt sich für alle Bereiche. Sie ist darauf gerichtet, „Politikgestaltung und Regulierung mittels Standards und Verfahren zu verbessern, nach denen regulatorische Entscheidungsfindung in verschiedenen Politikbereichen zu erfolgen hat".[5] Daher kann Bessere Rechtsetzung als institutionelle Politik[6]

---

3 Vgl. *Kuhlmann, S., Veit, S.* (2021), The Federal Ministerial Bureaucracy, the Legislative Process and Better Regulation. In: S. Kuhlmann, I. Proeller, D. Schimanke, J. Ziekow (Eds.): Public Administration in Germany: Institutions, Reforms, Governance. Basingstoke: Palgrave Macmillan 2021, 357–373. https://doi.org/10.1007/978-3-030-536 97-8.

4 Z.B. *Radaelli, C.M., Dunlop, C.A., Fritsch, O.*, Narrating Impact Assessment in the European Union. European Political Science, 12, 2013, 500–521.

5 *Bunea, A., Ibenskas, R.*. Unveiling Patterns of Contestation Over Better Regulation Reforms in the European Union. Public Administration, 95, 2017, 589–604, bes. S. 591; Übersetzung S.K.

6 *Kuhlmann, S., Wollmann, H.*, Introduction to Comparative Public Administration: Administrative Systems and Reforms in Europe (2nd ed.). Cheltenham: Elgar 2019; *Kuhlmann, S., Wayenberg, E.*, Institutional Impact Assessment in Multi-Level-Systems: Conceptualizing Decentralization Effects from a Comparative Perspective. International Review of Administrative Sciences, 82(2) 2016, 233–254. https://doi.org/10.1177/002 0852315583194.

oder als Metaregulierung[7] aufgefasst werden, die klassische Ressortgrenzen überwindet. Sie umfasst Werkzeuge und Instrumente, die der Verbesserung der Qualität sowohl des Prozesses als auch des Ergebnisses der Rechtsetzung dienen und die auf die Optimierung der institutionellen und prozeduralen Architektur von Rechtsetzungsregimen gerichtet sind. Regelungsentwürfe der Regierung sollen dadurch verbessert werden, dass zusätzliche „Spielregeln" für die gesetzesvorbereitende Ministerialverwaltung festgelegt werden, deren Einhaltung durch unabhängige Gremien (Normenkontrollräte) überwacht wird. Diese systematische Wahrnehmung von Qualitätssicherungs- und Kontrollaufgaben im Bereich der Besseren Rechtsetzung durch fest institutionalisierte unabhängige Gremien hat die Praxisrelevanz und Wirksamkeit von Folgenabschätzungen sowie das institutionelle Lernen gefördert).[8]

Typische Elemente im „Werkzeugkasten" der Besseren Rechtsetzung sind ex-ante-Folgenabschätzungen von neuen Regulierungen, Verfallsklauseln (*sunset legislation*), Konsultationen mit Stakeholder-Gruppen, ex-post-Evaluationen von Gesetzen, Rechts- und Verwaltungsvereinfachung sowie Deckelungsinstrumente (wie One-in-one-out-Mechanismen). Seit dem Ende der 1990er Jahre sind zur grundsätzlichen Debatte um Bürokratieabbau und *Regulatory Impact Assessment* (RIA) einige neue Facetten hinzugekommen. Dies betrifft zum einen den Einfluss der Europäischen Union (EU) auf die nationale Gesetzgebung und die bürokratischen Belastungen durch die Übernahme von EU-Recht. Im Zusammenhang mit der nationalen Umsetzung von EU-Recht hat die Überprüfung von sogenanntem *Goldplating* als eine wichtige Prüfaufgabe von Normenkontrollräten an Bedeutung gewonnen. Zum anderen wurden neue Methoden für RIA entwickelt, wie insbesondere das Standardkostenmodell (SKM) zur Abschätzung von Bürokratiekosten, das seit 2006 auch in Deutschland auf Bundesebene verpflichtend anzuwenden ist. Darüber hinaus wurden in einer Reihe von Ländern unabhängige Beratungsgremien geschaffen, zu denen auch der Nationale Normenkontrollrat zu zählen ist, womit der Diskurs und die Praxis von *Better Regulation* eine neue Qualität und Durchschlagkraft erreicht haben. Schließlich hat in jüngster Zeit die Digitalisierung zu einem neuen Reformschub geführt, indem einerseits über den Einsatz digitaler

7 *Radaelli, C.M., Meuwese, A.*, Better Regulation in Europe: Between Management and Regulation. Public Administration, 87(3) 2009, 639–654.

8 *Fritsch, O., Kamkhaji, J.C., Radaelli, C.M.*, Explaining the Content of Impact Assessment in the United Kingdom: Learning Across Time, Sector, and Departments. Regulation and Governance, 11, 2017, 325–342.

Prognoseinstrumente und Algorithmen bei der politischen Entscheidungsfindung und im Prozess der Rechtsetzung diskutiert wird. Andererseits spielt die Digitaltauglichkeit des Rechts zunehmend eine Rolle und gibt es verschiedene Ansätze, um den digitalen Vollzug des Rechts bereits in der Phase der Politikformulierung zu berücksichtigen (Stichwort: Digitalcheck), der inzwischen auch zum Aufgabenportfolio des NKR gehört. Damit haben Rechtsetzungsprozess und -kultur entscheidende neue Impulse erhalten, die aber zugleich insbesondere die stark legalistisch geprägten Regulierungssysteme wie das deutsche vor Herausforderungen und Anpassungsprobleme stellen.

Die OECD hat bei der internationalen Verbreitung von Reformen zur Besseren Rechtsetzung eine entscheidende Rolle als wichtiger Reformförderer gespielt).[9] Gleiches gilt für die Europäische Kommission, die sich in Europa ebenfalls als ein Förderer von *Better Regulation* etabliert hat, indem sie Ansätze im Bereich der Besseren Rechtsetzung, etwa in Form des *Regulatory Scrutiny Boards*, vorantreibt, wenngleich dieses sich bislang nicht als unabhängiges Gremium auf EU-Ebene behaupten konnte, sondern mehr oder weniger von der Kommission abhängig ist. Die Umsetzung und Auswirkungen von Maßnahmen zur Besseren Rechtsetzung sind im akademischen Diskurs zu einem kontroversen Thema geworden. Während einige Wissenschaftler das Potenzial dieser Reforminstrumente zur Verbesserung der Politik hervorheben[10], kritisieren andere, dass die Reformen, zumindest in einigen Ländern, eher rhetorisch und symbolisch seien).[11] Empirische Studien deuten außerdem darauf hin, dass es in vielen Ländern zu einer lediglich formalen Umsetzung einzelner Instrumente kommt, wobei auch erhebliche länderspezifische Unterschiede bestehen.[12]

3. Die Rolle des Nationalen Normenkontrollrats

Der Nationale Normenkontrollrat (NKR), der 2006 in Deutschland auf der Grundlage des Normenkontrollratsgesetzes (NKRG) eingerichtet wurde,

9 *DeFrancesco, F.*, Diffusion of Regulatory Impact Analysis Among OECD and EU Member States. Comparative Political Studies 45, 2012, 1277–1305.

10 Z.B. *Rissi, C., Sager, F.*, Types of Knowledge Utilization of Regulatory Impact Assessments: Evidence from Swiss Policymaking. Regulation & Governance 7, 2013, 348–364.

11 Z.B. Coglianese 2008.

12 Z.B. Dunlop 2012.

stellt in organisatorischer, verfahrensmäßiger und methodischer Hinsicht eine neue Form der Institutionalisierung von *Better Regulation* dar. Das zehnköpfige unabhängige Beratungs- und Kontrollgremium unterstützt die Bundesregierung in Fragen der Besseren Rechtsetzung und des Bürokratieabbaus mittels eines breiten Repertoires von Instrumenten und Werkzeugen, die mehr oder weniger formal festgeschrieben und verfahrensmäßig verankert sind. Die Hauptaufgabe des NKR besteht darin, alle neuen Regelungsentwürfe der Bundesregierung im Hinblick auf die methodengerechte Ermittlung des Erfüllungsaufwands zu prüfen, der für Bürger, Unternehmen und Verwaltung aus der Umsetzung dieser Regelung resultiert. Dabei sind die angestrebten politischen Zielsetzungen der Regelungen nicht Gegenstand der Prüfung.

Die Einrichtung des NKR stand unter dem Eindruck von zwei Entwicklungen. Zum einen knüpfte die Bundesregierung an die positive Resonanz zum Programm „Bürokratieabbau und Bessere Rechtsetzung" in den Niederlanden an, wo das SKM entwickelt und bereits im Jahr 2000 ein unabhängiges Experten- und Beratungsgremium (damals ACTAL; heute ATR) eingerichtet worden war. Andererseits hatten die Erfahrungen mit Gesetzesfolgenabschätzungen in Deutschland gezeigt, dass diese ohne eine durchsetzungsfähige Institution, die ihre Durchführung überwacht, schwer umzusetzen sind.[13] Eines der Hauptargumente für die Einrichtung des NKR war daher, eine unabhängige Beratungs- und Kontrollinstanz zu schaffen, die systematisch einfordert, dass die Ressorts die Bürokratiekosten bzw. den Erfüllungsaufwand in neuen Regelungsentwürfen mittels des SKM als methodische Basis ausweisen und transparent machen. Der NKR – bis 2021 im Bundeskanzleramt, danach im Bundesministerium für Justiz angesiedelt – untersteht dabei weder der Aufsicht der Regierung noch einer anderen Behörde (§ 1 Abs. 1 NKRG). Die Eigenständigkeit und Unabhängigkeit des NKR wird auch durch seine gesetzliche Verankerung unterstrichen. Im Gegensatz zu den meisten anderen Beratungsgremien der Bundesregierung ist für die Auflösung des NKR eine parlamentarische Mehrheit erforderlich.

Die Messung des Erfüllungsaufwands umfasst neben den Bürokratiekosten (Informationspflichten für Unternehmen), alle direkten Kosten, die Bürgern, Unternehmen und der öffentlichen Verwaltung (Bund, Länder, Kommunen) durch eine neue Bundesregelung entstehen, wobei sowohl

13 *Veit, S.*, Bessere Gesetze durch Folgenabschätzung? Deutschland und Schweden im Vergleich. Wiesbaden: VS Verlag, 2010.

jährliche als auch einmalige Belastungen bzw. Entlastungen abgebildet werden. Ziel ist es zum einen, Transparenz hinsichtlich der Kostenfolgen neuer Regulierungen herzustellen und dadurch die Entscheidungsgrundlage für Politik und Verwaltung zu verbessern. Zum anderen geht es darum, Entscheidungsträger dazu zu bewegen, über bürokratiearme Alternativen nachzudenken (sogenannte Alternativenprüfung), zur Verwaltungsvereinfachung beizutragen und so den Erfüllungsaufwand insgesamt zu minimieren. In der Praxis hat sich allerdings gezeigt, dass aus Sicht der Ressorts gerade die Alternativenprüfung eines der am wenigsten „geliebten" *Better-Regulation*-Instrumente darstellt, was mit zeitlichen, politisch-taktischen und verwaltungskulturellen Gründen zusammenhängt.

Die ex-ante-Messung des Erfüllungsaufwands hat dazu geführt, dass die Entscheidungsträger in Regierung und Parlament in der Bundesrepublik heute sehr viel präziser als in der Vergangenheit (und auch präziser als in den meisten anderen europäischen Ländern) darüber informiert sind, welche Folgekosten für Bürger, Wirtschaft und Verwaltung mit verschiedenen Gesetzesvorhaben verbunden sind. Diese erhöhte Kostentransparenz ging in vielen Fällen auch mit einer Verringerung der Bürokratiekosten bzw. des Erfüllungsaufwands einher, insbesondere dann, wenn Gesetzesentwürfe auf Hinwirken des NKR bereits im Vorfeld der Kabinettsbefassung und der formalen Stellungnahme nachgebessert und im Hinblick auf den Erfüllungsaufwand optimiert wurden. Hierfür gibt es zahlreiche Praxisbeispiele, die zwar aufgrund des informalen und vorgelagerten Charakters der Absprachen und Nachbesserungen nicht in den einschlägigen Statistiken auftauchen, aber dennoch mit Blick auf die Wirksamkeit des NKR von ausgesprochen hoher Relevanz sind. So wurden kritische NKR-Stellungnahmen von den gesetzesvorbereitenden Ressorts oftmals antizipiert, indem die Entwürfe vor Kabinettsbefassung nachjustiert und etwa auch fehlende Angaben ergänzt wurden. Hierin zeigt sich der Einfluss der Existenz und Prüfungstätigkeit des NKR auf den Gesetzesvorbereitungsprozess und die ministeriale Gesetzgebungskultur insgesamt, der allerdings numerisch und quantitativ schwer zu fassen ist. Die NKR-Aktivitäten haben somit dazu beigetragen, dass heute im Regierungsbetrieb eine höhere Sensibilität für die Folgekosten der Gesetzgebung besteht, wenngleich die Aufmerksamkeit unter ungünstigen Bedingungen (z.B. Stress- und Krisensituationen, Handlungs- und Zeitdruck) und bei überproportional kostenträchtigen und zugleich politisch besonders relevanten Vorhaben bisweilen wieder schwindet. Dennoch hat sich der NKR über die Jahre zu einem weithin akzeptierten *Watchdog*, Berater und Förderer der Besseren Rechtsetzung entwickelt, der wichtigen Querschnittsfragen des gesetzgeberischen Handelns und des Verwaltungsvollzugs eine ständige Stimme verleiht.

4. *Ausblick*

Wirft man einen Blick auf die Zukunftsperspektiven von *Better Regulation* als Reformansatz, so ist einerseits davon auszugehen, dass seine Relevanz und Wichtigkeit angesichts neuer Herausforderungen, komplexer werdender Probleme (*wicked problems*) und sich überlappender Krisen eher zunehmen werden. Denn gerade in solchen Stresssituationen besteht ein erhöhter Bedarf an bürokratiearmen Regelungen, effektiven Verwaltungsstrukturen und zügigen Verfahren, wie sich insbesondere in den von Andrea Versteyl schwerpunktartig bearbeiteten Feldern der Energie-, Umwelt und Infrastrukturpolitik par excellence zeigt. Andererseits scheinen die Anreize für Politik und Verwaltung, sich Bessere Rechtsetzung als Reformprogrammatik auf die Fahnen zu schreiben, in Krisenzeiten und unter erhöhtem Handlungsdruck eher weniger ausgeprägt zu sein, wie sich u.a. in der immer prekärer werdenden Fristenproblematik bei neuen (durchaus nicht durchweg krisenrelevanten) Regelungsentwürfen und in der teils sinkenden Beachtung von Standards guter Rechtsetzung unter Handlungs-, Zeit- und Politikdruck zeigt.

Dessen unbeschadet gibt es eine Reihe von Aspekten, in denen eine Weiterentwicklung des Reformansatzes denkbar und sinnvoll erscheint. So liegt es angesichts der bisherigen Erfahrungen und der dabei zutage getretenen Schwachstellen zum einen nahe, sich stärker mit der Thematik der Spürbarkeit von Bürokratieabbau und Folgekostenbe-/-entlastungen zu befassen. Dies würde voraussetzen, dass bürokratische Be-/Entlastungen eher lebenslagenorientiert gemessen und dabei nicht nur einzelne Regelungen betrachtet werden, sondern eine ganzheitliche Sicht eingenommen wird, die auch die Wahrnehmungen der Betroffenen berücksichtigt. Hier ist daran zu erinnern, dass die Regelungswirklichkeit für Bürger und Unternehmen durch eine Vielzahl von Vorschriften aus unterschiedlichen Quellen geprägt wird (EU-Recht, Landes- und Kommunalvorschriften, Verwaltungsverfahren, Geschäftsbeziehungen, technische Standards etc.)[14], während der NKR aber ausschließlich den Erfüllungsaufwand des Bundes-

14 Vgl. IfM—Institut für Mittelstandsforschung Bonn, Bürokratiewahrnehmung von Unternehmen. IfM-Materialien Nr. 274, Bonn 2019.

rechts in den Blick nimmt. In der Konsequenz werden einzelne Bürokratieabbauerfolge auf Bundesebene nicht sichtbar und es besteht die Tendenz, dass zwar statistisch einige Kostenentlastungen gemessen werden können, diese jedoch nicht mit der wahrgenommenen Lebensrealität der Betroffenen übereinstimmen, es hier also eine klare Differenz gibt. Ferner stellt die Mehrebenenperspektive im föderalen System eine Herausforderung für die Weiterentwicklung von *Better Regulation* dar. Die Trennung zwischen der Gesetzgebungsfunktion (vorwiegend auf Bundesebene) und der Verwaltungsfunktion (vorwiegend auf Länder-/Kommunalebene) macht die Messung von Folgekosten besonders schwierig, aber umso wichtiger, wenn es darum geht, eine besser informierte, evidenzbasierte Politikgestaltung und bürokratiearme Vollzugspraxis sicherzustellen. Allerdings fehlt es in Deutschland nach wie vor an allgemein akzeptierten Verfahren, die es ermöglichen würden, die Folgekosten, die sich für Ländern und Kommunen aus dem Vollzug von Bundesrecht ergeben, valide und systematisch zu berücksichtigen.

Der NKR hat neben seiner Kerntätigkeit der Folgekostenmessung auch die Agenda in vielen weitere angrenzenden Zukunftsthemen mitbestimmt, etwa im Bereich der Verwaltungsreform, der digitalen Transformation, der Registermodernisierung und der Beschleunigung von Planungs- und Genehmigungsverfahren, woran wiederum Andrea Versteyl einen wesentlichen Anteil hat. Dabei ist ihr besonderes Verdienst nicht nur darin zu sehen, das immer relevanter werdende „Beschleunigungsthema" in den Fokus gerückt und unter Nutzung ihrer enormen Fachkenntnis inhaltlich entwickelt zu haben. Ihr ist es außerdem zu verdanken, dass die Judikative als ein Akteur, der bislang in der *Better-Regulation*-Debatte weitgehend vernachlässigt wurde, aber oftmals einen zentralen *Bottleneck* für Verfahrensbeschleunigung darstellt, stärker in den Blick genommen wurde. Der Blick auf aktuelle Krisenerscheinungen und die zu ihrer Bewältigung anvisierten Politikvorhaben zeigt schließlich, dass die von Andrea Versteyl im NKR bearbeiteten Themenfelder nicht weniger, sondern mehr Bedeutung gewinnen werden. Dabei wird sich die von ihr besonders nachdrücklich geforderte Beschleunigung bei Planungs- und Genehmigungsverfahren, einschließlich der Gerichtsverfahren, als ein Gradmesser für die Reformfähigkeit der Regierung und als eine zentrale Bedingung für die Krisenresilienz von Staat und Verwaltung erweisen.

Kostentransparenz, Kostenbegrenzung und gute Rechtsetzung – wie geht das?

Johannes Ludewig

Elf Jahre war Andrea Versteyl Mitglied des Nationalen Normenkontrollrats (NKR), von 2011 bis 2022. Vier Jahre nach dessen Gründung wurde sie in dieses unabhängige Gremium berufen, dem der Deutsche Bundestag 2006 die Aufgabe übertragen hatte, darauf zu drängen, den mit der Umsetzung gesetzlicher Regelungen verbundenen Folgeaufwand transparent zu machen und zu reduzieren oder zumindest zu begrenzen. Eng verbunden damit ist der Auftrag des NKR, auf eine „bessere Rechtsetzung" hinzuwirken, wobei Vereinfachung und Praxistauglichkeit von Gesetzen und Verordnungen im Vordergrund stehen.

Der Anreiz, an dieser Herausforderung aktiv mitzuwirken, hatte für die passionierte Rechtsanwältin Andrea Versteyl sicher mit der einzigartigen Stellung des Normenkontrollrats zu tun: als unabhängiges, nicht-politisches Gremium unmittelbar mit der laufenden Gesetzgebung befasst zu sein – nicht um politische Zielsetzungen zu hinterfragen oder auf sie Einfluss zu nehmen, was den gewählten Mandatsträgern in Regierung und Parlament vorbehalten bleibt. Als Mitglied des NKR ging es ihr und ihren Mitstreitern im Rat vielmehr darum, die Folgekosten gesetzlicher Regelungsentwürfe für Bürger, Unternehmen und Verwaltung sichtbar zu machen, damit Bundesminister und Abgeordnete, die über Gesetze entscheiden, sich darüber im Klaren sind, welche Folgen sie mit ihren Entscheidungen für die jeweils Betroffenen auslösen.

Wenn man weiß, dass Andrea Versteyl seit mehr als 30 Jahren als Fachanwältin im öffentlichen Wirtschaftsrecht, vor allem im Planungs- und Umweltrecht, tätig ist, kann es nicht überraschen, dass sie als Berichterstatterin im NKR das Bundesministerium für Umwelt, Naturschutz und Reaktorsicherheit betreut hat. Mit ihrem fundierten Fachwissen und ihrer großen Erfahrung hat sie alle Gesetzgebungsvorhaben dieses Hauses über ein gutes Jahrzehnt hinweg begleitet und sich dabei immer wieder mit Nachdruck für Transparenz und Begrenzung gesetzlicher Folgekosten eingesetzt.

Begrenzung von Folgekosten – Dialog und Steuerung

Wie sieht ein solches Engagement in der Praxis aus? Entsprechend dem NKR-Gesetz ist bei jeder Gesetzesvorlage zu prüfen, ob die Folgekosten für Bürger, Unternehmen und Verwaltung – getrennt nach laufenden, d.h. sich jährlich wiederholenden, und einmaligen Kosten – tatsächlich ausgewiesen werden. Anders als zu erwarten und trotz der gesetzlichen Vorgabe ist dies keineswegs immer der Fall. Wenn nicht, beginnt das „Nachhaken" bei den Kollegen des federführenden Bundesministeriums, hier des Bundesumweltministeriums. Liegen schließlich Zahlen vor, beginnt die Prüfung, ob die Angaben plausibel und nachvollziehbar sind. Dies geschieht insbesondere dadurch, dass einerseits die Folgekosten im Einzelfall (für einen Bürger oder ein Unternehmen) betrachtet werden und andererseits die Zahl der Fälle (Anzahl der Bürger und/oder Unternehmen), die von den Bestimmungen der gesetzlichen Regelung betroffen werden.

Zu beiden Aspekten – Fallkosten und Fallzahl – können sich durchaus unterschiedliche Einschätzungen ergeben, die durch vertiefte Sachdiskussionen soweit wie möglich zusammengeführt werden. Die Ergebnisse dieser Prüfung werden in einer Stellungnahme zusammengefasst, vom NKR beschlossen und dem Ressort zugeleitet. Dieses wiederum fügt die NKR-Stellungnahme dem Gesetzentwurf bei, die so unmittelbar auf den Kabinettstisch gelangt. Jedes Kabinettsmitglied weiß also, wenn im Kabinett entschieden wird, wie der NKR die vom Fachressort präsentierten Zahlen zu den Folgekosten der neuen gesetzlichen Regelung bewertet – und übernimmt mit seinem Votum politische Verantwortung für die sich daraus ergebenden Folgen.

Der „Dialogprozess" zwischen NKR und Ressort wird vom zuständigen Berichterstatter gesteuert, der dabei von einem Mitarbeiter des NKR-Sekretariats unterstützt wird. Dass sich diese Steuerung für Andrea Versteyl überdurchschnittlich häufig als eine veritable Herausforderung darstellte, wird keinen Beobachter des Regierungsgeschehens in Berlin überraschen, ist doch gerade in der Umweltpolitik das politische Bedürfnis, zu regulieren, besonders groß und das Spannungsfeld zwischen Zielvorstellungen einerseits und Kostenhürden auf dem Weg dorthin besonders ausgeprägt. Das bedeutete, dass häufiger als sonst unterschiedliche Sichtweisen zwischen NKR und Ressort nicht allein durch Gespräche auf Arbeitsebene überbrückt werden konnten – mit der Folge, dass auf der Ebene NKR-Berichterstatter – d.h. Andrea Versteyl – und zuständiger BMU-Staatssekretär eine Lösung zu suchen war. In jedem Fall war der Gesprächs- und Diskussionsbedarf mit dem BMU nahezu durchgehend beachtlich.

Solch spannende „Erörterungen“ zwischen NKR und BMU ergaben sich, um nur einige Beispiele zu nennen, etwa 2016 beim sogenannten „Verpackungsgesetz“[1], bei dem es um die Gewährleistung hoher ökologischer Standards bei der Sammlung und Verwertung von Verpackungsabfällen sowie um den funktionierenden Wettbewerb entsprechender Rücknahme- und Verwertungssysteme ging – mit Auswirkungen für immerhin mehr als 50.000 Unternehmen. Interessant war hierbei u.a., dass die Recyclingquoten – die damals bereits geltenden ebenso wie die für die Zukunft vorgesehenen – ein höheres Umweltschutzniveau vorsahen als die an dieser Stelle geltenden europäischen Vorgaben. Der NKR hat in diesem Zusammenhang die Frage aufgeworfen, in welcher Weise diese Art von „negativem *Goldplating*“ mit dem erklärten Willen der Bundesregierung zu einer Eins-zu-eins-Umsetzung von EU-Recht in Übereinstimmung zu bringen sei. Antwort des BMU: Es habe die Eins-zu-eins-Umsetzung so verstanden, dass bereits vorhandene nationale Schutzniveaus grundsätzlich nicht abgesenkt werden. Dazu hat der NKR in seiner Stellungnahme darauf aufmerksam gemacht, dass „dies sowohl beim vorliegenden Regelungsvorhaben als auch bei einer zukünftigen Umsetzung von EU-Richtlinien Auswirkungen auf die Wettbewerbsfähigkeit und ein europäisch harmonisiertes Umweltschutzniveau hat“.

Die Frage der Eins-zu-eins-Umsetzung von EU-Recht spielte auch 2021 bei der Beratung des Entwurfs eines Gesetzes zur Weiterentwicklung der Treibhausgasminderungs-Quote[2] eine wichtige Rolle, hier auch im Zusammenhang mit der sogenannten One-in-one-out-Regel (OIOO, d.h. der grundsätzlichen Verpflichtung des Ressorts, zusätzliche Folgekosten einer gesetzlichen Regelung bis zum Ende der Legislaturperiode an anderer Stelle durch Einsparungen wieder auszugleichen). Die Eins-zu-eins-Umsetzung von EU-Recht (Artikel 25–28 der Richtlinie 2018/2001) wäre in diesem Fall mit einem niedrigen dreistelligen Millionenbetrag an Folgekosten machbar gewesen, für den auch eine entsprechende Einsparung an anderer Stelle

---

1 Gesetz zur Fortentwicklung der haushaltsnahen Getrennterfassung wertstoffhaltiger Abfälle, insbesondere über das Inverkehrbringen, die Rücknahme und die hochwertige Verwertung von Verpackungen.

2 Gesetz zur Weiterentwicklung der Treibhausgasminderungs-Quote und Verordnung zur Festlegung weiterer Bestimmungen zur Weiterentwicklung der Treibhausgasminderungs-Quote.

im Sinne der OIOO-Regel vorstellbar gewesen wäre. Stattdessen entschieden sich Ressort und Bundesregierung, mit diesem Regelungsvorhaben zugleich die Sektorenziele des Klimaschutzprogramms 2030 für den Verkehr sowie die Ziele der Wasserstoffstrategie der Bundesregierung voranzubringen – verbunden mit ungewöhnlich hohen Folgekosten für die betroffenen Unternehmen von mehr als acht Mrd. Euro (!) bezogen auf 2030 – das Jahr, auf das sich die genannten Zielsetzungen beziehen. Es war nicht Sache des NKR, diese politische Prioritätensetzung der Bundesregierung zu hinterfragen oder zu bewerten. Klar war aber, dass in diesem Fall die von der Bundesregierung immer wieder öffentlich herausgestellte Eins-zu-eins-Umsetzung von EU-Recht in nationales Recht ebenso auf der Strecke blieb wie die von der Bundesregierung selbst übernommene Verpflichtung, zusätzliche Folgekosten durch vergleichbare Einsparungen in anderen Bereichen auszugleichen.[3]

Für viel Gesprächsstoff sorgte 2018 die Verordnung über Feuerungs-, Gasturbinen- und Verbrennungsmotoranlagen[4], weil die dort vom Ressort angenommenen Entlastungen der Unternehmen in dreistelliger Millionenhöhe nicht ohne Weiteres nachvollziehbar erschienen – Anlass für den NKR zur Aufforderung an das BMU, im Blick auf diese Unsicherheit mithilfe der sogenannten Nachmessung durch das Statistische Bundesamt innerhalb von zwei Jahren nach Inkrafttreten Klarheit zu schaffen und gegebenenfalls entsprechende Korrekturen vorzunehmen.

Ein weiterer interessanter Fall war 2017 das Vorhaben zur Novellierung der sogenannten Klärschlammverordnung.[5] Die Ziele dieser Regelung und deren Erreichen – Phosphor aus Klärschlamm zurückzugewinnen, um entsprechende Importe zu reduzieren und damit die Versorgungssicherheit von Landwirtschaft bzw. Industrie zu gewährleisten – waren aus der Sicht des NKR von einer Reihe damals noch offener Voraussetzungen abhängig, darunter von der Verfügbarkeit großtechnisch nutzbarer Phosphorrückgewinnungsanlagen. Nach „intensiven Erörterungen" sagte das Ressort dem NKR zu, mit Hilfe von Evaluierungen drei Jahre nach Inkrafttreten der

---

3 Formal wurde diese Nicht-Kompensation von 8 Mrd. Euro zusätzlicher Belastungen für die betroffenen Unternehmen durch einen grundsätzlich möglichen Beschluss des Staatssekretärsausschusses (das sog. Deckelungsverfahren) herbeigeführt – der bisher einzige Beschluss dieser Art seit Verabschiedung des NKR-Gesetzes 2006!

4 Verordnung zur Einführung der Verordnung über mittelgroße Feuerungs-, Gasturbinen- und Verbrennungsmotoranlagen sowie zur Änderung der Verordnung über kleine und mittlere Feuerungsanlagen.

5 Verordnung zur Neuordnung der Klärschlammverwertung.

gesetzlichen Vorgaben festzustellen, ob diese und andere Voraussetzungen zur Erreichung der gesetzten Ziele tatsächlich vorliegen. Sollte die Phosphorrückgewinnung nicht umsetzbar sein, verpflichtete sich das BMU, die Vorgaben anzupassen und den NKR hierüber zu informieren. Ein schöner Erfolg für Andrea Versteyl und den NKR im ständigen Ringen um solide und nachvollziehbare Rechtsetzung.

Verfahrensbeschleunigung zur Überwindung von Investitionshemmnissen

Über dieses Ringen um gute Rechtsetzung mit möglichst geringen Folgekosten hinaus gab es ein zusätzliches Aufgabenfeld, das Andrea Versteyl in besonderer Weise interessierte, vielleicht sogar faszinierte: Planungs- und Genehmigungsverfahren. In den 1990er Jahren waren bereits mehrere Versuche unternommen worden, diese langwierigen und komplizierten Verfahren zu beschleunigen – leider ohne nachhaltigen Erfolg. Diese ausufernde Langwierigkeit wurde 20 Jahre später in Politik und Öffentlichkeit erneut als ein bedeutendes Investitionshemmnis für Infrastruktureinrichtungen und Industrieanlagen wahrgenommen. Deswegen entschloss sich der NKR zu einer Reihe von Initiativen, die maßgeblich von Andrea Versteyl angestoßen und auf den Weg gebracht wurden.

Den Anfang machte ein Gutachten, das der NKR Ende 2018 bei Prof. Dr. Wolfgang Ewer beauftragte: „Möglichkeiten zur Beschleunigung verwaltungsgerichtlicher Verfahren über Vorhaben zur Errichtung von Infrastruktureinrichtungen und Industrieanlagen". Hintergrund war, dass die Bundesregierung in eigener Regie Vorschläge zur Beschleunigung behördlicher Genehmigungsverfahren erarbeiten wollte. Deswegen erschien es sinnvoll, diese durch Überlegungen zur Beschleunigung verwaltungsgerichtlicher Verfahren zu ergänzen. Dazu wurden auf Empfehlung von Andrea Versteyl und Wolfgang Ewer eine Reihe von Gesprächen mit hochrangigen Experten aus der Praxis der Verwaltungsgerichtsbarkeit geführt. Mit diesem Input versehen, präsentierte Wolfgang Ewer sein Gutachten im April 2019 – mit immerhin zehn sehr konkreten Vorschlägen.[6]

Diese Vorschläge reichten von der Einführung eines verbindlichen frühen ersten Erörterungstermins über eine flexiblere Handhabung des einst-

6 „Möglichkeiten zur Beschleunigung verwaltungsgerichtlicher Verfahren über Vorhaben zur Errichtung von Infrastruktureinrichtungen und Industrieanlagen", Gutachten von Prof. Dr. Wolfgang Ewer im Auftrag des NKR, hrsg. vom NKR, April 2019.

weiligen Rechtsschutzes und Anreize für Verfahrensbeendigung nach Fehlerheilung bis hin zu praktischen Dingen wie dem Erhalt des Berichterstatters bei einem Senatswechsel. Die Vorschläge wurden im gleichen Monat, im April 2019, der damaligen Bundesjustizministerin Katarina Barley vorgestellt – mit dem ernüchternden Ergebnis, dass in den folgenden Wochen und Monaten nicht ein einziger dieser Vorschläge vom Bundesjustizministerium aufgegriffen wurde – und dies, obwohl Andrea Versteyl, Wolfgang Ewer, Rainer Holtschneider und Johannes Ludewig im Gespräch mit der Ministerin das Gefühl hatten, dass es bei ihr eine gewisse Offenheit für die präsentierten Überlegungen gab. Und doch ist Andrea Versteyl, dem NKR und seinem Gutachter zwischenzeitlich eine gewissen Genugtuung daraus zuteilgeworden, dass das BMJ nach der Bundestagswahl unter neuer politischer Führung schließlich doch noch initiativ geworden ist. Das Gesetz zur Beschleunigung von verwaltungsgerichtlichen Verfahren im Infrastrukturbereich eröffnet Perspektiven, dass die gerichtliche Überprüfung erteilter Genehmigungen in Zukunft etwas zügiger vonstattengehen könnte – nicht zuletzt durch Rückgriff auf Vorschläge aus dem NKR-Gutachten von 2019.

Parallel zu dem erst einmal erfolglosen Versuch, eine gewisse Beschleunigung der Verwaltungsgerichtsverfahren zu erreichen, musste der NKR feststellen, dass auch die Bemühungen der Bundesregierung um Verbesserungen behördlicher Genehmigungsverfahren nur zu sehr begrenzten Ergebnissen gekommen waren. Dabei ist es mehr als bemerkenswert, dass nicht einmal durchaus interessante und weiterführende Beschlüsse des Koalitionsausschusses vom 8. März 2020 von der eigenen Regierung umgesetzt wurden, darunter verbindliche Standardisierungen im Natur- und Artenschutz bei vollzugsrelevanten Fragestellungen sowie die zügige Digitalisierung von Verwaltungsverfahren.

Unter Federführung von Andrea Versteyl unternahm daraufhin der NKR einen neuen Anlauf, um das Thema schnellerer Planungs- und Genehmigungsverfahren doch noch irgendwie voranzubringen. Zur Vorbereitung fand im September 2020 ein ausführliches Gespräch mit dem Wirtschaftsminister von Brandenburg, Prof. Jörg Steinbach, statt, um die jüngsten Erfahrungen aus dem Genehmigungsverfahren für die Tesla-Fabrik in Grünheide bei Berlin mit einzubeziehen. Diese Erfahrungen waren für den NKR von besonderem Interesse, weil hier auf Seiten der Landesregierung die klare Absicht bestand, vielfältigen Widerständen zum Trotz das behördliche Genehmigungsverfahren so zu gestalten, dass diese sehr große Industrieanlage innerhalb von zwei Jahren fertiggestellt werden konnte. Anfang November 2020 legte der NKR schließlich sein eigenes Konzept vor[7], das Andrea Versteyl vorbereitet hatte und das erneut zehn sehr konkrete Vorschläge sowohl für die behördlichen Planungs- und Genehmigungsverfahren als auch für die verwaltungsgerichtlichen Verfahren enthielt.

Diese Vorschläge wurden anschließend breit zugänglich gemacht, vor allem innerhalb der Bundesregierung, einschließlich der Bundeskanzlerin, des Chefs des Bundeskanzleramts sowie der Bundesminister für Wirtschaft, der Finanzen und der Justiz – verbunden mit der Hoffnung, doch noch innerhalb der damals laufenden Legislaturperiode eine ernst zu nehmende Initiative für bessere und schnellere Planungs- und Genehmigungsverfahren zu erreichen. Dass das politische und mediale Echo weit hinter dieser Hoffnung zurückblieb, hatte sicher mit den Beschränkungen in der Folge der Coronapandemie zu tun. Persönliche „Überzeugungsgespräche" lassen sich eben per Video kaum führen. Aber der Normenkontrollrat hatte auch den Eindruck, dass das politische Interesse schlicht fehlte, in der Bundesregierung ebenso wie bei der parlamentarischen Opposition. Dabei mag auch eine Rolle gespielt haben, dass ein Jahr vor der Bundestagswahl keiner der maßgeblichen politischen Akteure ein Thema aufgreifen wollte, bei dem wegen der föderalen Zuständigkeitsverteilung auch die Länder erst einmal ins Boot geholt werden mussten – ein Umstand, der in der bundesdeutschen Politik, wie auch das Beispiel Digitalisierung zeigt, durchaus abschreckende Wirkung entfalten kann.

Der „Pakt zur Beschleunigung von Planungs- und Genehmigungsverfahren"

Dies galt nicht für den NKR. Der Rat war der festen Überzeugung, dass die politische Herausforderung besserer und schnellerer Genehmigungsverfahren weiter an Dringlichkeit zunehmen werde. „Wenn im Jahr 2030 schon wesentlich ambitioniertere Klimaschutzziele erreicht werden sollen und bis zum Jahr 2045 sogar die Klimaneutralität, dann dürfen die Genehmigungs- und Gerichtsverfahren nur wenige Jahre in Anspruch nehmen. Daher sollte ... überprüft werden, ob und inwieweit sie diesen zeitlichen Anforderungen entsprechen."[8] Dieser Feststellung aus dem NKR-Jahresbericht 2021 war die nochmalige Veröffentlichung der weiterführenden NKR-Vorschläge

7 Vorschläge des Nationalen Normenkontrollrats zu schnelleren Planungs-, Genehmigungs- und Gerichtsverfahren, 4. November 2020.
8 Jahresbericht 2021 des NKR, Juli 2021, S. 60.

im Juni 2021 vorangegangen – in beiden Fällen maßgeblich vorbereitet und formuliert von Andrea Versteyl. Ziel war es, der Politik vor Beginn des Wahlkampfes in Erinnerung zu rufen, dass klimapolitische Wunschvorstellungen das eine sind, dass diese aber nur mit Hilfe massiver Investitionen in Infrastruktur und Industrieanlagen realisiert werden können. Dauern die Genehmigungsverfahren für diese Investitionen zehn Jahre und mehr, ist das Rennen um die Realisierung jedweder Art von Klimaneutralität verloren, bevor es begonnen hat.

Wenn man heute – gut zwei Jahre später – die Vorschläge des NKR vom November 2020 und Juni 2021 zur Hand nimmt, liegt es nahe, von zwei verlorenen Jahren zu sprechen. Dabei entbehrt es nicht einer gewissen Ironie, dass in diesen Tagen viele nach schnelleren Genehmigungsverfahren rufen, die früher genauso engagiert die Verlängerung und Verkomplizierung eben dieser Genehmigungsverfahren gefordert und mit allen Mitteln betrieben haben. So kann man von seiner eigenen Vergangenheit unliebsam eingeholt werden – auch in der Politik. Inzwischen hat die neue Bundesregierung die Zeichen der Zeit offenbar besser verstanden. An einem „Pakt zur Beschleunigung von Planungs- und Genehmigungsverfahren" wird derzeit gearbeitet. Es bleibt zu hoffen, dass dieser Anlauf zu einem Befreiungsschlag wird. Viel Zeit bleibt nicht mehr.

Wenn man mit Bismarck „Politik als die Kunst des Möglichen" versteht, dann darf festgehalten werden, dass Andrea Versteyl mit ihrer Arbeit im NKR hierfür wichtige Voraussetzungen geschaffen hat. Sie hat bei vielen Gesetzgebungsvorhaben begehbare Wege aufgezeigt für das, was möglich, häufig auch geboten war, um den Belangen des Umweltschutzes ebenso wie der Praxistauglichkeit von Planungs- und Genehmigungsverfahren wirkungsvoll Rechnung zu tragen. Gleichzeitig hat sie das Augenmerk darauf gelenkt, dass sich politische Zielsetzungen nicht verselbstständigten, dass vielmehr die Folgen gesetzlicher Regulierungen für die jeweils Betroffenen dargestellt und bei der Vorbereitung politischer Entscheidungen mit bedacht und gewürdigt werden. Ihr Engagement und ihre Beharrlichkeit in den zurückliegenden elf Jahren haben gezeigt, wie aus der fast schon inflationär wiederholten politischen Wunschformel „Bessere Rechtsetzung" Schritt für Schritt doch noch greifbare Fortschritte entstehen können.

Rechtsanwälte als Verfassungsrichter

Matthias Grünberg

Andrea Versteyl, der diese Festschrift gewidmet ist, ist nicht nur als Rechtsanwältin hervorgetreten, sie war vom 1. Dezember 2010 bis zum 9. Juni 2020[1] auch Richterin am Verfassungsgerichtshof des Freistaates Sachsen und damit die erste Rechtsanwältin an diesem Gericht als ordentliches Mitglied. Zuvor waren zwar Günter Kröber für die Zeit vom 17. November 1995 bis 31. Januar 1998 sowie Beatrice Betka seit dem 3. November 2010 gewählt worden, allerdings jeweils als stellvertretendes Mitglied. Derzeit ist Stefan Ansgar Strewe seit dem 10. Juni 2020 ordentliches Mitglied am Verfassungsgerichtshof; er war zuvor seit dem 10. Juni 2015 stellvertretendes Mitglied. Angesichts von seit 1993 gewählten 55 Mitgliedern und Stellvertretern[2] ist dies eine eher ernüchternde Anzahl von Rechtsanwälten beim Sächsischen Verfassungsgerichtshof. Umso mehr lohnt es sich, die Voraussetzungen für eine Berufung an dieses Gericht zu beleuchten.[3]

1. Richterliche Tätigkeit am SächsVerfGH

Immer wieder wird diskutiert, ob Rechtsanwälte als Richter in der Justiz eingesetzt werden sollen. Der besonderen Sicht aus der Perspektive eines Prozessvertreters wird eine produktive Wirkung auf die richterliche Verfahrensgestaltung und die Entscheidungen zugetraut. In den Prozessordnungen wird indes überwiegend ausdrücklich ausgeschlossen, dass Rechtsanwälte zum ehrenamtlichen Richter bestellt werden können (etwa § 22 Nr. 5 VwGO, § 34 Nr. 4 GVG, § 19 Nr. 5 FGO); eine besondere Ausnahme stellt die Anwaltsgerichtsbarkeit dar (§§ 92 ff. BRAO). Im Unterschied dazu ist es

---

1 Nach Ende der offiziellen Amtszeit am 30. November 2019 führte sie die Amtsgeschäfte bis zur Nachfolgerernennung fort.

2 Da einige Personen zwischen der Funktion als ordentliches oder stellvertretendes Mitglied gewechselt haben, wird auf die absolute Personenanzahl abgestellt.

3 Den wissenschaftlichen Mitarbeiterinnen Helena Wellhöfer und Dominique Zimmermann danke ich für ihre wertvolle Hilfe bei der Literaturrecherche und der kritischen Durchsicht des Manuskripts.

bei allen Landesverfassungsgerichten möglich, dass Rechtsanwälte zugleich zu ehrenamtlichen Verfassungsrichtern gewählt werden.[4]

Man mag sogleich an Stephan Harbarth denken, der im November 2018 zum Richter am Bundesverfassungsgericht und im Juni 2020 zum Präsidenten des Bundesverfassungsgerichts gewählt wurde. Allerdings nimmt er dieses Amt als Hauptamt wahr und ist konsequenterweise mit der Übernahme des Richteramtes aus seiner Kanzlei ausgeschieden. Das entspricht der Vorgabe des § 3 Abs. 4 BVerfGG, wonach mit der richterlichen Tätigkeit am Bundesverfassungsgericht eine andere berufliche Tätigkeit als die eines Lehrers des Rechts an einer deutschen Hochschule unvereinbar ist. Stephan Harbarth ist also ausschließlich Richter und nicht mehr Rechtsanwalt.

Anders ist die Situation an den Landesverfassungsgerichten. Die Mitglieder nehmen ihr Amt entweder im Nebenamt oder im Ehrenamt wahr, im Freistaat Sachsen auf Grundlage von § 5 Abs. 2 SächsVerfGHG. Das bedeutet, dass alle Mitglieder ihre Haupttätigkeit in einem anderen Beruf oder Amt ausüben als im Landesverfassungsgericht. Das sagt jedoch noch nichts über die Bedeutung der Tätigkeit aus. So geht nach § 9 der Geschäftsordnung des Verfassungsgerichtshofes des Freistaates Sachsen vom 14. Oktober 1993 (SächsGVBl. 1134)[5] die Tätigkeit als Richter des Verfassungsgerichtshofes jeder anderen Tätigkeit vor. Das mag man als bloße programmatische Erklärung (miss)verstehen, aber angesichts von über 100 bis über 200 Verfahren pro Jahr, die beim Sächsischen Verfassungsgerichtshof eingehen[6] und zeitnah bearbeitet werden sollen[7], ist eine Selbstverpflichtung dringend erforderlich. Der Aufwand ist zwar in den durch-

---

4 Siehe die eingehenden Darstellungen in *Reutter* (Hrsg.), Landesverfassungsgerichte, Berlin 2017.

5 Zuletzt geändert durch Verwaltungsvorschrift vom 26. April 2013 (SächsGVBl. S. 327).

6 Von 1993 bis Ende 2022 sind ganz überwiegend Verfassungsbeschwerden eingegangen: 3.074 Verfassungsbeschwerden, 134 Organstreitverfahren, 30 abstrakte Normenkontrollen, 5 konkrete Normenkontrollen, 24 Wahlprüfungsbeschwerden, 199 Normenkontrollen auf Kommunalen Antrag, 6 Abgeordnetenanklagen.

7 Die durchschnittliche Dauer von Verfassungsbeschwerdeverfahren beim SächsVerfGH betrug 2020 2,6 Monate, 2021 3,3 Monate und 2022 4,5 Monate; Organstreitigkeiten dauerten 2020 durchschnittlich 1,5 Monate, 2021 gab es keines, 2022 7,0 Monate; abstrakte Normenkontrollen waren durchschnittlich 2020 3,0 Monate und 2021 4,0 Monate anhängig, 2022 gab es keine. Abgesehen von den Daten zu den Verfassungsbeschwerden sind die letzten Zahlen nur eingeschränkt aussagefähig. Zum einen musste in diesen Jahren nicht mündlich verhandelt werden. Zum anderen findet sich in der Statistik nicht das äußerst umfangreiche Normenkontrollverfahren zum SächsPVDG wieder, das 2019 einging und noch nicht erledigt werden konnte. Die Beratungen hierzu wurden im Spätsommer 2020 aufgenommen und mussten aufgrund von Verfah-

schnittlichen Verfassungsbeschwerdeverfahren überschaubar, doch gibt es auch hier Verfahren, die eine mehrfache Beratung, allerdings bislang in Sachsen keine mündliche Verhandlung (§ 30 Abs. 7 Satz 1 SächsVerfGHG), erfordern. Erheblich höher stellt sich der Bearbeitungsaufwand naturgemäß bei den Normenkontrollverfahren und Organstreitigkeiten dar. Regelmäßig werden in der Sitzungspraxis des Sächsischen Verfassungsgerichtshofes ein bis zwei Beratungstage pro Monat durchgeführt, die eine entsprechende Vor- und Nachbereitung erfordern. Das mag für die berufsrichterlichen Mitglieder, gerade diejenigen, welche ihr Hauptamt in Sachsen ausüben, gut organisierbar sein. Für die anderen Mitglieder, die zum Teil bei anderen Dienstherren oder gar selbstständig tätig sind, kann das gerade in Zeiten höherer Belastung[8] zu großen Herausforderungen führen.[9]

Von den konkreten Eingängen unabhängig, spiegelt sich in § 9 der Geschäftsordnung aber auch die Bedeutung des Verfassungsgerichtshofes. Die Schaffung eines eigenen Landesverfassungsgerichts war im Freistaat Sachsen wie auch in den anderen neuen Ländern Ausdruck ihrer Eigenstaatlichkeit.[10]

Die Einrichtung eines eigenen Verfassungsorgans gleichrangig mit dem Landtag und der Staatsregierung, die ausdrückliche Festlegung der Unabhängigkeit seiner Mitglieder (Art. 77 Abs. 1 und Abs. 2 SächsVerf, § 5 Abs. 1 SächsVerfGHG) und nicht zuletzt die in der Verfassung genannten Zuständigkeiten, die sich an den Zuständigkeitenkatalog des Bundesverfassungsgerichts (Art. 93 Abs. 1 GG) anlehnen, zeigen die Bedeutung, die der Verfassungsgeber dem Verfassungsgerichtshof zugemessen hat. Gerade die Einbeziehung der Verfassungsbeschwerde, die in den alten Ländern Anfang der 1990er Jahre nicht bei allen Landesverfassungsgerichten eröffnet worden war, macht deutlich, dass nicht nur eine staatsorganisatorische Institution geschaffen werden sollte, sondern auch dem Bürger die Möglichkeit gegeben wurde, die Einhaltung der Sächsischen Verfassung effektiv einzufordern. Diese Möglichkeiten werden zwar durch Art. 28 Abs. 2 GG mit

---

ren zu anderen angegriffenen Normen (etwa Coronaschutzverordnungen u.ä.) und Erkrankungen im Spruchkörper immer wieder unterbrochen werden.

8 Etwa bei den vielen Verfahren zu den kommunalen Gebietsreformen oder bei umfangreichen Normenkontrollverfahren wie mehrfach zu den Polizeigesetzen.

9 Vgl. *Meissner,* in: Degenhart/Meissner, Handbuch der Verfassung des Freistaates Sachsen, S. 520.

10 *Meissner,* a.a.O., S. 512 m.w.N.

dem dort enthaltenen Homogenitätsgebot eingehegt.[11] Sie bieten jedoch die Chance einer selbstständigen Durchsetzung der Bestimmungen der Sächsischen Verfassung. Dies kann sich naturgemäß nicht mit der Rechtsprechung des Bundesverfassungsgerichts vergleichen, bei dem jährlich viele Tausend Verfahren eingehen und zu entscheiden sind.[12]

Allerdings haben die Entscheidungen der Landesverfassungsgerichte gerade in letzten Jahren zunehmend für Aufmerksamkeit in der Öffentlichkeit gesorgt.[13]

Aus der letzten Zeit möchte ich die Entscheidung des Verfassungsgerichtshofes des Landes Berlin zu den Wahlen in 2021 benennen[14], die zu einer umfangreichen Berichterstattung in den Medien und Diskussion in der Öffentlichkeit geführt hat. Davor sind etwa die Urteile des Staatsgerichtshofes des Landes Hessen und des Verfassungsgerichtshofes Rheinland-Pfalz[15] zu den „Corona-Sondervermögen" besonders wahrgenommen und diskutiert worden. Für den Sächsischen Verfassungsgerichtshof ist zuletzt das Urteil zur Wahlliste der AfD[16], an dem Andrea Versteyl mitgewirkt hat, von besonderer Prominenz gewesen. Mit diesem Urteil wurde kurz vor der letzten Wahl des Sächsischen Landtags am 1. September 2019 die Landesliste der AfD mit den dort aufgeführten Listenplätzen 19 bis 30 (endgültig) zur Landtagswahl zugelassen. Die Entscheidung des Landeswahlausschusses zur Streichung dieser Listenplätze war nicht mit den sächsischen Wahlgesetzen vereinbar und verletzte die Beschwerdeführer in ihrem Recht auf Chancengleichheit bei der Teilnahme an der Landtagswahl. Die Streichung der Listenplätze 31 bis 61 hingegen war vertretbar. Besonders ungewöhnlich war an dieser Entscheidung, dass ein Verfassungsgericht bereits vor einer Wahl und vor der Durchführung eines Wahlprüfungsverfahrens Rechtsschutz gewährte.

---

11 Vgl. *Huber*, in: Munz/Uhle, Der deutsche Verfassungsgerichtsverbund, Baden-Baden 2019, S. 31 ff.

12 Im Jahresbericht des BVerfG für das Jahr 2021 (dort S. 37) ist eine Eingangszahl von insgesamt 5.569 Verfahren ausgewiesen (davon 5.059 Verfassungsbeschwerden, 237 einstweilige Anordnungen, 22 abstrakte und konkrete Normenkontrollen sowie 34 andere Verfahren).

13 *Huber*, a.a.O., S. 31 m.w.N.

14 Urteil vom 16. November 2022 – 154/21 – juris.

15 Urteil vom 1. April 2022 – VGH N 7/21 – juris.

16 Urteil vom 16. August 2019 – Vf. 76-IV-19 (HS), Vf. 81-IV-19 (HS) – verfügbar auf unserer Internetseite / Entscheidungen – und bei juris.

2. Wahl und Wahlverfahren

Nach Art. 91 Abs. 3 SächsVerf werden die Mitglieder des Verfassungsgerichtshofes vom Landtag mit zwei Dritteln seiner Mitglieder auf die Dauer von neun Jahren gewählt. Nach Art. 81 Abs. 4 Satz 1 SächsVerf bestimmt das Nähere ein Gesetz. Auf dieser Grundlage beruhen die detaillierten Vorschriften in § 2 bis § 6 SächsVerfGHG.

Bemerkenswert ist im Freistaat Sachsen zunächst das Erfordernis, dass zwei Drittel der Abgeordneten sich für das jeweilige Mitglied entscheiden müssen. Das geht über das Erfordernis der Zweidrittelmehrheit der an der konkreten Abstimmung beteiligten, also anwesenden, Abgeordneten hinaus. Bei den Landesverfassungsgerichten in Deutschland gibt es hier keine einheitlichen Vorgaben. Zum Teil reichen einfache Mehrheiten der abgegebenen Stimmen aus (Baden-Württemberg, Bayern, Hamburg, Nordrhein-Westfalen), zum Teil sind absolute Mehrheiten (Bremen) oder zwei Drittel der abgegebenen Stimmen (Berlin, Mecklenburg-Vorpommern, Niedersachsen, Rheinland-Pfalz, Sachsen-Anhalt) oder schließlich zwei Drittel der Mitglieder erforderlich (Brandenburg, Hessen, Saarland, Sachsen, Schleswig-Holstein).[17]

Gemeinsam ist diesen Vorgaben, dass die Mitglieder der Landesverfassungsgerichte ihre demokratische Legitimation durch eine persönliche Wahl des Landesparlaments erhalten; vereinzelt werden indes auch bestimmte Ämter in den Instanzgerichten[18] quasi automatisch mit einer Mitgliedschaft oder dem Präsidentenamt des Verfassungsgerichts verknüpft.

Das Erfordernis der Zweidrittelmehrheit aller Abgeordneten führt insbesondere bei Kandidaten, deren Wahl ungewiss erscheint, dazu, dass eine Wahl nicht immer zum in der Tagesordnung vorgesehenen Zeitpunkt stattfindet, sondern abgewartet wird, bis alle Abgeordneten im Plenum anwesend sind. Indes gab es bislang im Freistaat Sachsen nur einen Fall, bei dem ein Kandidat nicht gewählt wurde. In zwei anderen Fällen erhielt die jeweilige Kandidatin im zweiten Wahlgang dann doch die nötige Stimmenzahl. Ansonsten wurde die notwendige Mehrheit regelmäßig nicht nur erreicht, sondern oftmals deutlich überschritten. Allerdings hat sich die Zusammensetzung im Sächsischen Landtag inzwischen so verändert, dass

---

17 Siehe die Tabelle 1.2 in *Reutter* (Hrsg.), Landesverfassungsgerichte, a.a.O., S. 8.

18 Etwa der Präsident des Oberverwaltungsgerichts (Rheinland-Pfalz; bis vor Kurzem auch in Nordrhein-Westfalen); in Bayern wird der Präsident aus dem Kreis der Präsidenten der Oberlandesgerichte bestimmt.

bei der Wahl im Juni 2020 bei mehreren Kandidaten für das Amt des Mitglieds oder eines Stellvertreters die Zweidrittelmehrheit punktgenau erreicht wurde. Bei der letzten Wahl des Vizepräsidenten und eines Mitglieds im Frühjahr 2022 wurde indes wiederum ein deutlicheres Ergebnis erzielt.[19]

Die Wiederwahl der Verfassungsrichter ist nach § 3 Abs. 3 Satz 4 SächsVerfGHG unbeschränkt möglich. Das ist bei insgesamt acht Landesverfassungsgerichten ebenso.[20] Eine einmalige Wiederwahl ist in fünf Ländern möglich[21], drei Länder schließen eine Wiederwahl aus[22]. Zum Teil[23] wird die Amtszeit der Mitglieder oder eines Teils der Mitglieder an die Legislaturperiode gekoppelt.

Im Freistaat Sachsen liegt das Vorschlagsrecht für eine Kandidatin oder einen Kandidaten bei der Staatsregierung oder dem Landtagspräsidium (§ 3 Abs. 2 SächsVerfGHG). Eine Anhörung der Vorgeschlagenen im Plenum oder in einem Ausschuss erfolgt nach § 3 Abs. 3 SächsVerfGHG nicht; außerdem findet die Wahl geheim und ohne Aussprache statt (wie auch die Wahl des Ministerpräsidenten, Art. 60 Abs. 1 SächsVerf). Damit ist indes nicht ausgeschlossen, dass sich die Fraktionen und ihre Mitglieder in einem unförmlichen Gespräch einen eigenen Eindruck von den Kandidaten machen können. Solche Gespräche haben in den letzten Jahren immer wieder stattgefunden, sie stellen eine gewisse Kompensation des Wissensvorsprungs der Staatsregierung dar. Da gemäß Art. 81 Abs. 2 SächsVerf, § 2 Abs. 1 SächsVerfGHG fünf der Mitglieder Berufsrichter sein müssen, diese Berufsrichter im Regelfall im Landesdienst stehen[24] und bislang ausnahmslos im Beförderungsamt tätig sind, hat die Staatsregierung hier nicht nur einen Wissensvorsprung, sondern durch die vorangegangenen Beförderungsentscheidungen auch eine gewisse Vorauswahl getroffen. Durch die Möglichkeit, sich ein eigenes Bild von den Kandidaten zu machen, wird

19 So erfolgten die Wahlen von Andreas Wahl und Dirk Kirst am 4. Mai 2022 mit 92 Ja-Stimmen bei 11 Nein-Stimmen und 8 Enthaltungen bzw. 90 Ja-Stimmen bei 17 Nein-Stimmen und 7 Enthaltungen.

20 Baden-Württemberg, Bayern, Bremen, Hessen, Nordrhein-Westfalen, Saarland, Thüringen und eben Sachsen.

21 Hamburg, Niedersachsen, Rheinland-Pfalz, Sachsen-Anhalt und Schleswig-Holstein.

22 Berlin, Brandenburg, Mecklenburg-Vorpommern.

23 Bayern, Bremen, Hessen – vgl. Tabelle 1.2 FN e in Reutter, Landesverfassungsgerichte, a. a. O. S. 8.

24 Ausnahmen sind etwa Uwe Berlit (VRiBVerwG, Amtszeit vom 1. September 2012 bis 31. März 2022; ab dem 1. Januar 2019 Vizepräsident des Verfassungsgerichtshofes) und Markus Jäger (VRiBGH, im Amt seit dem 1. August 2020; als stellvertretendes Mitglied seit dem 17. Mai 2017).

letztlich auch vermieden, dass die Abgeordneten gleichsam die Absprachen ihrer Partei-/Fraktionsspitzen „ratifizieren".[25]

Mit der Vorgabe einer Zweidrittelmehrheit und den Regelungen zum Wahlverfahren ist die Intention verbunden, eine Politisierung zu verhindern und die demokratische Legitimation des Verfassungsgerichts herzustellen.[26]

Bei einer Wahl durch den Landtag ist ein maßgeblicher Einfluss der in ihm vertretenen Parteien naturgemäß nicht auszuschließen. Ein solcher Ausschluss könnte nur dann erfolgen, wenn eine Direktwahl der Verfassungsrichter vorgesehen würde, was indes aus den verschiedensten Gründen systemwidrig und schon wegen der Gewährleistung einer fachlichen Qualifikation wenig vorzugswürdig ist. Bei den Beratungen des Verfassungs- und Rechtsausschusses zur Entstehung der Verfassung[27] wurde die Einrichtung eines Landeswahlausschusses erwogen, aber nicht weiterverfolgt. Die mit der Wahl durch den Landtag verbundene „kurze" Legitimationskette entspricht indes der Wahl anderer Organe (Art. 100 Abs. 3 Satz 1 SächsVerf) und Einrichtungen des Freistaates (etwa Art. 57 SächsVerf i. V m. § 16 Abs. 1 Satz 1 SächsDSDG[28]). Sie führt nach den bisherigen Erfahrungen in Sachsen, aber auch in den anderen Ländern nicht zu einer Parteipolitisierung der Entscheidungen. Mit der Vorgabe einer Zweidrittelmehrheit ist zudem gewährleistet, dass auch kleinere Fraktionen/Parteien erheblichen Einfluss auf die Zusammensetzung des Verfassungsgerichthofes nehmen können.

3. Zusammensetzung und persönliche Voraussetzungen

Nach Art. 81 Abs. 2 SächsVerf besteht der Verfassungsgerichtshof aus fünf Berufsrichtern und vier weiteren Mitgliedern. § 2 Abs. 1 SächsVerfGHG greift das nochmals auf und gibt zusätzlich vor, dass sowohl Präsident als auch Vizepräsident Berufsrichter sein müssen. Außerdem wird in § 2 Abs. 2 SächsVerfGHG vorgesehen, dass für jedes Mitglied ein Stellvertreter

25 *Reutter*, Landesverfassungsgerichtsbarkeit, Stuttgart 2022, S. 94.

26 *Reutter* (Hrsg.), Landesverfassungsgerichte, a.a.O., S. 11.

27 *Schimpff/Rühmann*, Die Protokolle des Verfassungs- und Rechtsausschusses zur Entstehung der Verfassung des Freistaates Sachsen, 1997, Art. 82 (Art. 81) Verfassungsgerichtshof.

28 Sächsisches Datenschutzdurchführungsgesetz vom 26. April 2018 (SächsGVBl. S. 198, 199), das zuletzt durch Art. 2 Abs. 4 des Gesetzes vom 5. April 2019 (SächsGVBl. S. 245) geändert worden ist.

gewählt wird. Der Stellvertreter ist also konkret für eines der Mitglieder benannt; seine Amtszeit ist indes nicht an die Amtszeit dieses Mitglieds gebunden (§ 2 Abs. 2 Satz 6 SächsVerfGHG).

Persönliche Voraussetzung ist zunächst, dass ein Kandidat mindestens 35 Jahre alt und zum Deutschen Bundestag wählbar ist (§ 2 Abs. 3 Satz 1 SächsVerfGHG). Im Unterschied zu einigen Landesverfassungsgerichten ist somit nicht Voraussetzung, dass das Mitglied seinen Wohnsitz im Freistaat Sachsen hat. Ausgeschlossen ist nach § 2 Abs. 3 Satz 2 SächsVerfGHG eine gleichzeitige Mitgliedschaft in Bundestag, Bundesrat, Bundesregierung, einem entsprechenden Organ eines Landes oder der Europäischen Gemeinschaft, dem Bundesverfassungsgericht oder dem Europäischen Gerichtshof. Nicht ausgeschlossen ist damit ein Kandidat, der in der Verwaltung sein Hauptamt wahrnimmt.[29] Ausgeschlossen ist schließlich, wer gegen die Grundsätze der Menschlichkeit oder Rechtstaatlichkeit verstoßen hat oder für das Ministerium der Staatssicherheit/Amt für nationale Sicherheit der Deutschen Demokratischen Republik tätig war (§ 2 Abs. 4 SächsVerfGHG).

Die überwiegende Zahl von fünf Berufsrichtern soll gewährleisten, dass ein Gericht, welches überwiegend mit Verfassungsbeschwerden befasst ist, ausreichend Mitglieder mit der Kompetenz zur Berichterstattung besitzt. Letztlich soll damit eine effektive Bearbeitung der anhängigen Verfahren garantiert werden.[30]

Allerdings kann man diese Kompetenz auch Personen aus anderen Berufsgruppen zutrauen, jedenfalls solchen, die einer juristischen Tätigkeit nachgehen und die Befähigung zum Richteramt besitzen (§ 5 DRiG). Das ist etwa bei Hochschullehrern der Fall. Bei den Beratungen des Verfassungs- und Rechtsausschusses zur Entstehung der Verfassung wurde allerdings ausdrücklich darauf Wert gelegt, dass auch das „Laienelement" wichtig sei[31]; gemeint war damit offenbar, dass auch Mitglieder ohne juristische Vorbildung gewählt werden konnten. Allerdings gab es bislang beim Verfassungsgerichtshof des Freistaates Sachsen nur vier Mitglieder oder

29 So war Heide Boysen-Tilly – im Hauptamt Leiterin des Rechtsamtes der Stadt Leipzig – vom 18. Juni 1993 bis 18. Mai 2005 stellvertretendes Mitglied am Verfassungsgerichtshof.

30 Vgl. *Reutter*, SächsVBl. 2019, S. 33, 37; *Meissner*, a.a.O., S. 519, der sich auf die Befähigung zum Richteramt bezieht.

31 *Schimpff/Rühmann*, a.a.O.

Stellvertreter ohne Befähigung zum Richteramt[32]; hierunter waren indes auch Kirchenjuristen mit entsprechender juristischer Ausbildung.[33]

Mit der Öffnung für nichtberufsrichterliche Mitglieder sollte erreicht werden, dass auch jenseits der justiziellen Denkweise die den gesellschaftlichen Problemen häufig näheren Sichtweisen der anderen juristischen Berufe (vor allem Anwälte) und der vom Parlament ausgewählten Personen Geltung erhalten.[34] Allerdings betreffen die verfassungsgerichtlichen Verfahren nahezu ausnahmslos rechtliche Fragen und weniger gesellschaftliche Probleme, für deren Lösung ohnehin in erster Linie die Politik und nicht ein Gericht berufen sein dürfte. Der Schwerpunkt der Arbeit eines Verfassungsrichters liegt in der juristischen Subsumtion. In manchen Bundesländern (Berlin, Nordrhein-Westfalen, Saarland, Schleswig-Holstein)[35] ist es daher konkret vorgesehen, dass Verfassungsrichter die Befähigung zum Richteramt haben müssen oder Professor des Rechts an einer Universität waren oder sind. Bei einer Zahl von neun Mitgliedern ist es aber ohne Weiteres möglich, auch andere Personen als Volljuristen wirksam an den Entscheidungen zu beteiligen.

Das Ende der Mitgliedschaft wird zunächst naturgemäß durch die Amtszeit bestimmt, die neun Jahre beträgt (Art. 81 Abs. 3 Satz 1 SächsVerf). Bei der Errichtung des Verfassungsgerichtshofes im Jahre 1993 wurden indes nicht alle Mitglieder für diese Zeit gewählt, sondern auf Grundlage von Art. 81 Abs. 4 Satz 2 SächsVerf eine Staffelung vorgenommen und ein Teil der Mitglieder für drei oder sechs Jahre gewählt. Damit wollte man vermeiden, dass nach Ablauf der Amtszeit mehrere Mitglieder gleichzeitig gewählt werden müssen. Die Kontinuität der Rechtsprechung sollte gewahrt werden. Vor Ablauf der Amtszeit gibt es nach § 6 Abs. 1 SächsVerfGHG klar umrissene Gründe für ein Ausscheiden, von denen bislang zwei zum Tragen kamen und immer wieder eintreten. Ein berufsrichterliches Mitglied scheidet mit seiner Pensionierung im Hauptamt aus, ein nichtberufsrichterliches Mitglied mit Vollendung des 70. Lebensjahres. Hier haben Berufsrichter also eine etwas schlechtere Position.

32 *Patzelt,* in: in Reutter (Hrsg.), Landesverfassungsgerichte, S. 327.
33 Etwa Hans Dietrich Knoth (Amtszeit vom 18. Juni 1993 bis 31. August 2014).
34 Vgl. *Reutter,* SächsVBl. 2019, a. a. O., S. 37 m.w.N.
35 Vgl. *Reutter,* Landesverfassungsgerichtsbarkeit, a.a.O., S. 105.

4. Resümee

Das maßgebliche Kriterium für die Tätigkeit als Verfassungsrichter dürfte die innere Unabhängigkeit des Mitglieds und seine fachliche Kompetenz sein. Weniger eine berufliche Tätigkeit mit den in ihr gewonnenen Erfahrungen wird die Meinungsbildung jedes Einzelnen prägen, sondern grundsätzliche innere Überzeugungen und Haltungen. Nach meinem persönlichen Eindruck unterscheiden sich die Beiträge von Rechtsanwälten nicht substanziell von denen der Berufsrichter. In den allermeisten Verfahren sind Fragen zu klären, die eine vertiefte Kenntnis der Rechtsprechung, etwa des Bundesverfassungsgerichts oder anderer Landesverfassungsgerichte, aber auch der Rechtsprechung der Instanzgerichte, voraussetzen. Die verfassungsgerichtliche Tätigkeit eines Rechtsanwalts unterscheidet sich insoweit nicht von der des Berufsrichters, weil er letztlich auch die für diesen geltenden Maßstäbe anwenden muss. Soweit er darüber hinaus als Rechtsanwalt Interessen vertreten muss, hat das für die Entscheidung eines Verfassungsgerichts allenfalls am Rande oder ganz ausnahmsweise eine Bedeutung. Ins Detail gehende Probleme der Zulässigkeit von Anträgen, zur Gesetzgebungskompetenz oder zum Schutzbereich der Grundrechte – um nur wenige Beispiele zu nennen – erschließen sich nicht ohne vertiefte juristische Betrachtung. Die gerichtlichen Gestaltungsspielräume sind dabei schon wegen der Bindungswirkung bundesverfassungsgerichtlicher Rechtsprechung begrenzt.

Ein Rechtsanwalt, der richterliche Aufgaben wahrnimmt, wechselt seine Rolle und ist zur richterlichen Entscheidung berufen. Damit kommt seiner juristischen Befähigung und seiner Persönlichkeit erheblich größere Bedeutung zu als seiner beruflichen Prägung. Interessant ist der Erfahrungsschatz von Rechtsanwälten für die gerichtliche Beratung sehr oft; ob diese Erfahrungen das Ergebnis der Beratung entscheidend beeinflussen, ist eine andere Frage, die indes dem Beratungsgeheimnis unterliegt.

Der Schutz der biologischen Vielfalt: CBD COP 15 – zur völkerrechtlichen Qualität des Kunming-Montreal Global Biodiversity Framework

Stefan Birkner

I. Einleitung

Die politischen, gesellschaftlichen und auch rechtlichen Debatten über die richtigen Antworten auf die anthropogenen Klimaveränderungen prägen sowohl auf internationaler als auch nationaler Ebene längst nicht mehr nur die Diskussionen einer umweltpolitischen Nische. Klimapolitik dominiert als übergeordnetes Querschnittsthema, zumindest innerhalb der Europäischen Union, im Kern alle Politikfelder.[1] Der Schutz der biologischen Vielfalt fristet hingegen noch immer ein Schattendasein. Für das Fortbestehen und die weitere Entwicklung menschlichen Lebens ist die Vielfalt des Lebens auf der Erde – seiner Gene, Arten, Populationen und Ökosysteme[2] – aber von zentraler Bedeutung. Die dienenden Funktionen der biologischen Vielfalt sind dabei vielfältig: So beherbergt sie u.a. technologisches und medizinisches Wissen und liefert ökonomisch wertvolle Beiträge von grundlegender Bedeutung. Vor allem aber ist sie zentral für den Erhalt der natürlichen Lebensgrundlagen der Menschheit.

Der anhaltende Schwund der Artenvielfalt bedroht das menschliche Leben. Davon werden – wie bei schleichenden globalen Prozessen üblich – in besonderer Weise und als Erste diejenigen betroffen sein, die in armen und wenig entwickelten Regionen der Welt leben. Aber auch die wohlhabenden Gesellschaften können sich der Bedrohung nicht entziehen. Selbst wenn sie die unmittelbaren Auswirkungen aufgrund ihres Entwicklungsstandes und ihrer ökonomischen Leistungsfähigkeit für eine gewisse Zeit werden kompensieren können, so dürften sich die mittelbaren Folgen – wie etwa

1 Mit dem sog. Green Deal strebt die EU das Ziel an, bis 2050 der erste klimaneutrale Kontinent zu werden, s. https://commission.europa.eu/strategy-and-policy/priorities-2019-2024/european-green-deal_de (abgerufen am 27.3.2023).

2 *Pimm/Alves/Chivian/Bernstein*, What is Biodiversity?, in: Chivian/Bernstein, Sustaining Life, Oxford 2008, S. 3.

ein wachsender Migrationsdruck – doch schnell und spürbar einstellen. Es gibt also allen Anlass dafür, die Biodiversitätskrise auf internationaler und nationaler Ebene ernst zu nehmen und ihr in der öffentlichen und politischen Debatte eine ihrer Tragweite entsprechende Bedeutung zukommen zu lassen. Gleichwohl ist dies, insbesondere im Vergleich mit der Klimakrise, noch immer nicht der Fall – und das, obwohl auch das Übereinkommen zum Schutz der biologischen Vielfalt, so wie die Klimarahmenkonvention, zu den umweltvölkerrechtlichen Verträgen gehört, die im Zusammenhang mit der *United Nations Conference on Environment and Development* von Rio de Janeiro im Jahre 1992 unterzeichnet worden sind.[3]

Diesem ernüchternden Befund entspricht, dass es der dramatischen Lage der Biodiversität zum Trotz bisher kaum gelungen ist, wirksame und verbindliche Vereinbarungen über Ziele und Instrumente zum Schutz der Artenvielfalt sowie über konkrete Umsetzungsmaßnahmen zu treffen. Folgt man allerdings den jüngsten öffentlichen Äußerungen zu den Ergebnissen der Vertragsstaatenkonferenz des Übereinkommens über die biologische Vielfalt in Kunming/Montreal[4] im Dezember 2022, so drängt sich der Eindruck auf, dass sich dies nun endlich ändert. Die Ergebnisse der Konferenz werden als „neue globale Vereinbarung"[5], als „Weltnaturabkommen"[6] oder als „Rahmenabkommen"[7] bezeichnet. Damit sei es gelungen, so die Kommentatoren, der Bedeutung der dramatischen Entwicklung endlich Rechnung zu tragen und gemeinsam auf globaler Ebene einen entscheidenden Schritt für einen effektiven Schutz der biologischen Vielfalt voranzukommen.[8]

---

3 *Beyerlin/Marauhn*, International Environmental Law, 2011, S. 18.

4 Die 15. Vertragsstaatenkonferenz wurde pandemiebedingt in zwei Teile aufgeteilt. Der erste Teil fand vom 11. bis zum 15.10.2021 virtuell statt, der zweite Teil sollte in Präsenz in Kunming (China) abgehalten werden. Schließlich wurde die Tagung nach Montreal, an den Ort des Sitzes des Sekretariats des Übereinkommens, verlegt und fand dort schließlich unter chinesischer Leitung vom 7. bis zum 19.12.2022 statt.

5 So das Bundesumweltministerium in seiner Pressemitteilung Nr. 188/22 vom 19.12.2022, s. https://www.bmuv.de/pressemitteilung/montreal-moment-fuer-die-natur (abgerufen am 27.3.2023).

6 So der NABU – Naturschutzverband Deutschland e. V., s. https://www.nabu.de/natur-und-landschaft/naturschutz/weltweit/globale-biodiversitaetspolitik/25413.html#:~:text=Nach%20z%C3%A4hen%20und%20intensiven%20Verhandlungen,Vielfalt%20zu%20erhalten%20und%20sch%C3%BCtzen (abgerufen am 27.3.2023).

7 So die Helmholtz Klima Initiative, s. https://www.helmholtz-klima.de/aktuelles/montreal-cop15-ergebnisse (abgerufen am 27.3.2023).

8 In der Presseerklärung des Bundesumweltministeriums wird in Anlehnung an die zuvor geäußerte Erwartung an einen „Paris-Moment" von einem „Montreal-Moment"

Welche völkerrechtliche Qualität diese „neue globale Vereinbarung" hat, soll im Folgenden, nach einer kurzen Darstellung von Inhalt und Entwicklung des völkerrechtlichen Schutzes der biologischen Vielfalt im Rahmen des Übereinkommens über die biologische Vielfalt betrachtet werden.

II. Der Schutz der Biodiversität im Völkerrecht

Eine ganze Reihe völkerrechtlicher Verträge bezweckt den Schutz der biologischen Vielfalt oder dient ihm zumindest mittelbar.[9] Von besonderer Bedeutung ist aber das Übereinkommen über die biologische Vielfalt[10], das im Jahre 1992 anlässlich der *United Nations Conference on Environment and Development* in Rio de Janeiro zur Unterzeichnung ausgelegt wurde[11] und am 29.12.1993 in Kraft trat.

1. Das Übereinkommen über die biologische Vielfalt von 1992

Mit gegenwärtig 196 Vertragsparteien[12] ist das Übereinkommen das zentrale, weltumspannende völkerrechtliche Instrument zum Schutz der biologischen Vielfalt. Als Rahmenabkommen ausgestaltet, weist die Konvention grundlegende Regelungen auf, die von den Vertragsparteien mit Leben gefüllt und konkretisiert werden müssen.[13]

Drei Ziele werden ausweislich Art. 1 mit der Konvention verfolgt: der Erhalt der biologischen Vielfalt, die nachhaltige Nutzung ihrer Bestandteile und die ausgewogene und gerechte Verteilung der sich aus der Nutzung der genetischen Ressourcen ergebenden Vorteile.

Die Konvention verpflichtet die Vertragsparteien, nationale Strategien, Pläne oder Programme für den Erhalt und die nachhaltige Nutzung der biologischen Vielfalt zu erstellen und den Erhalt und die nachhaltige Nutzung der biologischen Vielfalt in die nationale Politik und Programme zu integrieren. Zudem haben sie die insoweit wichtigen Bestandteile der

---

gesprochen, vgl. https://www.bmuv.de/pressemitteilung/montreal-moment-fuer-die-natur (abgerufen am 27.3.2023).

9 Vgl. *Birkner*, in: Ipsen, Völkerrecht, 2018, § 54, Rn. 60 ff.

10 BGBl. 1993 II, 1741.

11 Vgl. *Beyerlin/Marauhn*, International Environmental Law, 2011, S. 18.

12 https://www.cbd.int/information/parties.shtml (abgerufen am 27.3.2023).

13 Vgl. *Matz-Lück*, Framework Agreements, in: MPEIL-Online, Rn. 1 f.

biologischen Vielfalt zu erfassen und zu überwachen und jene Einflüsse zu identifizieren, die einen negativen Einfluss haben. Darüber hinaus enthält die Konvention Regelungen zum *in-situ*-Schutz, einschließlich der Verpflichtung, ein System von Schutzgebieten einzurichten, sowie zum *ex-situ*-Schutz. Gefordert werden ferner Umweltverträglichkeitsprüfungen für Vorhaben, die erhebliche nachteilige Auswirkungen auf die biologische Vielfalt vermuten lassen. Schließlich enthält die Konvention neben Regelungen zum finanziellen Ausgleich auch Regelungen über den Zugang und die Teilhabe an genetischen Ressourcen sowie zum Technologietransfer.

In institutioneller Hinsicht kommt der Konferenz der Vertragsparteien[14] die Rolle des obersten Beschlussorgans zu. Dabei ist sie insbesondere für die Umsetzung der Konvention verantwortlich und prüft, ob und inwieweit Änderungen, Ergänzungen oder sonstige Maßnahmen erforderlich sind, um ihre Ziele zu erreichen. Das Sekretariat gewährleistet und organisiert die laufende Arbeit im Rahmen des Übereinkommens und zwischen den Konferenzen, indem es beispielsweise Sitzungen organisiert und inhaltlich vorbereitet.

Der einem Rahmenübereinkommen eigene allgemeine Charakter der Zielvorgaben und Regelungen macht Konkretisierungen notwendig. Dazu dienen neben den beiden im Rahmen des Übereinkommens geschlossenen Protokollen[15] vor allem die strategischen Pläne[16] und Arbeitsprogramme[17], die im weiteren Verlauf der Vereinbarungen erstellt und beschlossen werden.[18]

---

14 Conference of Parties (COP).

15 Das Protokoll von Cartagena über die biologische Sicherheit vom 29.1.2000 (BGBl. 2002 II, 1506) und das Protokoll von Nagoya über den Zugang zu den genetischen Ressourcen und die ausgewogene und gerechte Aufteilung der sich aus ihrer Nutzung ergebenden Vorteile vom 29.10.2009 (BGBl. 2015 II, 1481, 1483).

16 Siehe hierzu https://www.bfn.de/strategischer-plan-der-cbd (abgerufen am 27.3.2023).

17 Siehe hierzu https://www.bfn.de/arbeitsprogramme-der-cbd (abgerufen am 27.3.2023).

18 Vgl. *Markus*, in: Proelß, Internationales Umweltrecht,2017, 10. Abschn., Rn. 40.

2. Der Strategische Plan für Biodiversität 2011–2020 und die Aichi-Biodiversitätsziele

Für den Zeitraum bis zum Jahr 2020 hatten die Vertragsstaaten einen strategischen Plan verabschiedet. Mit dem *Strategischen Plan für Biodiversität 2011–2020* und den *Aichi-Biodiversitätszielen,* beschlosssen von der 10. Vertragsstaatenkonferenz in Nagoya im Oktober 2010, haben sie beschrieben, wie sie die Ziele des Übereinkommens durch eine strategische Herangehensweise erreichen wollen.[19] Dazu werden in dem Plan fünf strategische Ziele beschrieben: *erstens* die Bekämpfung der Ursachen des Rückgangs der biologischen Vielfalt durch ihre durchgängige Einbeziehung in alle Bereiche des Staates und der Gesellschaft, *zweitens* der Abbau der auf die biologische Vielfalt einwirkenden unmittelbaren Belastungen und Förderung einer nachhaltigen Nutzung, *drittens* die Verbesserung des Zustands der biologischen Vielfalt durch Sicherung der Ökosysteme und Arten sowie der genetischen Vielfalt, *viertens* die Mehrung der sich aus der biologischen Vielfalt und den Ökosystemleistungen ergebenden Vorteile für alle sowie *fünftens* eine verbesserte Umsetzung durch partizipative Planung, Wissensmanagement und Kapazitätsaufbau.

Konkretisiert wurden diese strategischen Ziele durch 20 Kernziele, die es spätestens bis zum Jahr 2020 zu erreichen galt. Dazu zählt beispielsweise, dass die Menschen sich des Wertes der biologischen Vielfalt bewusst sein und wissen sollten, was sie tun können, um sie zu erhalten und nachhaltig zu nutzen; ferner, dass die Verlustrate aller natürlichen Lebensräume, einschließlich der Wälder, mindestens halbiert und, so weit möglich, gegen null gebracht und die Degradierung und Fragmentierung erheblich reduziert werden sollte. Mindestens 17 Prozent der Land- und Binnengewässer und zehn Prozent der Küsten- und Meeresgebiete sollten zudem durch wirksam und gerecht verwaltete, ökologisch repräsentative und gut vernetzte Systeme von Schutzgebieten und andere wirksame gebietsbezogene Erhaltungsmaßnahmen erhalten und in die weiteren Landschaften und Meereslandschaften integriert werden. Ökosysteme, die wichtige Dienstleistungen, auch im Zusammenhang mit Wasser, erbringen und zu Gesundheit, Lebensunterhalt und Wohlergehen beitragen, sollten wiederhergestellt und geschützt werden. Und bis 2015 sollte jede Vertragspartei eine wirksame partizipatorische und aktualisierte nationale Strategie und einen Akti-

19 UNEP/CBD/COP/DEC/X/2 (abgerufen am 27.3.2023).

onsplan für die biologische Vielfalt entwickelt, als politisches Instrument angenommen und mit deren Umsetzung begonnen haben.

3. Der Global Assessment Report on Biodiversity and Ecosystem Services 2019

Ob und inwieweit diese Ziele erreicht werden konnten, wurde durch die *Intergovernmental Science-Platform on Biodiversity and Ecosystem Services (IPBES)* evaluiert, eine dem *International Panel on Climate Change* vergleichbare zwischenstaatliche Einrichtung, die der wissenschaftlichen Beratung der politischen Entscheidungsträger zu Fragen der Biodiversität und Ökosystemleistungen dient.[20] Sie ist dabei zu einem ernüchternden Ergebnis gekommen: In ihrem *Global Assessment Report on Biodiversity and Ecosystem Services* 2019 wird ausgeführt, dass der vergangene und anhaltende rasche Rückgang der biologischen Vielfalt, der Ökosystemfunktionen und vieler Beiträge der Natur für den Menschen bedeute, dass die meisten internationalen Gesellschafts- und Umweltziele, wie sie in den Aichi-Biodiversitätszielen und der Agenda 2030 für nachhaltige Entwicklung[21] verankert seien, auf der Grundlage der derzeitigen Entwicklung nicht erreicht werden könnten. Dieser Rückgang werde auch andere Ziele untergraben, wie die im Pariser Abkommen festgelegten und die Vision 2050 für die biologische Vielfalt.[22]

4. Der Kunming-Montreal Global Biodiversity Framework

Diesem ernüchternden Befund folgend, sollen nun mit dem *Kunming-Montreal Global Biodiversity Framework*[23], der beim zweiten Zusammentreffen der 15. Vertragsstaatenkonferenz am 19. Dezember 2022 in Montreal angenommen wurde, neue Impulse gesetzt werden, um die Ziele des Übereinkommens über die biologische Vielfalt doch noch zu erreichen. Der *Global Biodiversity Framework* dient als strategischer Plan für die Umsetzung

20 Die Errichtung der IPBES beruht auf einem Beschluss der Generalversammlung der Vereinten Nationen, A/RES/65/162.
21 https://sdgs.un.org/2030agenda (abgerufen am 27.3.2023).
22 Summary for Policy Makers of the IPBES Global Assessment Report on Biodiversity and Ecosystem Services, 2019, S. 14.
23 CBD/COP/15/L.25.

des Übereinkommens über die biologische Vielfalt im Zeitraum von 2022 bis 2030. Er beschreibt vier strategische Ziele für das Jahr 2050 und 23 handlungsorientierte globale Ziele für dringende Maßnahmen bis 2030.

Zu den strategischen Zielen gehört als Ziel A, dass das vom Menschen verursachte Aussterben bekanntermaßen bedrohter Arten gestoppt und bis 2050 die Aussterberate und das Risiko für alle Arten um das Zehnfache reduziert werden soll. Die genetische Vielfalt innerhalb der Populationen wild lebender und domestizierter Arten soll erhalten werden, um ihr Anpassungspotenzial zu sichern. Als Ziel B ist formuliert, dass die biologische Vielfalt nachhaltig genutzt und bewirtschaftet werden soll, die Beiträge der Natur für den Menschen, einschließlich der Funktionen und Leistungen des Ökosystems, geschätzt, erhalten und verbessert werden sollen. Die Arten, die sich derzeit im Rückgang befinden, sollen wiederhergestellt werden, um bis 2050 eine nachhaltige Entwicklung zum Nutzen heutiger und künftiger Generationen zu erreichen. Als Ziel C wird gesetzt, die monetären und nichtmonetären Vorteile aus der Nutzung genetischer Ressourcen und digitaler Sequenzinformationen über genetische Ressourcen sowie von traditionellem Wissen im Zusammenhang mit genetischen Ressourcen fair und gerecht zu teilen, gegebenenfalls auch mit indigenen Völkern und lokalen Gemeinschaften, und bis 2050 erheblich zu steigern. Dabei soll gleichzeitig sichergestellt werden, dass traditionelles Wissen im Zusammenhang mit genetischen Ressourcen angemessen geschützt wird, wodurch ein Beitrag zur Erhaltung und nachhaltigen Nutzung der biologischen Vielfalt im Einklang mit international vereinbarten Instrumenten für den Zugang und die Aufteilung der Vorteile geleistet werden soll. Und schließlich beschreibt Ziel D, dass angemessene Mittel zur Umsetzung, einschließlich finanzieller Ressourcen, Kapazitätsaufbau, technischer und wissenschaftlicher Zusammenarbeit sowie Zugang zu und Weitergabe von Technologie zur vollständigen Umsetzung des globalen Biodiversitätsrahmens von Kunming-Montreal, gesichert werden und allen Vertragsparteien, insbesondere den Entwicklungsländern, vor allem den am wenigsten entwickelten Ländern und kleinen Inselstaaten sowie Ländern mit im Übergang befindlichen Volkswirtschaften, in gerechter Weise zugänglich gemacht werden sollen. Die Finanzierungslücken im Bereich der biologischen Vielfalt in Höhe von 700 Milliarden US-Dollar pro Jahr sollen schrittweise geschlossen und die Finanzströme auf den globalen Biodiversitätsrahmen von Kunming-Montreal und die Vision 2050 für die biologische Vielfalt abgestimmt werden.

Die 23 handlungsorientierten Ziele beschreiben in drei Bereichen dringende Maßnahmen, die bis zum Jahr 2020 ergriffen werden sollen: Verringerung der Bedrohungen für die biologische Vielfalt, Erfüllung der Bedürfnisse der Menschen durch nachhaltige Nutzung und Vorteilsausgleich sowie Instrumente und Lösungen für die Umsetzung und Verbreitung.

So soll beispielsweise sichergestellt werden, dass bis 2030 mindestens 30 Prozent der geschädigten Land-, Binnengewässer-, Küsten- und Meeresökosysteme effektiv wiederhergestellt werden. Ferner soll gewährleistet werden, dass bis 2030 mindestens 30 Prozent der Land- und Binnengewässer sowie der Küsten- und Meeresgebiete als Schutzgebiete ausgewiesen werden. Verschmutzungsrisiken sollen bis 2030 auf ein Niveau reduziert werden, das der biologischen Vielfalt und den Ökosystemfunktionen und -dienstleistungen nicht schadet, wozu auch übermäßige Nährstoffverluste seitens der Landwirtschaft in die Umwelt um mindestens die Hälfte reduziert werden sollen.

Bemerkenswert ist schließlich, dass zahlreiche Maßnahmen beschrieben werden, die darauf abzielen, wirtschaftliche Aktivitäten und Finanzinvestitionen biodiversitätskonform und -fördernd zu steuern. So sollen insbesondere große und transnationale Unternehmen und Finanzinstitute ihre Risiken und Abhängigkeiten sowie die Auswirkungen ihrer Aktivitäten auf die biologische Vielfalt regelmäßig überwachen, bewerten und transparent offenlegen, einschließlich der Anforderungen an alle großen und transnationalen Unternehmen und Finanzinstitute entlang ihrer Geschäftstätigkeit, Liefer- und Wertschöpfungsketten und Portfolios. Bis 2025 sollen Anreize, einschließlich Subventionen, die für die biologische Vielfalt schädlich sind, ermittelt und abgeschafft oder reformiert werden, wobei sie bis 2030 schrittweise und in erheblichem Umfang um mindestens 500 Mrd. US-Dollar pro Jahr reduziert werden, positive Anreize für die Erhaltung und nachhaltige Nutzung der biologischen Vielfalt dagegen verstärkt werden sollen. Private Finanzmittel sollen mobilisiert und zu privaten Investitionen in die biologische Vielfalt soll ermutigt werden. Innovative Systeme wie Zahlungen für Ökosystemleistungen, grüne Anleihen, Ausgleichszahlungen und Gutschriften für die biologische Vielfalt sowie Mechanismen für den Vorteilsausgleich mit Umwelt- und Sozialgarantien sollen gefördert werden.

III. Die Rechtsqualität des Kunming-Montreal Global Biodiversity Framework

Mit Blick auf den unstreitigen Handlungsbedarf, den umfassenden und ehrgeizigen Anspruch der Kunming-Montreal-Vereinbarungen sowie die eingangs dargestellten Bezeichnungen stellt sich die Frage, welche völkerrechtliche Qualität und rechtliche Verbindlichkeit das Rahmenwerk aufweist.

1. Rechtsetzung im Rahmen des Übereinkommens über die biologische Vielfalt

Zu den Quellen des Völkerrechts zählen nach Art. 38 IGHSt – neben dem Völkergewohnheitsrecht und den allgemeinen Rechtsgrundsätzen – nach Ziff. 1 als Hauptrechtsquelle insbesondere die „internationalen Übereinkünfte allgemeiner oder besonderer Natur, in denen von den (...) Staaten ausdrücklich anerkannte Regeln festgelegt sind".[24] Beim Übereinkommen über die biologische Vielfalt handelt es sich um einen solchen völkerrechtlichen Vertrag. Die in ihm enthaltenen, oben beschriebenen Regelungen sind mithin völkerrechtlich bindend.

Seinem Charakter als Rahmenübereinkommen folgend, bedürfen seine Bestimmungen allerdings einer Konkretisierung und Ausfüllung durch weitere Regelungen, um die Ziele der Konvention auch tatsächlich zu erreichen.[25] Zu diesem Zweck bestimmen die Art. 28 bis 30, wie die Vertragsstaaten dies durch ergänzende Protokolle, Änderungen des Übereinkommens selbst und Anhänge zum Übereinkommen bewirken können. Dabei wird der jeweiligen Vertragsstaatenkonferenz eine Rolle zugewiesen. So nimmt etwa die Konferenz der Vertragsstaaten nach Art. 29 Abs. 2 Änderungen des Übereinkommens an. Gleichwohl handelt es sich bei der Änderung des Übereinkommens sowie der Annahme und Änderung von Protokollen nicht um eine abgeleitete sekundärrechtliche Rechtsetzungsbefugnis der jeweiligen Vertragsstaatenkonferenz. Dies folgt aus dem jeweils nach Art. 29 Abs. 4 zu durchlaufenden Ratifikationserfordernis. Diese Erfordernis ist – wie sich auch aus den im Wiener Übereinkommen über das Recht

24 Siehe hierzu *Heintschel von Heinegg*, in: Ipsen, 2018. 4. Kap., Rn. 1 ff.
25 Vgl. *Matz-Lück*, Framework Agreements, in: MPEIL-Online.

der Verträge[26] kodifizierten Regelungen über den Abschluss völkerrechtlicher Verträge ergibt – maßgebliches Kennzeichen für die primärrechtliche Rechtsetzung durch die Staaten. Der jeweiligen Staatenkonferenz kommt lediglich eine vorbereitende Funktion zu. Die Letztentscheidung liegt aber eben nicht bei ihr als Gremien des Übereinkommens bzw. des entsprechenden Protokolls, sondern verbleibt, dem Konsensprinzip folgend, bei den Vertragsstaaten selbst. Die Rechtsetzungsbefugnis liegt somit bei den Staaten und nicht bei der jeweiligen Staatenkonferenz.[27]

Anders verhält es sich bei der Annahme und Änderung von Anhängen nach Art. 30. Diese sind nach Art 30 Abs. 1 auf prozedurale, wissenschaftliche, technische und administrative Angelegenheiten beschränkt. Nach Abs. 2 erlangen die im Rahmen der Staatenkonferenz erarbeiteten Anhänge Verbindlichkeit für alle Vertragsstaaten, die ihnen nicht binnen eines Jahres nach der Mitteilung über die Annahme eines Anhangs durch die Staatenkonferenz widersprochen haben. Die entscheidende Trennlinie zwischen originärem Vertragsrecht und primärrechtlicher Rechtsetzung einerseits und abgeleiteten Regelungsbefugnissen und sekundärrechtlicher Rechtsetzung andererseits ist dann erreicht, wenn die Fortentwicklung des Rechtsbereichs von der Ebene des völkerrechtlichen Vertrages gelöst und der institutionalisierten Entscheidungsfindung eines besonderen Gremiums überantwortet ist. Diesem Gedanken folgend, handelt sich bei der Annahme und Änderung von Anhängen mithin um eine sekundärrechtliche Rechtsetzungsbefugnis der Staatenkonferenz des Übereinkommens bzw. des jeweiligen Protokolls.[28]

2. Rechtliche Wirkungsdimensionen der Kunming-Montreal-Vereinbarung

Wie bereits dargelegt, ist der *Kunming-Montreal Global Biodiversity Framework* von der 15. Vertragsstaatenkonferenz des Übereinkommens über die biologische Vielfalt angenommen worden. Vorausgegangen war ein mehrjähriger Erarbeitungs- und Konsultationsprozess, der durch eine Entscheidung der 14. Vertragsstaatenkonferenz initiiert worden war.[29] Danach wurde im Rahmen des Übereinkommens eine Arbeitsgruppe beauftragt,

---

26 BGBl. 1985 II, 926.

27 Siehe hierzu *Germelmann*, Moderne Rechtssetzungsformen im Umweltvölkerrecht, in: AVR 2014 (52), 325, 339 ff.

28 Ebd., 342.

29 CBD/COP/DEC/14/34.

ein Rahmenwerk für Schutz und Verbesserung der globalen Biodiversität nach 2020 zu entwickeln, um diesen auf der 15. Vertragsstaatenkonferenz zu verabschieden. Dies geschah schließlich am 19. Dezember 2022.

a) Keine primär- oder sekundärrechtliche Rechtsetzung

Der vorbereitende Erarbeitungs- und Konsultationsprozess wie auch die abschließende Verabschiedung des neuen Rahmenwerks wiesen keine der oben dargestellten Elemente der Änderung des Übereinkommens über die biologische Vielfalt, seiner Ergänzung durch Protokolle oder ihrer Änderung nach Art. 28 und 29 auf. Insbesondere fehlt es an dem in Art. 29 insoweit vorgesehenen Ratifikationsverfahren. Es handelt sich also nicht um eine neue primärrechtliche Rechtsetzung und einen neuen völkerrechtlichen Vertrag.

Auch das als sekundärrechtlich einzuordnende Rechtsetzungsverfahren des Art. 30 hinsichtlich der Annahme und Änderung von Anhängen ist bezüglich des neuen *Global Biodiversity Framework* nicht einschlägig. An keiner Stelle wird in den offiziellen Dokumenten davon gesprochen, dass es sich bei dem neuen Rahmenwerk um einen Anhang im Sinne des Art. 30 handeln soll. Hinzu kommt, dass durch Art. 30 lediglich prozedurale, wissenschaftliche, technische und administrative Angelegenheiten erfasst werden. Bei dem neuen Rahmenwerk handelt es sich aber um einen strategischen Plan mit konkreten materiellen Vorgaben, wie etwa der Verpflichtung, terrestrische und marine Schutzgebiete auszuweisen.

Die in dem Übereinkommen für biologische Vielfalt beschriebenen Voraussetzungen, um zu völkerrechtlich verbindlichen Regelungen zu kommen, seien sie primärrechtlicher oder sekundärrechtlicher Natur, sind bezüglich des *Global Biodiversity Framework* somit nicht erfüllt. Es handelt sich bei den in ihm enthaltenen Bestimmungen mithin nicht um völkerrechtlich verbindliche Regelungen.

b) Soft Law

Zu den Aufgaben der Vertragsstaatenkonferenz des Übereinkommens über die biologische Vielfalt gehört nach Art. 23 Abs. 4 lit. i auch, zusätzliche Maßnahmen zu erwägen und zu ergreifen, um die Ziele und die Zwecke des Übereinkommens zu erreichen. Hierbei handelt es sich um eine Auffangnorm, die der Vertragsstaatenkonferenz neben den formalisierten Rechtsetzungsverfahren Handlungsmöglichkeiten eröffnet, das Übereinkommen mit Leben zu erfüllen. Eine solche Auffangnorm, wie sie sich in zahlreichen Verträgen findet, ermächtigt nicht zum Erlass bindender Normen.[30]

An diese unter der rechtlichen Verbindlichkeit liegenden Handlungsmöglichkeiten knüpft die Entscheidung der Vertragsstaatenkonferenz zum Rahmenwerk an. In Ziff. 8 heißt es: „... *the Kunming-Montreal Global Biodiversity Framework should be used as a strategic plan for the implementation of the Convention and its Protocols, its bodies and its Secretariat over the period 2022–2030 and that, in this regard, the Framework should be used to better align and direct the work of the various bodies of the Convention and its Protocols, its Secretariat and its budget according to the goals and targets of the Framework*"[31]. Damit wird hervorgehoben, dass es sich um einen strategischen Plan zur Umsetzung der bereits bestehenden völkerrechtlichen Verpflichtungen handelt, den sich die Vertragsstaaten selbst auferlegen, und nicht um neue Verpflichtungen.

Auch wenn es sich bei solchen Beschlüssen nicht um verbindliche Regelungen handelt[32], so sind sie doch von Bedeutung. Einzuordnen sind sie in die Kategorie des sogenannten *Soft Law*. Als solches werden internationale außerrechtliche Normen bezeichnet, die keine rechtliche Bindungswirkung entfalten, aber eine faktische Wirkung haben. Sie weisen in der Regel einen politisch-programmatischen Charakter auf und sind vielfach Ausgangspunkt für die Entwicklung völkerrechtlich verbindlicher Normen.[33] Gerade im Umweltrecht kommt dem *Soft Law* eine wichtige Rolle zu.[34] Es erlaubt den Staaten, auch bei fehlendem Konsens über verbindliche Regelungen, flexibel auf umweltpolitische Herausforderungen zu reagieren und Normen unverbindlich zu vereinbaren. Dabei kann es Grundsätze enthalten, die als Leitschnur dienen, oder aber auch sehr konkrete Regelungen für spezifische Fragestellungen aufweisen.[35]

---

30 *Germelmann*, Moderne Rechtssetzungsformen im Umweltvölkerrecht, in: AVR 2014 (52), 325, 351 f.

31 CBD/COP/DEC/15/4, S. 3.

32 Beispiele dazu: *Sands/Peel*, Principles of International Environmental Law, 2012, S. 110 f.

33 *Birnie/Boyle/Redgwell*, International Law and the Environment, 2009, S. 34 f.; Birkner, in: Ipsen, Völkerrecht, § 53, Rn. 29; *Thürer*, Soft Law, in MPEIL-Online.

34 Vgl. *Beyerlin/Marauhn*, International Environmental Law, 2011, S. 289 ff.

35 *Germelmann*, Moderne Rechtssetzungsformen im Umweltvölkerrecht, in: AVR 2014 (52), 325, 362 f.

Sofern die Staaten die Inhalte des *Global Biodiversity Framework* ernst nehmen, sie in ihrer nationalen Politik berücksichtigen und gegebenenfalls auch rechtlich verbindlich im Rahmen ihrer Jurisdiktionsgewalt umsetzen, entfaltet das Rahmenwerk Wirkung. Entsprechender Druck dürfte verfahrensmäßig u.a. durch die Berichterstattungsverpflichtung der Staaten über ihre Umsetzungsbemühungen und die Bewertung durch die Vertragsstaatenkonferenz und ihrer Institutionen und Gremien entstehen. Ferner dürften die geforderte Überarbeitung und Anpassung der nationalen Biodiversitätsstrategien und Aktionspläne zur Umsetzung des Rahmenwerks wirksam sein, sofern sie tatsächlich vorgenommen werden.[36] Und auch die Umsetzung der Regelungen zur Bewertung und Berichterstattung von Risiken, Abhängigkeiten und Auswirkungen unternehmerischen Aktivitäten bezüglich der Biodiversität entlang ihrer Liefer- und Wertschöpfungsketten[37] können wirksame Instrumente sein.

Völkerrechtlich verpflichtet, dies auch tatsächlich zu tun, sind die Vertragsstaaten des Übereinkommens über die biologische Vielfalt allerdings nicht. Dementsprechend kann eine mangelnde Durchsetzung auch nicht im Rahmen der völkerrechtlichen Verantwortlichkeit geltend und gegebenenfalls im Wege der friedlichen Streitbeilegung durchgesetzt werden.

IV. Fazit

Beim *Kunming-Montreal Global Biodiversity Framework* handelt es sich nicht um ein völkerrechtlich verbindliches Regelwerk. Daran vermögen auch die oben beschriebenen Bezeichnungen im Rahmen der öffentlichen Debatte als „neue globale Vereinbarung“, „Weltnaturabkommen“ oder als „Rahmenabkommen“ nichts zu ändern. Vielmehr sind sie irreführend, da die Begriffe „Vereinbarung“ und „Abkommen“ üblicherweise für völkerrechtlich verbindliche Verträge verwendet werden.[38] Und auch die Vergleiche mit dem Pariser Übereinkommen von 2015, das als Protokoll zur Klimarahmenkonvention völkervertragsrechtliche Verbindlichkeit hat, gehen fehl. Bei dem Abschlussdokument von Kunming/Montreal für den Schutz der biologischen Vielfalt handelt es sich – allen politischen Beschwörungen zum Trotz – mithin nicht um einen „Paris-Moment“ – zumindest nicht

36 CBD/COP/DEC/15/4, Ziff. 16.

37 CBD/COP/DEC/15/4, Target 15.

38 Vgl. *Heintschel von Heinegg*, in: Ipsen, Völkerrecht, 2018, § 12, Rn. 7.

aus völkerrechtlicher Perspektive. Wie sich die Dinge faktisch entwickeln, bleibt abzuwarten. Vor dem Hintergrund der Erfahrungen mit vorangegangenen Plänen und Zielen erscheint eine gewisse Skepsis angebracht. Letztlich hängt es aber, ungeachtet der Rechtsqualität, davon ab, ob und inwieweit die Staaten und andere transnationale Akteure willens und in der Lage sind, die gemeinsam formulierten und beschriebenen Ziele mit Leben zu erfüllen und dem globalen Schutz der biologischen Vielfalt den notwendigen Stellenwert einzuräumen.

Werbeverbote im Lebensmittelhandel und Verfassungsrecht

Dargestellt am Beispiel eines Gesetzesvorschlags zum Verbot der Preiswerbung für Fleisch und Fleischerzeugnisse*

Christoph Degenhart

I. Werbeverbote und Verbotskultur – aktuelle Anlässe

Im Zuge einer durch Covid und Klimakrise gleichermaßen beförderten Verbotskultur werden mehr und mehr Werbebeschränkungen und Werbeverbote propagiert. Abgesehen von einer einem urbanen Milieu entspringenden Fundamentalkritik an Werbung, vor allem Wirtschaftswerbung, die die Städte „werbefrei" machen will[1], sind es vor allem als gesundheits-, klima- oder jugendgefährdend eingeschätzte, gleichwohl legale Produkte, die im Fokus stehen. Beispielsweise ist die Werbung für Tabakerzeugnisse bereits weitestgehend untersagt und es bestehen inhaltliche Beschränkungen für die Werbung für Alkoholika, die auch für weitere Nahrungsmittel im Gespräch sind[2] – so auch bei einem rechtspolitischen Vorstoß zu Werbeverboten für Fleisch und Fleischerzeugnisse.

Staatliche Gesetzgebung bewegt sich hier auf einem schmalen Grat zwischen Fürsorge und Gesundheitsschutz einerseits, dirigistischer und regulativer Bevormundung andererseits. Dahingehende Tendenzen treffen auf eine mediale, gesellschaftliche wie politische Grundstimmung, die darauf abzielt, in den klassischen Konfliktfeldern des freiheitlichen Rechtsstaats im Spannungsfeld von Freiheit und Gleichheit, Sicherheit und Freiheit die Koordinaten zu Lasten der Freiheit, der persönlichen wie wirtschaftlichen Entfaltungsfreiheit, zu verschieben – durch Instrumente mittelbarer Verhal-

---

* Der Beitrag beruht auf einem dem Bundesverband des Deutschen Lebensmittelhandels e.V. erstatteten Rechtsgutachten.

1 Siehe die Initiative „Berlin werbefrei", https://berlin-werbefrei.de/ (abgerufen am 17.2.2023); zum Verbot der Außenwerbung ab 2025 in Genf vgl. https://www.wiwo.de/unternehmen/dienstleister/werbeverbot-in-genf-albtraum-fuer-plakatkleber/27640758.html (abgerufen am 18.2.2023).

2 Siehe z.B. https://www.turi2.de/tag/werbung/page/2/ (abgerufen am 18.2.2023), Bündnis fordert Werbeverbot für ungesunde Lebensmittel, Meldung vom 7.11.2022.

tenssteuerung, durch „Nudging“[3], aber eben auch durch das klassische Instrumentarium von Befehl und Zwang. Es zeichnet das Wirken der Jubilarin in besonderem Maße aus, dass sie auf der Grundlage eines liberalen Staats- und Verfassungsverständnisses derartigen Tendenzen stets engagiert entgegengetreten ist.

II. Werbebeschränkungen für Fleisch und Fleischerzeugnisse – Inhalte und verfassungsrechtliche Fragestellung

1. Angestrebte Verbotsinhalte

Der rechtspolitische Vorstoß für ein Werbeverbot für Fleisch und Fleischerzeugnisse erfolgte vor allem als Reaktion auf seit Langem bekannte, weitgehend ignorierte, im Zuge der Covid-Krise aber manifest gewordene Missstände in der Fleischindustrie, in den Produktionsbedingungen wie den Arbeits- und Lebensumständen der Beschäftigten. Es waren vor allem die Preise für Fleisch und Fleischerzeugnisse, die hier als ursächlich gesehen wurden, insbesondere die Verbraucherpreise. Wie schon im Zuge der Klimadebatte wurde die Forderung vernehmbar*, Fleisch müsse „teurer werden“.[4] Anstatt unmittelbar auf die Produktionsbedingungen einzuwirken, kam nun aus dem Fachressort des zuständigen Ministeriums die Anregung, die Werbung mit günstigen Preisen, Sonderangeboten u.ä. zu verbieten, verbunden mit einem Formulierungsvorschlag für eine in das Gesetz gegen Unlauteren Wettbewerb (UWG) einzufügende Bestimmung des Inhalts: „*§ ... Werbung für Fleisch. In der Kommunikation für Werbe- und Marketingzwecke des Einzelhandels gegenüber dem Verbraucher gemäß § 13 des Bürgerlichen Gesetzbuchs ist eine Preisangabe für Fleisch im Sinne von Anhang I der Verordnung (EU) Nr. 853/2004 verboten.*“[5]

---

3 *Hufen*, JuS 2020, 193 (199).

4 Vgl. z.B. Südkurier vom 9.7.2020: Fünf Gründe, warum Fleisch teurer werden muss, www.suedkurier.de/ueberregional/politik/fuenf-gruende-warum-fleisch-teurer-werden-muss;art410924,10557812 (abgerufen am 17.2.2023) – an erster Stelle wird aufgeführt: Billiges Fleisch gleich billige Arbeitskräfte – ohne dass allerdings eindeutig klar würde, was Ursache, was Wirkung ist.

5 Schreiben der Bundesministerin für Ernährung und Landwirtschaft Klöckner vom 13.8.2020 an die Bundesministerin der Justiz und für Verbraucherschutz.

Während anderweitig nur gefordert wurde, der „*unanständige Dumpingwettbewerb durch Preiswerbung für Fleisch*" müsse „*beendet werden*"[6] oder es dürfe kein Verkauf unter Einstandspreis erfolgen[7], zielte der Gesetzesvorschlag aus dem Bundeslandwirtschaftsministerium auf ein generelles Verbot, mit Preisen zu werben. Andere Stimmen wenden sich vor allem gegen die Werbung mit „Billigfleisch".[8] Auch hier geht es vornehmlich darum, Werbung mit niedrigen Preisen wie überhaupt Preiswerbung zu beschränken oder zu verbieten. Gesetzliche Verbote, wie sie damit angestrebt werden, berühren intensiv die gewerbliche Tätigkeit des Einzelhandels. Preisangaben sind nahezu durchweg in der Werbung des Lebensmitteleinzelhandels über die unterschiedlichen Kanäle wie Prospekte oder Rundfunkwerbespots oder auch Werbung am *point of sale* enthalten – andernfalls hätte die Werbung für die Verbraucher nur geringen Informationswert.

Betroffen wäre der gesamte Lebensmitteleinzelhandel in seinen unterschiedlichen Werbekanälen. Werbung mit günstigen Preisen für Lebensmittel und besonders für Fleisch und Fleischprodukte findet sich regelmäßig in der Prospektwerbung, also in den Prospekten, die die großen Anbieter, aber auch große Verbrauchermärkte meist wöchentlich herausgeben und u.a. direkt durch Träger über die Hausbriefkästen verteilen; die Prospekte werden auch online gestellt. Dass es sich darin um besonders günstige Angebote handelt, wird häufig durch den Vergleich des aktuellen mit dem bisher gültigen Preis herausgestellt, etwa durch die Angabe einer prozentualen Preissenkung („42 Prozent günstiger"), also im Wege der Eigenpreisgegenüberstellung, für die bereits nach geltendem Recht Vorgaben des UWG zu beachten sind.[9] Werbeanzeigen werden in der Tagespresse oder auch in lokalen Anzeigenblättern geschaltet. Hier sind es nicht nur

---

6 So der damalige stellvertretende Fraktionsvorsitzende der CDU/CSU Nüßlein, https://www.focus.de/politik/deutschland/schlechte-arbeitsbedingungen-in-schlachthoefen-unionspolitiker-keine-werbung-mehr-fuer-billigfleisch_id_11988620.html, dpa-Meldung vom 14.5.2020 (abgerufen am 17.2.2023).

7 Die damalige Landwirtschaftsministerin NRW, Heinen-Esser, zitiert nach https://www.br.de/nachrichten/deutschland-welt/heinen-esser-fordert-verbot-von-werbung-fuer-billigfleisch (abgerufen am 1.8.2020).

8 So noch vor Corona etwa Greenpeace: https://www.nordbayern.de/region/nuernberg/greenpeace-nurnberg-fordert-werbeverbot-fur-billigfleisch-1.9768078 (abgerufen am 17.2.2023).

9 Zur Eigenpreisgegenüberstellung unter wettbewerbsrechtlichen Gesichtspunkten siehe *Bornkamm/Feddersen*, in: Köhler/Bornkamm/Feddersen, UWG, 41. Aufl. 2023, § 5 Rdn. 3.105; *Dreher/Kulka*, Wettbewerbs- und Kartellrecht, 10. Aufl. 2018, Rdn. 365 f.; auch EuGH NJW 1993, 3187, Rdn. 17, wonach derartige Gegenüberstellungen sehr

die „großen Vier", die für ihre Angebote werben. Auch lokale Verbrauchermärkte und Betriebe des Einzelhandels schalten Anzeigen in der lokalen Presse, auch örtliche Fleischereifachgeschäfte werben, wenn auch meist auf einem höheren Ausgangsniveau, mit Sonderangeboten für ihre Erzeugnisse. Es sind also keineswegs nur die großen Lebensmittelkonzerne und Handelsketten, die von Werbeverboten betroffen wären.

2. Regulierungsansätze

Soweit für Verbote oder Beschränkungen der Preiswerbung im Lebensmitteleinzelhandel der Ansatz im Wettbewerbsrecht gesucht werden soll, ist zu vergegenwärtigen, dass es sich hierbei um wettbewerbsrechtlich grundsätzlich zulässige Werbemaßnahmen handelt, Werbepraktiken wie irreführende Werbung für einen nur vermeintlich günstigen Angebotspreis oder Lockvogelangebote[10], unter bestimmten Voraussetzungen auch die – grundsätzlich zulässige – Preisgegenüberstellung[11] aber bereits nach geltendem Wettbewerbsrecht unzulässig sind. Für Verkäufe von Lebensmitteln unter dem Einstandspreis[12] gilt zudem das Behinderungsverbot des § 20 Abs. 3 Satz 2 Nr. 1 GWB[13], das sich jedoch gemäß der Definition des Abs. 3 Satz 3 auf den vom Händler seinem Lieferanten gezahlten Preis bezieht, also nicht auf die Gestehungskosten im Sinn der Forderung, Fleisch dürfe nicht billiger verkauft werden, als es produziert wurde.

Sollte kein generelles Verbot der Preiswerbung für Fleisch- und Fleischprodukte angestrebt werden, sondern es um „Billigfleisch" gehen, so bedarf es hierfür nachvollziehbarer Kriterien. In der aktuellen Diskussion ist damit in erster Linie Fleisch gemeint, das unter häufig kritikwürdigen Bedingungen zu niedrigen Gestehungskosten produziert wurde und zu entsprechend niedrigen Preisen verkauft wird. Ob also Fleisch und Fleischerzeugnisse als „Billigfleisch" oder billig eingestuft werden, hängt maßgeblich von sub-

nützlich sein können, um es dem Verbraucher zu ermöglichen, seine Wahl in voller Kenntnis der Sachlage zu treffen (zu § 6e UWG a.F.).

10 *Dreher/Kulka*, Wettbewerbs- und Kartellrecht, 10. Aufl. 2018, Rdn. 361, 371.

11 Zur Eigenpreisgegenüberstellung BGH GRUR 2003, 804: *Dreher/Kulka*, Wettbewerbs- und Kartellrecht, 10. Aufl. 2018, Rdn. 361, 365 f.: Wenn der vorgehende Preis über unangemessen kurze Zeit gegolten hatte, bei „Mondpreisen".

12 *Köhler*, in: Köhler/Bornkamm/Feddersen, UWG, 41. Aufl. 2023, § 4 Rdn. 4.185 ff., 5.14 ff. Vgl. zu Preisunterbietung und Verkauf unter Selbstkosten; zu Sonderangeboten *Bornkamm/Feddersen* a.a.O. § 5 Rdn. 3.45 ff.

13 Näher *Dreher/Kulka*, Wettbewerbs- und Kartellrecht, 10. Aufl. 2018, Rdn. 420.

jektiven Kriterien ab. Für eine gesetzliche Beschränkung, insbesondere für gesetzliche Verbote, bedarf es jedoch verlässlicher und nachvollziehbarer Kriterien.

Eine Regulierung der Werbung für Fleisch und Fleischprodukte unter dem Gesichtspunkt der Beschränkung oder des Verbots der Werbung für „Billigfleisch" stünde damit vor der Notwendigkeit einer Konkretisierung dieses zentralen Merkmals eines Verbotstatbestandes. Der Gesetzgeber wäre gehalten, nachvollziehbare Kriterien für die Bewertung von Werbeinhalten zu entwickeln, soll eine Regulierung sich nicht auf bestimmte Werbeformen wie Sonderangebote, Eigenpreisvergleiche und Rabattaktionen wie „3 zum Preis für 2" beschränken[14] oder bestimmte werbende Aussagen wie „im Preis gesenkt" oder „vorteilhafte Großpackung" untersagen oder sich auf die formale Gestaltung der Anzeigen beschränken.

3. Verfassungsrechtliche Fragestellung – betroffene Grundrechte

Wirtschaftswerbung fällt in den Schutzbereich der Berufsfreiheit des Art. 12 Abs. 1 GG. Sie erfasst mit der Freiheit der unternehmerischen Berufsausübung[15] auch die Werbung als berufliche Außendarstellung[16] und ebenso die Freiheit der Preisbildung, die Preisfreiheit[17] und schützt das berufsbezogene Verhalten am Markt[18] nach den Grundsätzen des Wettbewerbs.[19] Die

---

14 Eine dahingehende Regelung ist in Frankreich mit dem „Loi pour l'équilibre des relations commerciales dans le secteur agricole et une alimentation saine et durable" vom 30.10.2018 – Loi EGalim – in Kraft getreten; es sieht die Begrenzung von Sonderaktionen („promotions") sowie Verkäufen unter Einstandspreis nach Wert und Volumen vor. „Cela permettra de faire en sorte de mieux rémunérer les agriculteurs ... Fini par exemple le „2 pour le prix d'1", https://agriculture.gouv.fr/egalim-ce-que-contient-la-loi-agriculture-et-alimentation (abgerufen am 4.8. 2020); das Gesetz enthält ein umfangreiches Maßnahmenpaket („Renforcer le bien-être animal").

15 Vgl. *Burgi*, BonnK, Art. 12 Abs. 1 (2019), Rdn. 45 f.

16 Vgl. BVerfGE 85, 248 (256); 97, 173 (181); 111, 366 (373); BVerwGE 124, 26 Rdn. 16; *Jarass*, in: Jarass/Pieroth, GG, 17. Aufl. 2022, Art. 12, Rdn. 12; *Manssen*, in: von Mangoldt/Klein/Starck, GG I, 7. Aufl. 2018, Art. 12, Rdn. 67.

17 *Breuer*, Freiheit des Berufs, HStR VIII, 3. Aufl. 2010, § 170 Rdn.89; *Manssen*, in: von Mangoldt/Klein/Starck, GG I, 7. Aufl. 2018, Art. 12, Rdn.69 f.; BVerfGE 134, 204, Rdn. 66.

18 BVerfGE 115, 205, Rdn. 98148, 20, Rdn. 27; vgl. auch *Ruffert*, Beck-OK (2022), Art. 12, Rdn. 159.

19 *Brenner*, Vertrags- und Wettbewerbsfreiheit, HGR V (2013), § 115 Rdn. 9; BVerfGE 32, 311 (317); 46, 120 (137).

Europäische Grundrechtecharta garantiert in Art. 16 die unternehmerische Freiheit. Staatliche Maßnahmen, die geschäftliche oder berufliche Werbung beschränken, sind regelmäßig Eingriffe in die Freiheit der Berufsausübung.[20] Auch wird Wirtschaftswerbung – darunter ist jede Äußerung zu verstehen, die das Ziel hat, den Absatz von Waren oder Dienstleistungen oder das Image eines Produkts, eines Unternehmens, einer Branche zu fördern – vom Grundrechtstatbestand der Meinungsfreiheit umfasst.[21]

Im Schwerpunkt allerding würde sich eine Regulierung der Werbung und insbesondere die vorgeschlagene Ergänzung des UWG durch ein Verbot der Preiswerbung gegen die Freiheit der Berufsausübung des Handels richten, die Handelsunternehmen also in der Freiheit des Wettbewerbs beschränken. Aufgrund dieser spezifischen Zielrichtung sind hier die avisierten Werbeverbote vorrangig am Maßstab des Art. 12 Abs. 1 GG zu messen[22], ohne dass dadurch die Kommunikationsfreiheiten des Art. 5 Abs. 1 GG verdrängt würden.[23]

III. Verbot der Preiswerbung als Verstoß gegen Art. 12 GG

1. Grundrechtseingriff

Beschränkungen der Werbung für bestimmte Produkte, wie inhaltliche Beschränkungen dergestalt, dass mit bestimmten Angaben, bestimmten Eigenschaften, Qualitäten oder Wirkungen des beworbenen Produkts nicht geworben werden darf oder Preisvergleiche unzulässig sein sollen, Verbote bestimmter Werbeformen wie Rabattaktionen oder Sonderangebote oder formale Vorgaben etwa des Inhalts, dass der Preis nicht besonders auffällig herausgestellt werden darf, wirken als Eingriff in das Grundrecht der

---

20 BVerfGE 85, 248 (256), 94, 372 (389); *Ruffert*, in: Epping/Hillgruber, Beck-OK GG (2022), Art. 12, Rdn. 108.

21 So die mittlerweile ganz überwiegende Auffassung des Schrifttums, vgl. *Schulze-Fielitz*, in: Dreier, GG I, 3. Aufl. 2018, Art. 5, Rdn. 62; *Schmidt-Jortzig*, Meinungs- und Informationsfreiheit, HStR VI, 3. Aufl. 2008, § 162 Rdn. 23; *Starck/Paulus*, in: v.Mangoldt/Klein/*Starck*, GG I, 7. Aufl. 2018, Art. 5, Rdn. 25; *Wendt*, in: von Münch/Kunig, GG I, 7. Aufl. 2021, Art. 5, Rdn. 30.; *di Fabio*, NJW 1997, 2863; *Kühling*, in: Gersdorf/Paal, Beck-OK Informations- und Medienrecht (2022), Art. 5, Rdn. 26 ff.; *Kübler*, Medien, Menschenrechte und Demokratie. Das Recht der Massenkommunikation, 2008, S. 86 f.; *Friauf/Höfling*, AfP 1985, 249 ff.

22 Vgl. BVerfGE 85, 248 (256 ff,): „in erster Linie" Art.12 Abs. 1 GG betroffen.

23 BVerfG, a.a.O.

Berufsfreiheit. Sie zielen auch unmittelbar darauf ab, die Unternehmen in bestimmten Bereichen ihrer Tätigkeit, insbesondere dem der Produktinformation und Außendarstellung und damit auch in ihrem Verhalten im Wettbewerb, zu beschränken[24], sind also von evident berufsregelnder Tendenz.[25] Zur Rechtfertigung des Eingriffs bedarf es verfassungsrechtlich legitimer Gründe. Dies gilt für den hier beispielhaft beschriebenen Gesetzesvorschlag zur Einfügung eines Preiswerbeverbots für Fleisch und Fleischerzeugnisse wie generell für produktbezogene Werbeverbote für den Handel.

2. Legitime Gesetzeszwecke?

a) Produktionsbedingungen – höhere Standards

Die schlichte Forderung, ein Produkt müsse „teurer werden", trägt als Eingriffsziel seine Rechtfertigung nicht in sich. Vielmehr müssen gerade der damit angestrebten Verteuerung legitime öffentliche Belange zugrunde liegen, dies insbesondere auch dann, wenn Verbote oder Einschränkungen der Werbung bewirken sollen, dass Produkte teurer werden, Fleisch also nicht zu billig verkauft, nicht zu „Dumping-Preisen verramscht" werden soll. Einen legitimen Gemeinwohlbelang bezeichnet fraglos das Anliegen höherer Standards in den Produktionsbedingungen. Hier steht der Staat in der Verantwortung.[26] Vor allem als Reaktion auf die Covid-19-Ausbrüche in der Fleischindustrie und die dortigen Produktions- und Arbeitsbedingungen wurden die Preise für „Billigfleisch" kritisiert. Grundrechte begründen hier staatliche Schutzpflichten. Eine Handlungspflicht, Gesundheits- und Hygienerisiken vorzubeugen, folgt aus dem Grundrecht auf Leben und Gesundheit.[27] Für die Bedingungen der Tierhaltung wirkt das Staatsziel des Tierschutzes in Art. 20a GG legitimierend, soweit es um die Begrenzung

---

24 Vgl. *Burgi*, BonnK, Art. 12 I (2019), Rdn. 132, BVerfGE 37, 1 (18).

25 *Burgi*, BonnK, Art. 12 I (2019), Rdn. 138.

26 Siehe auch zum Regierungsentwurf für ein Arbeitsschutzkontrollgesetz: Kernaufgabe staatlichen Handelns, Rahmenbedingungen für gesunde, sichere und menschengerecht gestaltete Arbeitsbedingungen zu schaffen, www.bmas.de/SharedDocs/Downloads/DE/PDF-Gesetze/Regierungsentwuerfe/reg-arbeitsschutzkontrollgesetz.pdf?__blob=publicationFile&v=4 (abgerufen am 31.7.2020).

27 Vgl. *Kingreen/Poscher*, Grundrechte – Staatsrecht II, 38. Aufl. 2022, Rdn. 150 ff., 583 f.; *Callies*, Schutzpflichten, HGR II, 2006, § 44 Rdn. 6; BVerfGE 56, 54 (78); 77, 174 (201); 85, 191 (212), stRSpr.

schädlicher Umweltauswirkungen geht, das Staatsziel des Umwelt- und Klimaschutzes. Hier allerdings erschiene es naheliegend, die unmittelbar Verantwortlichen in Anspruch zu nehmen, insbesondere dann, wenn gesetzliche Anforderungen[28] nicht eingehalten sind. Dies ist in erster Linie eine Frage der Verhältnismäßigkeit.

b) Steuerung der Konsumgewohnheiten?

Einer angestrebten Einflussnahme auf die Konsumgewohnheiten der Verbraucher mögen an sich bedenkenswerte Erwägungen umwelt- und klimapolitischer wie auch gesundheitspolitischer Natur zugrunde liegen. Gleichwohl begäbe sich der Gesetzgeber mit dem Versuch, auf die private Lebensführung nicht nur im Wege staatlicher Informationspolitik[29], sondern über unmittelbare Eingriffe in die Freiheit der Marktkommunikation Einfluss zu nehmen, auf verfassungsrechtlich ungesichertes Terrain. Der damit vorgezeichnete „Weg edukatorischer Bevormundung" könnte „sich auf weitere Bereiche ausdehnen" und dann „erstickend" wirken.[30] So ist es allenfalls in sehr engen Grenzen legitimiert, erwachsene Menschen anzuhalten, ein „gutes Leben" zu führen[31], sie entgegen der Freiheitsgewährleistung des Art. 2 Abs. 1 GG von unvernünftigen oder auch selbstschädigenden Verhaltensweisen abzuhalten.[32] In Anbetracht des Verfassungsrangs der Schutzgüter Umwelt und Klima kann es legitime Zielsetzung des Gesetzgebers sein, dem Verbrauch als umwelt- oder klimaschädlich eingestufter Produkte entgegenzuwirken[33] – was jedoch keineswegs bedeutet, dass der Staat den Bürger auf diesem Wege beliebig zu bestimmten Verhaltensweisen im privaten Bereich veranlassen dürfte, sei es auch nur mittelbar durch finanzielle Anreize bzw. Belastungen.[34]

---

28 Vgl. zur Kastenstandhaltung siehe OVG Magdeburg RdL 2016, 79 und BVerwG RdL 2017, 77.

29 Vgl. *Hufen*, JuS 2020, 193 (199) zu „Nudging".

30 BVerfGE 121, 317 (388) – Sondervotum des Richters Masing.

31 BVerfGE 121, 317 (385) – Sondervotum des Richters Masing.

32 *Rixen*, in: Sachs, GG, 9. Aufl. 2021, Art. 2, Rdn. 209 ff.; *di Fabio*, in: Maunz/Dürig, GG, Art. 2 (2001) Rdn. 50; – für Minderjährige siehe demgegenüber BVerfG NJW 2012, 1062 – Sonnenstudioverbot –; BVerfGE 83, 130 – Jugendschutz vor Pornographie –; einen nicht repräsentativen Einzelfall bezeichnet BVerfGE 60, 123, vgl. *Hufen*, JuS 2020, 193 (198).

33 BVerfGE 110, 274.

34 Vgl. auch *Hufen*, JuS 2020, 193 ff.

c) Verbraucherschutz?

Verbraucherschutz kann im Rahmen des UWG Werbeverbotes nur insoweit legitimieren, als unlautere Werbepraktiken unterbunden werden sollen, wie dies bereits der Fall ist etwa für irreführende Werbung oder Lockvogelangebote.[35] Dies entspricht dem Schutzzweck des Lauterkeitsrechts, dem Schutz vor unlauteren Geschäftspraktiken gemäß § 1 Satz 1 UWG.[36] Dem dient auch ein Verbot des Verkaufs unter Einstandspreis, der für Lebensmittel zudem unter das Behinderungsverbot des § 20 Abs. 3 Satz 2 Nr. 1 GWB fällt. Für Werbeverbote mit dem Ziel, den Preiswettbewerb generell einzuschränken oder zu verbieten und die Produkte zu verteuern, kann hierauf nicht zurückgegriffen werden. Dass die Werbung für bestimmte (legale) Produkte generell wettbewerbswidrig sein könnte, ist dem UWG nicht zu entnehmen. Ein generelles Verbot der Preiswerbung würde dem Schutzzweck des Wettbewerbsrechts, das ja Wettbewerb ermöglichen und nicht unterbinden will, zuwiderlaufen und wäre innerhalb des UWG systemwidrig. Es stünde zudem im Widerspruch zum Verbraucherleitbild des UWG[37] und damit auch im Widerspruch zum Grundsatz grundrechtlicher Privatautonomie, die diesem Verbraucherleitbild zugrunde liegt. Auch das Wettbewerbsrecht öffnet keinen Weg zu edukatorischer Bevormundung.

3. Verhältnismäßigkeit

a) Zweckerreichung und Geeignetheit

Aus den vorstehenden Erwägungen zu Werbeverboten folgt insbesondere für den Gesetzesvorschlag zum Verbot der Preiswerbung für Fleisch und Fleischerzeugnisse, dass der Gesetzgeber sich hierbei in seinen möglichen Zielsetzungen auf verfassungsrechtlich schmaler Basis bewegen würde. Schon deshalb bestehen angesichts der Eingriffsintensität der angestrebten Verbote durchgreifende verfassungsrechtliche Einwände unter Gesichtspunkten der Verhältnismäßigkeit. Sie erstrecken sich auch auf die Geeignetheit der Gesetzesvorschläge. Auch wenn hierbei dem Gesetzgeber eine Ein-

35 Näher dazu vorstehend II.2.

36 *Köhler*, in: Köhler/Bornkamm/Feddersen, UWG, 41. Aufl. 2023, Einl. Rdn. 2.17.

37 *Köhler*, in: Köhler/Bornkamm/Feddersen, UWG, 41. Aufl. 2023, § 1 Rdn. 30; zum Leitbild des verständigen Verbrauchers im Recht der EU siehe *Streinz*, Europarecht, 11. Aufl. 2019, Rdn. 933; *ders.*, in: Festschrift Köhler, 2014, S. 745 (746 ff.).

schätzungsprärogative einzuräumen, die Möglichkeit der Zweckerreichung ausreichend ist[38], ist doch der zu erwartende Grad der Zweckerreichung verfassungsrechtlich nicht irrelevant. Die Angemessenheit der Maßnahme erfordert es, einen verhältnismäßigen Ausgleich zwischen dem Eingriffsgewicht der Regelung und dem verfolgten gesetzgeberischen Ziel sowie der zu erwartenden Zielerreichung herzustellen.[39]

Auch wenn die Annahme, ein Verbot der Preiswerbung würde ein Produkt „teurer werden" lassen, angesichts des dann fehlenden preisdämpfenden Effekts des Wettbewerbs vertretbar erscheint, besagt dies noch wenig über den mit dem Instrument einer Verteuerung angestrebten, den Eingriff erst legitimierenden eigentlichen Gesetzeszweck, im Fall des vorgeschlagenen Preiswerbeverbots für Fleisch und Fleischerzeugnisse also in erster Linie die Verbesserung der Produktionsbedingungen im Interesse des Arbeitsschutzes, des Tierschutzes, möglicherweise auch des Umwelt- und Klimaschutzes und des Verbraucherschutzes. Die Annahme, allein deshalb, weil im Lebensmitteleinzelhandel etwas höhere Preise bezahlt würden, müssten sich die Produktionsbedingungen verbessern, erscheint nicht zwingend, zumal dann, wenn der Lebensmitteleinzelhandel weder der einzige noch – neben Export und Großhandel – der bedeutsamste Vertriebskanal ist.[40]

Die Erwartung, aufgrund von Werbeverboten über höhere Preise im Einzelhandel, also auf dieser letzten Stufe der Lebensmittellieferkette, zu verbesserten Produktionsbedingungen zu gelangen, beruht auf der Annahme, auf den vorgehenden Stufen der Preisbildungskette würde der Preisdruck gemindert und sich eine etwaige verbesserte Ertragslage in verbesserten Produktionsbedingungen niederschlagen. Dies würde Prognoseentscheidungen erfordern, die nicht nur auf ungesicherter Tatsachenbasis beruhen, sondern auch die relevanten Preisbildungsfaktoren in der Lebensmittellieferkette außer Acht lassen.

38 BVerfGE 148, 40, Rdn. 37; 115, 276 (308); 126, 112 (144); 145, 20, Rdn. 152; 155, 348 Rdn. 10.

39 BVerfGE 148, 40, Rdn. 49.

40 Nach Angaben des BVLH werden bei Fleisch nur 32 % über den Lebensmittelhandel abgesetzt, HDE-Handelsreport Frischemärkte, 2020. S. 17.

b) Angemessenheit – Gesamtabwägung

Bereits dies spricht gegen die Angemessenheit des angestrebten Preiswerbeverbots, das damit nur über eine Reihe von Zwischenstufen in Beziehung zum eigentlichen Gesetzesziel gesetzt werden kann und auf ungesicherten und wenig plausiblen Erwartungen vager Kausalverläufe beruht.[41] Während sich andererseits der Grundrechtseingriff umso eher rechtfertigen lässt, je enger der Bezug von Vorschriften zu einem Schutzgut ist[42], erlangt das Grundrecht – hier also der Berufsfreiheit – in der Abwägung umso höheres Gewicht, wenn sich der Grundrechtseingriff in dieser Weise vom Schutzgut entfernt.

Die Zumutbarkeit eines Eingriffs hängt zunächst entscheidend von dessen Schwere ab; sie ist Ausgangspunkt der gebotenen Gesamtabwägung.[43] Werbeverbote, mögen sie in der Schrankensystematik der Berufsfreiheit auch auf der Stufe der Berufsausübung zu verorten sein, bedeuten gerade für den Einzelhandel Eingriffe von hoher Intensität. Denn sie treffen die Handelsunternehmen im Kern ihrer beruflichen und unternehmerischen Betätigung, für die Werbung ein Essential darstellt, nicht etwa nur einen Randaspekt.[44] Sie betreffen auch nicht die bloßen Rahmenbedingungen des Wettbewerbs.[45] Handel zu treiben, ob auf dem Wochenmarkt oder im Supermarkt, bedeutet notwendig auch, die Ware zu bewerben, sie im Wortsinn „anzupreisen". Ohne deutliche Preisangaben ist Werbung für den Adressaten nicht aussagekräftig. Ihr Verbot berührt damit beim Handel, insbesondere beim Einzelhandel, die Berufsfreiheit als unternehmerische Freiheit in ihrem Kernbereich, wie auch die unternehmerische Freiheit als Freiheit der Preisgestaltung.[46] Auch sie kann beeinflusst werden bei dirigistischen Eingriffen in die Preiswerbung. Werbeverbote bewirken also intensive Grundrechtseingriffe. Gegenüber dem Einzelhandel, der essentiell auf

41 Siehe zur Notwendigkeit einer hinreichend gesicherten Grundlage für die Einschätzung und deren verfassungsgerichtlicher Überprüfung BVerfGE 123, 186 (241); *Kluckert*, JuS 2015, 116 (120).

42 BVerfGE 107, 186 (197); *Burgi*, BonnK, Art. 12 I (2019), Rdn. 217.

43 Siehe zur Methodik *Jarass*, in: Jarass/Pieroth, GG, 17. Aufl. 2022, Art. 20, Rdn. 121.

44 Wie bei BVerfGE 85, 248 (261) für die ärztlichen Heilberufe, vgl. BVerfGE 85, 248 (261): Berührung nicht des Kernbereichs der Berufsausübung, der ärztlichen Heilbehandlung, sondern des Randbereichs der öffentlichen Darstellung der ärztlichen Tätigkeit.

45 Vgl. BVerfGE 155, 238 Rdn. 96.

46 *Breuer*, Freiheit des Berufs, HStR VIII, 3. Aufl. 2010, § 170 Rdn. 89.

Werbung angewiesen ist, beschränken sie die Freiheit der Berufsausübung in einem Kernbereich.

In der Gesamtabwägung mögen dem durchaus legitime Eingriffsziele gegenüberstehen, wie sie zumindest mittelbar über ein Werbeverbot angestrebt werden. Die abstrakte Bewertung ist jedoch nicht entscheidend. Ausschlaggebend in der Abwägung ist vielmehr eine konkret fallbezogene Gewichtung.[47] Hierfür ist einerseits die Intensität der Grundrechtsbeeinträchtigung in die Abwägung einzustellen, andererseits die Bedeutung für die Gesetzeszwecke, der Nutzeffekt oder Ertrag der in Aussicht genommenen Regelungen. Dies bedeutet im Fall des vorgeschlagenen Verbots einer Preiswerbung für Fleisch und Fleischprodukte: Intensiven, die Berufsfreiheit hier in einem Kernbereich treffenden Grundrechtseingriffen stehen verhältnismäßig geringe und ungesicherte fördernde Auswirkungen auf mögliche Gesetzeszwecke gegenüber. Der Eingriff wiegt umso schwerer, als er beim letzten Glied der Lebensmittellieferkette ansetzen würde, nicht aber bei den für die Produktionsbedingungen, um die es ja vor allem geht, primär Verantwortlichen, also den Erzeuger- und Verarbeitungsbetrieben. Dem nicht unmittelbar Verantwortlichen, also dem Lebensmittelhandel, erhebliche Nachteile zuzufügen, ihn in die Position des „Störers" zu drängen, ohne die primär Verantwortlichen in Anspruch zu nehmen, erschiene sachlich nicht gerechtfertigt und willkürlich.[48]

IV. Kommunikationsfreiheiten – Art. 5 Abs. 1 GG

1. Marktkommunikation und Meinungsfreiheit

Schon begrifflich sind Werbeaussagen, die eine subjektive, wertende Aussage über die Qualität eines Gegenstands, eines Leistungsangebots enthalten und den Adressaten in ihrem Sinn beeinflussen wollen, Meinungsäußerungen im Sinne von Art. 5 Abs. 1 Satz 1 GG[49]; ihr meinungsbildender

47 Zu abstrakter und konkreter Abwägung siehe *Degenhart*, Staatsrecht I – Staatsorganisationsrecht, 38. Aufl. 2022, Rdn. 431 ff.

48 Hierzu im Rahmen der Gesamtabwägung siehe *Burgi*, BonnK, Art. 12 I (2019), Rdn 219, unter Verweis auf BVerfGE 121, 317 (Rauchverbot in Gaststätten).

49 Vgl. etwa *Schmidt-Jortzig*, Meinungs- und Informationsfreiheit, HStR VII, 3. Aufl. 2009, § 162 Rdn. 23.

Charakter ist insoweit unbestreitbar.[50] Dies gilt auch für produktbezogene Kommunikation, die sich auf Tatsachenangaben beschränkt, da auch Tatsachenmitteilungen, die ihrerseits meinungsbildend wirken, als Meinungsäußerungen einzuordnen sind.[51] Jegliche freiheitliche Ordnung, auch in Teilbereichen wie dem der Wirtschaftsfreiheiten, setzt freie Kommunikation voraus.[52] Wenn Investitions- und Konsumentscheidungen in grundrechtlicher Privatautonomie getroffen werden, so bedingt dies informierte Marktteilnehmer[53] und damit sowohl Freiheit der Information[54] als passive Kommunikationsfreiheit, wie auch die ihr entsprechende aktive Kommunikationsfreiheit der Freiheit der Äußerung. Dies bedeutet auch die Freiheit der Auseinandersetzung im Wettbewerb.

2. Meinungsrelevanz der Werberegulierung – Eingriffswirkung

Dieser grundrechtlichen Zuordnung der Werbung entspricht die Meinungsrelevanz der Werberegulierung. Sie kann typischerweise, und gerade im hier anstehenden Zusammenhang eines Preiswerbeverbots für bestimmte Lebensmittel, als Ausdruck einer prinzipiellen staatsseitigen Missbilligung bestimmter – legaler und grundrechtlich geschützter[55] – Verhaltensweisen und Konsumgewohnheiten aufzufassen sein. Hierin sind sie häufig Ausdruck aktueller politischer oder gesellschaftlicher Stimmungslagen[56], Ausdruck aber auch einer Tendenz zu einem paternalistischen Staatsverständnis, gerichtet auf ein Handeln „zum Wohl" des Betroffenen unabhängig von seinem Willen.[57] Dies bedeutet hohe Meinungsrelevanz.[58] Marktkommunikation, auch als Werbung, ist Teil eines „Staat und Gesellschaft übergreifenden wirtschafts-, gesundheits- und verbraucherpolitischen Diskurses".[59]

50 *Kühling*, Die Kommunikationsfreiheit als europäisches Gemeinschaftsgrundrecht, 1999, S. 481.

51 Näher *Degenhart*, BonnK, Art. 5 I und II (2017), Rdn. 112 ff.

52 Ähnlich *di Fabio*, AfP 1998, 564 (569).

53 Vgl. BVerfGE 105, 252 (266 f.) für staatliche Informationsaufgaben bei Marktversagen.

54 BVerfGE 105, 252 (266 f.).

55 Vgl. *di Fabio*, in: Maunz/Dürig, GG, Art. 2 (2001), Rdn. 50 zu Art. 2 Abs. 1 GG.

56 *Paulus*, WRP 1990, 22 (25).

57 Vgl. zum Begriff etwa *Eidenmüller*, JZ 2011, 814 (815).

58 Vgl. *Fiedler*, JZ 2006, 320 (321).

59 *Hufen*, Staatsrecht II – Grundrechte, 6. Aufl. 2018, § 25 Rdn. 9 unter Verweis auf *Ladeur*, NJW 2004, 393; *Arens* JZ 2004, 763.

Ein Gesetz, das die Verbreitung bestimmter Informationen wie auch Werbeaussagen – und seien es nur Preisinformationen – untersagt, ist damit in Bezug auf das Grundrecht der Meinungsfreiheit von spezifischer Eingriffsintensität. Dies in zweifacher Hinsicht: zum einen dadurch, dass die Verbreitung von Informationen erschwert oder unterbunden werden soll, zum anderen dadurch, dass damit die – auch anderweitig zu beobachtende[60] – Tendenz verbunden ist, Marktkommunikation staatlicherseits über die Grenzen verfassungsrechtlich legitimer staatlicher Informationstätigkeit[61] hinaus zu beeinflussen und zu regulieren. Dies umso mehr, wenn eine Verbotsgesetzgebung in ethisch-moralischer Motivation erfolgt.

3. Verhältnismäßigkeit?

Eine Ergänzung des UWG durch ein Verbot der Preiswerbung für bestimmte Lebensmittel wäre in diesem Sinn kommunikationsrelevant. Auch soweit es zumindest mittelbar *„dem Schutz eines auch sonst in der Rechtsordnung geschützten Rechtsguts dient“*[62], muss es dem Gebot der Verhältnismäßigkeit genügen. Dass die Handelsunternehmen anderweitig über ihre Produkte informieren, dass sie etwa mit besonderer Qualität, regionaler Herkunft, umwelt- und tierfreundlicher Produktion werben können, mildert ein Verbot der Preiswerbung in seiner Eingriffsintensität nicht entscheidend ab. Denn zum einen ist Werbung ohne Preisangabe nicht hinreichend aussagekräftig. Vor allem aber ist es im Rahmen der Meinungsfreiheit des Art. 5 Abs. 1 Satz 1 GG Sache des Grundrechtsträgers, in grundrechtlicher Privatautonomie zu bestimmen, was er für wichtig oder mitteilenswert hält.[63] Da in die Abwägung zur Zumutbarkeit des Eingriffs maßgeblich dessen Ertrag oder Nutzeffekt im Hinblick auf die Ziele des Gesetzgebers einzustellen ist[64], sind Werbeverbote auch dann unverhältnismäßig, wenn der Gesetzgeber mit ihnen zum Schutz des Verbrauchers beitragen wollte. Auch soweit der Gesetzgeber also verfassungsrechtlich

60 So waren in zeitlichem Zusammenhang Forderungen nach einem Werbeverbot für Fastfood im Fernsehen zu vernehmen, https://www.welt.de/politik/deutschland/article212914738/Gruene-wollen-TV-Werbung-fuer-Fast-Food-verbieten.html. (abgerufen am 21.8.2020); die Liste ließe sich beliebig verlängern.

61 BVerfGE 105, 252 (269); *Degenhart*, AfP 2010, 234 (327 f.); 2020, 185 Rdn. 12 ff.

62 BVerfGE 124, 300 (322).

63 BVerfGE 33, 1 (14); *Degenhart*, BonnK, Art. 5 I und II (2017), Rdn. 109.

64 Vgl. *Jarass*, in: Jarass/Pieroth, GG, 17. Aufl. 2022, Art. 20, Rdn. 118, *Kluckert*, JuS 2015, 116 (119): „Nutzeffekt“; vgl. auch BVerfGE 121, 317 (363).

legitime Gemeinwohlziele verfolgt, vermögen diese den Eingriff in die Freiheit der Meinungsäußerung ebenso wenig zu rechtfertigen wie die Eingriffe in die freie Berufsausübung.

Ein Werbeverbot stünde mithin im Widerspruch auch zur Meinungsfreiheit des Art. 5 Abs. 1 Satz 1 GG. Insbesondere als Verbot der Preiswerbung wäre es verfassungswidrig. Ob gewisse Vorgaben für die Gestaltung der Werbung ungeachtet ihrer Eingriffswirkung gerechtfertigt werden könnten, hängt von deren konkreter Ausgestaltung ab. Generelle Werbeverbote können verfassungsrechtlich jedoch nicht gerechtfertigt werden. Dies gilt auch für Preisinformationen als essentiellen Bestandteil der Werbung im Einzelhandel.

V. Fazit – Handlungsoptionen und Kohärenz

Im Ergebnis wäre damit ein Werbeverbot, insbesondere in der Gestalt eines Preiswerbeverbots, unverhältnismäßig. Ob etwaige formale oder inhaltliche Vorgaben für Werbung unterhalb dieser Schwelle noch zumutbar wären, hängt von deren konkreter Ausgestaltung und auch davon ab, ob sie Teil eines kohärenten Schutzkonzepts sind.[65] Sowohl im Hinblick auf das Grundrecht der Berufsfreiheit in Art. 12 Abs. 1 GG als auch im Hinblick auf die Kommunikationsfreiheiten des Art. 5 Abs. 1 GG ist nicht von vornherein ausgeschlossen, innerhalb der Lebensmittellieferkette den Lebensmittelhandel in ein kohärentes Schutzkonzept einzubeziehen. Dies bedeutet andererseits: Ohne ein tragfähiges kohärentes Konzept, in das etwaige, strikt auf das Maß des Zumutbaren begrenzte Vorgaben für Art und Weise der Werbung eingebunden sind, wäre ein Zugriff gerade auf den Lebensmittelhandel willkürlich. Ein kohärentes Schutzkonzept zu entwickeln würde also bedeuten, bei den Erzeuger- und Verarbeitungsbetrieben anzusetzen und für diese Stufen der Lebensmittellieferkette bestimmte verbindliche Standards und Qualitätsstufen festzusetzen, wie auch nach Maßgabe der Kriterien für staatliches Informationshandeln[66] Verbraucheraufklärung zu betreiben. In diesem Rahmen mag daran gedacht werden, den Lebensmittelhandel einzubeziehen, im Wege formaler oder inhaltlicher Vorgaben für einzelne Marketinginstrumente, ohne aber die Werbefreiheit

65 Vgl. *Burgi*, BonnK, Art. 12 Abs.1 (2019), Rdn. 219.

66 BVerfGE 105, 252 (266 f.); *Degenhart*, K&R Beihefter 1/2016 zu Heft 6 und AfP 2018, 189; AfP 2020, 185.

in den zentralen Elementen auszuhöhlen. Zu diesen zentralen Elementen der Werbefreiheit zählt auch die für den Einzelhandel essentielle Werbung mit Information über Preise.

Normenkontrolle durch Verfassungsbeschwerde[1]

Johann Schwenn

Die Befreiung der Gesetze von unnötigen Vorschriften, nach den Worten des früheren Bundespräsidenten Gauck aus Anlass der Aufnahme der Jubilarin in den Normenkontrollrat eine der vornehmsten Aufgaben dieses Gremiums, gehört nicht gerade zum anwaltlichen Alltag. Aber nicht immer ist für Rechtsanwälte Alltag. Und nicht immer gilt die Normenkontrolle nur unnötigen Gesetzen.

A.

I.

Im November 1981 findet ein Bautechniker in einem Waldgebiet im Landkreis Celle beim Beerensuchen eine Leiche. Es ist die der damals seit vier Tagen vermissten 17 Jahre alten Schülerin Frederike von Möhlmann. Der Leichnam weist elf überwiegend frontal ausgeführte Stichverletzungen von bis zu 7,5 cm Tiefe und eine 22 cm lange Schnittverletzung der oberen Vorderhalsregion auf.

Am 25. Februar 2022 hat das Landgericht Verden gegen einen inzwischen 65 Jahre alten Mann Haftbefehl wegen Mordverdachts erlassen. Für die Justiz ist der vermeintliche Täter kein Unbekannter. Im Juni 1982 hatte ihn das Landgericht Lüneburg aufgrund desselben Geschehens wegen Vergewaltigung und wegen Mordes von Frederike von Möhlmann zu einer lebenslangen Freiheitsstrafe verurteilt. Als einziges Mordmerkmal hatte jenes Landgericht die Absicht des Angeklagten angenommen, eine andere Straftat zu verdecken. Die andere Straftat sollte die vermeintliche Vergewaltigung sein.

Bei diesem Ergebnis war es nicht geblieben. Der 5. Strafsenat des Bundesgerichtshofs hatte das Urteil mit der Begründung aufgehoben, zu besor-

---

1 Transparenzhinweis: Der Verfasser und seine beiden Sozien verteidigen den Beschwerdeführer im nachfolgend dargestellten Fall.

gen sei, „das Schwurgericht habe sich nicht streng daran gehalten, dass es nicht die Sache des Angeklagten ist, seine Unschuld darzutun."[2] Zurückverwiesen hatte der Bundesgerichtshof die Sache an das Landgericht Stade. Von diesem Landgericht war der Angeklagten 1983 freigesprochen worden, weil es nicht einmal Hinweise auf dessen Anwesenheit am Tatort gab. Deshalb musste das Landgericht Stade nicht beschäftigen, dass das vom Landgericht Lüneburg festgestellte Verbringen des Opfers an einen abgelegenen Ort 1981 zur Tatzeit noch keine Begehensvariante des Vergewaltigungstatbestandes war. Erst seit dem 1.7.1997 kann der objektive Tatbestand des § 177 StGB auch dadurch erfüllt werden, dass das Opfer vor Schrecken starr oder aus Angst vor der Anwendung von Gewalt die sexuelle Handlung über sich ergehen lässt.

II.

Angefochten worden war der Freispruch damals weder von der Staatsanwaltschaft noch von dem Vater des Opfers, der sich der Anklage als Nebenkläger angeschlossen hatte. Das freisprechende Urteil ist noch immer rechtskräftig. Zugleich mit der Anordnung der Untersuchungshaft hat das gemäß § 140a Abs. 1 Satz 1 GVG jetzt mit der Sache befasste Landgericht Verden die Wiederaufnahme des Verfahrens zugelassen. Gestützt ist der Beschluss auf das Ergebnis einer im Jahre 2012 vom Landeskriminalamt Niedersachsen vorgenommenen molekulargenetischen Vergleichsuntersuchung von Sekretanhaftungen an einem am Tatort sichergestellten Stück Toilettenpapier und einem Stück Stoff von dem von der Getöteten zum Tatzeitpunkt getragenen Slip. Danach kann der Freigesprochene Verursacher der Sekretanhaftungen an einem dieser beiden Spurenträger sein.

Gegen die Zulassung der Wiederaufnahme hat der Freigesprochene sofortige Beschwerde eingelegt und den Haftbefehl mit der einfachen Beschwerde angefochten. Beide Rechtsbehelfe hatten keinen Erfolg. Dem gleichzeitig mit der Verfassungsbeschwerde gestellten Antrag auf Erlass einer einstweiligen Anordnung hat das Bundesverfassungsgericht am 14.7.2022 entsprochen und mit der Mehrheit von fünf der acht Richter des Zweiten Senats den Haftbefehl bis zur Entscheidung über die Verfassungsbeschwerde, längstens für sechs Monate, unter Auflagen außer Vollzug gesetzt. Am 20.12.2022 ist die einstweilige Anordnung bis zur Entscheidung

2 BGH, Beschl. vom 25.1.1983 – 5 StR 782/82.

über die Verfassungsbeschwerde, längstens für sechs Monate, wiederholt worden.

III.

Möglich war die Wiederaufnahme zu Lasten des Freigesprochenen auf dieser Tatsachengrundlage erst, nachdem am 30.12.2021 das vom Bundestag mit den Stimmen der Fraktionen der CDU/CSU, SPD und AfD gegen die Stimmen der Fraktionen der Linken, der FDP und der Grünen beschlossene „Gesetz zur Herstellung materieller Gerechtigkeit" in Kraft getreten war. Mit diesem Gesetz wurde die Vorschrift über die Gründe für die Wiederaufnahme des Verfahrens gegen den rechtskräftig freigesprochenen Angeklagten ergänzt. Bis dahin konnte das Verfahren zu Lasten des rechtskräftig Freigesprochenen gemäß § 362 StPO nur bei in der Person ihrer Urheber strafbaren Defekten der Beweismittel oder des Verfahrens oder nach einem gerichtlichen oder außergerichtlichen Geständnis des Freigesprochenen wiederaufgenommen werden. Nach dem neuen § 362 Nr. 5 StPO soll die Wiederaufnahme zuungunsten des Freigesprochenen jetzt außerdem möglich sein, wenn neue Tatsachen oder Beweismittel beigebracht werden, die allein oder in Verbindung mit früher erhobenen Beweisen dringende Gründe dafür bilden, dass der freigesprochene Angeklagte wegen Mordes oder wegen im Völkerstrafgesetzbuch bezeichneter Verbrechen verurteilt wird.

Zu dieser Gesetzesänderung hat der hier behandelte Fall geführt. Das angeblich Unerträgliche der Aufrechterhaltung neuerdings nach § 362 Nr. 5 StPO angreifbarer Urteile[3] wollte der Gesetzgeber unter anderem mit dem der gerichtlichen Entscheidung vorgreifenden Hinweis rechtfertigen, die Notwendigkeit einer Gesetzesänderung zeige „auch der Fall der *ermordeten* Frederike von Möhlmann, der Anlass für eine Petition zur Reform der Wiederaufnahme geworden ist. Knapp 180.000 Menschen haben diese Petition bereits unterschrieben."[4] Mit den Unterzeichnern der Petition meint

3 Siehe BT-Drs. 19/30399, S. 9: „schlechthin unerträglich".

4 BT-Drs. 19/30399, S. 9 – Hervorhebung hier; *Hoven* stellt den unterbreiteten Sachverhalt ebenfalls vor, als stünde das Vorliegen einer Vergewaltigung und jedenfalls eines Mordmerkmals bereits fest: „Im Herbst 1981 wurde die 17-jährige Frederike von Möhlmann auf dem Heimweg *vergewaltigt* und *ermordet*" (JZ 2021, 1154 f. [1154] – Hervorhebungen hier).

der Gesetzgeber, durch einen vermeintlich erwiesenermaßen ungerechtfertigten Freispruch vom Vorwurf des Mordes oder eines der bezeichneten, im Völkerstrafgesetzbuch mit Strafe bedrohten Verbrechen würden der „Rechtsfrieden und das Gerechtigkeitsgefühl der Bevölkerung [...] in mindestens [!] ebenso starkem Maße beeinträchtigt wie durch die Verurteilung eines unschuldigen Angeklagten".[5]

B.

I.

Ein Mitglied der AfD-Fraktion des Bundestages hat das „Gesetz zur Herstellung materieller Gerechtigkeit" einen „Schritt in die richtige Richtung" genannt. Es kann gut sein, dass die Einführung des neuen Wiederaufnahmegrundes ein Schritt über die Grenzen ist, die das Grundgesetz dem Gesetzgeber zieht. Das Landgericht Verden hat der Beschwerde gegen den Haftbefehl nicht abgeholfen und sich außerstande gesehen, die für den Vorlagebeschluss nach Art. 100 Abs. 1 GG, § 80 Abs. 1 BVerfGG nötige Überzeugung von der Verfassungswidrigkeit des § 362 Nr. 5 StPO zu gewinnen, während sich das Oberlandesgericht Celle bei der Verwerfung der Beschwerde und der sofortigen Beschwerde gegen die Zulassung der Wiederaufnahme ausdrücklich zur Vereinbarkeit der Ergänzung des § 362 Nr. 5 StPO mit den betroffenen Grundrechten bekannt hat.[6]

II.

Die Verfassungsbeschwerde des Freigesprochenen wendet sich gegen die Zulassung der Wiederaufnahme durch das Landgericht Verden, den von diesem erlassenen Haftbefehl und die Verwerfung seiner gegen diese Entscheidungen erhobenen Beschwerden als unbegründet durch das Oberlandesgericht Celle. Geltend macht der Freigesprochene die gegenwärtige und unmittelbare Verletzung in seinem Prozessgrundrecht aus Art. 103 Abs. 3 GG und seinem allgemeinen Freiheitsrecht aus Art. 2 Abs. 1 GG in Verbindung mit dem durch Art. 20 Abs. 3 GG gewährleisteten Rechtsstaatsprinzip.

5 A.a.O., S. 10 – Hervorhebung hier.
6 OLG Celle StV 2022, 492 ff. (493 ff.) mit ablehnender Anmerkung *Herz*.

1.

Neue Tatsachen oder Beweismittel konnte bisher nur der *Verurteilte* beibringen. Der Anspruch des Staates und der Opfer und Hinterbliebenen auf die Ahndung von Straftaten hat nicht dasselbe Gewicht wie der Anspruch des Unschuldigen, nicht bestraft zu werden. Mit den Worten des *Bundesverfassungsgerichts:* Dem Strafprozess ist von Verfassung wegen die Aufgabe gestellt, „das aus der Würde des Menschen als eigenverantwortlich handelnder Person abgeleitete Prinzip, dass keine Strafe ohne Schuld verhängt werden darf (vgl. BVerfGE 20, 323 [331]), zu sichern und entsprechende verfahrensrechtliche Vorkehrungen bereitzustellen".[7]

Sein rechtsstaatswidriger Standpunkt, durch einen erwiesenermaßen ungerechtfertigten Freispruch wegen einer der in § 362 Nr. 5 StPO genannten Taten würden der Rechtsfrieden und das Gerechtigkeitsgefühl der Bevölkerung in *mindestens* ebenso starkem Maße beeinträchtigt wie durch die Verurteilung eines Unschuldigen, hat den Gesetzgeber dazu verleitet, den Vorrang der Wiederaufnahme zugunsten des Verurteilten vor der Wiederaufnahme zuungunsten des Freigesprochenen zu missachten und bei den in § 362 Nr. 5 StPO bezeichneten rechtskräftig erledigten Vorwürfen den Unterschied zwischen der auf § 359 Nr. 5 und der auf § 362 Nr. 5 StPO gestützten Wiederaufahme ohne Rücksicht auf die betroffenen Grundrechte des Beschwerdeführers einzuebnen.

2.

Mit den Nova des § 362 Nr. 5 StPO und dem wiederholten Beteuern der vermeintlichen Unerträglichkeit der Aufrechterhaltung des freisprechenden Urteils in Fällen wie dem unterbreiteten[8] knüpft der Gesetzesentwurf auch im Wortlaut seiner Begründung an die in der Zeit des Nationalsozialismus maßgebliche Meinung in der damaligen Literatur an, die Wiederaufnahme zuungunsten des Freigesprochenen müsse auch in den Fällen zugelassen werden, angesichts derer das Ausbleiben einer Bestrafung „für das

7 BVerfGE 57, 250 ff. (275); siehe auch BVerfGE 63, 45 ff. (63); *65,* 171 ff. (175); *66,* 313 ff. (318 f.).

8 „[U]nerträgliche[r] Gerechtigkeitsverstoß", „unerträglicher Widerspruch zu Belangen der materiellen Gerechtigkeit und zu Sinn und Zweck des Strafklageverbrauchs", „schlechthin unerträglich", „der Befriedungsfunktion und dem Grundsatz der Rechtsstaatlichkeit, dessen Ausprägung Art. 103 GG ist, in unerträglicher Form" zuwiderlaufend (BT-Drs. 19/30399, S. 5, 9, 10).

Gerechtigkeitsempfinden des Volkes ‚unerträglich' sei". In seinem Beschluss vom 2.1.1947 hat das *Kammergericht Berlin* die weitere Anwendbarkeit des Art. 6 der Verordnung zur Vereinfachung der Rechtspflege vom 29.5.1943 mit dieser Begründung verneint:

> „Die in Art. 6 durch die Änderung der §§ 359 ff. StPO vorgenommene Gleichstellung der Wiederaufnahmegründe zugunsten und zuungunsten des Angeklagten, nach der das Verfahren aufgrund neuer Tatsachen oder Beweismitttel auch zuungunsten eines freigesprochenen Angeklagten wiederaufgenommen werden kann, richtet sich gegen die von der nat.-soz. Rechtslehre als ‚liberalistisch' bekämpfte Einstellung der bisher geltenden Bestimmungen zugunsten des Verurteilten und ist in Verbindung mit dem Begriff des ‚Schutzes des Volkes' inhaltlich so stark von nat.-soz. Gedankengängen beeinflusst, daß die Anwendung der daraus hervorgegangenen Bestimmungen zuungunsten des Verurteilten nach heutigen Rechtsanschauungen nicht tragbar ist."[9]

Angesichts der Kontinuität von Regelung und Begründung hätte sich den Initiatoren des Entwurfs eher der Titel „Gesetz zur *Wieder*herstellung materieller Gerechtigkeit" empfohlen.

Ein Gesetzgeber, der einen Freispruch für „erwiesenermaßen ungerechtfertigt" hält, offenbart ein gestörtes Verhältnis zum Rechtsstaat. Ohne geordnetes Verfahren ist die materielle Gerechtigkeit, deren Herstellung die Reform dienen soll, nicht zu haben. Es gibt nicht den einen Superbeweis, der die Unschuld des vermeintlichen Täters widerlegt. Auch dem belastenden DNA-Beweis fehlt diese Wirkung. Ob der Freigesprochene der Spurenleger ist, hängt auch von den Umständen der Lagerung der Beweismittel ab. Wer wie der Verfasser zu Beginn der Achtzigerjahre des vorigen Jahrhunderts mit Schwurgerichtssachen befasst war, erinnert sich daran, wie damals bei der Polizei, der Staatsanwaltschaft und dem Gericht mit Beweismitteln umgegangen wurde. Laborbedingungen waren das nicht.

---

9 KG JR 1947, 32 – dagegen OLG Neustadt a.d.H. MDR 1949, 702 f. mit Hinweis auf *Hentig*, Wiederaufnahmerecht, Heidelberg 1930, 110, der a.a.O. in anderem Zusammenhang als das OLG Neustadt a.d.H. ihm zuschreibt, von der Unerträglichkeit spricht: „Auch scheint mir unerträglich, dass der Begnadigte oder Amnestierte vor jeder Verfolgung geschützt sein sollte, nicht aber der, den seine Richter rechtskräftig freigesprochen haben."

Wird eine Sekundärantragung der DNA[10] ausgeschlossen, wäre für die Anklage nicht viel gewonnen. Schon das Landgericht Lüneburg hatte als einziges in Betracht kommendes Mordmerkmal die Verdeckungsabsicht erkannt. Über die Motive eines Täters kann die DNA aber keine Auskunft geben. Hier spricht die Mehrzahl der Verletzungen eher für ein irrationales Tötungsmotiv. Auch das damalige Fehlen der Strafbarkeit der angenommenen Vergewaltigungvariante würde der Verdeckungsabsicht entgegenstehen. Die Verfolgung eines Totschlags wäre heute verjährt.

3.

Ein geordnetes Strafverfahren wird durch elementare Gewährleistungen geprägt.

a)

Zu diesen Gewährleistungen gehört das Doppelverfolgungsverbot des Art. 103 Abs. 3 GG. Wer einmal rechtskräftig freigesprochen ist, soll in Ruhe gelassen werden. Das hat gute Gründe: Je länger das rechtskräftig abgeschlossene Strafverfahren zurückliegt, desto größer ist die Gefahr, dass es in der erneuerten Hauptverhandlung zu einem falschen Schuldspruch kommen wird. Die Akten und Beweismittelordner dokumentieren neben dem Gang des Verfahrens nur das Ermittlungsergebnis und damit die von der Polizei im Laufe der Ermittlungen bis zur Anklage zusammengetragenen Beweisergebnisse. Im Verfahren des Erstrichters hatte der Inhalt der Akten jedenfalls den hinreichenden, wenn nicht den dringenden Tatverdacht und damit die gesteigerte Wahrscheinlichkeit der Verurteilung begründet.

Auf die Gelegenheit, die Beweispersonen mit ihren früheren Verlautbarungen zu konfrontieren, sind der Verteidiger und der auf vermeintlich unvollständiger Tatsachengundlage Freigesprochene angewiesen. Eine weitere Gefahrenquelle ist deshalb das Fehlen einer auch nur rudimentären Dokumentation der Hauptverhandlung des Erstrichters nach bei der Strafkammer oder dem Strafsenat des Oberlandesgerichts erhobenen Anklagen.

10 Vgl. BGH, Urt. vom 16.8.2012 – 3 StR 180/12 – und vom 1.7.2017 – 3 StR 31/17 – und *Vennemann* u.a., Möglichkeiten und Grenzen der forensischen DNA-Analyse unter dem Gesichtspunkt verschiedener Szenarien zur Spurenentstehung, Rechtsmedizin 2021, 395 ff. (400).

Dieser Mangel wird nicht etwa durch den Inhalt der jeweiligen Urteilsausführungen aufgewogen. Das schriftliche Urteil teilt über den Ertrag der Beweisaufnahme nur mit, was das Gericht damals für die Begründung seines Urteils für wichtig gehalten hat. Die Urteilsausführungen im Strafverfahren sollen „keine umfassende Dokumentation der Beweisaufnahme enthalten, sondern lediglich belegen, warum bestimmte bedeutsame Umstände so festgestellt worden sind".[11]

Entsprechend schwierig gestaltet sich schon der Versuch des neuen Tatrichters, nach der Aufhebung des früheren Urteils auf die Revision und damit nach einer schon aufgrund des auch dieses Rechtsmittel beherrschenden Beschleunigungsgebots kürzeren Zeitspanne als der zwischen dem Verfahren des Erstrichters und der Hauptverhandlung des Wiederaufnahmegerichts verstrichenen den Inhalt der Einlassung des Angeklagten und der Zeugenbekundungen zu erfahren. Wer einmal, sei es als Richter, Staatsanwalt oder Verteidiger, die Vernehmung des Vorsitzenden oder des Berichterstatters des früheren Verfahrens erlebt hat, wird sich des Unvermögens solcher Zeugen erinnern, über die Bekundungen schon der für den Schuldspruch maßgeblichen Zeugen Auskunft zu geben.

Auch mit etwa noch vorhandenen, nicht aktenkundigen Mitschriften der an der Hauptverhandlung des Erstrichters beteiligten Berufsrichter würden sich die Bekundungen der früher gehörten Zeugen und die mündlich erstatteten oder ergänzten Sachverständigengutachten nicht rekonstruieren lassen. Ein durchsetzbarer Anspruch des Verteidigers auf Überlassung solcher Mitschriften besteht ohnehin nicht, mag sich auch der *2. Strafsenat* des *Bundesgerichtshofs* für seinen Standpunkt, so verhalte es sich ausnahmslos, zu Unrecht auf *Fischer* berufen.[12]

Ohnehin ist der Gerichtssaal ein gefährlicher Ort für den Angeklagten. Für den vermeintlich *schuldigen* Angeklagten soll er das ja nach verbreiteter Ansicht auch sein. Aber er ist es auch für den vielleicht *Unschuldigen.* Denn die Gewissheit von der Schuld des Angeklagten gewinnt das Gericht in freier Beweiswürdigung. Frei heißt: Der Richter darf glauben, was er will, solange er aus der Aussage des Angeklagten und den ihm durch die Beweismittel vermittelten Erkenntnissen vertretbare Schlüsse zieht, sein Urteil schriftlich ohne Lücken und Widersprüche begründet und den Schuldspruch auf eine rational nachvollziehbare Tatsachengrundlage stützt.

---

11 BGH, Beschl. vom 25.1.2017 – 3 StR 111/17.

12 Siehe BGHSt 54, 37 ff. (39) und *Fischer,* Anm. zu OLG Hamm StraFo 2004, 410 f., a.a.O., 420 ff. (421 f.).

Zwar soll der Grundsatz „in dubio pro reo“ den vielleicht Unschuldigen schützen.[13] Aber diese Entscheidungsregel hilft ihm nur, wenn das Gericht selbst an der Schuld zweifelt.

Besonders gefährlich ist es, wenn der Angeklagte nur durch ein einziges Beweismittel belastet wird – also nur von einem Zeugen oder einer Zeugin – oder durch eine vermeintliche Spur der Tat. In solchen Fällen muss der Angeklagte die Freiheit der Beweiswürdigung eher fürchten. Reichen die Beweise nicht, kann das Gericht versucht sein, sich seiner Freiheit ihrer Würdigung zu erinnern. Wer will schon das Festhalten an einem Freispruch verantworten, den der Gesetzgeber für „schlechthin unerträglich“ gehalten hat?

b)

Mit der Ergänzung der Vorschrift des § 362 StPO um einen weiteren – als Nr. 5 hinzugefügten – Wiederaufnahmegrund zuungunsten des Freigesprochenen durch das „Gesetz zur Herstellung materieller Gerechtigkeit“ hat der Gesetzgeber auf die bis zu dessen Inkrafttreten gegebene verfahrensrechtliche Lage des Beschwerdeführers eingewirkt und eine Regelung getroffen, die im unterbreiteten Einzelfall „ihrer Bedeutung und ihres Gewichts wegen in gleichem Maße schutzwürdig“ ist wie Positionen des materiellen Rechts.[14]

So verhält es sich jedenfalls, wenn die Rechtsnorm „nachträglich in einen abgeschlossenen Sachverhalt ändernd eingreift“.[15]

Dass die Beseitigung der den Abschluss des Strafverfahrens markierenden Rechtskraft diese Wirkung hat, lässt sich nicht vertretbar bestreiten. Bemerkenswert abwegig meint *Hoven* in ihrer Stellungnahme für die Bundestagsfraktion der SPD zu der Verfassungsbeschwerde, Änderungen der Voraussetzungen der Wiederaufnahme zu Lasten des Freigesprochenen beträfen nur „den laufenden, nicht abgeschlossenen Prozess einer potenziellen Wiederaufnahme“, weshalb mit der Erweiterung der Wiederaufnahmegründe zu Lasten des Freigesprochenen „nicht in einen abgewickelten Sachverhalt eingegriffen“ werde.[16]

---

13 Vgl. BGHR StPO § 261 Überzeugungsbildung 26 m.w.N.

14 Vgl. BVerfGE *63*, 343 ff. (359); *87*, 48 ff. (63 f.).

15 BVerfGE *132*, 302 ff. (318), m.w.N.

16 *Hoven*, Stellungnahme für die Bundestagsfraktion der SPD, S. 13 f.

Zählt die Rechtskraft des freisprechenden Erkenntnisses zu den verfahrensrechtlichen Positionen, die wegen ihrer Bedeutung und ihres Gewichts in gleichem Maße schutzwürdig sind wie die des materiellen Rechts, ist für eine Abwägung widerstreitender Rechtsgüter kein Raum. Auf den Beschluss des Zweiten Senats vom 10.2.2021 zur Vermögensabschöpfung[17] dürfte der Beschwerdeführer nicht verwiesen werden.[18] In jener Entscheidung hat das Bundesverfassungsgericht die Verschiedenheit des erweiterten Verfalls früheren Rechts als nicht notwendig repressive „Maßnahme eigener Art,mit kondiktionsähnlichem Charakter‘" hervorgehoben[19], die – anders als die mit der Anklage erstrebte Strafe – nicht „normwidriges Verhalten öffentlich missbilligen und sühnen", sondern verhindern soll, ′"dass eine bereits eingetretene Störung der Rechtsordnung in Zukunft andauert".[20]

Bei in der Zeit vor dem Inkrafttreten der von dem Beschwerdeführer mittelbar angegriffenen Vorschrift eingeleiteten, abgeschlossenen Verfahren wie dem unterbreiteten ist die von den Befürwortern der Reform ausgeblendete Gefahr, dass ein auf § 362 Nr. 5 StPO gestützter Wiederaufnahmeantrag wegen der Verschlechterung der Chancen des Freigesprochenen mit zunehmender Zeit zu einem falschen Schuldspruch führen kann, keine bloß theoretische: Der Freigesprochene konnte nach der Rechtskraft des Urteils im Vertrauen auf dessen Bestand auf das Sichern nicht erhobener Entlastungsbeweise verzichten und erhalten gebliebene Entlastungsbeweise verlieren mit der Zeit ihre Aussagekraft.[21]

Hätte das Gesetz beim Eintritt der Rechtskraft des freisprechenden Urteils mit Ablauf des 20.5.1983 die auf neue Tatsachen oder Beweismittel gestützte Wiederaufnahme vorgesehen, so hätten die beiden Verteidiger des Beschwerdeführers umgehend die Sicherung aller Spuren und die nachträgliche, eingehende Dokumentation des Verfahrens bei Gericht, Staatsanwaltschaft und Polizei gefordert. Scheitert die Verfassungsbeschwerde, müssten das Wiederaufnahmegericht vor allem die Folgen dieser Unterlassung beschäftigen.

17 BVerfGE 156, 354 ff.

18 So aber in ihren jeweils gegenüber dem Bundesverfassungsgericht abgegebenen Stellungnahmen *Kubiciel* (S. 36 f.), *Hoven* (S. 13 f.) und *Hörnle* (S. 14).

19 A.a.O., 391.

20 A.a.O, 392 mit Hinweis auf BVerfGE 110, 1 (17f.) und BVerfG, Beschl. der 3. Kammer des Zweiten Senats vom 19.1.1989 – 2 BvR 554/88 – (NJW 1990, 1229).

21 *Eschelbach* in KMR, 119 Lfg., § 362 Rn. 5.

Umwelt, Technik und Öffentlichkeit

Das atomrechtliche Nationale Entsorgungsprogramm

Thomas Mann

A. Einleitung

Atomrechtliche Fragestellungen wurden im öffentlichen und wissenschaftlichen Diskurs der letzten Jahre zumeist im Kontext des Atomausstiegs und der Laufzeitverlängerung sowie hinsichtlich der Probleme des Rückbaus von Atomkraftwerken diskutiert. Darüber ist die Frage, wie abgebrannte Brennelemente und radioaktive Abfälle entsorgt werden sollen, eher in den Hintergrund geraten. Insoweit fokussiert sich die mediale Aufmerksamkeit vorrangig auf das Standortauswahlgesetz.[1] Kaum in den Blick genommen wurde demgegenüber bisher das Nationale Entsorgungsprogramm, welches der Bundesregierung als strategisches Instrument und Maßstab zur Planung und Umsetzung der nuklearen Entsorgung dienen soll. Dieser Beitrag möchte diese Lücke im rechtswissenschaftlichen Diskurs schließen, indem er den rechtlichen Rahmen sowie den Inhalt des Nationalen Entsorgungsprogramms ebenso beleuchtet wie dessen Verbindungslinien zu den atomrechtlichen Regelungen, insbesondere den §§ 2c, 2d und § 9i des Atomgesetzes.

B. Rechtlicher Rahmen

Das Nationale Entsorgungsprogramm, das 2015 vom Bundeskabinett beschlossen wurde, macht das deutsche Gesamtkonzept zur Entsorgung radioaktiver Abfälle und abgebrannter Brennelemente öffentlich. Es bietet eine programmatische Gesamtschau der radioaktiven Entsorgungsplanung in Deutschland, indem es die bereits vorhandene Infrastruktur und die vorhandenen Teilkonzepte im Bereich der Entsorgung radioaktiver Abfälle und abgebrannter Brennelemente zu einem aufeinander abgestimmten und

---

1 Gesetz zur Suche und Auswahl eines Standortes für ein Endlager für hochradioaktive Abfälle (Standortauswahlgesetz – StandAG) vom 5.5.2017 (BGBl. I S. 1074), zul. geänd. durch Gesetz vom 7.12.2020 (BGBl. I S. 2760).

eng miteinander verzahnten Gesamtkonzept der Entsorgung abgebrannter Brennelemente und sonstiger radioaktiver Abfälle kombiniert.

Die Pflicht, ein nationales Entsorgungsprogramm festzusetzen, ergibt sich bundesrechtlich aus § 2c AtG, der gleichzeitig die inhaltlichen Bestandteile des nationalen Entsorgungsprogramms festlegt. Diese Vorschrift trat am 26. November 2015 in Kraft[2] und wurde zur Umsetzung der Richtlinie 2011/70/Euratom des Rates vom 19. Juli 2011 über einen Gemeinschaftsrahmen für die verantwortungsvolle und sichere Entsorgung abgebrannter Brennelemente und radioaktiver Abfälle[3] erlassen.

I. Richtlinie 2011/70/Euratom und Standards der IEAO

Mit der vom Rat der Europäischen Union am 19. Juli 2011 verabschiedeten Richtlinie 2011/70/Euratom über einen Gemeinschaftsrahmen für die verantwortungsvolle und sichere Entsorgung abgebrannter Brennelemente und radioaktiver Abfälle soll, wie sich detaillierter aus den Erwägungsgründen 20 bis 31 der Richtlinie ergibt, für den Bereich der kerntechnischen Entsorgung verhindert werden, „dass künftigen Generationen unangemessene Lasten aufgebürdet werden" (Art. 1 Abs. 1 der Richtlinie 2011/70/Euratom). Zur Erreichung dieses Endzwecks will die Richtline einerseits gewährleisten, dass die Mitgliedstaaten geeignete innerstaatliche Vorkehrungen für ein hohes Sicherheitsniveau bei der Entsorgung abgebrannter Brennelemente und radioaktiver Abfälle treffen, um die Arbeitskräfte und die Bevölkerung vor den Gefahren ionisierender Strahlung zu schützen (Art. 1 Abs. 2 RL 2011/70/Euratom). Andererseits will sie erreichen, dass eine transparente Unterrichtung und Beteiligung der Öffentlichkeit im Zusammenhang mit der Entsorgung abgebrannter Brennelemente und radioaktiver Abfälle erfolgt, wobei aber gleichzeitig Belange der Sicherung und des Geheimschutzes angemessen berücksichtigt werden sollen (Art. 1 Abs. 3 der Richtlinie 2011/70/Euratom). In Verfolgung dieser Zwecke enthält die Richtlinie neben der Statuierung allgemeiner Pflichten (Art. 4) in ihren Art. 5 bis 14 näher ausgeführte Verpflichtungen, denen die Mitgliedstaaten nachzukommen haben. Materielle Pflichten richten sich dabei auch an die Inhaber von Zulassungen für Anlagen oder Einrichtungen zur Entsorgung abgebrannter Brennelemente und radioaktiver Abfälle.

---

2 Vgl. Art. 3 des Vierzehntes Gesetzes zur Änderung des Atomgesetzes vom 20.11.2015 (BGBl. I S. 2053).

3 Richtlinie 2011/70/Euratom des Rates vom 19.7.2011, ABl. 2011, L 199, S. 48.

Zentrale Relevanz im vorliegenden Kontext erlangen dabei die Art. 11 und 12 der Richtlinie 2011/70/Euratom, welche die Mitgliedstaaten verpflichten, nationale Programme für die Entsorgung abgebrannter Brennelemente und radioaktiver Abfälle aufzustellen (Art. 11 der Richtlinie 2011/70/Euratom). Diese müssen darlegen, wie die Mitgliedstaaten ihre nationalen Strategien für eine verantwortungsvolle und sichere Entsorgung abgebrannter Brennelemente und radioaktiver Abfälle gemäß Artikel 4 der Richtlinie umzusetzen beabsichtigen (Art. 12 Abs. 1 der Richtlinie 2011/70/Euratom).

Indem die Richtlinie 2011/70/Euratom des Rates über einen Gemeinschaftsrahmen für die verantwortungsvolle und sichere Entsorgung abgebrannter Brennelemente und radioaktiver Abfälle ihrerseits die – in aller Regel nur empfehlenden – internationalen Standards der Internationalen Atomenergie-Organisation (IEAO)[4] zur Entsorgung nuklearer Abfälle[5] in das EU-Recht inkorporiert, verleiht sie diesen Standards damit eine europarechtliche Verbindlichkeit für die EU-Mitgliedstaaten, die auch durch den EuGH kontrolliert werden kann.[6]

II. Die Richtlinienumsetzung im AtG

Die nationale Umsetzung der Richtlinie 2011/70/Euratom in Deutschland erfolgte durch das 14. AtG-Änderungsgesetz[7], durch welches u.a. die §§ 2c und 2d sowie §§ 9h und 9i neu ins Atomgesetz eingefügt worden sind. Die Auflistung der Bestandteile des Nationalen Entsorgungsprogramms in § 2c Abs. 2 S. 1 Nr. 1–11 AtG entspricht in Reihenfolge und Wortlaut, bis auf kleinere redaktionelle Abweichungen zur Anpassung an die deutsche Rechtsterminologie, der Aufzählung in Art. 12 Abs. 1 lit. a-k der Richtlinie

---

4 Näher zur IAEO *Hennenhöfer*, in: Hennenhöfer/Mann/Pelzer/Sellner (Hrsg.), AtG, 2021, Einf. Rn. 172 ff., und *Mann*, ebda., § 1 AtG Rn. 29; *Westen*, in: Frenz, Atomrecht, 2019, Grundlagen B Rn. 52; *Faßbender*, Atomkraftwerke aus umweltvölker- und nachbarrechtlicher Sicht, ZUR 2012, 267 f.; umfassend *Steeg*, Die internationale Energie-Agentur, in: Hüffer/Ipsen/Tettinger (Hrsg.), Festschrift F. Fabricius, 1989, S. 395 ff.

5 Vgl. völkerrechtlich verbindlich hingegen das Gemeinsame Übereinkommen über die Sicherheit der Behandlung abgebrannter Brennelemente und über die Sicherheit der Behandlung radioaktiver Abfälle vom 5.9.1997 (BGBl. II 1998 S. 1752, 1753).

6 Näher dazu *Blohm-Hieber*, The Radioactive Waste Directive: A Necessary Step in the Management of Spent Fuel and Radio-Active Waste in the European Union, Nuclear Law Bulletin (NLB) No. 88, Vol. 2011/2, S. 21.

7 Vierzehntes Gesetz zur Änderung des Atomgesetzes vom 20.11.2015 (BGBl. I S. 2053).

2011/70/Euratom. Der Wortlaut des § 2c AtG ist seit seinem Inkrafttreten folgerichtig auch nicht mehr geändert worden. Entsprechend dem Zweck der Richtlinie, nationale Strategien für die verantwortungsvolle und sichere Entsorgung abgebrannter Brennelemente und radioaktiver Abfälle zu entwickeln, verfolgt das Nationale Entsorgungsprogramm das Ziel, die in Deutschland bereits vorhandene Infrastruktur sowie die vorhandenen Teilkonzepte im Bereich der Entsorgung radioaktiver Abfälle und abgebrannter Brennelemente zu einem aufeinander abgestimmten und eng miteinander verzahnten Gesamtkonzept der Entsorgung zusammenzuführen. Es soll dadurch die Sicherheit der nuklearen Entsorgung erhöhen und den Anfall radioaktiver Abfälle durch geeignete Auslegung der Anlagen sowie Betriebs- und Stilllegungsverfahren, einschließlich der Weiter- und Wiederverwendung von Material, auf das hinsichtlich Aktivität und Volumen vernünftigerweise realisierbare Mindestmaß beschränken.[8] Damit erweist sich das Nationale Entsorgungsprogramm letztlich als eine programmatische Gesamtschau der Entsorgungsplanung im nuklearen Bereich[9], die bei allen Entsorgungsplanungen und Verwaltungsverfahren von den Akteuren im Bereich der nuklearen Entsorgung zu berücksichtigen ist.

Inhaltlich wurde der Text des Nationalen Entsorgungsprogramms allerdings bereits vor der Richtlinienumsetzung durch das 14. AtG-Änderungsgesetz erstellt. Dies geschah damit ohne und in Vorgriff auf eine entsprechende nationale Grundlage, konnte sich aber unmittelbar nach den Vorgaben der Richtlinie 2011/70/Euratom ausrichten.

C. Das Nationale Entsorgungsprogramm von 2015

Das Nationale Entsorgungsprogramm wurde nach vorheriger Durchführung einer Behörden- und Öffentlichkeitsbeteiligung und einer strategischen Umweltprüfung (§ 14b Abs. 1 Nr. 1 i.V.m Nr. 1.13 der Anlage 3 UVPG a.F., heute § 35 Abs. 1 Nr. 1 i.V.m. Nr. 1.13 der Anlage 5 UVPG[10]) am 12. Au-

8 Begründung des Regierungsentwurfs zum 14. AtG-Änderungsgesetz, BT-Drs. 18/5865, S. 17.

9 Erster Bericht zur Durchführung der Richtlinie 2011/70/Euratom (August 2015), S. 13 = BT-Dr. 18/5980, S. 355 (367).

10 Gesetz über die Umweltverträglichkeitsprüfung (UVPG) i.d. Fass. d. Bek. v. 18.3.2021 (BGBl. I S. 540), zul. geänd. durch Gesetz vom 4.1.2023 (BGBl. I Nr. 6).

gust 2015 vom Bundeskabinett beschlossen.[11] Diese Zuweisung der Erstellung des Nationalen Entsorgungsprogramms durch § 2c Abs. 1 AtG an das Bundeskabinett als Kollegialorgan soll die ressortübergreifendende und grundsätzliche Bedeutung der umfassenden sowie langfristig angelegten Entsorgungspolitik in Deutschland zum Ausdruck bringen.[12] Gleichwohl liegt die Federführung in der Vorbereitung des Nationalen Entsorgungsprogramms und seiner wesentlichen Änderungen bei dem für die kerntechnische Sicherheit und den Strahlenschutz zuständigen Bundesministerium, aktuell also dem Bundesministerium für Umwelt, Naturschutz, nukleare Sicherheit und Verbraucherschutz (BMUV).[13]

Inhaltliche Maßgaben für das Nationale Entsorgungsprogramm ergeben sich aus den in § 2d AtG niedergelegten Grundsätzen der nuklearen Entsorgung. Diese dort in sechs Ziffern formulierten Grundsätze beruhen ihrerseits auf den in Art. 3 Abs. 3 lit. a-f der Richtlinie 2011/70/Euratom genannten Grundsätzen. Auch wenn § 2d AtG lediglich im schlichten Indikativ anordnet, dass die dort genannten Grundsätze vom Nationalen Entsorgungsprogramm „berücksichtigt" werden, legt er damit verpflichtende inhaltliche Leitlinien fest. Denn anders als im sonstigen juristischen Sprachgebrauch ist mit der Anordnung einer Berücksichtigung nicht nur eine bloße Orientierungsleitlinie verbunden, sondern sie muss unionsrechtskonform als verpflichtende Maßgabe verstanden werden, wie sich aus der korrespondierenden Richtlinienvorgabe „beruht auf allen folgenden Grundsätzen" deutlich ergibt. Die solchermaßen verpflichtenden Grundsätze aus § 2d AtG sehen vor, den Anfall radioaktiver Abfälle auf ein Mindestmaß zu beschränken (Nr. 1), die wechselseitige Abhängigkeit der einzelnen Schritte bei Anfall und Entsorgung abgebrannter Brennelemente und radioaktiver Abfälle zu berücksichtigen (Nr. 2), den Grundsatz der sicheren Entsorgung zu befolgen (Nr. 3), einem abgestuften Entsorgungskonzept zu folgen (Nr. 4), die

11 Vgl. die Unterrichtung des Bundestages durch die Bundesregierung „Programm für eine verantwortungsvolle und sichere Entsorgung bestrahlter Brennelemente und radioaktiver Abfälle (Nationales Entsorgungsprogramm)" vom 21.8.2015, BT-Drs. 18/5980; Bereitstellung zum download unter https://www.bmuv.de/download/nationales-entsorgungsprogramm (abgerufen am 12.3.2023).

12 Begründung des Regierungsentwurfs zum 14. AtG-Änderungsgesetz, S. 17.

13 Vgl. Abschnitt VIII Ziff. 1 des Organisationserlasses des Bundeskanzlers vom 8.12.2021 (https://www.bundesregierung.de/breg-de/suche/erste-kabinettsitzung-1989916, abgerufen am 12.3.2023), mit dem aus dem Geschäftsbereich des Bundesministeriums für Wirtschaft und Klimaschutz alle vorherigen Zuständigkeiten für Kernenergie und nukleare Sicherheits- und Entsorgungsforschung ohne die Zuständigkeit für die Finanzierung von Rückbau und Entsorgung auf das BMUV übertragen wurden.

Kosten den Abfallerzeugern aufzuerlegen (Nr. 5) sowie bei der nuklearen Entsorgung einen faktengestützten und dokumentierten Entscheidungsprozess zur Anwendung zu bringen (Nr. 6).

Das Nationale Entsorgungsprogramm besitzt keine Rechtsnormqualität. Es schafft dementsprechend selbst auch keine neuen Handlungsinstrumente für den Bereich der nuklearen Entsorgung; für die Umsetzung der in ihm niedergelegten Strategie ist vielmehr auf die bereits bestehenden atom- und verwaltungsrechtlichen Instrumente und Strukturen zurückzugreifen. Durch die unterbliebene Zuweisung von Rechtsnormqualität verstößt die Bundesrepublik Deutschland nicht gegen ihre unionsrechtliche Verpflichtung zur effektiven Richtlinienumsetzung. Zwar verlangen die allgemeinen unionsrechtlichen Grundsätze des Art. 288 Abs. 3 AEUV und die praktische Wirksamkeit des Unionsrechts[14], dass „die verbindliche Geltung des Richtlinieninhalts im innerstaatlichen Recht für den Einzelnen und für nationale Organe zweifelsfrei gesichert sein muss“[15], doch ist hier zu berücksichtigen, dass bereits die europarechtliche Konzeption, insbesondere der Wortlaut der Richtlinie selbst (vgl. Art. 12 Abs. 1 der Richtlinie 2011/70/Euratom: „legen dar, wie die Mitgliedstaaten [...] umzusetzen beabsichtigen“) keine Rechtsnormqualität des Nationalen Entsorgungsprogramms vorschreibt. Auch soweit das Nationale Entsorgungsprogramm als Programmdarstellung staatlichen Handelns dem Einzelnen keine Rechte verleiht, liegt darin kein Verstoß gegen den Effet-utile-Grundsatz, da auch die Richtlinienvorgaben hier keine gerichtliche Durchsetzbarkeit für den Bürger vorsehen. Insgesamt wird man daher eine unionsrechtskonforme Umsetzung bejahen können.[16]

Zentrale Bestandteile des Nationalen Entsorgungsprogramms sind gemäß § 2c Abs. 1 AtG einerseits eine nationale Entsorgungsstrategie und andererseits ein programmatischer Plan, wie diese Strategie umgesetzt werden soll. Damit greift der Wortlaut die in Art. 12 der Richtlinie 2011/70/Euratom angelegte Differenzierung zwischen Programm und Strategie auf und macht von der in dessen Abs. 2 vorgesehenen und in § 2c Abs. 2 S. 2 AtG wiederholten Wahlmöglichkeit Gebrauch, das nationale Programm zusammen mit der nationalen Strategie in einem einzigen Dokument oder in mehreren Dokumenten vorzusehen.

---

14 Vgl. hierzu nur *Potacs*, Effet utile als Auslegungsgrundsatz, EuR 2009, 465 (467 f.).

15 *Herdegen*, Europarecht, 24. Aufl. 2023, § 8 Rn. 65; vgl. auch EuGH, Urt. v. 30.5.1991 – Rs. C-361/88 – EU:C:1991:224 = NVwZ 1991, 866 – Fehlerhafte Umsetzung durch TA Luft.

16 Ebenso *Franßen*, in: Frenz (Hrsg.), Atomrecht, 2019, § 2c Rn. 17.

I. Inhalt des „Dachberichts"

Das Nationale Entsorgungsprogramm besteht aus einem übergeordneten „Dachbericht" sowie gegenwärtig vier Anlagen, in denen einige der durch § 2c Abs. 2 S. 1 AtG vorgesehenen Bestandteile enthalten sind.[17] Auf diese Anlagen, die seit der Aufstellung des Nationalen Entsorgungsprogramms im Jahr 2015 mittlerweile teilweise fortgeschrieben worden sind, wird im weiteren Verlauf dieses Beitrags unter C. II. noch näher einzugehen sein. Der Dachbericht selbst, der hier zunächst im Fokus stehen soll, gliedert sich in sechs verschiedene Kapitel.

1. Grundlagen der Politik nuklearer Entsorgung

Im ersten Kapitel des Nationalen Entsorgungsprogramms finden sich knappe Aussagen zu den Grundlagen der Entsorgungspolitik. Es lässt sich zurückführen auf die Maßgaben in § 2c Abs. 2 S. 1 Nrn. 1 und 2 AtG, die ihrerseits wiederum der Umsetzung von Art. 12 Abs. 1 lit. a. und b. der Richtlinie 2011/70/Euratom dienen. In § 2c Abs. 2 AtG ist verlangt, dass als Bestandteile des Nationalen Entsorgungsprogramms die Gesamtziele der nationalen Strategie in Bezug auf die Entsorgung abgebrannter Brennelemente und radioaktiver Abfälle (Nr. 1) sowie die maßgeblichen Zwischenetappen und klaren Zeitpläne für die Erreichung dieser Zwischenetappen unter Beachtung der übergreifenden Ziele des Nationalen Entsorgungsprogramms (Nr. 2) darzulegen sind. Das erste Kapitel kommt diesem Gebot nach, indem es die tragenden Elemente des Nationalen Entsorgungsprogramms anhand verschiedener Eckpunkte benennt, die sich verkürzt wie folgt zusammenfassen lassen:[18]

- Die Entsorgung von radioaktiven Abfällen erfolgt, wie es Art. 4 Abs. 1 S. 2, Abs. 2 der Richtlinie 2011/70/Euratom vorsieht, grundsätzlich in nationaler Verantwortung, auch die Endlagerung soll im Inland erfolgen.
- Endlager sollen an zwei Standorten errichtet werden: Das Endlager Konrad für radioaktive Abfälle mit vernachlässigbarer Wärmeentwicklung und ein Endlager nach dem StandAG für insbesondere Wärme entwickelnde radioaktive Abfälle.

---

17 Vgl. die Angabe der Fundstellen in Fn. 12.

18 Vgl. im Detail: Nationales Entsorgungsprogramm, BT-Drs. 18/5980, S. 4 f.

- Die radioaktiven Abfälle aus der Schachtanlage Asse II[19] sollen zurückgeholt und vorsorglich bei der Planung des Endlagers nach dem Standortauswahlgesetz berücksichtigt werden.
- Der Rückbau aller Leistungsreaktoren sowie anderer kerntechnischer Anlagen und Einrichtungen, die außer Betrieb gehen, soll in Abhängigkeit eines verfügbaren Endlagers so rechtzeitig erfolgen, dass die dabei entstehenden, vernachlässigbar Wärme entwickelnden radioaktiven Abfälle in das Endlager Konrad[20] eingelagert werden können.
- Der Einlagerungsbetrieb für das planfestgestellte Abfallvolumen von 303.000 m³ im Schacht Konrad soll 40 Jahre nicht überschreiten.
- Der Standort für das Endlager für insbesondere Wärme entwickelnde Abfälle soll bis zum Jahr 2031 nach den Verfahrensvorgaben des StandAG festgelegt werden und um das Jahr 2050 in Betrieb gehen.
- Mit der ersten Teilgenehmigung für dieses Endlager soll am Standort auch ein Eingangslager für alle bestrahlten Brennelemente und Abfälle aus der Wiederaufarbeitung genehmigt und damit die Voraussetzung für den Beginn der Räumung der bestehenden Zwischenlager geschaffen werden. Bis dahin sollen sie an den vorhandenen Zwischenlagerstandorten aufbewahrt werden.
- Das Endlager Morsleben[21] soll stillgelegt und langfristig sicher verschlossen werden.
- Für die Entsorgung radioaktiver Abfälle gilt bis zur Abgabe an ein Endlager oder eine Landessammelstelle das Verursacherprinzip. Diejenigen, die mit radioaktiven Stoffen umgehen, haben dafür Sorge zu tragen, dass anfallende radioaktive Reststoffe sowie aus- oder abgebaute radioaktive Anlagenteile schadlos verwertet oder als radioaktive Abfälle geordnet beseitigt werden.
- Radioaktive Abfälle aus Industrie, Medizin und Forschung müssen zunächst an die Landessammelstellen abgeliefert und dort zwischengela-

---

19 Zur wechselvollen Geschichte der Schachtanlage Asse II von einem Versuchsendlager für schwach- und mittelradioaktive Abfälle zum Rückholbergwerk siehe *Mann*, in: Kühne/von Hammerstein/Keienburg (Hrsg.), BBergG, 3. Aufl. 2023, § 126 Rn. 51 f.

20 Zu den Rechtsstreitigkeiten um den Planfeststellungsbeschluss Schacht Konrad und der Umrüstung des ehem. Eisenerzbergwerks in ein Endlagerbergwerk siehe *Mann* (Fn. 20), § 126 Rn. 53.

21 Zur Geschichte des ursprünglich nach Maßgabe des DDR-Rechts betriebenen Endlagers Morsleben und dem Planfeststellungsverfahren nach § 9b AtG zu seiner Stilllegung siehe *Mann* (Fn. 20), Rn. 50.

gert werden. Diese wiederum führen die bei ihnen zwischengelagerten radioaktiven Abfälle an ein Endlager ab.

2. Bestand und Prognose radioaktiver Abfälle

Im zweiten Abschnitt des Nationalen Entsorgungsprogramms finden sich Angaben zum Bestand und zur Prognose radioaktiver Abfälle. Hierbei wird zwischen bestrahlten Brennelementen und Abfällen aus der Wiederaufbereitung (Ziffer 2.1) einerseits sowie sonstigen radioaktiven Abfällen (Abfälle mit vernachlässigbarer Wärmeentwicklung, Ziffer 2.2) andererseits unterschieden, für die jeweils ein Überblick über den derzeitigen Bestand und eine Prognose für den zukünftigen Bestand abgegeben werden. Detaillierte Angaben finden sich ergänzend im „Verzeichnis radioaktiver Abfälle", das eine der Anlagen zum Nationalen Entsorgungsprogramm bildet und inzwischen in einer Version von Januar 2021 vorliegt.[22] Dort wird, wie noch zu zeigen ist[23], unter den Ziffern 3–6 der Bestand an radioaktiven Abfällen zum Stichtag 31. Dezember 2019 nachgewiesen sowie unter Ziffer 7 eine Prognose über das Abfallaufkommen bis zum Jahr 2080 erstellt.

Mit dem Abschnitt 2 des Nationalen Entsorgungsprogramms sowie dem ergänzenden Verzeichnis radioaktiver Abfälle als Anlage setzt die Bundesregierung die Vorgaben aus § 2c Abs. 2 S. 1 Nr. 3 AtG um. Danach muss eine standort- und mengengenaue Bestandsaufnahme aller bereits existenten abgebrannten Brennelemente und radioaktiven Abfälle sowie eine Schätzung hinsichtlich der Mengen ihres künftigen Anfalls erfolgen. Nähere Vorgaben für diese Bestandsaufnahme und Schätzung setzt § 9i AtG.[24] Aus dem in § 9i AtG angeordneten dreijährigen Novellierungsintervall erschließt sich, dass das BMUV das nächste aktualisierte Verzeichnis radioaktiver Abfälle mit einem Erfassungsstand zum 31. Dezember 2022 wieder im Jahr 2024 vorzulegen hat.

---

22 Abrufbar unter https://www.bmuv.de/download/nationales-entsorgungsprogramm (abgerufen am 12.03.2023).

23 Siehe noch näher unter C. II. 3.

24 Siehe hierzu im Detail die Kommentierungen von *Mann*, in: Hennenhöfer/Mann/Pelzer/Sellner (Hrsg.), AtG, 2021, § 9i und *John*, in: Frenz, Atomrecht, 2019, § 9i.

3. Entsorgung radioaktiver Abfälle

Der dritte und längste Abschnitt des Nationalen Entsorgungsprogramms greift zunächst die Vorgaben aus § 2c Abs. 2 S. 1 Nr. 4 AtG auf und beschreibt demgemäß die Konzepte, Pläne und technischen Lösungen für die Entsorgung abgebrannter Brennelemente und radioaktiver Abfälle. Zu betrachten ist der gesamte Zyklus vom Anfall der Abfälle bis zur deren Endlagerung. Hierzu greift das Nationale Entsorgungsprogramm auf die Klassifizierungen aus Abschnitt 2 zurück und unterscheidet zwischen bestrahlten Brennelementen und Abfällen aus der Wiederaufbereitung einerseits und sonstigen radioaktiven Abfällen andererseits. Demgemäß unterteilen sich die Ausführungen in Aussagen zu dem bereits bestandskräftig planfestgestellten Endlager Konrad in Salzgitter für Abfälle mit vernachlässigbarer Wärmeentwicklung (in Ziffer 3.2) und dem erst noch zu findenden Endlager für bestrahlte Brennelemente und Abfälle aus der Wiederaufarbeitung (in Ziffer 3.1). Bis für dieses ein geeigneter Standort nach den Verfahrensmaßgaben des StandAG gefunden und das Endlager in Betrieb genommen worden ist, sieht das Nationale Entsorgungsprogramm eine Lagerung der betroffenen Wärme entwickelnden Abfälle in Transportbehälterlagern vor. Für diese sind Standortzwischenlager an den Kernkraftwerksstandorten, daneben aber auch weitere gesonderte Transportbehälterlager in Gorleben, Ahaus und im Zwischenlager Nord vorgesehen. Es prognostiziert, dass voraussichtlich bis zum Jahr 2027 alle in den Leistungsreaktoren eingesetzten Brennelemente in etwa 1.100 Transport- und Lagerbehälter verbracht worden sein werden, und schätzt den zusätzlichen Bedarf für die aus der Wiederaufarbeitung zurückzuführenden radioaktiven Abfälle auf insgesamt 291 Transport- und Lagerbehälter.[25] Weil nach den erteilten Genehmigungen die Dauer der Aufbewahrung für Transport- und Lagerbehälter auf 40 Jahre begrenzt ist und nach heutigen Erkenntnissen in diesem Zeitraum eine vollständige Räumung der Lager nicht gewährleistet werden könne, müssten die technischen Voraussetzungen für eine verlängerte Aufbewahrung untersucht werden.

Darüber hinaus trifft der Abschnitt über die Entsorgung radioaktiver Abfälle auch knappe Aussagen zu den Maßgaben aus § 2c Abs. 2 Nr. 5 AtG, wonach Konzepte und Pläne für den Zeitraum aufgestellt werden müssen, zu dem bereits alle abgebrannten Brennelemente und sonstigen radioaktiven Abfälle einer Endlagerung zugeführt und die betreffenden An-

25 Nationales Entsorgungsprogramm (Fundstellen in Fn. 12), Ziffer 3.1.1.

lagen stillgelegt worden sind. Es soll insbesondere dargelegt werden, welche Kontrollintervalle und Maßnahmen vorzusehen sind, um das Wissen über die Anlagen nach § 9a Abs. 3 AtG längerfristig zu bewahren. Soweit die Vorschrift vom „Zeitraum nach Beendigung der Stilllegung" spricht, weicht sie von der Richtlinienvorgabe in Art. 12 Abs. 1 lit. e der Richtlinie 2011/70/Euratom ab, die diesbezüglich die Formulierung „Zeitraum nach dem Verschluss" benutzt. Darin liegt jedoch kein relevanter sachlicher Unterschied, denn die abweichende Terminologie folgt aus der Besonderheit des deutschen Atomrechts, dass die Stilllegung einer Anlage zugleich auch ihren Verschluss beinhaltet.[26] Jedenfalls gehen die deutschen Fachgremien davon aus, dass nach Stilllegung eines Endlagers ein rascher und endgültiger Verschluss in tiefen geologischen Formationen zu erfolgen hat, auch wenn Kritiker anmerken, dass damit eine Rückholbarkeit oder Bergung[27] des radioaktiven Abfalls, sollte sie irgendwann einmal nötig oder gewünscht sein, erschwert oder unmöglich gemacht werde.[28] Die Aussagen im dritten Abschnitt des Nationalen Entsorgungsprogramms zu diesem Erfordernis sind allerdings noch äußerst karg. Sie beziehen sich in erster Linie auf das Endlager Konrad (Ziffer 3.2.3), lassen sich im Hinblick auf das Endlager für bestrahlte Brennelemente und Abfälle aus der Wiederaufarbeitung jedoch nicht finden. Das mag der Unsicherheit über den künftigen Standort und das Wirtsgestein dieses Endlagers geschuldet sein. Eine künftige Überarbeitung des Entsorgungsprogramms wird insoweit aber an die Anforderungen anknüpfen können, die in der zwischenzeitlich ergangenen Endlagersicherheitsanforderungsverordnung (EndlSiAnfV)[29] niedergelegt worden sind, die in ihren §§ 19–21 Anforderungen an das Sicherheitskonzept für die Nachverschlussphase eines Endlagers enthält.

Schließlich enthält der dritte Abschnitt des Nationalen Entsorgungsprogramms auch Angaben zu den Anforderungen aus § 2c Abs. 2 S. 1 Nr. 6 AtG. Danach müssen Darlegungen zu Forschungs-, Entwicklungs- und

---

26 Vgl. in diesem Sinne etwa § 19 Abs. 2 EndlSiAnfV. So auch die Begründung des Regierungsentwurfs zum 14. AtG-Änderungsgesetz, BT-Drs. 18/5865, S. 17; Nationales Entsorgungsprogramm (Fundstellen in Fn. 12), Fußnote zu Ziffer 3.1.3.

27 Zum Unterschied zwischen Rückholbarkeit und Bergung s. § 26 Abs. 2 Nr. 3, Abs. 3 S. 3 Nr. 2 StandAG sowie *Mann*, in: Hennenhöfer/Mann/Pelzer/Sellner (Hrsg.), AtG, 2021, § 2c Rn. 25; Wollenteit, in: Frenz (Hrsg.), Atomrecht, 2019, § 26 StandAG Rn. 11.

28 Zu den technischen Möglichkeiten vgl. *Waas*, in: Hennenhöfer/Mann/Pelzer/Sellner (Hrsg.), AtG, 2021, Einf. Rn. 136.

29 Verordnung über Sicherheitsanforderungen an die Endlagerung hochradioaktiver Abfälle (EndlSiAnfV) vom 6.10.2020, BGBl. I, S. 2094.

Erprobungstätigkeiten gemacht werden, die zur Umsetzung von Lösungsmöglichkeiten für die Entsorgung abgebrannter Brennelemente und radioaktiver Abfälle erforderlich sind. Als dritte Stufe nach den Schritten der Forschung und Entwicklung umfasst der Begriff der „Erprobungstätigkeiten" vor allem die Erprobung des zuvor Entwickelten in entsprechenden Pilotvorhaben.[30] Das Nationale Entsorgungsprogramm betont dementsprechend in seinem Abschnitt 3.1.3 die Verantwortung des Bundes für Bereitstellung der wissenschaftlich-technischen Grundlagen zur Realisierung eines Endlagers sowie für die kontinuierliche Fortschreibung des Standes von Wissenschaft und Technik. Es hält insbesondere die Sicherstellung der erforderlichen Kompetenz in bergmännischer und nukleartechnischer Hinsicht „zumindest bis zur Stilllegung der Endlager" für zwingend erforderlich, weshalb es vorschreibt, dass auch „geeignete Maßnahmen zum Kompetenzerhalt" in diesen Feldern zu ergreifen sind. Ergänzende und detailliertere Aussagen zum Forschungskomplex finden sich wiederum in den Anlagen zum Nationalen Entsorgungsprogramm, namentlich im Bericht der Bundesrepublik für die fünfte Überprüfungskompetenz (unter Gliederungsziffer G.7.1 auf S. 219 ff.) und im dritten Bericht zur Durchführung der Richtlinie 2011/70/Euratom von August 2021 (unter Gliederungsziffer H auf S. 46 ff. zu Art. 8 der Richtlinie).[31]

4. Rechtsrahmen der nuklearen Entsorgung

In seinem kurzen vierten Abschnitt beschreibt das Nationale Entsorgungsprogramm den rechtlichen Rahmen der nuklearen Entsorgung in Deutschland. Als Ecksteine werden insoweit das Grundgesetz, das deutsche Atom- und Strahlenschutzrecht sowie die darauf basierenden Rechtsverordnungen und das Standortauswahlgesetz genannt, bevor anschließend die wesentlichen Genehmigungserfordernisse des Atomrechts im Bereich der nuklearen Entsorgung aufgelistet werden. Wesentlich detaillierter erfolgt eine Darstellung des deutschen Rechtsrahmens der nuklearen Entsorgung in einer der Anlagen zum Nationalen Entsorgungsprogramm, dem Bericht für die fünfte Überprüfungskonferenz zum Übereinkommen über die Sicher-

---

30 Begründung des Regierungsentwurfs zum 14. AtG-Änderungsgesetz, BT-Drs. 18/5865, S. 17.

31 Auch diese Berichte sind abrufbar unter https://www.bmuv.de/download/nationales-entsorgungsprogramm (abgerufen am 12.03.2023).

heit der Behandlung abgebrannter Brennelemente und radioaktiver Abfälle unter Gliederungsziffer E 2.[32]

5. Öffentlichkeitsbeteiligung

Im fünften Abschnitt[33] macht das Nationale Entsorgungsprogramm Angaben zu den in vielfältiger Weise durchzuführenden Öffentlichkeitsbeteiligungen bei der Aufstellung des Nationalen Entsorgungsprogramms, bei der Standortauswahl (nach den §§ 5–11 StandAG), bei den Genehmigungsverfahren für kerntechnische Anlagen und Einrichtungen (§§ 4 ff. AtVfV) sowie zur Informationspolitik gegenüber der Öffentlichkeit nach dem Umweltinformationsgesetz.[34] Damit erfüllt es die Transparenzregelungen, die nach § 2c Abs. 2 S. 1 Nr. 10 AtG erforderlich sind. Ergänzende Ausführungen enthält wiederum der dem Nationalen Entsorgungsprogramm als Anlage zugeordnete dritte Bericht zur Durchführung der Richtlinie 2011/70/Euratom von August 2021.[35]

6. Kosten und Finanzierung

Den thematischen Abschluss des Nationalen Entsorgungsprogramms bildet Abschnitt sechs mit Darlegungen zu den Kosten und der Finanzierung der nuklearen Entsorgung. Damit folgt es den Vorgaben der Ziffern 8 und 9 des § 2c Abs. 2 S. 1 AtG, welche nicht nur eine Abschätzung der Kosten des Nationalen Entsorgungsprogramms einschließlich ihrer Berechnungsgrundlagen und einer Darstellung der Kostenentwicklung (Nr. 8) erfordern, sondern auch eine Darlegung der geltenden Finanzierungsregelungen (Nr. 9). Der sechste Abschnitt kommt diesen Forderungen nach, indem er separat Angaben zu Kosten und Finanzierung der öffentlichen Hand (Ziffer 6.1.), der privaten Betreiber (Ziffer 6.2.) und zu der Kostenverteilung hinsichtlich der Endlager (Ziffer 6.3.) macht. Auch hier bleibt das Nationale Entsorgungsprogramm im allgemeinen Dachbericht relativ unbestimmt. Eine nähere Konkretisierung und Bezifferung erfolgt erneut

32 Vgl. BT-Drs. 18/5980, S. 15 (dort S. 110–139, allerdings bezogen auf den Rechtsstand von Mai 2015).

33 BT-Dr. 18/5980, S. 11 f.

34 Umweltinformationsgesetz (UIG) i.d. Fass. d. Bek. v. 27.10.2014 (BGBl. I S. 1643), zul. geänd. durch Gesetz vom 25.2.2021 (BGBl. I S. 306).

35 Vgl. dort den Abschnitt J auf S. 55 ff. zu Artikel 10 der Richtlinie.

in einer seiner vier Anlagen, konkret in dem „Bericht über Kosten und Finanzierung der Entsorgung bestrahlter Brennelemente und radioaktiver Abfälle“ von August 2015[36], das noch unter C. II. 4 vorzustellen ist.

II. Die vier Anlagen zum Nationalen Entsorgungsprogramm

Die bisherigen Ausführungen haben gezeigt, dass der Dachbericht des Nationalen Entsorgungsprogramms sich nur in allgemeiner Weise zu den grundlegenden Fragen äußert. Darin ist kein Umsetzungsdefizit zu sehen, denn detaillierte Angaben finden sich zumeist erst in seinen Anlagen, die gemäß § 2c Abs. 2 S. 2 AtG rechtstechnisch zu den integralen Bestandteilen des Nationalen Entsorgungsprogramms gehören. Durch diese Regelungstechnik wird es einfacher, die konkreten Angaben fortlaufend und bedarfsgerecht zu aktualisieren, ohne zugleich ständig das Gesamtkonzept ändern zu müssen. Verpflichtende Aktualisierungsnotwendigkeiten können sich aus rechtlichen Verpflichtungen ergeben, so etwa hinsichtlich der gemäß § 9i AtG alle drei Jahre neu durchzuführenden Bestandsaufnahme der abgebrannten Brennelemente und radioaktiven Abfälle. Die Ursprungsfassungen aller Anlagen waren gemeinsam mit dem Dachbericht des Nationalen Entsorgungsprogramms dem Bundestag in einer Unterrichtung durch die Bundesregierung vorgelegt worden[37] und sind in ihrer jeweils aktuellen Fassung auf der Homepage des BMUV zum Download eingestellt.[38] Im Einzelnen handelt es sich dabei um folgende Dokumente:

1. Bericht über die fünfte Überprüfungskonferenz

Die erste Anlage bildet der „Bericht der Bundesrepublik für die fünfte Überprüfungskonferenz im Mai 2015 zum Gemeinsamen Übereinkommen über die Sicherheit der Behandlung abgebrannter Brennelemente und über die Sicherheit der Behandlung radioaktiver Abfälle.[39] Dieses Gemeinsame

36 In der Unterrichtung durch die Bundesregierung, BT-Dr. 18/5980, ab S. 481 ff.

37 Programm für eine verantwortungsvolle und sichere Entsorgung bestrahlter Brennelemente und radioaktiver Abfälle (Nationales Entsorgungsprogramm) vom 21.8. 2015, BT-Dr. 18/5980.

38 https://www.bmuv.de/download/nationales-entsorgungsprogramm (abgerufen am 12.03.2023).

39 Gemeinsames Übereinkommen über nukleare Entsorgung vom 5.9.1997, BGBl. II 1998, S. 1752, 1753.

Übereinkommen ist ein völkerrechtlicher Vertrag, dessen Ziel es ist, weltweit einen hohen Sicherheitsstandard in den Einrichtungen zur Entsorgung von abgebrannten Brennelementen aus Kernkraftwerken sowie radioaktiver Abfälle zu erreichen und zu erhalten und darüber hinaus wirksame Vorkehrungen gegen mögliche Gefahren mit radiologischen Folgen durch solche Einrichtungen zu schaffen und langfristig zu erhalten. Inwieweit die Vertragsparteien diese Zielsetzung erfüllen, wird in Überprüfungskonferenzen überprüft, zu deren Vorbereitung die Vertragsparteien schriftliche Berichte vorzulegen haben, die auf diesen Konferenzen erörtert und bewertet werden.[40] Eben dieser nationale Bericht zur fünften Überprüfungskonferenz, die am 11. Mai 2015 in Wien stattgefunden hat, bildet die erste Anlage zum Nationalen Entsorgungsprogramm. Die Bundesregierung schildert in dem 399 Seiten starken Dokument u.a. in Kapitel E.2 ausführlich den Rechtsrahmen der nuklearen Entsorgung in Deutschland und macht unter Gliederungsziffer G.7.1 auf S. 219 ff. detaillierte Ausführungen zu den in Abschnitt 3 des Dachberichts thematisierten Forschungs-, Entwicklungs- und Erprobungstätigkeiten.[41]

2. Bericht zur Durchführung der Richtlinie 2011/70/Euratom

Eine weitere Anlage bilden die Berichte zur Durchführung der Richtlinie 2011/70/Euratom. Während bei der erstmaligen Unterrichtung des Bundestages durch die Bundesregierung über das Nationale Entsorgungsprogramm seinerzeit nur der erste Bericht von August 2015 verfügbar war[42], liegen mittlerweile auch die Folgeberichte vom 1. August 2018 und vom 1. August 2021 vor.

Der dritte Bericht zur Durchführung der Richtlinie 2011/70/Euratom enthält – orientiert an den Artikeln der Richtlinie – unter A. 2 (S. 6 ff.) eine Darlegung zum Zuständigkeits- und Organisationsrahmen im Bereich der Entsorgung bestrahlter Brennelemente und radioaktiver Abfälle in Deutschland sowie im Abschnitt F (S. 34 ff.) Ausführungen zum Zusammenspiel der Regulierungsbehörden, in dem etwa auch der Unterschied zwischen Bundeseigenverwaltung (durch das Bundesamt für Entsorgungssicherheit im Bereich der Endlagerung) und Bundesauftragsverwaltung (im

40 Vgl. Art. 30, 32 des Gemeinsamen Übereinkommens.
41 Vgl. oben unter C. I. 3.
42 Vgl. BT-Drs. 18/5980, S. 355 ff.

Bereich der Zwischenlagerung) erläutert wird. Damit erfüllt die Bundesregierung die im Dachbericht ausgesparten Anforderungen des § 2c Abs. 2 S. 1 Nr. 7 AtG hinsichtlich der Umsetzungszuständigkeiten und der Leistungskennzahlen[43], anhand derer sich die Fortschritte bei der Umsetzung überwachen lassen. In letztgenannter Hinsicht zeichnet der Abschnitt B. (S. 10 f.) des dritten Durchführungsberichts die Entwicklung seit dem zweiten Durchführungsbericht von 2018 nach. Die erwähnten Leistungskennzahlen werden an verschiedenen Stellen des Berichts als „Meilensteine" bezeichnet und finden etwa im Abschnitt K.2. (S. 61 ff.) eine Konkretisierung, soweit dort die geplanten Schritte bei der Standortauswahl eines geologischen Endlagers für hochradioaktive Abfälle, inklusive entsprechender Zuständigkeiten, anhand von Zeitleisten veranschaulicht werden. Zudem ergänzen die Informationen in den Kapiteln H.1 und H.2 (S. 46 ff.) die im Dachbericht des Nationalen Entsorgungsprogramms unter 3.1.3. getroffenen Ausführungen.

Unter der Gliederungsziffer A.4 (S. 9) führt der dritte Bericht auf, dass die im zweiten Bericht von August 2018 angekündigten (S. 8) Evaluationen des Nationalen Entsorgungsprogramms durch internationale Experten im Jahr 2019 stattgefunden haben. Zunächst fand im April 2019 eine IRRS-Mission[44] statt, der im September/Oktober 2019 eine ARTEMIS-Mission[45] folgte. Die positiven Evaluationsberichte[46], die Deutschland hohe Standards für eine sichere und verantwortungsvolle Entsorgung radioaktiver Abfälle und abgebrannter Brennelemente bescheinigten und einige Empfehlungen für weitere Verbesserungen aussprachen, werden in Kapitel L des dritten Berichts zur Durchführung der Richtlinie 2011/70/Euratom rekapituliert.

43 Mit dem aus der Betriebswirtschaftslehre stammenden Begriff der Leistungskennzahlen soll die Umsetzung des Nationalen Entsorgungsprogramms strukturiert evaluiert werden, vgl. die Regierungsbegründung in BT-Drs. 18/5865, S. 17.

44 IAEA Integrated Regulatory Review Service.

45 IAEA Integrated Review Service for Radioactive Waste and Spent Fuel Management, Decommissioning and Remediation.

46 https://www.iaea.org/sites/default/files/documents/review-missions/irrs_gfr_2019_final_report.pdf (IRRS-Mission, Az: IAEA-NS-IRRS-2019/02) und https://www.iaea.org/sites/default/files/documents/review-missions/final_artemis_report-germany.pdf (ARTEMIS-Mission) – abgerufen jeweils am 13.3.2023.

3. Verzeichnis radioaktiver Abfälle

Auch das bereits mehrfach erwähnte Verzeichnis radioaktiver Abfälle ist seit seiner ersten Fassung von August 2015[47] mehrfach fortgeschrieben worden und nun in der neuesten Version von Januar 2021 verfügbar, die den Bestand zum Stichtag 31. Dezember 2019 erfasst und weitere Prognosen enthält. Es ergänzt den zweiten Abschnitt des Dachberichts zum Nationalen Entsorgungsprogramm und konkretisiert damit die Maßgabe aus § 2c Abs. 2 S. 1 Nr. 3 AtG.

Der dort ausgesprochenen Anforderung, dass aus der Bestandsaufnahme „der Standort und die Menge radioaktiver Abfälle und abgebrannter Brennelemente gemäß einer geeigneten Klassifizierung der radioaktiven Abfälle eindeutig hervorgehen müssen", trägt das Verzeichnis radioaktiver Abfälle mittels der schon angesprochenen zweigestuften Matrix Rechnung, die auf der ersten Ebene zwischen den bestrahlten Brennelementen und den radioaktiven Abfällen aus der Wiederaufarbeitung (Wärme entwickelnde Abfälle, nach IAEO[48]-Klassifikation überwiegend hochradioaktive Abfälle) einerseits und den sonstigen radioaktiven Abfällen (Abfälle mit vernachlässigbarer Wärmeentwicklung, nach IAEO-Klassifikation schwach- und mittelradioaktive Abfälle) andererseits unterscheidet. Auf der zweiten Ebene werden die sonstigen radioaktiven Abfälle nach ihrem Verarbeitungsstand – Rohabfälle, vorbehandelte Abfälle, konditionierte Abfallprodukte, Endlagergebinde – weiter kategorisiert und innerhalb der beiden letztgenannten Gruppen noch einmal in jeweils zwei Untergruppen differenziert.[49] Hierdurch entsteht ein komplexes Zahlenbild, anhand dessen sich der Abfallbestand an sämtlichen Standorten in Deutschland ersehen lässt. So kann im Detail nachvollzogen werden, welche Rohabfälle und vorbehandelten Abfälle, konditionierten Abfallprodukte oder Endlagergebinde in welcher Menge und Form (unterschiedliche Fassgrößen oder Containertypen) zum Beispiel bei der Kerntechnischen Entsorgung Karlsruhe GmbH auf dem Gelände des Karlsruher Institut für Technologie (KIT) oder den diversen Brennelemente-Zwischenlagern an den Standorten der ehemaligen Kernkraftwerke vorzufinden sind.

---

47 Vgl. BT-Drs. 18/5980, S. 397 ff.
48 Internationale Atomenergie-Organisation, siehe oben Fn. 5.
49 Vgl. näher das Verzeichnis radioaktiver Abfälle 2021, Ziff. 2.2, S. 6 ff.

4. Bericht über Kosten und Finanzierung der Entsorgung

Der Bericht über Kosten und Finanzierung der Entsorgung bestrahlter Brennelemente und radioaktiver Abfälle von August 2015 ergänzt als Anlage das sechste Kapitel des Nationalen Entsorgungsprogramms und konkretisiert damit die Maßgabe aus § 2c Abs. 2 S. 1 Nrn. 8 und 9 AtG. Hier werden die Kosten der Entsorgung von Brennelementen und radioaktiven Abfällen sowie ihre voraussichtliche Entwicklung detailliert aufgefächert, etwa auch konkret bezogen auf die Kosten für die Stilllegung des Endlagers Morsleben (unter Gliederungsziffer 3.2.) oder die Kosten für die Stilllegung und Rückholung der radioaktiven Abfälle aus der Schachtanlage Asse II (unter Gliederungsziffer 3.3.). Bezogen auf das Endlager Asse erfolgt eine phasenbezogene Kostenaufstellung, welche die vier Phasen Planung und Erkundung, Errichtung, Einlagerungsbetrieb und Stilllegung differenziert (unter Gliederungsziffer 3.1.). Mit Blick auf das noch zu findende Endlager für insbesondere Wärme entwickelnde radioaktive Abfälle erfolgt (unter Gliederungsziffer 3.4.) eine gesonderte Betrachtung der Kosten und Finanzierung des Verfahrens nach den StandAG (unterteilt nach dem Such- und Auswahlverfahren für den Endlagerstandort und denjenigen für den Offenhaltungsbetrieb Gorleben) und der Kosten für die eigentliche Errichtung und den Betrieb des künftigen Endlagers, hier wiederum unterteilt nach Investitions-, Stilllegungs- und Betriebskosten. Die für das projektierte Endlager geschätzten Gesamtkosten belaufen sich (auf der Preisbasis 2012) demnach auf ca. 7,7 Mrd. Euro.

D. Das Nationale Entsorgungsprogramm im Lichte des § 2c AtG

Obwohl das Nationale Entsorgungsprogramm in seinem Dachbericht und den zugehörigen Anlagen die überwiegenden Vorgaben des § 2c Abs. 2 AtG aufgegriffen hat, wurden vereinzelte Anforderungen aufgrund deutscher rechtlicher Besonderheiten modifiziert und § 2c Abs. 2 S. 1 Nr. 11 AtG betr. Internationaler Abkommen gar nicht aufgegriffen. Hierauf wird abschließend noch ebenso einzugehen sein (1.) wie auf die aus § 2c Abs. 4 AtG folgenden Auskunftspflichten für Entsorgungspflichtige und Besitzer abgebrannter Brennelemente oder radioaktiver Abfälle (2.) und die in § 2c Abs. 3 AtG der Bundesregierung auferlegte Überprüfungspflicht (3.).

1. Internationale Abkommen zur Endlagerung außerhalb Deutschlands

§ 2c Abs. 2 S. 1 Nr. 11 AtG statuiert die Pflicht, im Nationalen Entsorgungsprogramm auch zu internationalen Abkommen über Entsorgungsmaßnahmen in Bezug auf abgebrannte Brennelemente und radioaktive Abfälle zu berichten. Diese Pflicht steht – wie auch in der Richtlinienvorgabe[50] – unter der Einschränkung „gegebenenfalls". Dieser Vorbehalt aktiviert sich für Deutschland, denn es ist hierzulande rechtlich ausgeschlossen, dass die Bundesrepublik mit anderen Staaten Verträge über die Verbringung radioaktiver Abfälle mit dem Zweck der Endlagerung außerhalb Deutschlands abschließt.[51] Dies hat der Gesetzgeber bei Einfügung des § 2c in das AtG gesehen, die Richtlinienvorgabe aber gleichwohl in formaler sogenannter „Eins-zu-eins-Umsetzung" übernommen. Hinzugefügt wurde aber eine zusätzliche Unberührtheitsklausel im zweiten Teil der Nr. 11, welche nach dem Willen des Gesetzgebers[52] diese materielle Rechtslage klarstellen sollte. Dieser zweite Halbsatz, der auf § 1 Abs. 1 StandAG verweist, bezog sich auf die seinerzeitige Fassung des StandAG von 2013[53], welche an der angegebenen Stelle ein Verbot zwischenstaatlicher Abkommen über die Verbringung radioaktiver Abfälle einschließlich abgebrannter Brennstäbe zum Zweck der Endlagerung außerhalb Deutschlands vorsah. Diese Version ist aber zwischenzeitlich[54] durch eine neue Textfassung des § 1 StandAG ersetzt worden, weshalb sich die in Bezug genommene sachliche Regelung nunmehr in § 1 Abs. 2 S. 4 StandAG findet. Durch ein gesetzgeberisches Versehen ist die Verweisung am Ende des § 2c Abs. 2 Nr. 11 AtG auf § 1 Abs. 1 StandAG bislang aber noch nicht angepasst worden. Sie ergibt in der aktuellen Fassung keinen Sinn mehr. Aus Gründen der Rechtsklarheit ist eine gesetzgeberische Korrektur der Unberührtheitsklausel also dringend angezeigt.

---

50 Vgl. Art. 12 lit. k. der Richtlinie 2011/70/Euratom.

51 Zu den völkerrechtlichen und europarechtlichen Rechtsgrundlagen der grenzüberschreitenden Verbringung radioaktiver Abfälle zum Zwecke der Endlagerung ausführlich Dietze, Internationale Endlagerung radioaktiver Abfälle, iur. Diss., Göttingen 2012, insbes. S. 55 ff. 130 ff.

52 Vgl. die Begründung des Regierungsentwurfs zum 4. AtG-Änderungsgesetz, BT-Drs. 18/5865, S. 18.

53 Standortauswahlgesetz (StandAG) vom 23. Juli 2013 (BGBl. I S. 2553).

54 Neufassung des StandAG gemäß Art. 1 des Gesetzes zur Fortentwicklung des Gesetzes zur Suche und Auswahl eines Standortes für ein Endlager für Wärme entwickelnde radioaktive Abfälle und anderer Gesetze vom 5.5.2017 (BGBl. I S. 1074).

2. Auskunftspflichten der Entsorgungspflichtigen und Abfallbesitzer

Um zu gewährleisten, dass die Bundesregierung an die zur Erstellung und Fortschreibung des Nationalen Entsorgungsprogramms erforderlichen Informationen gelangen kann, enthält § 2c Abs. 4 S. 1 AtG eine Befugnisnorm zur Erhebung der insoweit erforderlichen Auskünfte bei den nach § 9a Abs. 1 S. 1 AtG Entsorgungspflichtigen und den Besitzern abgebrannter Brennelemente und radioaktiver Abfälle. Ausgenommen sind hiervon diejenigen, die ihre Abfälle an eine Landessammelstelle abzuliefern haben, also primär die von § 9a Abs. 2 S. 1 AtG erfassten privaten Besitzer radioaktiver Abfälle. Sofern eine der in § 9a Abs. 2 S. 2 bis 4, Abs. 2a AtG genannten Gegenausnahmen vorliegt, kann aber eine Auskunftspflicht fortbestehen.[55]

Der in § 2c Abs. 4 S. 1 Nr. 1–3 AtG enthaltene Katalog der Auskunftsgegenstände ist abschließend.[56] Zur Wahrung von Geschäfts- und Betriebsgeheimnissen im Rahmen der Verhältnismäßigkeit ist aber auch insoweit streng darauf zu achten, dass die angefragten Informationen nach Inhalt, Art und Weise der Auskunftserteilung (Einzeldaten, Berichterstattung) für die Erstellung oder Änderung des Nationalen Entsorgungsprogramms tatsächlich erforderlich sind.[57] Ergänzende Auskunftspflichten bestehen nach § 9i Abs. 2 AtG mit Blick auf das nach § 2c Abs. 2 Nr. 3 AtG zu erstellende Verzeichnis radioaktiver Abfälle. Wegen der atomrechtlichen Vollzugskompetenzen im Bereich der Auftragsverwaltung (Art. 87c, 85 GG i.V.m. § 24 Abs. 1 S. 1 AtG) sieht der auf Intervention des Bundesrats[58] aufgenommene § 2c Abs. 4 S. 2 AtG vor, dass der Informationsfluss zwischen dem um Auskunft ersuchenden BMUV und dem Auskunftspflichtigen „über die zuständigen Behörden der Länder“ erfolgen muss.[59] Damit richtet formal die Landesbehörde das Auskunftsverlangen an den Auskunftsverpflichteten. Sie ist also Erlassbehörde des auf Auskunftserteilung gerichteten Verwaltungsakts und kann – je nach landesrechtlicher Ausgestaltung des § 78 Abs. 1 Nr. 2 VwGO – im Falle einer Anfechtungsklage richtiger Klagegegner sein.

55 Siehe zum Ganzen *Hennenhöfer*, in: Hennenhöfer/Mann/Pelzer/Sellner, AtG, 2021, § 9a Rn. 29, 34 f.; *John*, in: Frenz (Hrsg.), Atomrecht, § 9a AtG Rn. 27 ff.

56 *Franßen* in: Frenz (Hrsg), Atomrecht, § 2a AtG Rn. 94; *Mann*, in: Hennenhöfer/Mann/Pelzer/Sellner, AtG, 2021, § 2c Rn. 23.

57 Begründung des Regierungsentwurfs zum 4. AtG-Änderungsgesetz, BT-Drs. 18/5865, S. 18.

58 Vgl. BR-Dr. 260/15 [Beschl.], S. 1 f.

59 Ebenso § 9i Abs. 2 S. 2 AtG für die Informationsübermittlung für das Verzeichnis radioaktiver Abfälle.

3. Regelmäßige Überprüfung des Nationalen Entsorgungsprogramms

In Umsetzung der Vorgaben aus Art. 11 Abs. 2 der Richtlinie 2011/70/Euratom sieht § 2a Abs. 3 AtG die Verpflichtung der Bundesregierung vor, das Nationale Entsorgungsprogramm regelmäßig – mindestens aber in einem Abstand von zehn Jahren – zu überprüfen und gemäß dem wissenschaftlichen und technischen Fortschritt zu aktualisieren. Gegebenenfalls zu berücksichtigen sind dabei der technische Fortschritt, Empfehlungen, Erfahrungen sowie sich aus Prüfungen durch Experten und Wissenschaft ergebende bewährte Praktiken.

Da der Zehnjahresrhythmus mit der „erstmaligen Erstellung" des Nationalen Entsorgungsprogramms beginnt, was als abschließender Akt auf das Datum der Unterrichtung des Bundestages durch die Bundesregierung[60] am 21. August 2015 konkretisiert werden kann, liegen der tatsächliche Termin und der in Abs. 3 als spätester Termin benannte 23. August 2015 nah beieinander. Demnach ist die erste regelmäßige Revision des Nationalen Entsorgungsprogramms in der zweiten Augusthälfte 2025 vorzunehmen. Frühere Aktualisierungen sind nicht ausgeschlossen, doch sind bis Anfang 2023 noch keine textlichen Änderungen des Dachberichts des Nationalen Entsorgungsprogramms vorgenommen worden. Allerdings wurden zwischenzeitlich, wie bereits aufgezeigt, einzelne Anlagen zum Nationalen Entsorgungsprogramm, etwa das Verzeichnis radioaktiver Abfälle, aktualisiert. Wegen der Integration dieser Anlagen als Bestandteile des Nationalen Entsorgungsprogramms gemäß § 2c Abs. 2 S. 2 AtG sind nach diesseitiger Auffassung auch solche Änderungen in den Anlagen des Nationalen Entsorgungsprogramms gemäß §§ 33, 35 i.V.m. Anlage 5 Ziffer 1.13 UVPG grundsätzlich UVP-pflichtig.

Die im letzten Halbsatz des § 2c Abs. 3 AtG angesprochenen „Prüfungen durch Experten" beziehen sich vor allem auf die Evaluationen des Nationalen Entsorgungsprogramms durch internationale Experten im Rahmen der IRRS- und der ARTEMIS-Mission,[61] doch können hierzu auch die gemäß § 24b Abs. 1 S. 1 Nr. 2 AtG ebenfalls mindestens im zehnjährigen Abstand vorgesehenen Peer Reviews durch internationale Experten gezählt werden, die ergänzend zur Selbstbewertung des Gesetzes-, Vollzugs- und Organisationsrahmens für die sichere Entsorgung abgebrannter Brennelemente und radioaktiver Abfälle nach § 24b Abs. 1 S. 1 Nr. 1 hinzutreten.

60 BT-Dr. 18/5980.

61 Dazu bereits oben unter C. II. 2.

E. Ausblick

Mit dem Nationalen Entsorgungsprogramm dokumentiert und erläutert die Bundesregierung ihre nationale Strategie für eine verantwortungsvolle und sichere Entsorgung abgebrannter Brennelemente und radioaktiver Abfälle. Der Dachbericht und seine vier Anlagen erfüllen die Vorgaben, die sich aus Art. 11 und 12 der Richtlinie 2011/70/Euratom für die Erstellung der nationalen Entsorgungsprogramme ergeben und in § 2c Abs. 2 AtG ins nationale Recht umgesetzt worden sind. Jedoch lassen die seit der Vorstellung des Nationalen Entsorgungsprogramms im Jahre 2015 eingetretene Entwicklung im Bereich des Atomrechts – Atomausstiegsurteil 2016, Entschädigung der Kraftwerksbetreiber, Neufassung des StandAG, Neuordnung der Verantwortung in der kerntechnischen Entsorgung 2017, neues Strahlenschutzrecht 2019, neue Verordnungen für die Endlagerung hochradioaktiver Abfälle 2020, Laufzeitverlängerung 2022[62] – erkennen, dass die Zeit für eine gründliche Überarbeitung des Nationalen Entsorgungsprogramms gekommen ist, welche über die zwischenzeitlich bereits erfolgte Aktualisierung der Datenbasis im Verzeichnis radioaktiver Abfälle hinausgeht. Erforderlich ist eine demokratische Rückbindung durch eine breitere Diskussion des bislang eher wenig beachteten Nationalen Entsorgungsprogramms im Deutschen Bundestag und den Medien, die der Bedeutung der nuklearen Entsorgung für unser Gemeinwesen entspricht. Es ist allerdings zu vermuten, dass die Bundesregierung das ihr für eine solche Überarbeitung durch § 2c Abs. 3 AtG eingeräumte Zehnjahresintervall voll ausschöpfen wird. Mit einer ersten grundlegenden Revision des Nationalen Entsorgungsprogramms wird daher wohl erst im Jahr 2025 zu rechnen sein.

62 Vgl. dazu den konzisen Überblick über die Rechtsentwicklung im Atom- und Strahlenschutzrecht bei *Mann*, Atomrecht und Strahlenschutz, 38. Aufl. 2023, Einführung, S. 9–33.

Faktencheck zur Energiewende[1]

Michael Beckmann, Antonio Hurtado

Eine stabile wirtschaftliche und ökologisch ausgerichtete Energieversorgung ist das Fundament einer Industrienation auf der Basis einer sozialen Marktwirtschaft.

Zur Verwunderung vieler wird derzeit die Frage gestellt, warum die Probleme der Energiewende erst jetzt diskutiert werden. Die Antwort ist einerseits sehr einfach: Die Probleme treten erst jetzt in einem Ausmaß auf, dass sie ganz massiv deutlich werden. Andererseits muss erwähnt werden, dass Herausforderungen der Energiewende in der Politik, der Industrie und in der Wissenschaft seit Jahrzehnten bekannt sind und auch diskutiert wurden. Wieso, muss man fragen, sind diese derart ignoriert worden, dass nun das bisherige Dreieck der Energiewirtschaft aus der Balance zu geraten droht? Versorgungssicherheit und Wirtschaftlichkeit sind akut gefährdet, weshalb am Ende auch die Umweltverträglichkeit hinsichtlich Akzeptanz und Umsetzungskraft in Gefahr geraten.

Die Ignoranz zahlreicher Akteure soll hier nicht thematisiert werden. Zu den Fragen, wie es weitergeht und wie die Probleme zu beheben sind, sehr wohl: Dabei hilft eine einfache und schonungslose Analyse des Ist-Zustandes auf Basis energietechnischer, wirtschaftlicher und umweltwissenschaftlicher Grundlagen. Infolgedessen gilt es, einen politischen Konsens und Handlungsrahmen abzustecken. Ziele (keine Wünsche) sind klar zu formulieren und es muss ein Monitoring zur Zielerreichung als Prozess der Umgestaltung geschaffen werden. Die Weiterentwicklung unseres Energiesystems ist ohne Frage erforderlich. Die Entwicklung der Energietechnik hat eine Historie und sie wird auch eine Zukunft haben, die 2050 nicht beendet sein wird.

Wann begann die Energiewende? Welche Ziele hatte bzw. hat die Energiewende? Wer sind die Treiber? Welches sind die Hauptursachen der heute offenkundigen Probleme? Wer muss diese Fehlentwicklungen verantworten und vor allem, wie geht es weiter? Das sind nur einige wenige Fra-

1 Dieser Text wurde erstveröffentlicht in: Kraftwerkstechnik, 2022.

gen und auch sie können mit dem vorliegenden Beitrag nicht annähernd umfassend beantwortet werden.

A. Verlauf der Energiewende

Wann begann die Energiewende? Der exakte Zeitpunkt ist schwer festzumachen. Das jährlich stattfindende Kraftwerkstechnische Kolloquium der Technischen Universität Dresden ist seit über 50 Jahren ein guter Indikator, um anhand der dabei diskutierten Beiträge abzulesen, wie sich energietechnische Schwerpunkte im Laufe der Jahre verändert haben. Das erste Kolloquium fand 1968 statt. Zu dieser Zeit wurde in der DDR eine Verminderung der Verbrennung von Braunkohle zugunsten der Kernenergie gefordert, was sich in der Dekade der Siebziger- und Achtzigerjahre fortsetzte. Die Braunkohle war vorwiegend für die stoffliche Nutzung vorgesehen, was gleichzeitig wiederum die Effizienzsteigerung bei Verbrennungsprozessen erforderte. Nachdem in den Sechzigerjahren eine wahre Euphorie der Kernkraft in Ost und West entstand und schon sogenannte *Strom-Flat-Rate*-Tarife im Gespräch waren, bildete sich in der Bundesrepublik in der Siebziger-Dekade und zu Beginn der Achtzigerjahre eine ablehnende Haltung zu Kernkraft und fossiler Verbrennung in Kraftwerken heraus. Bis zum Ende der Dekade steigerte sich dies bis zu der Forderung, nicht nur auf Kernenergie, sondern auch insgesamt auf Verbrennung zu verzichten. Die Neunziger standen im Zeichen der weiteren Emissionsminderung, Effizienzsteigerung und Verbesserung der Wirtschaftlichkeit im vereinten Deutschland – verbunden mit einer Aufbruchsstimmung nach der Wiedervereinigung. Anfang der 2000er sah das Energiekonzept der Bundesregierung nach einer langfristigen und verlässlichen Agenda in der Energiepolitik aus, es erfolgte die Festlegung von Restlaufzeiten für die Kernkraft in Deutschland; in der Forschung der Kraftwerkstechnik war allen voran CCS (*Carbon Capture and Storage*) das Thema der Zukunft.

Am 11. März 2011 ereignete sich das Seebeben in Fukushima, verbunden mit einem Tsunami, welcher die Energieversorgung und die Notkühlsysteme des dortigen Kernkraftwerks zerstörte. Für die Bundesregierung war dies Anlass, den Ausstieg aus dem Energiekonzept vom Herbst 2010 zu erklären und einen vollständigen Ausstieg aus der friedlichen Kernenergienutzung in Deutschland zu beschließen. Zwei Jahre später schrieb die damalige Grünen-Chefin Claudia Roth auf ihrer Facebook-Seite[2]:

> Heute vor zwei Jahren ereignete sich die verheerende Atom-Katastrophe von Fukushima, die nach Tschernobyl ein weiteres Mal eine ganze Region und mit ihr die ganze Welt in den atomaren Abgrund blicken ließ. Insgesamt starben bei der Katastrophe in Japan 16.000 Menschen, mehr als 2.700 gelten immer noch als vermisst.

Daran anschließend forderte sie den Ausstieg aus der *Hochrisikotechnologie Atom*. Dies sei *so schnell wie möglich umzusetzen*.[3]

Direkt im und am Kernkraftwerk Fukushima Daiichi starben während der Ereignisse vier Arbeiter: Ein Todesfall ist auf einen Kran-Absturz während des Seebebens zurückzuführen, einer auf Herzinfarkt während der Aufräumarbeiten, zwei Menschen ertranken. Etwa 18.000 Menschen kamen durch den Tsunami ums Leben.

Eine künftig sichere, umweltfreundliche und wettbewerbliche Energieversorgung setzt die Weiterentwicklung von Energietechnologien voraus. Technikfeindlichkeit als Folge von Ängsten behindert jedoch diese Entwicklung, weshalb Ängste nicht als Argumente in Politik und Medien missbraucht werden dürfen. In keinem Land. Grundsätzlich ist Risiko als Produkt aus der Eintrittswahrscheinlichkeit und dem Schadensumfang eines Ereignisses anzusehen. Zur Sicherstellung einer nachhaltigen Kernenergienutzung sind von künftigen Kernreaktoren u.a. die Wiederaufarbeitung der noch nutzbaren Spaltstoffe in den abgebrannten Brennelementen, das Erbrüten von Brennstoffen sowie die Verwendung von Thorium als Alternativbrennstoff anstelle von Uran zu gewährleisten. Die in das Endlager für hochradioaktive Abfälle einzubringenden Abfälle müssen minimiert werden und in zivilisatorisch akzeptablen Zeiten auf das Strahlungsniveau der aus den natürlichen Lagerstätten entnommenen Brennstoffe abklingen.

Derartige Reaktoren wurden nach einer Phase des Nachdenkens nach Fukushima in der chinesischen Provinz Shandong errichtet; ihre Anzahl soll in den kommenden Jahren deutlich erhöht werden. Darüber hinaus ist der Einsatz von Hochtemperaturreaktoren in Südkorea, Japan und USA für den Strom- und Prozesswärmemarkt vorgesehen.

---

2 Facebook: https://de-de.facebook.com/Roth/posts/10151525525735664. (Stand: 5.9.2022).

3 Ebd.

Es wurde eine weitere Energiewende eingeleitet, die Umstellung des Energiesystems auf regenerative Energieträger wurde forciert und erneut standen die fossilen Energieträger zur Disposition. Solar- und Windenergie sind fluktuierende Energieträger, und da Versorgungssicherheit allein auf ihrer Basis nicht zu erreichen ist, wurden in den 2010er Jahren die Entwicklungen in Richtung Netzausbau, Speicher, Sektorenkopplung, Digitalisierung, Gaskraftwerke als Back-up, Wasserstoff u.v.m. diskutiert. Das Energiesystem auf der Basis von Solar- und Windenergie mit einer ebenso hohen Versorgungssicherheit wie bei dem konventionellen System (TRL 9) erreicht heute einen technologischen Reifegrad von allenfalls TRL 5 bis 6 (*Technology Readiness Level*, Technologiereifegrad; Skala zur Bewertung des Entwicklungsstandes von neuen Technologien). Der Politiker Hermann Scheer (SPD), einer der Pioniere der Solarenergie, wies schon 1996 auf die Herausforderung *Speicherung* hin:

> Den theoretischen Fall unterstellt, wir würden den gesamten Strombedarf in Deutschland mit Solarzellentechnologie zu decken versuchen, so bräuchten wir dazu eine Fläche von 3.000 Quadratkilometern. Das sind weniger als 10 Prozent der in Deutschland überbauten Fläche. Aber das ist ein theoretischer Fall. Es wäre nämlich falsch, alles nur mit Photovoltaik zu machen; dann hätten wir ein großes *Speicher*problem.[4]

2022 verkündet Nina Scheer, energiepolitische Sprecherin der SPD im Bundestag:

> Atomstrom blockiert und verteuert den dringenden Ausbau der Erneuerbaren ... Wir müssen unsere Stromversorgung auf die Eigenschaften der erneuerbaren Energien zuschneiden. Schwankende Energien erfordern mehr Flexibilitäten, also intelligente Netze und Speicher.[5]

Am 28. Juli 2022 lag der Anteil der eingespeisten Photovoltaik (PV)-, Windkraft-, Biomasse- und Wasserkraft-Energie bei einer Leistung von ca. 14 Gigawatt (GW) morgens um 6 Uhr und ca. 22 GW um 9 Uhr. Als Bedarf an elektrischem Strom wurde eine Leistung von ca. 59 GW um 6 Uhr und 68 GW um 9 Uhr gefordert. Ein großer Anteil an Residualleistung wurde durch konventionelle Kraftwerke erbracht und lag zu beiden Zeitpunkten bei ca. 39 GW.

---

4 Scheer, Hermann: SPD, 13.6.1996, Protokoll der 110. Sitzung des 13. Deutschen Bundestages.

5 Scheer, Nina: Welt+: https://www.welt.de/videos/video239869909/Gas-Krise-in-Deutschland-Nina-Scheer-SPD-fordert-zum-Energiesparen-auf.html (Stand: 28.7.2022).

Es ist bekannt, dass eine verlässliche Versorgung mit Photovoltaik- und Windkraftenergie nur mit entsprechenden Speichern sichergestellt werden kann. Der Ausbau von Photovoltaik und Windkraft erfolgte in den letzten elf Jahren ohne die Verfügbarkeit von Energiespeichern, d.h. ohne Beachtung des technologischen Reifegrads einzelner Systeme sowie des gesamten Energiesystems. Umso mehr verwundert es, dass exakt diese Strategie bis heute weiter gefordert wird. In einem frühen Ausbaustadium von Photovoltaik- und Windkraftenergie konnten die Fluktuationen im Angebot von Wind und Sonne noch einfach durch konventionelle Kraftwerke ausgeglichen werden. Auch gab es damals schon eine angebotsorientierte Energienutzung z.B. von Tiefkühlanlagen von Weser-Ems-Energie[6], was der heutigen Sektorenkopplung entspricht. Mit dem zunehmenden einseitigen Ausbau von Photovoltaik- und Windkraftenergie ohne den gleichzeitigen Speicher-/Netzausbau müssen jedoch immer mehr Anlagen auch *abgeregelt* werden – da keine Nutzungsmöglichkeit der elektrischen Energie gegeben ist. Die *abgeregelte* Arbeit von Erneuerbare-Energie-Anlagen an Land betrug 2018 in Schleswig-Holstein 2.524 Gigawattstunden (GWh).[7] Das entspricht einem Anteil von 20 Prozent der Gesamtarbeit.

Fazit: Nicht die konventionellen Kraftwerke behindern die Energiewende, vielmehr erbringen sie die erforderliche Residualleistung, sind regelbar und stützen somit die Ziele der Energiewende mit dem einseitigen Ausbau von Photovoltaik- und Windkraftenergie. Der fehlende Ausbau von Speichern, Netzen, der Sektorenkopplung usw. gefährden die Versorgungssicherheit. Weshalb Frau Scheer noch im Jahr 2020 den Netzausbau für unnötig gehalten hat, ist nicht bekannt:

> Wenn man Überschussstrom unmittelbar in die Wärmeverwendung überführt und in die Sektorenkopplung in Richtung Verkehrswende transferiert, ist der von Ihnen gerade wieder angeführte Netzausbau unnötig; und das wissen Sie. (Nina Scheer, SPD, 4.11.2020)

Der Eindruck, es ginge hier nicht um die Energiewirtschaft Deutschlands und damit um die Sicherung des Wohlstandes unseres Landes, sondern

---

6 *W. Brinker, E. Wieben*, Dezentrale Energie – Netzstabilität, in: M. Beckmann, A. Hurtado: Kraftwerkstechnik, Band 3. Neuruppin: TK Verlag Karl Thome-Kozmiensky, 2011, S. 473–488.

7 Bericht zum Engpassmanagement in Schleswig-Holstein. Einspeisemanagement in den Jahren 2010 – 2018 und Redispatch in den Jahren 2016 – 2018. Kiel, den 14.5.2019. https://www.schleswig-holstein.de/DE/fachinhalte/E/erneuerbareenergien/Bericht_Einspeisemanagement.pdf?__blob=publicationFile&v=1 (Stand: 10.9.2022).

um (Macht-) Politik, muss nicht unbedingt zutreffen. Betrachtet man die Bundestagsdebatten und die Presseinformationen der letzten 30 Jahre, so verwundert es, dass die Herausforderungen der Energiewende in vielen Punkten richtig beschrieben und auch Lösungsvorschläge benannt worden sind – allein es erfolgte keine präzise Zieldefinition, kein Vorschlag für geeignete Maßnahmen zur Umsetzung. Auch ein dazugehöriges und unerlässliches Monitoring ist nicht bekannt. Stimmen, die diesen Zustand schon unmittelbar nach Bekanntgabe des Energiewende-Konzeptes kritisiert haben und im Sinne der Versorgungsicherheit den Weiterbetrieb vorhandener gesicherter Kraftwerkskapazitäten forderten, bis neue Kapazitäten die notwendige technische Reife erlangt haben und auch zur Verfügung stehen, wurden konsequent ignoriert.[8]

Die Aussage

> Die Sonne schickt uns keine Rechnung.[9]

klingt sehr verlockend. Sie ist grundsätzlich richtig, aber sie bezieht sich ausschließlich auf den Brennstoff, nicht jedoch auf das Gesamtsystem. Hierzu gehören, neben den Photovoltaik- und Windkraftanlagen selbst der Netzausbau, die Speicherung und Rücktransformation. Diese Anlagen unterliegen allesamt einem Verschleiß und müssen auch erneuert werden. Anders hingegen das Versprechen von Jürgen Trittin (Grüne), damals Bundesumweltminister:

> Es bleibt dabei, dass die Förderung erneuerbarer Energien einen durchschnittlichen Haushalt nur rund 1 Euro im Monat kostet – so viel wie eine Kugel Eis.[10]

Der Förderbetrag in Höhe von lediglich 40 Mio. Euro pro Jahr bei ca. 40 Mio. Haushalten in Deutschland wurde direkt beziffert. Bereits 2003 bemerkte dazu Joachim Pfeiffer (CDU):

> Wenn Sie das mit der bisherigen Dynamik so weitertreiben, dann kommen wir im Jahr 2010 auf ein direktes Vergütungsvolumen von bis zu 7 Milliarden Euro allein aus dem EEG. (Ulrich Kelber [SPD]: Unsinn!)

---

8 *Beckmann, M., Pieper, C., Scholz, R., Muster, M.*, Perspektiven für eine Vollversorgung mit erneuerbaren Energien Teil II: Speicherbedarf, Regionale Demonstrationseinheit und Ausblick. Wasser und Abfall 9/2012. S. 20–27.

9 *Alt, F.*, Die Sonne schickt uns keine Rechnung. Verlag: Serie Piper, 1994.

10 BMUV: Einführung EEG, 2004: https://www.bmuv.de/pressemitteilung/erneuerbare-energien-gesetz-tritt-in-kraft (Stand: 10.9.2022).

> Hinzu kommen die Kosten für den Netzausbau und die Regelenergie. Das ist nicht zu schultern.[11]

Fakt ist: Die EEG-Vergütung (nach dem Erneuerbare-Energien-Gesetz, EEG) betrug im Jahr 2010 13 Mrd. Euro.

> Die Einspeisung von Strom aus EEG vergüteten Anlagen nahm 2010 um acht Prozent auf einen Gesamtwert von knapp 80.700 GWh zu. Dies entsprach einem Anteil an der Bruttostromerzeugung in Deutschland von knapp 13 Prozent. Gleichzeitig stieg die Gesamtvergütung um 22 Prozent auf gut 13 Milliarden Euro. Etwa 38 Prozent der Vergütung entfiel 2010 auf Solaranlagen (2009: 29 Prozent).[12]

Arnold Vaatz, bis 2021 stellvertretender Vorsitzender der CDU/CSU-Bundestagsfraktion, hatte bei seinem Vortrag beim Kraftwerkstechnischen Kolloquium 2013 auf die Missstände des EEG und der eingeschlagenen Energiepolitik hingewiesen (zu diesem Zeitpunkt war die CDU schon sieben Jahre in Regierungsverantwortung). Er bezifferte die bereits durch das Gesetz bis ins Jahr 2032 garantierte Gesamtverbindlichkeit mit 400 Mrd. Euro.[13]

Kann daraus schlussgefolgert werden, dass die Energieversorgung auch oder vor allem als Instrument der Parteien zu sehen ist, um gesellschaftliche Veränderungen zu bewirken? Manche Debattenbeiträge sind in dieser Hinsicht sehr durchsichtig, so der von Hans-Kurt Hill (Die Linke):

> Im Erneuerbare-Energien-Gesetz muss die Verhinderungstaktik der Stromkonzerne jetzt ausgehebelt werden. Der Netzausbau darf nicht länger Konzerninteressen folgen, sondern muss dem Allgemeinwohl dienen. Das heißt, im Interesse von Klimaschutz, Beschäftigung und bezahlbarer Energie müssen die Stromnetze vorsorglich für den schnell wachsenden

---

11 *Pfeiffer, Joachim* (CDU/CSU), 13.11.2003, Protokoll der 75. Sitzung des 15. Deutschen Bundestages.

12 Bundesnetzagentur, S. 13: https://www.bundesnetzagentur.de/SharedDocs/Downloads/DE/Sachgebiete/Energie/Unternehmen_Institutionen/ErneuerbareEnergien/ZahlenDatenInformationen/StatistikberichtEEG2010pdf.pdf?__blob=publicationFile&v=2. (Stand: 10.9.2022).

13 *Vaatz, A.*, Bemerkungen zur Energiepolitik in Deutschland, in: Beckmann, M.; Hurtado, A.: Kraftwerkstechnik Band 5, S. 1–12.

> Bereich der erneuerbaren Energien ausgebaut werden; nach unserer Ansicht – Sie wissen das – gehören sie in staatliche Hand.[14]

Es wäre naiv anzunehmen, dass hinter den Debattenbeiträgen keine politischen oder ideologischen Interessen, keine Machtpolitik und dergleichen stehen. Man kann den Eindruck gewinnen, dass Versprechen gegeben werden, deren Realisierbarkeit oftmals nicht einer Plausibilität standhält. Auch werden gegenseitige Beschuldigungen der Parteien vorgetragen, wie von Sigmar Gabriel 2014 nach dem Ende der CDU/FDP-Regierung 2013:

> Gabriel klagte vor den Wirtschaftsvertretern über „irre Zustände" bei der Energiewende. In Süddeutschland werde ein Atomkraftwerk nach dem anderen abgeschaltet. Weil der im Norden im Überfluss produzierte Windstrom aber wegen fehlender Leitungen nicht in den Süden komme, müsse dort manchmal Strom aus veralteten Ölkraftwerken in Österreich zugekauft werden. Das sei eine „Karnevalsveranstaltung", schimpfte Gabriel. „Die Kollegen in Österreich kommen vor Lachen nicht in den Schlaf."[15]

Nach acht Jahren CDU/SPD-geführter Regierung ist es nahezu bizarr, wenn die politische Verantwortung nun wieder zurück bei Bündnis 90/ Die Grünen ist und Herr Habeck als Wirtschaftsminister beklagt:

> Wenn man sich vor Eisbergen fotografieren lässt, aber vergisst, dass Eisberge schmelzen. Wenn man aus allen möglichen Dingen aussteigt, zu Recht, aber vergisst, dass man dafür eine Infrastruktur aufbauen muss. Wenn man klimapolitische Beschlüsse fasst, sie aber nicht mit Maßnahmen hinterlegt, dann lässt man Deutschland im Regen stehen.[16]

Steht Deutschland nun im Regen, weil über mehr als 20 Jahre Politiker ihre Verantwortung nicht in dem Maße wahrgenommen haben, wie sie es gemäß ihres Amtseides und des Grundgesetzes hätten tun müssen? Welche Ursachen führten zum Versagen?

Aus technischer Sicht gibt es insbesondere zwei Aspekte zu benennen: Zum einen liegt die große Herausforderung inhärent in der großen Aufgabe

---

14 *Hill, Hans-Kurt* (DIE LINKE), 21.2.2008. https://dserver.bundestag.de/btp/16/16145.pdf (Stand: 10.9.2022).

15 *Gabriel, Sigmar*, Spiegel: https://www.spiegel.de/politik/deutschland/sigmar-gabriel-schimpft-ueber-energiewende-a-1000976.html (Stand: 10.9.2022).

16 *Habeck, Robert*, Focus: https://www.focus.de/politik/deutschland/kommentar-liess-deutschland-im-regen-stehen-der-faktencheck-zu-habecks-merkel-kritik_id_114369114.html (Stand: 10.9.2022).

der Energieversorgung, d.h. in der bereitzustellenden Energie (Arbeit) und der Leistung für alle Energiesektoren. Zum anderen fehlt sicherlich oftmals der Bezug zur Realität, was tatsächliche Zeiträume für die Entwicklung und die Umsetzung neuer Technologien betrifft. Auf beide Punkte sei nachfolgend getrennt eingegangen.

B. Größenordnung der Energieversorgung in Deutschland

In den Diskussionen um die Energiewende wird oftmals nur über elektrische Energie gesprochen, gegenwärtig beträgt dieser Anteil allerdings nur ca. 20 Prozent des Endenergiebedarfs. Der gesamte Primärenergiebedarf in Deutschland beträgt aktuell etwa 12.000 PJ (Petajoule), damit wird der Endenergiebedarf in Höhe von ca. 8.300 PJ der Energiesektoren Industrie, Verkehr, Haushalte und Gewerbe/Handel/Dienstleistungen gedeckt. Der Bedarf an elektrischer Energie beträgt damit nur ca. 1.700 PJ oder ca. 500 TWh (Terrawattstunden). Bei einer Umstellung des Energieversorgungssystems wird oftmals argumentiert, dass der gegenwärtige Primärenergiebedarf in dieser Höhe nicht benötigt wird, da ja über Photovoltaik- und Windkraftanlagen elektrische (End-) Energie direkt bereitgestellt wird und damit die Verluste zwischen heute fossiler Primärenergie und Endenergie weitgehend entfallen. Diese Argumentation ist falsch, da wie voranstehend ausgeführt auch die Speicherung der Energie berücksichtigt werden muss und bei der Umwandlung von elektrischer Energie z.B. zu Wasserstoff, bei der Speicherung und der Rücktransformation in elektrische Energie entsprechende Wirkungsgrade zu berücksichtigen sind – bei dieser Umwandlungskette ergeben sich aus heutiger Sicht in Zukunft realisierbare Wirkungsgrade in der Größenordnung von 30 bis 40 Prozent.

Es soll an dieser Stelle nicht weiter vertieft werden, welche Energiemenge in der Zukunft genau benötigt wird, wichtig erscheint es, zunächst eine Vorstellung von der benötigten Größenordnung zu vermitteln. Alle oben genannten Energiebeträge – Primär-, End-, elektrische Energie – sind in ihrer Größenordnung schwer zu fassen. Rational fassbar werden diese Beträge nur, wenn man sie in ein anschauliches Verhältnis setzt. Betrachten wir nur die elektrische Energie: 1.700 PJ in einem Jahr sind $1{,}7 \times 10^{18}$ Joule je Jahr. Bezogen auf jeden Einwohner der Bundesrepublik sind das etwa 21.000 MJ (Megajoule) jährlich. Beim Einsatz fossiler Energie würde das ca. zwei Big Bags mit Steinkohle (circa 2.000 kg), die in einem Steinkohlekraftwerk eingesetzt werden, bedeuten. Ein Kernkraftwerk benötigt vergleichbar dazu etwa 15 g angereichertes Uran (Anteil im Brennstoff auf 5 Prozent Uran 235 angereichert). Bei Nutzung von Photovoltaik- und Windkraftanlagen – ohne Berücksichtigung der Speicherung – beansprucht jeder Einwohner eine Fläche von 300 m^2 (PV) bzw. 650 m^2 (Wind).

Diese Zahlen sagen zunächst nur etwas über die Größenordnung der Energiemenge aus, sie geben jedoch keinen Einblick in die dafür notwendigen Technologien zur Bereitstellung im Sinne einer Vollversorgung respektive einer vollumfänglichen Verfügbarkeit.

Die Fluktuationen der Photovoltaik- und Windkraftanlagen (Abbildung 1) müssen kompensiert werden, weshalb in einem auf 100 Prozent regenerativer Energieträger basierenden System entsprechende Kapazitäten für die Energiebereitstellung, -konversion, -speicherung und der -Rücktransformation (Abbildung 2) benötigt werden.

Zur Deckung des gegenwärtigen jährlichen Bedarfs an elektrischer Energie (ca. 500 TWh) werden in der Simulation installierte elektrische Leistungen von 124 GW (Photovoltaik, PV), 132 GW (Onshore-Windkraftanlagen, WKA), 54 GW (Offshore-WKA), 8 GW (Biomasse) und 5,5 GW (Wasserkraft) sowie mindestens 15 TWh chemischer Speicher für Wasserstoff benötigt; darüber hinaus 60 GW für die Elektrolyse und 50 GW für die Rückverstromung. Die Volllaststundenzahl im Jahr für die Elektrolyse beträgt nur 1.474 Stunden, für die Rückverstromung sogar nur 883 Stunden.

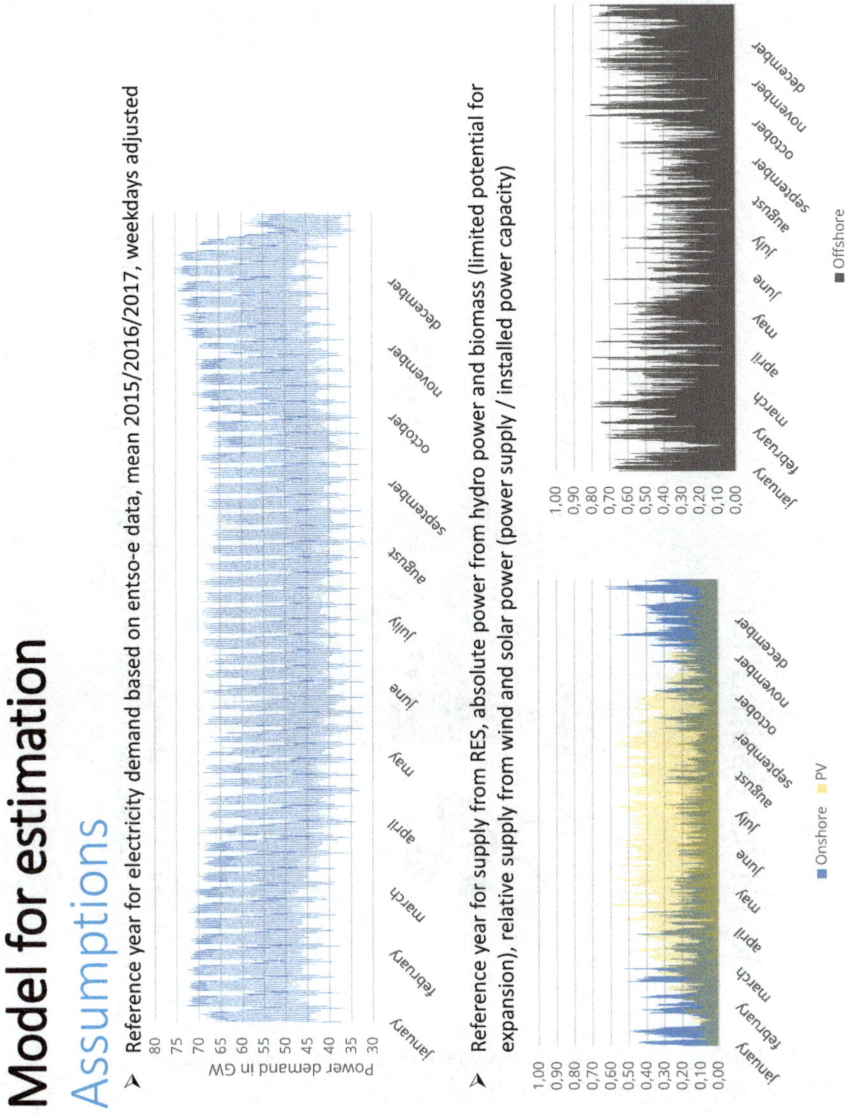

Abb. 1: Bedarf an elektrischer Energie und Einspeisung von Photovoltaik- und Windkraftanlagen – Mittelwerte 2015/2016/2017 im Jahresverlauf[17]

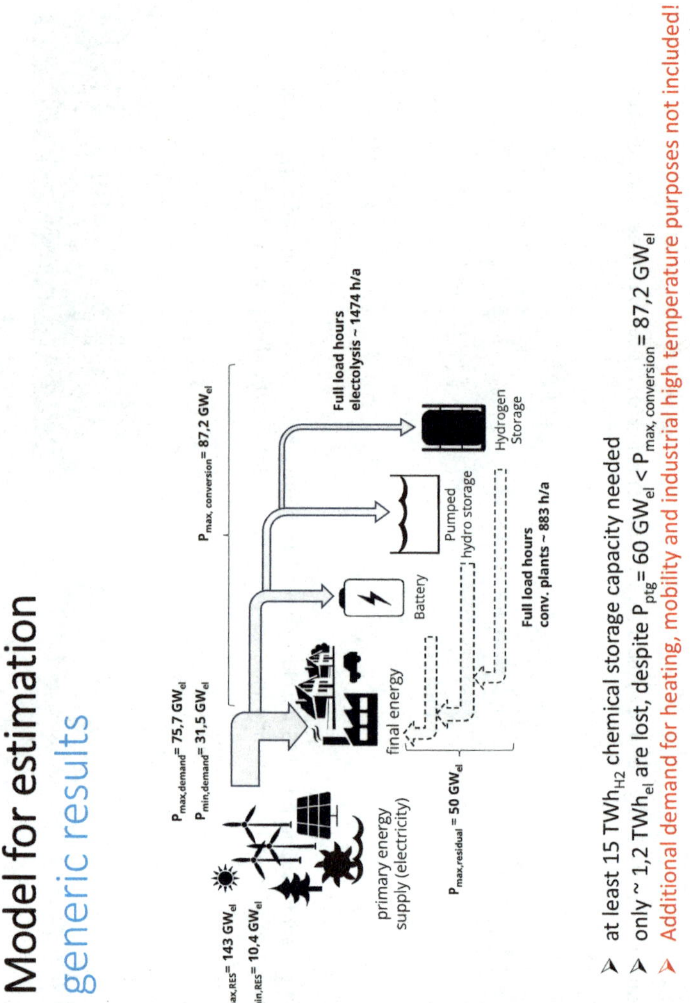

Abb. 2: Modellergebnisse für Leistungsgrößen (max.; min.), Speichergröße, Volllaststunden für Bedarfsdeckung elektrische Energie[18,19]

17 *Pieper, C.*, Transformation of the German Energy System – Towards Photovoltaic and Wind Power. Technology Readiness Levels 2018. Dissertation TU Dresden. https://tud.qucosa.de/landing-page/?tx_dlf[id]=https%3A%2F%2Ftud.qucosa.de%2Fapi%2Fqucosa%253A35455%2Fmets (Stand:10.9.2022).

Auch hier zum Vergleich: Die 2021 installierte Leistung für Windkraftanlagen betrug 59 GW (PV), 56 GW (onshore) und 8 GW (offshore).

Die im Rahmen von Simulationen für die Deckung des heutigen Bedarfs an elektrischer Energie zugrunde gelegte installierte Leistung ist somit mehr als doppelt so hoch wie die heute installierte Leistung bei Photovoltaik- und Onshore-Windkraftanlagen und mehr als achtfach so hoch bei Offshore-Windkraftanlagen.

Um auch hier die Größenordnung zu erfassen, sei der Ausbau der Offshore-Windkraftanlagen etwas näher betrachtet. Die Differenz zwischen der in der Simulation angenommenen installierten Leistung von 54 GW und der tatsächlich vorhandenen Installation von 8 GW beträgt 46 GW. Geht man von einer Leistung von 5 MW je Windturbine aus, so bedeutet das einen benötigten Zubau von 9.200 Windkraft-Anlagen. In den nächsten 20 Jahren, d.h. in den kommenden 7.300 Tagen, müssen 9.200 Windkraftanlagen (mehr als eine am Tag) errichtet und *offshore* ans Netz angeschlossen werden. Bei einer Lebensdauer von 20 Jahren müssten demnach jährlich etwa 500 Windkraftanlagen ersetzt werden. Der benötigte Aufbau wäre auch nach 20 Jahren nicht beendet.

Die Betrachtungen der Größenordnungen zeigen, dass der Energiebedarf der Bundesrepublik eine enorme Überkapazität (Faktor 5 zur Spitzenlast) der derzeit installierten Kapazität erfordert. Zusätzlich sind Elektrolyse- und Rückverstromungsanlagen in gleicher Größenordnung wie der durchschnittliche Bedarf notwendig und es besteht darüber hinaus ein enormer Speicherbedarf. Allein der Aufbau der zu installierenden Photovoltaik- und Windkraftanlagen erfordert einen immensen Investitions- und Zeitbedarf. Wie das oben gezeigte Beispiel für Offshore-Windkraftanlagen zeigt, sind selbst 20 Jahre als eine sehr optimistisch veranschlagte Zeitspanne zu sehen.

Zu den oben vorgestellten Größenordnungen zur Deckung künftiger Energiebedarfe ist in den vergangenen 20 Jahren laufend publiziert und

18 Nach *Scholz, R., Beckmann, M, Pieper, C., Muster, M., Weber, R.*, Considerations on Providing the Energy Needs Using Exclusively Renewable Sources: Energiewende in Germany. In: Renewable and Sustainable Energy Reviews 35 (2014), S. 109–125, DOI: http://dx.doi.org/10.1016/j.rser.2014.03.053.

19 *Pieper, C.*, Transformation of the German Energy System – Towards Photovoltaic and Wind Power. Technology Readiness Levels 2018. Dissertation TU Dresden. https://tud.qucosa.de/landing-page/?tx_dlf[id]=https%3A%2F%2Ftud.qucosa.de%2Fapi%2Fqucosa%253A35455%2Fmets (Stand:10.9.2022).

diskutiert worden. Die Frage ist: Warum wurden derartige Sachverhalte bisher nicht ernst genommen?

> Dann kommt man auf die Idee, dass es Wasserstoff richten kann. Aber auch da brauchen wir exorbitante Kapazitäten an Elektrolyse, die wir gar nicht haben. Ich glaube, das sind auch noch mal 70 Terrawattstunden, die wir in Form von Wasserstoff bevorraten müssten. Wir wissen, wir müssen 3 Kilowattstunden aufwenden, um anschließend 1 Kilowattstunde zu haben. Wir vernichteten im Prinzip zusätzlich 2 Kilowattstunden, wenn wir diesen Strom dort speichern wollten. Also, Wasserstoff ist in diesem großen industriellen Maßstab der Energieerzeugung für die Katz. Das ist Wolkenkuckucksheim, und das sind Luftschlösser, auf Sand gebaut, meine Damen und Herren.[20]

Dürfen physikalisch begründbare Sachverhalte ignoriert werden, wenn sie politisch nicht opportun sind? Illusionen scheitern zuverlässig an der Wirklichkeit, offen ist nur, wann und mit welchem Schaden.

Nicht ganz klar ist, ob Deutschland künftig auf 100 Prozent Vollversorgung durch Erneuerbare Energien oder auch weiterhin auf nennenswerte und sensible Importe aus dem Ausland setzen möchte.

> Wir brauchen auch bei diesem Thema eher mehr Europa als weniger. Das ist mit Blick auf das Thema Netzintegration und Netzausbau besonders wichtig. Allein in Deutschland brauchen wir 4.300 Kilometer neue Netze. (Ulrich Kelber [SPD]: Sagt wer?) – Das sagt die dena, die damals auch mit Ihrer Unterstützung gegründet worden ist. (Ulrich Kelber [SPD]: Von wem ist das Gutachten der dena? Wer hat es geschrieben?) – Herr Kelber, auch wenn nur 3.000 oder 3.500 Kilometer neue Netze nötig wären, würde das nichts an der Tatsache ändern, dass wir in den letzten Jahren nur 90 Kilometer neuer Netze errichtet haben. Entschuldigung, wenn wir in diesem Tempo weitermachen, werden wir nicht einmal in 50 Jahren so weit sein, dass wir die neuen Netze integrieren können.[21]

---

20 *Kotré, Steffen* (AfD), 5.11.2020, Protokoll der 189. Sitzung des 19. Deutschen Bundestages.

21 *Bareiß, Thomas* (CDU/CSU), 11.2.2011, Protokoll der 91. Sitzung des 17. Deutschen Bundestages.

Und ein weiterer Beitrag zum Thema mehr Europa oder auch Wasserstoff aus anderen Regionen:

> Die Energiewende – zu Ende gedacht – wird nicht nur in Deutschland stattfinden. Es gilt, internationale Partnerschaften für die Erzeugung von Power-to-X, von synthetischen Kraftstoffen, aber eben auch von Wasserstoff zu schmieden. Wir werden in Deutschland auch zukünftig nicht energieautark sein können. Wir müssen natürlich nationale Potenziale heben, aber wir müssen auch global denken.[22]

Die gesellschaftliche Verantwortung, die mit der künftigen Energieversorgung Deutschlands einhergeht, stellt mit oder ohne beträchtliche Energieimporte ein gewaltiges Infrastruktur-Entwicklungsprojekt dar, das sich nicht wie in *Acatech*-Studien mit Excel-Tabellen vollziehen sowie nachvollziehen lässt. Ein signifikanter Aspekt – der technische Reifegrad oder das sogenannte *Technology Readiness Level* – wurde/wird bei der Planung/Umsetzung der Energiewende vollkommen ignoriert. Darauf soll im Folgenden näher eingegangen werden.

C. Technischer Reifegrad der Energiewende

Für die Bewertung des technischen Entwicklungsstandes eines Verfahrens oder eines gesamten Systems muss selbstverständlich der jeweilige Maßstab berücksichtigt werden. Elektrolyseure sind Stand der Technik für den Laborbereich (Leistung Kilowatt), sie sind in der Entwicklung und Erprobung für große Leistungen bei der Nutzung fluktuierender Einspeisung im Mega- und Gigawatt-Bereich. Für die Beurteilung des Reifegrades einer Technologie bieten sich eine Reihe von Verfahren an. In einer detaillierteren Abstufung hat die NASA eine Kategorisierung der technischen Entwicklungsstufen im Jahre 1995 vorgenommen. Die mit diesem Katalog beschriebenen Reifegrade orientieren sich zwar an den Komponenten und Systemen der Luft- und Raumfahrtindustrie, sie können aber unabhängig davon zur Unterscheidung von Reifegraden ganz allgemein auf technische Entwicklungen angewendet werden. Im Rahmen der Grundlagenforschung werden die Reifegrade TRL 1 bis 2 erreicht (Abbildung 3). Darauf aufbauend entstehen in der angewandten Forschung mithilfe von Machbarkeits-

---

22 *Köhler, Lukas Dr.* (FDP), Deutscher Bundestag – 20. Wahlperiode – 9. Sitzung. Berlin, Donnerstag, den 16.12.2021, Protokoll der 9. Sitzung des 20. Deutschen Bundestages 429.

studien die Reifegrade TRL 2 bis 3 und durch weitere anwendungsorientierte Technologieentwicklung die Reifegrade 3 bis 5. Die Demonstration einer Technologie beginnt bei den Reifegraden 5 bis 6 unter realistischen Umgebungsbedingungen an Versuchsaufbauten, geht dann über in den Entwicklungsbereich mit den Reifegraden 6 bis 8 mit dem Ergebnis eines realen Systems mit Zulassung und abgeschlossenen Tests. Am Ende steht auch hier mit dem Reifegrad TRL 9 das reale System mit erfolgreicher Betriebserfahrung.

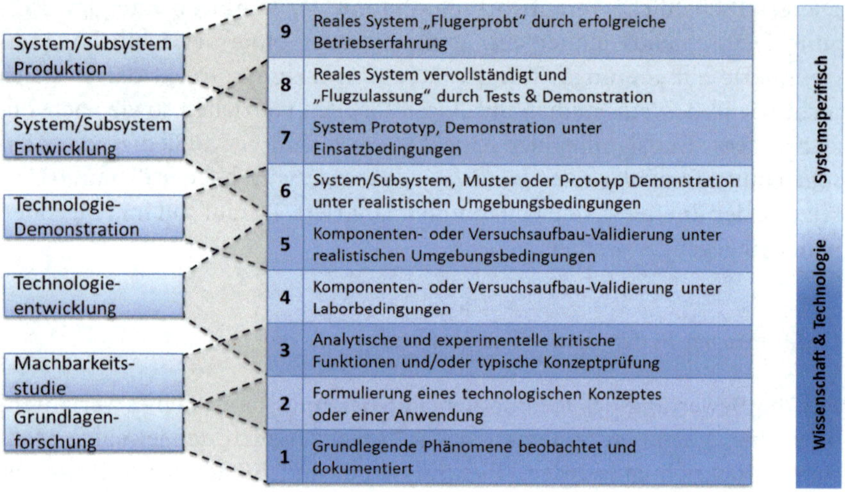

Abb. 3: Technologiereifegrad gemäß NASA 1995[23]

Im Rahmen der VGB-Studie *Transformation des deutschen Energiesystems – Technology Readiness Levels 2018* wurde für alle relevanten Komponenten des Energiesystems eine eingehende Bewertung durchgeführt.[24] Photovoltaik- und Windkraftanlagen, auch kleine Batteriespeicher, sind heute selbstverständlich auf dem Niveau TRL 9. Wesentliche andere Komponenten, die für die Speicherung, die Rücktransformation und die Sektorenkopplung benötigt werden, liegen in dem erforderlichen Leistungs- und Speicherbereich (Gigawatt und Terrawattstunden) noch bei TRL 5 und niedriger.

23 Gemäß *Mankins, J. C.*, Technology Readiness Levels. A White Paper. Advanced Concepts Office. Office of Space Access and Technology. NASA, April 6, 1995.

24 *Pieper, C., Beckmann, M.*, Transformation of the German Energy System. Technology Readiness Levels 2018. VGB Power Tech 8/2019.

Gemeint sind hier große Elektrolyseure, Wasserstoffturbinen, Hochtemperaturwärmepumpen usw.

Der System-TRL kann verständlicherweise nicht höher sein als der niedrigste TRL einer Komponente des Systems. Dieser liegt somit ebenfalls erst auf einem Niveau von ca. 4 bis 5. Im Zusammenhang mit dem System-TRL hilft auch ein Blick auf die Projekte zur autarken Versorgung mit Erneuerbarer Energie von kleineren Inseln.

Bereits im Jahr 2004 wurde eine solche Demonstration auf der norwegischen Insel Utsira angestoßen. In der kleinen Kommune werden seitdem zehn Haushalte autark mit elektrischem Strom versorgt. Die technischen Komponenten dafür sind:

- eine 600-kW-Windturbine,
- ein Elektrolyseur für 10 Nm^3/h (50 kW Leistung), ein Kompressor mit 5,5 kW Leistung,
- ein Wasserstoffgasspeicher für 2.400 Nm^3 bei 200 bar, eine Batterie mit einer Kapazität von 50 kWh, ein Schwungrad mit 5 kWh Speicherkapazität sowie
- ein Wasserstoffmotor (55 kW) und eine Brennstoffzelle (10 kW).

Selbst bei möglichen Windflauten können die Haushalte so für zwei bis drei Tage autonom versorgt werden.[25] Die Größenordnung hier (zehn Haushalte) und die Zeitspanne seit Beginn (nahezu 20 Jahre) zeigen die enorme Herausforderung, die bei der Entwicklung zu meistern war. Langsam beginnen sich auch in Deutschland sogenannte Reallabore zu entwickeln, beispielsweise BigBattery in der Lausitz, Referenz-Kraftwerk Lausitz. Diese Reallabore befinden sich in der Regel auf einen TRL von 4 bis 5. Längst ist nicht garantiert, dass eine Entwicklung auf dem TRL 5 auch TRL 9 erreichen kann; ein Scheitern wird zwar mit zunehmenden TRL weniger wahrscheinlich, kann jedoch nicht ausgeschlossen werden. Um einen Eindruck von Entwicklungszeiträumen zu erlangen, sei an dieser Stelle auf die Oxyfuel-Technologie verwiesen.

---

25 *Nakken, T., Frantzen, E., Hagen, E.F., Strom, H.*, Utsira – Demonstrating the Renewable Hydrogen Society, WHEC 16, Lyon, Juni 2006; *Ulleberg, Ø., Nakken, T., Ete, A.*, The Wind/Hydrogen Demonstration System at Utsira in Norway: Evaluation of System Performance Using Operational Data and Updated Hydrogen Energy System Modeling Tools, International Journal of Hydrogen Energy Volume 35, Issue 5, March 2010, P. 1841–1852, DOI: http://dx.doi.org/10.1016/j.ijhydene.2009.10.077.

Verfahrensmerkmal des Oxyfuel-Prozesses für Kohlekraftwerke ist die Verbrennung der Kohle mit reinem Sauerstoff als Oxidationsmittel anstelle von Luft, um die Kohlenstoffdioxidkonzentrationen im trockenen Rauchgas entsprechend zu erhöhen. Ziel ist die Abscheidung des Kohlenstoffdioxids mit einer Abscheideleistung von über 97 Prozent. Obwohl die wesentlichen Einzelkomponenten des Verfahrens über viele Jahre bis Jahrzehnte hin bekannt waren, musste die Verfahrensentwicklung Ende der 1990er Jahre/Anfang der 2000er Jahre zunächst auf der Stufe der Konzeptentwicklung beginnen, gefolgt von Versuchs- und Pilotanlagen bis hin zu Demonstrationsanlagen.[26] Die technische Entwicklung zur Großanlage (TRL 9) dauert weltweit bis heute an.

Den Entwicklungsverlauf des Oxyfuel-Kraftwerksprozesses aus der Sicht des Energiekonzerns Vattenfall gibt Abbildung 4 wieder. Vattenfall ist auf dem Gebiet der Oxyfuel-Kraftwerksprozesse ein weltweit führendes Unternehmen. Mit dem Pilotkraftwerk in Schwarze Pumpe (30 MW) hatte Vattenfall das Entwicklungsniveau TRL 7/8 erreicht. Von der Konzeptphase bis zum ersten Großkraftwerk waren ursprünglich 20 Jahre geplant. An dieser Stelle sei auf die bisher noch wenig thematisierten Industrieprozesse in der Chemie, der Steine- und Erdenindustrie und der Metallurgie eingegangen. Die Entwicklung, Schritt für Schritt im Maßstab und im TRL, eines CO_2-freien Zementprozesses oder Stahlwerkes erfordert neben den finanziellen Ressourcen einen für einhergehende Transformationsprozesse erheblichen Zeitaufwand, der jenseits der Dauer von Legislaturperioden liegt.

26 Z. B. *Pieper, C., Beckmann, M.*, Transformation of the German Energy System. Technology Readiness Levels 2018. VGB Power Tech 8/2019.

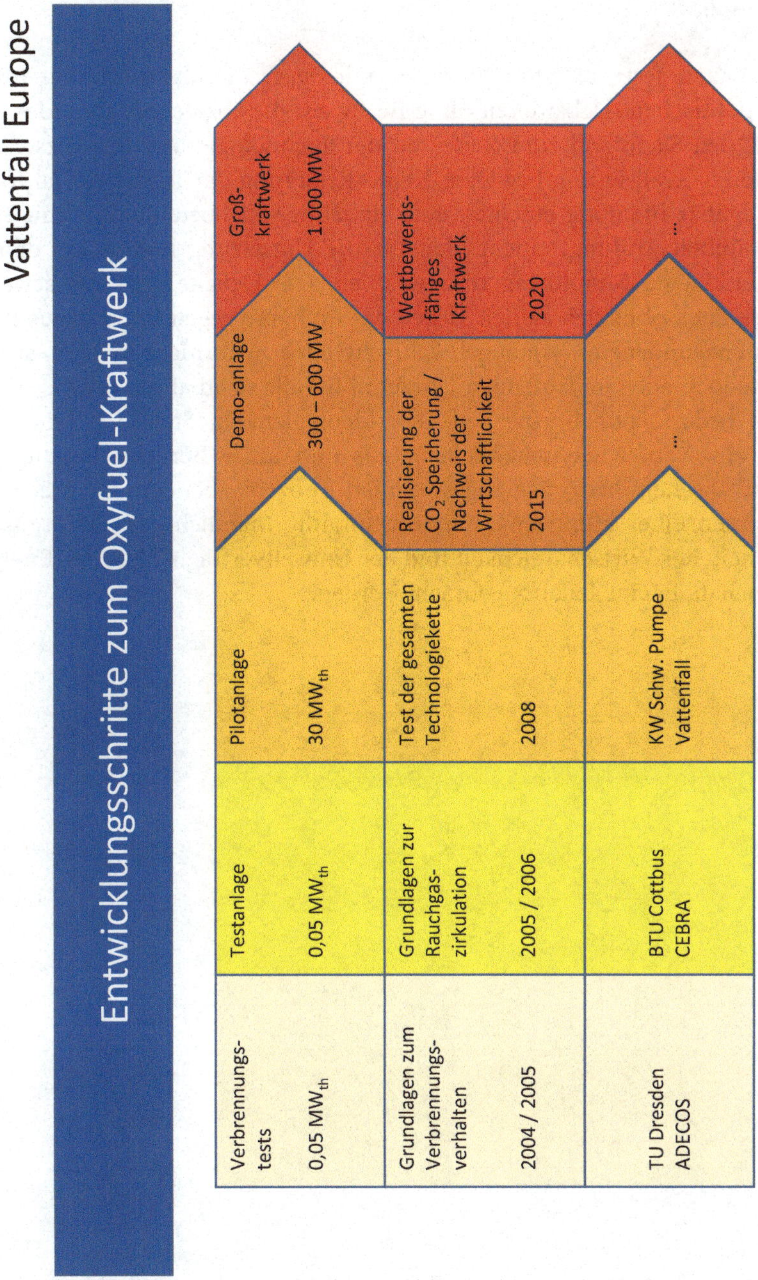

Abb. 4: Entwicklungsschritte zum Oxyfuel-Kraftwerk (Stand 2006)[27]

D. Ausblick

Wir halten fest: 20 Jahre Energiewende in Deutschland wurden bisher von politischem Debattieren ohne Bezug auf die Größenordnung der Aufgabe, den Sachstand zum Reifegrad der Technologie und der Vorstellung zu deren Realisierung begleitet. Keine Regierung der letzten 20 Jahre hat es offenbar für nötig erachtet, eine eindeutige Zielformulierung mit einer Plausibilitätsprüfung, einem Plan für die Umsetzung und einem danach ausgerichteten Monitoring vorzunehmen. Die Defizite der Energiewende wären auch ohne den akuten, durch das Embargo gegen Importe aus Russland entstandenen Gasmangel wahrscheinlich noch nicht in 2022, sicherlich jedoch noch im laufenden Jahrzehnt für alle sichtbar geworden.

Es bedarf endlich einer offenen, ideologiefreien Standortbestimmung und eines auf wissenschaftlicher Basis und unter Berücksichtigung von physikalischen Prinzipien abgestimmten Konzepts, bei dem die drei Komponenten einer künftigen Energieversorgung, nämlich der Versorgungssicherheit, der Wirtschaftlichkeit und der Umweltverträglichkeit der Energiewirtschaft, in eine Balance gebracht werden.

---

27 *Altmann, H.*, Die Oxyfuel-Technologie, in: Tagungsband zum 38. Kraftwerkstechnisches Kolloquium Dresden 2006, Technische Universität Dresden.

Klimaschutz in Bauleitplanung und Planfeststellung

Martin Spieler

A. Einführung

Wer wie Andrea Versteyl das deutsche Umwelt- und Planungsrecht über mehr als 30 Jahre professionell begleitet hat, hat viel erlebt. Gleichwohl werden selbst (oder gerade) langjährige Experten der Materie die aktuelle Zeit als besonders dynamisch bewerten. Vieles ist im Umbruch, an zahlreichen Stellen versucht der Gesetzgeber nachzubessern oder steuernd einzugreifen, um die aktuellen politischen Ziele besser umsetzen zu können. Mit der Beschleunigung von Genehmigungsverfahren zum Beispiel hat sich Andrea Versteyl seit vielen Jahren befasst und, nicht zuletzt als Mitglied des Nationalen Normenkontrollrats, Akzente gesetzt.[1] Die Berücksichtigung der Belange des Klimaschutzes in – unter anderem – Planungsentscheidungen ist ein für den Gesetzgeber aktuell vergleichbar wichtiges und für die juristische Praxis besonders relevantes Thema, das genauso zum Tätigkeitsbereich von Andrea Versteyl zählt.[2]

Aktuelle Entscheidungen der Rechtsprechung und aktuelle gesetzliche Regelungen geben Anlass, einen Blick auf die heutige und grundsätzliche Bedeutung der Belange des Klimaschutzes in der Bauleitplanung und Planfeststellung zu richten.

Bei chronologischer Betrachtung der (ausdrücklichen) Regelungen im deutschen Recht zur Berücksichtigung des Klimaschutzes in der Bauleitplanung und Planfeststellung fällt der Blick allerdings zunächst (zurück) auf das „Gesetz zur Förderung des Klimaschutzes bei der Entwicklung in

1 Vgl. bereits *A. Versteyl*, Erweiterung der Öffentlichkeitsbeteiligung und des Rechtsschutzes im Anlagenzulassungsrecht, AbfallR 2008, 8 ff. und zuletzt zum Beispiel *A. Versteyl/K. Marschhäuser*, Beschleunigung von Genehmigungsverfahren – aber wie?, I+E 2020, 31 ff. und 76 ff; *A. Versteyl/K. Marschhäuser*, Öffentlichkeitsbeteiligung in immissionsschutzrechtlichen Genehmigungsverfahren, EurUP 2020, 449 ff.; *A. Versteyl/T. Heimbürge*, Beschleunigung von immissionsschutzrechtlichen Genehmigungsverfahren, ImS 2022, 64 ff.

2 *A. Versteyl/K. Marschhäuser*, „Überragendes öffentliches Interesse" als Abwägungsbelang zur Beschleunigung von Klimaschutzvorhaben, KlimR 2022, 74 ff.

den Städten und Gemeinden", die sog. Klimaschutznovelle der Baugesetzbuchs (BauGB). Dieses Gesetz vom 22.07.2011 ist am 30.07.2011 und damit bereits vor mehr als zehn Jahren in Kraft getreten.[3] Mit verschiedenen Änderungen des BauGB verfolgte der Gesetzgeber das Ziel einer Stärkung des Klimaschutzes im Rahmen der Bauleitplanung. Neben der Ergänzung von Rechtsgrundlagen (insbesondere) für Festsetzungen zur Förderung erneuerbarer Energien bestand eine der wesentlichen Änderungen der BauGB-Klimaschutznovelle in der Änderung von § 1 Abs. 5 BauGB und der Neuregelung eines § 1a Abs. 5 BauGB. Nach § 1a Abs. 5 BauGB soll den Erfordernissen des Klimaschutzes sowohl durch Maßnahmen, die dem Klimawandel entgegenwirken, als auch durch solche, die der Anpassung an den Klimawandel dienen, Rechnung getragen werden. Nach § 1 Abs. 5 Satz 2 BauGB sollen Bauleitpläne (u.a.) dazu beitragen, den Klimaschutz und die Klimaanpassung, insbesondere auch in der Stadtentwicklung, zu fördern. Diese Grundsätze sind in der Abwägung nach § 1 Abs. 7 BauGB zu berücksichtigen. Eine Berücksichtigungspflicht im Hinblick auf die Belange des Klimaschutzes besteht also in der Bauleitplanung ausdrücklich bereits seit dem Jahr 2011.

Seit der Novelle des Gesetzes über die Umweltverträglichkeitsprüfung (UVPG) im Jahr 2017 durch das „Gesetz zur Modernisierung des Rechts der Umweltverträglichkeitsprüfung" vom 20.07.2017[4] gilt außerdem, dass das Schutzgut Klima auch im Rahmen der UVP zu betrachten ist. Auch insoweit gilt also für UVP-pflichtige Pläne, Programme oder Vorhaben seitdem eine (UVP-spezifische) Pflicht zur Betrachtung der Auswirkungen auf den Klimaschutz.

Am 18.12.2019 ist das Bundes-Klimaschutzgesetz (KSG) in Kraft getreten. Es wurde als Bestandteil des „Gesetzes zur Einführung eines Bundes-Klimaschutzgesetzes und zur Änderung weiterer Vorschriften" vom 12.12.2019[5] erlassen und bildet den Rechtsrahmen für die nationale Klimapolitik, insbesondere durch die Konkretisierung der nationalen Ziele zum Schutz des Klimas und durch Vorgaben für das staatliche Handeln. Obwohl es sich um ein Grundlagengesetz handelt, das selbst keine konkreten Maßnahmen (z.B.) zur Erreichung der Klimaziele regelt[6], hat das KSG in den gut drei Jahren seines Bestehens im Vergleich zu den anderen genannten Regelun-

3 BGBl. I vom 29.07.2011, S. 1509.
4 BGBl. I vom 28.07.2017, S. 2108.
5 BGBl. I vom 17.12.2019, S. 2513.
6 vgl. zum KSG allgemein *M. Kment*, Klimaschutzziele und Jahresemissionsmengen – Kernelemente des neuen Bundes-Klimaschutzgesetzes, NVwZ 2020, 1537 und *J.*

gen schon eine beachtliche Karriere hingelegt und jedenfalls in rechtlicher Hinsicht relevante Entwicklungen in Sachen Klimaschutz angestoßen.

Ein wichtiger Bestandteil des KSG ist das sog. Berücksichtigungsgebot gemäß § 13 Abs. 1 Satz 1 KSG. Danach haben die Träger öffentlicher Aufgaben bei ihren Planungen und Entscheidungen den Zweck des KSG und die zu seiner Erfüllung festgelegten Ziele zu berücksichtigen. Es handelt sich, wie dargestellt, zwar nicht um die einzige und erst recht nicht um die erste, aber um die zentrale Regelung für die Berücksichtigung von Klimaschutzbelangen innerhalb des Verwaltungshandelns.

Gerichtsentscheidungen zu den konkreten Anforderungen an die Berücksichtigung der Belange des Klimaschutzes in der Bauleitplanung und Planfeststellung gibt es nur wenige. Gerichtsentscheidungen zu den Anforderungen des Berücksichtigungsgebots nach § 13 Abs. 1 Satz 1 KSG gab es bis zum vergangenen Jahr noch gar nicht. Das BVerwG hatte aber im Rahmen eines Urteils vom 04.05.2022[7] erstmalig Gelegenheit, sich zu den für die Verwaltungspraxis sehr bedeutsamen Fragen des Inhalts und der Reichweite des Berücksichtigungsgebots nach § 13 Abs. 1 Satz 1 KSG zu äußern. In einer weiteren Entscheidung vom 07.07.2022 wurden vom BVerwG noch ergänzende Ausführungen gemacht.[8] Die Entscheidung des BVerwG vom 04.05.2022 hat – trotz der bereits älteren Regelungen zur Berücksichtigung des Klimaschutzes im Rahmen der Bauleitplanung – auch relevante Auswirkungen auf die Bedeutung des Klimaschutzes in der Bauleitplanung.

Mit dem „Gesetz zu Sofortmaßnahmen für einen beschleunigten Ausbau der erneuerbaren Energien und weitere Maßnahmen im Stromsektor" vom 20.07.2022[9] erfolgte schließlich eine Neufassung des § 2 EEG. Die Vorschrift lautet seitdem wörtlich wie folgt:

> *„Die Errichtung und der Betrieb von Anlagen sowie den dazugehörigen Nebenanlagen liegen im überragenden öffentlichen Interesse und dienen der öffentlichen Sicherheit. Bis die Stromerzeugung im Bundesgebiet nahezu treibhausgasneutral ist, sollen die erneuerbaren Energien als vorrangiger Belang in die jeweils durchzuführenden Schutzgüterabwägungen eingebracht werden. Satz 2 ist nicht gegenüber Belangen der Landes- und Bündnisverteidigung anzuwenden."*

Scharlau/L. von Swieykowski-Trzaska/F. Keimeyer/S. Klinski/S. Sina, Das Bundes-Klimaschutzgesetz, NVwZ 2020, 1 ff.

7 BVerwG, Urt. v. 04.05.2022 – 9 A 7.21, juris.

8 BVerwG, Urt. v. 07.07.2022 – 9 A 1.21, juris.

9 BGBl. I vom 28.07.2022, S. 1237.

Das „Gesetz zu Sofortmaßnahmen für einen beschleunigten Ausbau der erneuerbaren Energien und weitere Maßnahmen im Stromsektor“ ist Bestandteil des sog. „Osterpakets“ der Bundesregierung. Es ist am 29.07.2022 in Kraft getreten. Der Gesetzgeber verfolgt mit dem Gesetz in erster Linie das Ziel, eine nahezu treibhausgasneutrale Stromerzeugung bis zum Jahr 2035 in Deutschland zu erreichen. Für die Erreichung dieses Ziels sieht der Gesetzgeber die Notwendigkeit, massive Anstrengungen vorzunehmen, um eine massive Beschleunigung des Ausbaus der erneuerbaren Energien zu erreichen:

> *„Für die Erreichung dieses Ziels sind massive Anstrengungen erforderlich. Zum einen lag der Anteil der erneuerbaren Energien am Bruttostromverbrauch 2021 erst bei ca. 42 Prozent, so dass der Anteil innerhalb von weniger als einem Jahrzehnt fast verdoppelt werden muss. Zum anderen wird sich dieser Handlungsdruck durch den künftigen Anstieg des Strombedarfs deutlich erhöhen. Der Bruttostromverbrauch betrug im Jahr 2021 etwa 560 TWh. Ausgehend von einem Bruttostromverbrauch im Jahr 2030 von bis zu 750 TWh, insbesondere durch die zunehmende Elektrifizierung von Industrieprozessen, Wärme und Verkehr (Sektorenkopplung), muss zur Zielerreichung die Stromerzeugung aus erneuerbaren Energien von knapp 240 TWh im Jahr 2021 auf 600 TWh in 2030 erhöht werden.*
> *Diese massive Beschleunigung des Ausbaus der erneuerbaren Energien ermöglicht es zugleich, sehr viel schneller die Abhängigkeit von Energieimporten zu verringern.“*[10]

B. Berücksichtigung des Klimaschutzes in der Planfeststellung

I. Bedeutung im Verfahren

In seiner Entscheidung vom 04.05.2022 hatte das BVerwG über die Rechtmäßigkeit des Planfeststellungsbeschlusses für einen Abschnitt eines Autobahn-Neubauvorhabens zu entscheiden. Das BVerwG hat dabei sehr ausführlich zum Anwendungsbereich und zur Reichweite des Berücksichtigungsgebots nach § 13 Abs. 1 KSG im Rahmen der Planfeststellung Stellung genommen und einige grundlegende Aussagen getroffen, die nachfolgend zusammengefasst werden sollen.

---

10 Gesetzentwurf der Bundesregierung, BT-Drs. 20/1630, Seite 136.

Grundlage der Verpflichtung der öffentlichen Verwaltung, die Aspekte des globalen Klimaschutzes bei ihren Entscheidungen zu berücksichtigen, ist Art. 20a GG. Das BVerwG verweist ausdrücklich auf den „Klima-Beschluss" des BVerfG.[11] Nach Art. 20a GG ist der Staat zum Schutz der natürlichen Lebensgrundlagen verpflichtet, einschließlich der Verpflichtung zum Klimaschutz und des Ziels der Herstellung von Klimaneutralität. Dieses grundsätzliche Gebot ist durch das KSG in einer Form konkretisiert worden, die dessen Berücksichtigung bei staatlichen Entscheidungen ermöglicht und verlangt.

Als materiell-rechtliche Vorgabe des Bundesrechts erstreckt sich das Berücksichtigungsgebot gemäß § 13 Abs. 1 KSG auf sämtliche Bereiche, in denen es um den Vollzug von materiellem Bundesrecht geht. Das Berücksichtigungsgebot richtet sich an die „öffentliche Hand" und gilt deshalb für sämtliches Handeln der staatlichen Verwaltung, das klimarelevante Auswirkungen haben kann. Es kommt zum Tragen, soweit der öffentlichen Verwaltung im Rahmen der bestehenden gesetzlichen Vorgaben Entscheidungsspielräume eröffnet sind. Dies ist insbesondere bei Planungsentscheidungen sowie bei Abwägungs-, Beurteilungs- und Ermessensspielräumen der Fall.

Konkreter Ansatzpunkt für die gebotene Berücksichtigung des globalen Klimas ist die bei Erlass des Planfeststellungbeschlusses erforderliche Gesamtabwägung nach § 17 Abs. 1 Satz 4 FStrG sowie die UVP, sofern eine solche für das konkrete Vorhaben durchzuführen ist. Dabei ist allerdings zu berücksichtigen, dass Umweltverträglichkeitsprüfungen, die noch auf der Grundlage der bis zur Novelle im Jahr 2017 geltenden Fassung des UVPG durchzuführen sind, die Auswirkungen auf das globale Klima nicht zu betrachten haben; dieses ist erst seit der Novellierung des UVPG im Jahr 2017 ausdrücklich als Schutzgut benannt und im UVP-Bericht zu betrachten.

Das BVerwG hat klargestellt, dass das Inkrafttreten des KSG im Jahr 2019 nicht zu einer nachträglichen „Aufladung" einer UVP führt, die noch unter der Geltung der früheren Fassung des UVPG durchgeführt wird. Dies entspricht der ständigen Rechtsprechung des BVerwG. Das Inkrafttreten des KSG gibt nach Auffassung des BVerwG keinen Anlass für eine abweichende Betrachtung.

Für die Gesamtabwägung spielt der Umfang einer UVP indes keine Rolle. Sie hat auf der Grundlage der Sach- und Rechtslage zum Zeitpunkt der behördlichen Entscheidung zu erfolgen. Das Berücksichtigungsgebot

11 Beschl. v. 24.03.2021 – 1 BvR 2656/18, 1 BvR 78, 96 und 288/20.

des § 13 Abs. 1 Satz 1 KSG erforderte daher die Einstellung des globalen Klimaschutzes und der Klimaschutzziele des KSG als öffentliche Belange in die Abwägung für alle behördlichen Entscheidungen seit Inkrafttreten des KSG.

Inhaltlich erfordert das Berücksichtigungsgebot nach § 13 Abs. 1 Satz 1 KSG für die Gesamtabwägung, dass die Auswirkungen der Planungsentscheidung auf den Klimaschutz – bezogen auf die in den §§ 1 und 3 KSG konkretisierten nationalen Klimaschutzziele – zu ermitteln und die Ermittlungsergebnisse in die Entscheidungsfindung einzustellen sind. Maßstab für die Berücksichtigung ist die in § 1 Satz 3 KSG genannte Verpflichtung nach dem Pariser Übereinkommen, den Anstieg der globalen Durchschnitttemperatur auf deutlich unter 2 C und möglichst auf 1,5 C gegenüber dem vorindustriellen Niveau zu begrenzen. Maßstab für die Berücksichtigung sind darüber hinaus die in § 3 KSG festgelegten nationalen Klimaschutzziele. Die Behörde hat bei ihrer Entscheidung deshalb die Frage in den Blick zu nehmen, ob und inwieweit die Entscheidung Einfluss auf die Treibhausgasemissionen haben und die Erreichung der Klimaziele gefährden könne.

Dies wirft sogleich die Frage auf, welchen Aufwand die Behörde betreiben muss, um die Auswirkungen eines konkreten Vorhabens auf die Treibhausgasemissionen und die Folgen für die Erreichung der Klimaziele zu ermitteln. Das BVerwG stellt dazu klar, dass von der Behörde kein unzumutbarer Aufwand verlangt werden kann. Die Anforderungen dürften nicht überspannt werden, insbesondere weil es derzeit an konkreten Vorgaben für die praktische Umsetzung der Ermittlungs- und Bewertungspflicht durch die Behörde (etwa in Form von Verwaltungsvorschriften, Leitfäden oder Ähnlichem) fehlt.

Das Berücksichtigungsgebot verlange, mit einem bezogen auf die konkrete Planungssituation vertretbaren Aufwand zu ermitteln, welche CO_2-relevanten Auswirkungen das Vorhaben hat und welche Folgen sich daraus für die Klimaschutzziele des KSG ergeben. Die Berücksichtigungspflicht sei dabei sektorübergreifend im Sinne einer Gesamtbilanz zu verstehen. Wichtig in diesem Zusammenhang ist, dass das BVerwG die Einbeziehung sämtlicher Sektoren nach Anlage 1 des KSG für erforderlich hält und nicht nur die emissionsverursachenden Sektoren nach § 3 KSG. Deshalb sind auch Auswirkungen auf positiv für die Gesamtbilanz wirkende Beiträge des Sektors Landnutzung, Landnutzungsänderung und Forstwirtschaft in den Blick zu nehmen, insbesondere wenn Klimasenken durch das Vorhaben beeinträchtigt oder zerstört werden.

Die Behörden sind im Ergebnis also nicht verpflichtet, in aufwendige Ermittlungen zu klimarelevanten Auswirkungen einzusteigen. Mit zumutbarem Aufwand erkennbare Klimafolgen müssen aber in dem Blick genommen werden.

Im Rahmen der Abwägungsentscheidung kommt der Berücksichtigungspflicht gemäß § 13 Abs. 1 Satz 1 KSG keine gesteigerte Bedeutung zu, insbesondere kein Vorrang gegenüber anderen Belangen. Es ist nicht im Sinne eines Optimierungsgebots zu verstehen. Vor dem Hintergrund des Klima-Beschlusses des BVerfG weist aber auch das BVerwG darauf hin, dass das relative Gewicht des Klimaschutzgebots in der Abwägung bei fortschreitendem Klimawandel weiter zunimmt.

II. Umsetzung in der Praxis

In der Praxis kann es (wohl) insbesondere bei der Planfeststellung von neuen, geänderten oder erweiterten Fernstraßen oder Flughäfen wegen der damit verbundenen Erhöhungen der Fahrleistungen oder Flugbewegungen erforderlich sein, die mit dem Vorhaben verbundenen Treibhausgasemissionen zu betrachten. Außerdem kann sich eine veränderte Landnutzung auf die Belange des Klimaschutzes auswirken, was nicht nur bei Flughäfen oder Straßenbauvorhaben von Bedeutung ist, sondern auch für Planfeststellungen von Stromleitungen, Eisenbahnanlagen oder Gewässern. Das Gleiche gilt für die klimarelevanten Auswirkungen des Baus oder der Unterhaltung solcher Vorhaben.

Vom BVerwG wurde ausdrücklich anerkannt, dass es bislang noch keine konkreten Vorgaben zur Ermittlung und Bewertung der Auswirkungen auf den Klimaschutz gibt. Die Behörden haben aktuell also weitgehend eigenständig festzulegen, wie und auf der Grundlage welcher Daten sie im Einzelfall die Auswirkungen des Vorhabens ermitteln und bewerten können. Zur Ermittlung der Treibhausgasemissionen aufgrund einer erhöhten Verkehrsleistung kann ggf. auf die im Bundesverkehrswegeplan genannten Verkehrszahlen zurückgegriffen werden. Für die Auswirkungen von Änderungen der Landnutzung auf die Treibhausgasemissionen fehlen zwar konkrete Vorgaben bzw. Fachkonventionen. Allerdings werden insoweit die im Rahmen der Eingriffsregelung zu betrachtenden Eingriffe und Kompensationsmaßnahmen eine Grundlage auch für die Betrachtung der klimarelevanten Auswirkungen bieten. Hinsichtlich der Beeinträchtigung von CO_2-senkenden Waldgebieten bietet es sich z.B. an, den Flächenverlust und die zur Kompensation vorgesehenen Flächen zu vergleichen. Vor dem Hintergrund der forstrechtlich erforderlichen Wiederaufforstung und Kompensation von verloren gegangenen Waldfunktionen kann (wohl) in vielen Fällen ein Nachteil für die klimasenkenden Wirkungen hinreichend ausgeglichen werden.

Die durch den Bau und die Unterhaltung von Infrastruktureinrichtungen entstehenden Treibhausgasemissionen werden durch die Abschätzung sog. Lebenszyklusemissionen ermittelt. Dies ist nach Auffassung des BVerwG in seinem Urteil vom 04.05.2022 ausdrücklich zulässig und geboten. Für Straßenbauvorhaben kann auch insoweit auf den Bundesverkehrswegeplan zurückgegriffen werden.

Dies sind bislang freilich erst vereinzelte Ansätze für den Umgang mit dem Berücksichtigungsgebot in der behördlichen Praxis bzw. Planungspraxis. Es ist zu erwarten, dass sich zügig deutlich umfangreichere Handlungsleitlinien und Fachkonventionen herausbilden.

C. Klimaschutz in der Bauleitplanung

Die übergeordnete Frage zur Bedeutung des Klimaschutzes in der Bauleitplanung ist, in welchem Umfang und unter welchen weiteren Voraussetzungen eine Gemeinde bei ihrer Bauleitplanung die Belange des (globalen) Klimaschutzes berücksichtigen kann. Der Schutz des (globalen) Klimas stellt nach den Regelungen des BauGB jedenfalls ein legitimes – positives – Planungsziel dar, das die Gemeinde bei der Aufstellung eines Bebauungsplans berücksichtigen kann (hierzu Ziff. I.). Zur Umsetzung stehen der Gemeinde verschiedene Festsetzungsmöglichkeiten zur Verfügung (Ziff. II.). Dem Schutz des Klimas kann deshalb auch im Rahmen der planerischen Abwägung ein großes Gewicht beigemessen werden. Dabei ist auch das Berücksichtigungsgebot nach § 13 Abs. 1 KSG und die vom BVerwG in seinem Urteil vom 04.05.2022 aufgestellten Grundsätze zu beachten. Im Einzelfall der Abwägungsentscheidung sind aber die gegenläufigen Belange zu berücksichtigen

I. Schutz des (globalen) Klimas als positives Planungsziel

Die (alle) Festsetzungen eines Bebauungsplans müssen von einem legitimen städtebaulichen Interesse getragen werden. Dazu zählt der Schutz des Klimas. Gemeinden können bei ihrer Bauleitplanung deshalb auch den Schutz des globalen Klimas berücksichtigen. Das BVerwG hat bereits im Jahr 2003 festgestellt, dass die Gemeinden berechtigt sind, „mit ihrem planungsrechtlichen Instrumentarium Klimaschutzpolitik zu betreiben".[12]

Das hat der Gesetzgeber in mehreren Regelungen klargestellt. Insbesondere im Zuge der BauGB-Novelle des Jahres 2011 wurden verschiedene Regelungen in das BauGB mit dem Ziel aufgenommen, die Möglichkeiten zur Berücksichtigung des Klimaschutzes zu stärken. So regelt § 1 Abs. 5 Satz 1 BauGB (u. a.), dass die Bauleitpläne „eine nachhaltige städtebauliche Entwicklung gewährleisten sollen, die die sozialen, wirtschaftlichen und umweltschützenden Anforderungen auch in Verantwortung gegenüber künftigen Generationen miteinander in Einklang bringt". Nach § 1 Abs. 5 Satz 2 BauGB sollen die Bauleitpläne außerdem (u. a.) „dazu beitragen, eine menschenwürdige Umwelt zu sichern, die natürlichen Lebensgrundlagen zu schützen und zu entwickeln sowie den Klimaschutz und die Klimaanpassung, insbesondere auch in der Stadtentwicklung zu fördern". Eine inhaltliche Konkretisierung dieses Grundsatzes enthält § 1 Abs. 6 Nr. 7 BauGB. Danach sind bei der Aufstellung der Bauleitpläne insbesondere „die Belange des Umweltschutzes" zu berücksichtigen. Dazu zählen (u. a.) „die Vermeidung von Emissionen" (lit. e) und „die Nutzung erneuerbarer Energien sowie die sparsame und effiziente Nutzung von Energie" (lit. f). Schließlich bestimmt § 1a Abs. 5 Satz 1 BauGB ausdrücklich, „den Erfordernissen des Klimaschutzes soll sowohl durch Maßnahmen, die dem Klimawandel entgegenwirken, als auch durch solche, die der Anpassung an den Klimawandel dienen, Rechnung getragen werden."

Auch nach der Aufwertung des städtebaulichen Klimaschutzes durch die genannten Vorschriften ist die Gemeinde zwar nicht verpflichtet, in jedem Bebauungsplan Festsetzungen zum Schutz des globalen Klimas aufzunehmen; sie darf den Klimaschutz aber auch nicht ignorieren, und muss sich

12 BVerwG Urt. v. 13.03.2003 – 4 C 4.02 –, juris, Rdnr. 27.

im Rahmen der Abwägung eines Bebauungsplans mit diesen Belangen in jedem Fall auseinandersetzen.[13]

Die Bauleitplanung kann also zielgerichtet den Zwecken des Klimaschutzes dienen. Vor dem Hintergrund des Verbots einer sog. Negativplanung ist aber von Bedeutung, dass die Belange des Klimaschutzes das Hauptmotiv für die Bauleitplanung der Gemeinde darstellen müssen, d. h. sie dürfen nicht nur vorgeschoben werden, um ein bestimmtes Vorhaben zu verhindern.

II. Festsetzungen zur Förderung des Klimaschutzes

Das Bauplanungsrecht enthält verschiedene Regelungen, die es einer Gemeinde ermöglichen, einen Beitrag zum Klimaschutz zu leisten. Als Festsetzungsmöglichkeiten, die speziell dem Belang des Klimaschutzes gerecht werden, kommen (z.B.) in Betracht:

- Festsetzung von Baugebieten (Sondergebieten) für Anlagen, die der Erforschung, Entwicklung und Nutzung erneuerbarer Energien dienen
- Festsetzung von sog. Versorgungsflächen für Anlangen und Einrichtungen zur Erzeugung, Verteilung, Nutzung oder Speicherung von Strom und/oder Wärme aus erneuerbaren Energien oder Kraft-Wärme-Kopplung (§ 9 Abs. 1 Nr. 12 BauGB)
- Festsetzung von Gebieten, in denen bestimmte luftverunreinigende Stoffe nicht oder nur beschränkt verwendet werden dürfen (§ 9 Abs. 1 Nr. 23a BauGB)
- Festsetzung von Gebieten in denen bestimmte bauliche oder sonstige technische Maßnahmen für die Erzeugung, Nutzung oder Speicherung von Strom, Wärme oder Kälte aus erneuerbaren Energien oder Kraft-Wärme-Kopplung getroffen werden müssen (§ 9 Abs. 1 Nr. 23b BauGB)
- Festsetzung von Flächen oder Maßnahmen zum Schutz, zur Pflege und zur Entwicklung von Boden, Natur und Landschaft (§ 9 Abs. 1 Nr. 20 BauGB) als Möglichkeit zur Festsetzung von Klimasenken

---

13 *A. Möller* in: Schrödter, Schrödter (Hrsg.), Baugesetzbuch, 9. Auflage 2019, § 9, Rn. 162; *A. Schmidt*, Klimaschutz in der Bauleitplanung nach dem BauGB 2004, NVwZ 2006, 1354 (1358).

Darüber hinaus kommen Festsetzungen zur Anpassung der städtebaulichen Entwicklung an den Klimawandel in Betracht. Darunter fallen viele unterschiedliche Festsetzungsmöglichkeiten, z.B. zur Herstellung und Sicherung von Kaltluftschneisen, zur Anpassung von Baugebieten an Hochwasser- und Starkregenereignisse, zur sonstigen Verbesserung des Mikroklimas oder zur Begrünung von Gebäuden.[14]

Den Festsetzungsmöglichkeiten können allerdings durch sonstige bundesrechtliche Vorgaben Grenzen gesetzt sein. Denn im Hinblick auf die städtebauliche Erforderlichkeit, § 1 Abs. 3 BauGB, dürfen sich die Festsetzungen in ihrem Regelungsgehalt nicht in Vorschriften des (sonstigen) bundesrechtlichen (Energie-)Fachrechts erschöpfen und dürfen zu diesem aus rechtsstaatlichen Erwägungen auch nicht in Widerspruch stehen bzw. sich als Eingriff in das Regelungskonzept darstellen. Nach der Rechtsprechung des BVerwG ist es den Gemeinden z.B. für Anlagen im Anwendungsbereich des Treibhausgas-Emissionshandelsgesetzes untersagt, eigene Regelungen zur Begrenzung der CO2-Emission im Interesse einer höheren Energieeffizienz zu erlassen.[15] Auch die Regelungen des GEG können in ihrem Anwendungsbereich widersprechende Festsetzungen, etwa Verwendungsverbote gem. § 9 Abs. 1 Nr. 23a BauGB, zurückdrängen. So kommt die Festsetzung eines Verwendungsverbots aus Gründen des allgemeinen Klimaschutzes für Biomasse wegen eines Eingriffs in das Regelungskonzept des GEG nicht in Betracht, da der Gesetzgeber mit den Regelungen in §§ 10 Abs. 2 Nr. 3, 38 bis 40 GEG auch Biomasse als ausdrückliche Erfüllungsoption vorsieht (gleiches dürfte im Übrigen im Hinblick auf die Neuregelungen in §§ 71 Abs. 2 und 71f bis 71g GEG-Ref-E[16] gelten). Überdies hat der Bundesgesetzgeber mit der Regelung in § 3 Abs. 2 Nr. 5 GEG Biomasse als erneuerbare Energie vorgesehen, weshalb eine solche Festsetzung im Hinblick auf den allgemeinen Klimaschutz auch nicht abwägungsfehlerfrei ist, sondern nur aus Gründen des örtlichen Immissionsschutzes in Betracht kommt. Demgegenüber stehen die Regelungen des BEHG (vor der Umset-

---

14 Vgl. allgemein zu den Festsetzungsmöglichkeiten z.B. *S. Mitschang*, Die Auswirkungen der Klimaschutz-Novelle auf die kommunale Bauleitplanung, DVBl. 2012, 134 ff.; *M. Arndt*, Klimaschutz und Klimaanpassung in der Bauleitplanung, UPR 2020, 481 ff.; *P. Eschenhagen/J. Schäfer*, „Grüne“ Bauleitplanung – Eine Übersicht der Festsetzungsbefugnisse in § BAUGB § 9 Abs. BAUGB § 9 Absatz 1 BauGB mit Blick auf die Errichtung „Grüner Gewerbegebiete“, KlimR 2022, 300 ff.

15 BVerwG, Urt. v. 14.09.2017 – 4 CN 6.16, juris, Rn. 21 ff; vgl. auch BVerwG, Urt. v. 28.02.2002 – 4 CN 5.01, juris, Rn. 18.

16 Stand 03.04.2023.

zung der unionsrechtlichen Vorgaben des ETS II) der Festsetzung eines Verwendungsverbots mangels vergleichbarem Regelungskonzept nicht entgegen, denn im BEHG wird der Lieferant adressiert, wohingegen sich Verwendungsverbote an die (Haus-)Eigentümer richten.

Die Zulässigkeit von Festsetzungen bedarf daher der Prüfung im Einzelfall. So kommen zum Beispiel nur stoffbezogene Festsetzungen zur Beschränkung der Verwendung bestimmter Brennstoffe nach § 9 Abs. 1 Nr. 23a BauGB in Betracht, anlagenbezogene Festsetzungen sind nicht zulässig.[17]

III. Die Anforderungen des Abwägungsgebots unter Berücksichtigung des KSG

Bei der Aufstellung eines Bebauungsplans muss die Gemeinde die öffentlichen und privaten Belange gegeneinander und untereinander gerecht abwägen. § 1a Abs. 5 BauGB stellt klar, dass dabei auch die Erfordernisse des Klimaschutzes zu berücksichtigen sind (Grundsatz der klimagerechten Stadtentwicklung). Eine dem Abwägungsgebot entsprechende Bauleitplanung erfordert aber selbstverständlich auch die (angemessene) Berücksichtigung aller anderen Belange, die durch die Bauleitplanung berührt werden.

Vor dem Hintergrund des Urteils des BVerwG vom 04.05.2022 stellt sich die Frage, welche Folgen sich aus § 13 Abs. 1 KSG für die Abwägung im Rahmen der Bauleitplanung ergeben. Es sprechen zwar gute Gründe dafür, dass das Berücksichtigungsgebot nach § 13 Abs. 1 KSG (nur) dort greift, wo nicht bereits aus anderen Gründen die Berücksichtigung der Belange des Klimaschutzes erforderlich ist. Die Ausführungen des BVerwG zur Berücksichtigung der Belange des Klimaschutzes im Rahmen der Planfeststellung dürften in der Sache aber auch für die Abwägung im Rahmen der Bauleitplanung gelten, und zwar unabhängig davon, ob bzw. inwieweit die Berücksichtigung der Belange des Klimaschutzes bereits durch das BauGB selbst vorgegeben ist. Denn das BVerwG stellt in der Entscheidung klar, dass zu den Adressaten des in Art. 20a GG und § 13 Abs. 1 KSG verankerten Klimaschutzgebots „nach Maßgabe von Gesetz und Recht" auch die vollziehende Gewalt gehört. Dazu zählen auch die Gemeinden.[18]

Daraus folgt zunächst, dass ein Bebauungsplan abwägungsfehlerhaft ist, falls die planende Gemeinde die Möglichkeiten einer klimaverträglicheren

17 VGH Mannheim, Urteil vom 29.07.2015 – 3 S 2492/13 -, juris Rn. 54.

18 *F. Fellenberg* in: F. Fellenberg/A. Guckelberger (Hrsg.), Klimaschutzrecht, 1. Aufl. 2022, § 13 KSG Rn. 8.

Ausgestaltung im Rahmen ihrer Abwägung (gar) nicht in den Blick nimmt. Im Übrigen kommt dem Belang des Klimaschutzes aber auch im Rahmen der Bauleitplanung kein genereller Vorrang zu. Negative Folgen für den Klimaschutz können also überwunden werden, wenn gewichtigere Belange für die Bauleitplanung ins Feld geführt werden können.

Anders als bei der Planfeststellung, deren Anwendungsbereich auf bestimmte durch Gesetz festgelegte Fachplanungsvorhaben beschränkt ist, ist die inhaltliche Reichweite der Bauleitplanung deutlich weiter. Das Gebot zur Berücksichtigung des Klimaschutzes im Rahmen der Bauleitplanung kann deshalb zur Folge haben, dass die Auswirkungen auf die Treibhausgasemissionen für größere Industrieanlagen in den Blick zunehmen sind, bei deren Genehmigung die zuständigen Behörden kein Beurteilungs- oder Ermessensspielraumes zusteht, der eine Anwendung des Berücksichtigungsgebots nach § 13 BImSchG ermöglicht. Voraussetzung ist allerdings, dass die Bauleitplanung selbst bereits hinreichend konkrete Vorgaben zu solchen Anlagen enthält.

In der Sache gilt, wie das BVerwG für die Planfeststellung entschieden hat, dass die planenden Gemeinden mit zumutbarem Aufwand und „Augenmaß" vorzugehen haben, mit der Folge, dass (gerade) den Gemeinden heute (noch) keine ausufernden Ermittlungen abverlangt werden. Das Gewicht des Klimaschutzes in der Abwägung wird sich aber auch für die Bauleitplanung mit fortschreitendem Klimawandel erhöhen. Die Gemeinden werden verpflichtet sein, die zukünftig zu erwartende Verbesserung der fachwissenschaftlichen Grundlagen zur Berücksichtigung der Klimaschutzbelange im Rahmen der Abwägung zu berücksichtigen und ihre Entscheidung auf – dann – verbesserter Informationsgrundlage zu treffen. Daraus werden sich jedenfalls neue Herausforderungen für die planenden Gemeinden ergeben. Andererseits werden sich die Möglichkeiten der Gemeinden erhöhen, Ziele des Klimaschutzes mit den Mitteln der Bauleitplanung zu verfolgen, selbst wenn damit gewichtige Nachteile (z.B.) für die Nutzung von Grundstücken verbunden sind.

D. Die Abwägungsdirektive des § 2 EEG

I. Inhalt der Neuregelung des § 2 EEG

§ 2 Satz 1 EEG bestimmt, dass die Errichtung und der Betrieb von Anlagen sowie den dazugehörigen Nebenanlagen im überragenden öffentlichen Interesse liegen und der öffentlichen Sicherheit dienen. Damit wird erreicht, dass jedes Vorhaben zur Errichtung und zum Betrieb einer Anlage nach dem EEG unabhängig von der im Übrigen möglicherweise ausschließlich privatnützigen Zweckbestimmung des Vorhabens jedenfalls auch im öffentlichen Interesse liegt und der öffentlichen Sicherheit dient. Auch die ausschließlich dem Eigengebrauch dienende PV-Anlage oder die ausschließlich zum Zwecke der Gewinnerzielung einer juristischen oder natürlichen Person errichtete Windenergieanlage dient also qua lege auch öffentlichen Interessen.

Welche Anlagen von der Regelung erfasst sind, ergibt sich aus § 3 Nr. 1 EEG. Danach ist jede Einrichtung zur Erzeugung von Strom aus erneuerbaren Energien oder aus Grubengas eine Anlage im Sinne des EEG. Als Anlage gelten darüber hinaus Einrichtungen, die zwischengespeicherte Energie aufnehmen und in elektrische Energie umwandeln, falls diese ausschließlich aus erneuerbaren Energien oder Grubengas stammt.

Über die gesetzliche Festlegung des öffentlichen Interesses an der Errichtung und dem Betrieb von Anlagen nach dem EEG hinaus wird in § 2 Satz 1 und Satz 2 EEG ein verbindlicher Vorrang der Belange der erneuerbaren Energien in Abwägungsentscheidungen geregelt. Diese Rechtsfolge ergibt sich aus § 2 Satz 1 EEG, wonach die Errichtung und der Betrieb von Anlagen im *überragenden* öffentlichen Interesse liegen, sowie aus § 2 Satz 2 EEG, wonach die erneuerbaren Energien als *vorrangiger* Belang in die jeweils durchzuführenden Schutzgüterabwägungen eingebracht werden sollen.

Diese gesetzliche Regelung des Vorrangs der Belange der erneuerbaren Energien in den jeweils durchzuführenden Schutzgüterabwägungen hat erhebliche Bedeutung für die Planungspraxis. Zahlreiche behördliche Entscheidungen ergehen auf der Grundlage einer Abwägung von öffentlichen und privaten Belangen oder enthalten wertende Elemente, bei denen § 2 EEG möglicherweise zu berücksichtigen ist. Die Verpflichtung zur vorrangigen Berücksichtigung wirkt sich daher zumindest potentiell auf weite Teile des Planungsrechts aus.

Die in § 2 Satz 1 EEG enthaltene Verknüpfung der Errichtung und des Betriebs von Anlagen nach dem EEG mit der öffentlichen Sicherheit hat demgegenüber Bedeutung vor allem für das Artenschutzrecht.[19] Ausnahmen nach § 34 Abs. 4 BNatSchG und § 45 Abs. 7 BNatSchG setzen in

---

19 Siehe hierzu auch *S. Schlacke/H. Wentzien/D. Römling*, Beschleunigung der Energiewende: Ein gesetzgeberischer Paradigmenwechsel durch das Osterpaket?, NVwZ 2022, 1577 (1580).

bestimmten Fällen voraus, dass die Zulassung von Ausnahmen bzw. Abweichungen im Interesse der öffentlichen Sicherheit liegt. Die Verknüpfung mit der öffentlichen Sicherheit wirkt sich darüber hinaus aber auch auf Abwägungsentscheidungen aus, weil die die Belange der öffentlichen Sicherheit (auch) zu berücksichtigen sind.

II. Rechtsfolgen für die planerische Abwägung

Nachfolgend soll auf die Bedeutung des gesetzlich geregelten Vorrangs der Belange der erneuerbaren Energie in *Schutzgüterabwägungen* in der Fachplanung und Bauleitplanung eingegangen werden. Dazu wird zunächst dargestellt, welche Rechtsfolgen sich für hier erforderliche Abwägungsentscheidungen grundsätzlich ergeben. Anschließend soll auf die in der Fachplanung und Bauleitplanung konkret betroffenen Entscheidungen der „echten“ Abwägung eingegangen werden.

1. Grundsätzliche Rechtsfolgen

§ 2 Satz 2 EEG enthält eine Soll-Regelung. Diese begründet also keinen absoluten Vorrang der Belange der erneuerbaren Energien vor anderen Belangen in allen Fällen von Abwägungen: Eine Abwägung wird, mit anderen Worten, nicht entbehrlich.[20] Allerdings setzen sich die Belange der erneuerbaren Energien in Regelfall gegenüber anderen Belangen durch. Sie können nur im atypischen Ausnahmefall durch andere Belange überwunden werden. Ein solcher Ausnahmefall kann vorliegen, falls die Belange der erneuerbaren Energien aus Gründen des konkreten Einzelfalls ausnahmsweise nur ein geringeres Gewicht besitzen oder falls einem oder mehreren widerstreitenden Belangen ausnahmsweise ein besonders hohes Gewicht zukommt.

Die Regelung des Abwägungsvorrangs in § 2 EEG weist eine inhaltliche Nähe zu § 13 Klimaschutzgesetz (KSG) auf. Gem. § 13 Abs. 1 KSG haben die Träger öffentlicher Aufgaben bei ihren Planungen und Entscheidungen den Zweck des KSG und die zu seiner Erfüllung festgelegten Ziele zu berücksichtigen. Sowohl § 2 EEG als auch § 13 Abs. 1 KSG dienen der Umsetzung bzw. Konkretisierung der staatlichen Verpflichtung zum Schutze des Klimas

20 Näher *T. Attendorn*, Umweltrechtliche Ausnahmeabwägungen über die Zulassung von Wasser- und Windkraftanlagen nach dem ‚Osterpaket‘, NVwZ 2022, 1586 ff.

aus Art. 20a GG. Beide Regelungen legen hierfür fest, dass die Belange der erneuerbaren Energien bzw. des Klimaschutzes zu berücksichtigen sind, soweit bei staatlichen Entscheidungen Handlungsspielräume eröffnet sind. Anders als § 13 Abs. 1 KSG, der sich auf diese Berücksichtigungspflicht beschränkt, verpflichtet § 2 Satz 2 EEG aber (sogar) zur *vorrangingen* Berücksichtigung bzw. Abwägung in staatlichen Entscheidungen. Darin liegt ein insbesondere für die Planungspraxis entscheidender Unterschied beider Regelungen.

2. Rechtsfolgen für die planerische Abwägung

§ 2 Satz 2 EEG hat – sehr praxisrelevante – Auswirkungen auf Entscheidungen von Planungsträgern, die auf der Grundlage einer planerischen Abwägung ergehen. Als planerische Abwägung werden (echte) *Planungsentscheidungen* bezeichnet, in denen die Planungsträger einen vielschichtigen Ausgleich zwischen unterschiedlichen öffentlichen und privaten Belangen zu gewährleisten haben. Merkmal solcher Entscheidungen ist die planerische Gestaltungsfreiheit der Behörde. Die Behörde trifft eine ergebnisoffene Abwägungsentscheidung, in deren Rahmen sie sich zur Bevorzugung einzelner Belange und damit notwendigerweise zur Zurückstellung anderer Belange entscheiden kann. Die Behörde unterliegt den gesetzlichen Grenzen der Abwägungsentscheidungen, trifft innerhalb dieser Grenzen aber eine eigene Planungsentscheidung, die nur einer eingeschränkten gerichtlichen Kontrolldichte unterliegt. Gesetzliche Grenzen dieser Entscheidung sind insbesondere die in der ständigen Rechtsprechung anerkannten Abwägungsfehler.[21]

Eine in diesem Sinne planerische Abwägung erfolgt insbesondere bei der Aufstellung von Bauleitplänen durch die Gemeinden und im Rahmen von Fachplanungsentscheidungen (also insbesondere der Planfeststellung und der Plangenehmigung) sowie bei der Aufstellung von Raumordnungsplänen.

Der gesetzlich festgelegte Vorrang der Belange der erneuerbaren Energien nach § 2 Satz 2 EEG greift unmittelbar in diese Abwägungsentscheidung ein. Der Planungsträger ist im Regelfall verpflichtet, den Belangen der

---

21 Allgemein zum Abwägungsgebot und zu den Abwägungsfehlern am Beispiel der Bauleitplanung *W. Söfker* in: W. Ernst/W. Zinkahn/W. Bielenberg/M. Krautzberger, Baugesetzbuch, § 1 Rn. 185 ff.

erneuerbaren Energien Vorrang vor anderen Belangen einzuräumen. Nur im Ausnahmefall können gegenläufige Belange die Belange zugunsten der Errichtung und des Betriebs von Anlagen nach dem EEG überwiegen.[22] Soll ein Baugebiet zugunsten der Errichtung und des Betriebs von Anlagen nach dem EEG ausgewiesen werden oder sollen einzelne Festsetzungen die Voraussetzungen für die Realisierung solcher Anlagen schaffen, ist der Abwägungsvorrang in der Planungsentscheidung zu berücksichtigen. Trotz gegenläufiger Belange (z.B.) des Denkmalschutzes, des Schutzes des Landschaftsbildes, des Natur- oder Gewässerschutzes, der Raumordnung oder des Verkehrs können derartige Festsetzungen in Bebauungsplänen von der planenden Gemeinde im Regelfall durchgesetzt werden.

Wesentliche Folge für die Planungspraxis ist eine erleichterte Entscheidungsfindung zugunsten der Errichtung und des Betriebs von Anlagen nach dem EEG und ein reduzierter Begründungsaufwand der zugunsten dieser Anlagen erfolgenden Planungsentscheidungen.

E. Keine generelle Berücksichtigungspflicht

Über die soeben dargestellten fachgesetzlichen Anforderungen (insb. des UVPG, KSG, BauGB und EEG) hinaus besteht keine rechtliche Grundlage für eine generelle Pflicht zur Berücksichtigung der Belange des globalen Klimaschutzes in Entscheidungen der Planfeststellung oder Bauleitplanung. In seinem Urteil vom 07.07.2022 hat das BVerwG ausgeführt, dass Art. 20a GG zwar einen Regelungsauftrag an den Gesetzgeber enthalte, aber keinen Grundrechtsschutz vor klimaschädlichen Projekten verleihe. Auch das Übereinkommen von Paris vom 12.12.2015 verpflichte die Bundesrepublik Deutschland zur Einhaltung von Klimazielen, fordere aber keine Prüfung der Klimarelevanz von Projekten oder Planungen. Schließlich begründe § 1 Abs. 3 Nr. 4 BNatSchG keine vom naturschutzrechtlichen Regelungsgefüge unabhängige, generelle Abwägungsrelevanz.[23]

---

22 *T. Attendorn*, Umweltrechtliche Ausnahmeabwägungen über die Zulassung von Wasser- und Windkraftanlagen nach dem ‚Osterpaket', NVwZ 2022, 1586 ff.

23 Zu diesen Aspekten im Einzelnen BVerwG, Urt. v. 07.07.2022 – 9 A 1.21, juris.

F. Fazit

Zwar ist bereits seit der Novellierung des BauGB im Jahr 2011 und des UVPG im Jahr 2017 das Schutzgut Klima auch im Rahmen der Bauleitplanung und der UVP zu betrachten. Dies gilt aber nur nach Maßgabe der fachgesetzlichen Anforderungen bzw. nur für UVP-pflichtige Pläne, Programme oder Vorhaben. Die Anforderungen des seit Dezember 2019 geltenden Berücksichtigungsgebots nach § 13 Abs. 1 Satz 1 KSG gehen über die bislang erforderliche Abwägung bzw. Ermittlung im Rahmen der UVP hinaus. Zum einen erfasst der Anwendungsbereich des § 13 KSG (deutlich) mehr Entscheidungen der öffentlichen Hand. Zum anderen erfordert die Berücksichtigungspflicht nach § 13 KSG eine zielgerichtete Betrachtung bezogen auf die nationalen Klimaschutzziele nach § 1 KSG und § 3 KSG, die sich – so – bis zum Inkrafttreten des KSG weder aus dem BauGB noch aus dem UVPG ergab.

Die nach § 13 KSG gebotene Berücksichtigung der nationalen Klimaschutzziele im Rahmen der Abwägung bzw. Ermessensausübung erweitert daher für alle nicht gebundenen behördlichen Entscheidungen mit klimarelevanten Auswirkungen das Prüfprogramm, auch für die Bauleitplanung und für Entscheidung über UVP-pflichtige Pläne, Programme und Vorhaben.

Das BVerwG akzeptiert ausdrücklich, dass die Berücksichtigung der Belange des Klimaschutzes ausgesprochen komplex ist und zu ausufernden Ermittlungen und Bewertungen verleiten kann. Angesichts der Tatsache, dass bislang keine Verwaltungsvorschriften bzw. Leitfäden zur Verfügung stehen und (wohl) auch keine für die tägliche behördliche Praxis sinnvoll strukturierten Daten, ist es richtig, von den Behörden aktuell nicht mehr zu verlangen als ein Handeln mit Augenmaß und zumutbarem Aufwand.

Das Urteil des BVerwG ist aber eine Momentaufnahme. Es ist absehbar, dass sich (nicht zuletzt aus Anlass dieser Entscheidung) Fachkonventionen zur Abarbeitung der Belange des Klimaschutzes in behördlichen Entscheidungen entwickeln, ggf. in Form von Verwaltungsvorschriften erlassen werden. Die Datengrundlage wird sich verbreitern, auch mit dem konkreten Zweck, für diese behördlichen Entscheidungen passende Daten zur Verfügung zu stellen. Damit werden sich die Anforderungen an die Abarbeitung des Berücksichtigungsgebots zukünftig voraussichtlich noch relevant verändern.[24]

Anders als beim Artenschutzrecht und beim Wasserrecht sind mit der Berücksichtigungspflicht der Belange des Klimaschutzes nach § 13 KSG zwar keine konkreten Verbote bzw. Gebote verboten, sondern „nur" eine Maßgabe an die Ausübung von Entscheidungsspielräumen, insbesondere im Rahmen der Abwägung. Der Vergleich dieser neu im Entscheidungsprogramm der Behörden anzutreffenden Abarbeitung der Klimaschutzbelange mit den rechtlichen Entwicklungen im Naturschutz- und Wasserrecht[25] ist aber berechtigt. Denn sowohl das BVerfG wie auch das BVerwG im hier besprochenen Urteil haben ausdrücklich darauf hingewiesen, dass das Gewicht dieses Belangs mit fortschreitendem Klimawandel zunehmen wird. Deshalb ist absehbar, dass sich die Entscheidungsfindung der Behörden – nach Maßgabe der im KSG konkretisierten Anforderungen – zukünftig immer stärker an den Belangen des Klimaschutzes auszurichten hat.

Angesichts der Tatsache, dass im KSG – Stand heute – die Netto-Treibhausgasneutralität als nationales Klimaschutzziel bis zum Jahr 2045 geregelt ist, dürfte es wohl nicht allzu viele Jahre dauern, bis sich die Bedeutung des Berücksichtigungsgebots nach § 13 KSG deutlich erhöhen wird und die Anforderungen an dessen Abarbeitung in Genehmigungsverfahren steigen werden. Es erscheint keinesfalls unrealistisch, dass (z.B.) Planfeststellungen für bestimmte Vorhaben in bestimmten zukünftigen Fällen nur noch unter der Voraussetzung abwägungsfehlerfrei zugelassen werden können, dass auch eine Kompensation von Auswirkungen des Vorhabens auf die Belange des Klimaschutzes erfolgt. Die weitere Entwicklung ist aber naturgemäß schwer vorherzusagen, weil sich auch die gesetzlichen Regelungen dem fortschreitenden Klimawandel anpassen werden.

Die Neuregelung des § 2 EEG hat ebenfalls hohe praktische Relevanz und wirkt sich bereits heute deutlich konkreter auf die von der öffentlichen Hand zu treffenden Planungsentscheidungen aus. Dies gilt besonders für die Festlegung des überragenden öffentlichen Interesses an der Errichtung und dem Betrieb von Anlagen im Sinne des EEG und für die Verpflichtung, den Belangen der erneuerbaren Energien im Regelfall Vorrang in Schutzgüterabwägungen einzuräumen. Dadurch werden behördliche Entscheidungen der („echten") planerischen Abwägung unmittelbar beeinflusst. Die Möglichkeiten der Planungsträger, Planungsentscheidungen zugunsten von

24 vgl. auch *Sieveking*, jurisPR-BVerwG 19/2022 Anm. 1.
25 Sieveking, jurisPR-BVerwG 19/2022 Anm. 1.

Anlagen nach dem EEG zu treffen, erweitern sich relevant. Planungen, die diese Ziele verfolgen, werden vereinfacht.

Die besondere Dynamik wird dem Umwelt- und Planungsrecht auch in den kommenden Jahren erhalten bleiben, nicht nur aber jedenfalls auch und insbesondere im Bereich der rechtlichen Regelungen und Anforderungen zum Schutz des Klimas. Es ist absehbar, dass der Gesetzgeber weiterhin in vermutlich kurzen Intervallen Anpassungen der gesetzlichen Grundlagen zum Schutz des Klimas vornimmt. Unabhängig davon ist die Dynamik für die kommenden Jahre aber auch vom BVerfG und BVerwG für die umwelt- und planungsrechtlichen Entscheidungen bereits fest verankert, weil Einigkeit besteht, dass das relative Gewicht des Klimaschutzgebots in der Abwägung bei fortschreitendem Klimawandel weiter zunimmt. Es erscheint naheliegend, dass sich bereits daraus beständige Anpassungen umwelt- und planungsrechtlicher Vorschriften und Entscheidungen für weitere 30 Jahre ergeben.

Das Repowering von Windenergieanlagen – Eine kritische Analyse der § 16b BImSchG und § 45c BNatSchG

Martin Kment[*]

I. Einleitung

Das immissionsschutzrechtliche Genehmigungsverfahren für das Repowering von Anlagen zur Erzeugung von Strom aus erneuerbaren Energien ist in § 16b BImSchG gesondert geregelt. § 16b BImSchG wurde mit dem Gesetz zur Umsetzung von Vorgaben der Richtlinie (EU) 2018/2001 des Europäischen Parlaments und des Rates vom 11. Dezember 2018 zur Förderung der Nutzung von Energie aus erneuerbaren Quellen (Neufassung) für Zulassungsverfahren nach dem Bundes-Immissionsschutzgesetz, dem Wasserhaushaltsgesetz und dem Bundeswasserstraßengesetz vom 18.08.2021 (BGBl. I 2021, S. 3901) eingeführt. Wie dem Titel des Gesetzes zu entnehmen ist, dient es der Umsetzung der Richtlinie (EU) 2018/2001. § 16b BImSchG ist auf Art. 16 Abs. 6 der RL (EU) 2018/2001 zurückzuführen.[1] Dieser verpflichtet die Mitgliedstaaten gemäß Art. 16 Abs. 6 S. 1 RL (EU) 2018/2001, das Repowering bestehender Anlagen zur Erzeugung erneuerbarer Energien zu erleichtern, indem sie für ein vereinfachtes, zügiges Verfahren zur Genehmigungserteilung sorgen. Das Verfahren darf gemäß Art. 16 Abs. 6 S. 2 RL (EU) 2018/2001 nicht länger dauern als ein Jahr, es sei denn, es liegen außergewöhnliche Umstände vor.

Die Ursprungsfassung des § 16b BImSchG wurde nicht unkritisch gesehen. Trotz ihrer Beschleunigungs- und Vereinfachungsintention führte sie tatsächlich zu erheblichen Rechtsunsicherheiten[2], sodass die vorgesehenen Erleichterungen in der Praxis größtenteils noch nicht angekommen sind.[3] Darüber hinaus wurde kritisiert, dass § 16b BImSchG nur minimale Verfah-

* Geschäftsführender Direktor des Instituts für Umweltrecht sowie Inhaber des Lehrstuhls für Öffentliches Recht und Europarecht, Umweltrecht und Planungsrecht an der Universität Augsburg.

1 BT-Drs. 19/27672, S. 20.

2 Vgl. *Hentschel*, KommunalPraxis spezial 2021, 135; *Dietrich*, ZNER 2021, 539.

3 Vgl. *Bundesverband WindEnergie e.V.*, Umsetzungsempfehlungen zum Koalitionsvertrag, März 2022, S. 21.

renserleichterungen enthalte und die tatsächlichen Genehmigungshindernisse nicht angehe.[4]

Mit dem Vierten Gesetz zur Änderung des Bundesnaturschutzgesetzes vom 20. Juli 2022 (BGBl. I 2022, S. 1362) und dem Gesetz zur Änderung des Energiesicherungsgesetzes vom 8. Oktober 2022 (BGBl. I 2022, S. 1726) wurde § 16b BImSchG im Jahr 2022 in kurzen Zeitabständen zweimal geändert. Dieser Beitrag stellt die neuesten Änderungen dar und geht der Frage nach, ob die Unklarheiten durch die Reformen beseitigt sind und die bisher geäußerte Kritik berücksichtigt wurde.

II. Begriff des Repowerings

Unter Repowering ist gemäß § 16b Abs. 1 S. 1 BImSchG die Modernisierung einer Anlage zur Erzeugung von Strom aus erneuerbaren Energien zu verstehen. Die Modernisierung umfasst dabei gemäß § 16b Abs. 2 S. 1 BImSchG den vollständigen oder teilweisen Austausch von Anlagen oder Betriebssystemen und -geräten zum Austausch von Kapazität oder zur Steigerung der Effizienz oder der Kapazität der Anlage. Diese Definition entspricht der Definition von „Repowering" in Art. 2 Nr. 10 RL (EU) 2018/2001.

Darüber hinaus enthält § 16b Abs. 2 S. 2 BImSchG Vorgaben im Hinblick auf den vollständigen Austausch von Anlagen. Ein Repowering im Sinne des Gesetzes liegt danach nur vor, wenn die neue Anlage innerhalb von 24 Monaten nach dem Rückbau der Bestandsanlage errichtet wird und der Abstand zwischen der Bestandsanlage und der neuen Anlage höchstens das Zweifache der Gesamthöhe der neuen Anlage beträgt. Das bedeutet, dass ein standortverlagerndes Repowering – also die Bündelung von neuen Anlagen an dafür geeigneten Standorten und der damit verbundene Abbau von Altanlagen – nicht erfasst ist, obwohl gerade hierdurch positive Effekte für das Landschaftsbild erreicht werden können.[5] Diese in der Praxis häufig vorkommenden Windpark-Umgestaltungen nehmen somit von vornherein nicht an der (intendierten) Verfahrensbeschleunigung teil.

Da § 16b BImSchG für Repowering-Projekte auf die Änderungsgenehmigung Bezug nimmt, wird der Anwendungsbereich des § 16b BImSchG

4 *Dietrich*, ZNER 2021, 539 (548).
5 *Walker*, jurisPR-UmwR 10, 2022, Anm. 1, S. 2.

zudem durch den Grundsatz der Betreiberidentität eingeschränkt.[6] Denn nur der Betreiber einer Anlage kann eine Änderung für sie beantragen.[7] Der Betreiber der Altanlage und der Betreiber der Neuanlage müssen also identisch sein.[8] In der Praxis ist dies jedoch beim Repowering von Windenergieanlagen oftmals nicht der Fall.[9]

Beide Problemkreise wurden durch die Reformen des § 16b BImSchG nicht angetastet. Eine Verfahrensbeschleunigung für größere Windpark-Umgestaltungen ist daher auch in Zukunft nicht möglich. Will ein neuer Betreiber von den Regelungen des § 16b BImSchG profitieren, muss er im Vorfeld auf vertragliche oder gesellschaftsrechtliche Konstrukte mit dem bisherigen Betreiber zurückgreifen, um die Erfordernis der Betreiberidentität zu erfüllen.

III. Genehmigungsregime für Repowering-Projekte

1. Neu- oder Änderungsgenehmigung

Genehmigungsbedürftig nach dem Bundesimmissionsschutzgesetz sind nur solche Erneuerbare-Energie-Anlagen, die in der Anlage 1 der 4. BImSchV aufgeführt sind. Dies sind insbesondere Windenergieanlagen mit einer Gesamthöhe von mehr als 50 Metern, Biogasanlagen und mit biogenen Brennstoffen betriebene Anlagen.[10]

Die Genehmigung für den (teilweisen) Austausch von solchen genehmigungsbedürftigen Anlagen oder Betriebssystemen im Rahmen eines Repowerings kann entweder durch eine Neugenehmigung gemäß § 4 Abs. 1 BImSchG erfolgen oder im Wege des Änderungsverfahrens nach §§ 15, 16 BImSchG. Hierbei ist zwischen einer Neuerrichtung und einer bloßen Änderung der Anlage zu unterscheiden.[11] Es handelt sich um eine Neuerrich-

---

6 *Hentschel*, KommunalPraxis spezial 2021, 135 (136); siehe allgemein zum Grundsatz der Betreiberidentität: *Jarass*, BImSchG, 14. Auflage 2022, § 4 BImSchG Rn. 15.

7 *Hentschel*, KommunalPraxis spezial 2021, 135 (137); *Agatz*, Windenergie-Handbuch, 18. Ausgabe 2021, S. 8; *Dietrich*, ZNER 2021, 539 (543).

8 *Hentschel*, KommunalPraxis spezial 2021, 135 (137); *Agatz*, Windenergie-Handbuch, 18. Ausgabe 2021, S. 8.

9 *Hentschel*, KommunalPraxis spezial 2021, 135 (136); *Bundesverband WindEnergie e.V.*, Positionspapier zu § 16b BImSchG, März 2022, S. 6 f.

10 *Jarass*, BImSchG, 14. Auflage 2022, § 16b BImSchG Rn. 4.

11 *Jarass*, BImSchG, 14. Auflage 2022, § 16 BImSchG Rn. 7 f.

tung, wenn durch die Änderung der Gesamtcharakter der Anlage verändert wird, wenn also die Änderungen derart prägend sind, dass die gesamte Anlage als neue Anlage qualifiziert werden muss.[12] Die genaue Abgrenzung ist zwar jeweils vom Einzelfall abhängig, eine Neuerrichtung liegt jedoch beispielsweise grundsätzlich vor, wenn die Anlage an einer ganz anderen Stelle neu aufgebaut wird[13] oder sich die vorhandenen oder geplanten Anlagen nach Höhe und Leistung von Grund auf unterscheiden.[14] Eine große Anzahl der Repowering-Projekte war vor der Einführung des § 16b BImSchG daher wohl als Neuerrichtung zu qualifizieren.[15]

Nicht abschließend geklärt ist, wie sich § 16b BImSchG auf die Abgrenzung zwischen Neuerrichtung und bloßer Änderung auswirkt, da der Wortlaut des § 16b BImSchG diesbezüglich nicht eindeutig ist. Gemäß § 16b Abs. 1 BImSchG müssen beim Repowering „im Rahmen des Änderungsverfahrens" nur Anforderungen geprüft werden, soweit hierdurch nachteilige Auswirkungen hervorgerufen werden. Dies könnte zum einen so ausgelegt werden, dass die Modifizierungen des § 16b BImSchG nur für solche Repowering-Maßnahmen gelten, bei denen es sich (ausschließlich) um eine Änderung im Sinne des § 16 BImSchG handelt und eine Abgrenzung zur Neuerrichtung somit weiterhin erforderlich ist.[16] Möglich wäre aber auch, dass der Gesetzgeber durch die Regelung des § 16b BImSchG für alle erfassten Repowering-Maßnahmen eine Festlegung des Genehmigungsregimes treffen wollte, sodass sowohl Änderungsmaßnahmen als auch Neuerrichtungen stets im Rahmen einer Änderungsgenehmigung erfolgen können.[17] Eine Abgrenzung zwischen Änderung und Neuerrichtung wäre dann im Einzelfall nicht mehr notwendig.

Insbesondere vor dem Hintergrund, dass Art. 16 Abs. 6 S. 1 RL (EU) 2018/2001 ein vereinfachtes Genehmigungsregime für *alle* Repowering-Projekte fordert und der Gesetzgeber diese Vorgaben mit § 16b BImSchG umsetzen wollte, ist davon auszugehen, dass er eine entsprechende Festlegung treffen wollte.[18] Jedenfalls eine von § 16b Abs. 2 BImSchG erfasste Standortverschiebung muss nach der Wertung des Gesetzgebers in Zukunft

12 *Jarass*, BImSchG, 14. Auflage 2022, § 16 BImSchG Rn. 8.
13 *Jarass*, BImSchG, 14. Auflage 2022, § 16 BImSchG Rn. 8.
14 OVG Lüneburg, Beschluss vom 24.7.2013 – 12 ME 37/13 –, juris Rn. 14.
15 *Dietrich*, ZNER 2021, 539 (543).
16 *Dietrich*, ZNER 2021, 539 (544).
17 *Dietrich*, ZNER 2021, 539 (544).
18 Ebenso *Dietrich*, ZNER 2021, 539 (544).

als bloße Änderung behandelt werden.[19] Da § 16b BImSchG jedoch im Übrigen – hinsichtlich Anzahl und Größe der einzelnen Anlagen – keine Obergrenzen für Repowering-Maßnahmen enthält[20], bleibt abzuwarten, ob die Rechtsprechung nicht doch ab einer gewissen Dimensionsänderung die Grenzen des § 16b BImSchG als erreicht sieht.[21] Diesbezüglich wäre eine gesetzgeberische Klarstellung wünschenswert gewesen. Eine solche ist jedoch nicht erfolgt.

2. Prüfungsumfang und -maßstab

a) Allgemeines

Eine immissionsschutzrechtliche Genehmigung ist gemäß § 6 Abs. 1 BImSchG zu erteilen, wenn sichergestellt ist, dass die immissionsschutzrechtlichen Pflichten der Betreiber gemäß §§ 5 und 7 BImSchG erfüllt werden und andere öffentlich-rechtliche Vorschriften und Belange des Arbeitsschutzes nicht entgegenstehen. Im Rahmen einer Änderungsgenehmigung gemäß § 16 BImSchG ist der Prüfungsmaßstab derselbe; es sind grundsätzlich dieselben materiell-rechtlichen Anforderungen zu untersuchen.[22]

Der Umfang der behördlichen Prüfung im Änderungsgenehmigungsverfahren ist gesetzlich nicht näher bestimmt. Sinn des Änderungsgenehmigungsverfahrens ist jedoch nicht, stets den gesamten Prüfungsaufwand erneut auszulösen.[23] Gegenstand der Betrachtung sind – im Unterschied zur Neugenehmigung – daher nur die Teile der Anlage, die geändert werden sollen, wobei die Auswirkungen der Änderung auf die Gesamtanlage und ihre Umgebung zu berücksichtigen sind.[24] Dies reicht allerdings nur so weit, wie sich die Anlagenänderung auswirken kann.[25]

---

19 Vgl. *Agatz*, Windenergie-Handbuch, 18. Ausgabe 2021, S. 23.

20 Kritisch hierzu *Agatz*, Windenergie-Handbuch, 18. Ausgabe 2021, S. 91.

21 *Agatz*, Windenergie-Handbuch, 18. Ausgabe 2021, S. 16.

22 *Jarass*, BImSchG, 14. Auflage 2022, § 16 BImSchG Rn. 35; *Reidt/Schiller*, in: Landmann/Rohmer UmweltR, 99. EL 2022, § 16 BImSchG Rn. 157.

23 *Büge/Ziegler*, in: BeckOK UmweltR, 64. Edition 2021, § 16 BImSchG Rn. 28.

24 OVG NRW, Urteil vom 3. Dezember 2008 – 8 D 19/07.AK –, juris Rn. 116 ff.; VG Düsseldorf, Beschluss vom 25.8.2020 – 28 L 719/20 –, juris Rn. 53; *Jarass*, BImSchG, 14. Auflage 2022, § 16 BImSchG Rn. 31 f.; *Büge/Ziegler*, in: BeckOK UmweltR, 64. Edition 2021, § 16 BImSchG Rn. 28; *Reidt/Schiller*, in: Landmann/Rohmer UmweltR, 99. EL 2022, § 16 BImSchG Rn. 165.

25 OVG NRW, Urteil vom 3.12.2008 – 8 D 19/07.AK –, juris Rn. 116 ff.

Eine Einschränkung des Gegenstands der Prüfung im Rahmen der Änderungsgenehmigung im Vergleich zur Neugenehmigung kann sich somit dann ergeben, wenn die Änderung nicht die gesamte Anlage und ihren Betrieb beeinflusst.[26] Handelt es sich um qualitative Änderungen einer vorhandenen Anlage und nicht um quantitative Änderungen, hat der beschränkte Prüfungsumfang im Rahmen des § 16 Abs. 1 S. 1 BImSchG in der Regel geringe Bedeutung, da die Änderung auch Auswirkungen auf unveränderte Teile haben kann.[27] Für Repowering-Maßnahmen – in der Regel qualitative Änderungen – bedeutet dies folglich, dass der Prüfungsumfang dem einer Neugenehmigung entspricht, selbst wenn die Maßnahme als bloße Änderung eingestuft wird.[28]

b) „Delta-Prüfung" im Rahmen des § 16b BImSchG

Um für Repowering-Maßnahmen ein vereinfachtes und zügiges Verfahren zu ermöglichen, wurde mit § 16b BImSchG für diese Maßnahmen eine sogenannte „Delta-Prüfung" eingeführt. Gemäß § 16b Abs. 1 BImSchG müssen im Rahmen des Änderungsgenehmigungsverfahrens nur Anforderungen geprüft werden, soweit durch das Repowering im Verhältnis zum gegenwärtigen Zustand unter Berücksichtigung der auszutauschenden Anlage nachteilige Auswirkungen hervorgerufen werden und diese für die Prüfung nach § 6 BImSchG erheblich sein können. Wenn also durch das Repowering eine Verbesserung im Vergleich zur Bestandsanlage eintritt oder die Belastungen gleich bleiben[29], findet eine Prüfung nicht statt. Der Prüfungsumfang ist entsprechend begrenzt und die Genehmigung ist zu erteilen, selbst wenn die neue bzw. veränderte Anlage nicht den aktuellen rechtlichen Bestimmungen entspricht.

Zu beachten ist, dass sich der Anwendungsbereich dieser „Delta-Prüfung" auf die materiell-rechtlichen Vorschriften des Immissionsschutzrechts beschränkt. Die Prüfung anderer öffentlich-rechtlicher Vorschriften und der Belange des Arbeitsschutzes nach § 6 Abs. 1 Nr. 2 BImSchG bleibt

---

26 OVG NRW, Urteil vom 3.12.2008 – 8 D 19/07.AK –, juris, Rn. 116 ff.

27 *Reidt/Schiller*, in: Landmann/Rohmer, UmweltR, 99. EL 2022, § 16 BImSchG Rn. 166; vgl. zum (nicht eingeschränkten) Prüfungsumfang bei einem Typwechsel VGH Bayern, Beschluss vom 5.4.2019 – 22 CS 19.281 u.a. –, juris Rn. 34 ff.

28 Ebenso *Dietrich*, ZNER 2021, 539 (544).

29 Es genügt, wenn keine Verschlechterung eintritt, vgl. *Jarass*, BImSchG, 14. Auflage 2022, § 16b BImSchG Rn. 7.

gemäß § 16b Abs. 4 BImSchG von diesem Privileg unberührt. Da § 16b Abs. 3 BImSchG zudem eine speziellere Regelung für das Repowering von Windenergieanlagen in Bezug auf Schallimmissionen enthält[30], ist fraglich, welcher Anwendungsbereich für die „Delta-Prüfung“ nach Absatz 1 überhaupt noch besteht.

Denkbar wäre eine Anwendung auf die Immissionen durch sonstige EE-Anlagen – was in der Praxis aber irrelevant sein wird – oder beispielsweise den Schattenwurf oder Lichtimmissionen einer Windenergieanlage.[31] Die Gesetzesbegründung bzw. die Begründung des Beschlussvorschlags des Ausschusses für Umwelt, Naturschutz und nukleare Sicherheit[32] geht auf den Anwendungsbereich des § 16b Abs. 1 BImSchG nicht weiter ein. Vielmehr ist dieser zu entnehmen, dass der Gesetzgeber bei der Einführung des § 16b BImSchG in erster Linie Schallimmissionen und Belange des Artenschutzes vor Augen hatte, die jedoch von der Regelung in § 16b Abs. 1 BImSchG – wie aufgezeigt – nicht erfasst sind.

c) Lärmbelastungen beim Repowering von Windenergieanlagen

Für Aspekte der Lärmbelastung, die beim Repowering von Windenergieanlagen relevant werden, findet sich in § 16b Abs. 3 BImSchG eine gegenüber Abs. 1 speziellere Regelung. Sie greift ebenfalls den Grundsatz der „Delta-Prüfung“ auf. Danach darf eine Genehmigung nicht versagt werden, wenn nach der Modernisierung nicht alle Immissionsrichtwerte der technischen Anleitung zum Schutz gegen Lärm eingehalten werden, aber der Immissionsbeitrag der Windenergieanlage nach der Modernisierung niedriger ist als der Immissionsbeitrag der durch sie ersetzten Windenergieanlagen und die Windenergieanlage dem Stand der Technik entspricht.

Auch bisher war es zwar bereits über das Instrument der Sonderfallprüfung unter Anwendung der Nr. 3.2.2. der TA Lärm möglich, bei einer Verbesserung der Emissions- oder Immissionssituation eine Genehmigung zu erteilen, wobei die Sonderfallprüfung im Unterschied zur Regelung in § 16b Abs. 3 BImSchG nicht auf eine Verbesserung der Immissionssituation begrenzt ist.[33] Der Vorteil des § 16b Abs. 3 BImSchG besteht jedoch darin,

30 Siehe hierzu die Ausführungen unter III. 2. c).

31 *Hentschel*, KommunalPraxis spezial, 2021, 135 (136).

32 BT-Drs. 19/30954.

33 *Agatz*, Windenergie-Handbuch, 18. Ausgabe 2021, S. 92; *Hentschel*, KommunalPraxis spezial 2021, 135 (138).

dass im Falle einer Verbesserung eindeutig ein Anspruch auf Erteilung der Genehmigung besteht und keine Güterabwägung[34] vorzunehmen ist.

Da im Rahmen des § 16b Abs. 3 BImSchG ein Vergleich zwischen Bestands- und Neuanlagen anzustellen ist, stellt sich die Frage nach den maßgeblichen Vergleichsobjekten. Welche Anlagen sind jeweils entscheidend? Muss beispielsweise, wenn 15 Altanlagen durch zehn Neuanlagen ersetzt werden, der Immissionsbeitrag aller 15 Altanlagen mit dem Immissionsbeitrag aller zehn neuen Anlagen verglichen werden oder ist jeder einzelnen Altanlage eine einzelne Neuanlage zuzuordnen? § 16b Abs. 3 BImSchG spricht vom Immissionsbeitrag „der Windenergieanlage nach der Modernisierung" – Singular –, der niedriger sein muss als der Immissionsbeitrag „der durch sie ersetzten Windenergieanlagen" – Plural. Dies legt eine Auslegung nahe, wonach nicht jede einzelne Windenergieanlage mit der sie ersetzenden Anlage verglichen werden muss, sondern der gesamte Immissionsbeitrag der auszutauschenden Altanlagen mit dem gesamten Immissionsbeitrag des Repowering-Vorhabens inklusive aller neuen Einzelanlagen ins Verhältnis zu setzen ist.

Diese Problematik ist indes kein Sonderproblem der Regelung in § 16b BImSchG, sondern hat seinen Ursprung in der Frage, ob unter einer Anlage im Sinne der 4. BImSchV eine Windenergieanlagen-Gruppe oder eine einzelne Windenergieanlage verstanden wird.[35] Auch diesbezüglich wäre – unabhängig von § 16b BImSchG – eine Klarstellung durch den Gesetzgeber wünschenswert gewesen.

3. Verfahrenserleichterungen durch § 16b BImSchG

a) Vereinfachtes Genehmigungsverfahren und öffentliche Bekanntmachung

Neben den Änderungen in Bezug auf den Prüfungsumfang sieht § 16b BImSchG Verfahrenserleichterungen vor. Gemäß § 16b Abs. 6 S. 1 und 2 BImSchG findet das vereinfachte Genehmigungsverfahren gemäß § 19 BImSchG für das Repowering von bis zu 19 Windenergieanlagen Anwendung, es sei denn, es ist eine Umweltverträglichkeitsprüfung durchzuführen. Da es sich hierbei jedoch lediglich um eine Wiederholung der gelten-

34 Siehe hierzu *Hansmann*, in: Landmann/Rohmer, UmweltR, 99. EL 2021, TA Lärm 3 Rn. 48.

35 Siehe hierzu *Agatz*, Windenergie-Handbuch, 18. Ausgabe 2021, S. 6 ff.; *Dietrich*, ZNER 2021, 539 (542 f.).

den Rechtslage handelt, ergibt sich hierdurch in der Praxis keine tatsächliche Verfahrensbeschleunigung. Gemäß § 2 Abs. 1 Nr. 2 der 4. BImSchV i.V.m. Nr. 1.6.2 der Anlage 1 ist für Anlagen mit weniger als 20 Windkraftanlagen ohnehin das vereinfachte Genehmigungsverfahren durchzuführen.

Gemäß § 16b Abs. 6 S. 3 BImSchG ist die Genehmigung im vereinfachten Verfahren auf Antrag öffentlich bekannt zu machen. § 10 Abs. 8 S. 2 bis 6 BImSchG gilt in diesem Fall entsprechend. Mit dieser Regelung wurde auf die jahrelang umstrittene Frage reagiert, ob die öffentliche Bekanntmachung eines im einfachen Genehmigungsverfahren erteilten Genehmigungsbescheides gemäß § 21a Abs. 1 der 9. BImSchV die Rechtsmittelfristen für Dritte in Gang setzt.[36] Diese gesetzliche Klarstellung ist grundsätzlich zu begrüßen. Überaus fraglich ist jedoch, weshalb eine Klärung dieser Frage nur für Repowering-Maßnahmen gemäß § 16b BImSchG erfolgte und nicht generell für das vereinfachte Genehmigungsverfahren, also auch für Neuanlagen.[37] Diesbezüglich wäre eine systematische Neuplatzierung der Vorschrift in § 19 BImSchG und § 21a der 9. BImSchV angezeigt, die jedoch im Rahmen der Reformen des § 16b BImSchG nicht erfolgte.

b) Verzicht auf Erörterungstermin

Eine weitere Verfahrensbeschleunigung sieht § 16b Abs. 5 BImSchG vor, wonach auf einen Erörterungstermin verzichtet werden soll, sofern nicht der Antragsteller diesen beantragt. Einen solchen Termin kann die Genehmigungsbehörde gemäß § 10 Abs. 6 BImSchG durchführen, um die erhobenen Einwendungen mit dem Antragsteller und den Einwendern zu erörtern. Die Durchführung steht also im Ermessen der Genehmigungsbehörde.[38] Dieses Ermessen wird durch die Regelung des § 16b Abs. 5 BImSchG beschränkt, sodass die Durchführung eines Erörterungstermins nur noch bei einem atypischen Einzelfall erforderlich ist.[39]

Im Rahmen des Repowerings von Windenergieanlagen ist die Verfahrenserleichterung des § 16b Abs. 5 BImSchG jedoch weitgehend ohne Bedeutung, da im vereinfachten Genehmigungsverfahren, das, wie ausge-

---

36 *Hentschel*, KommunalPraxis spezial 2021, 135 (137); siehe zum Streitstand *Agatz*, Windenergie-Handbuch, 18. Ausgabe 2021, S. 78.

37 *Agatz*, Windenergie-Handbuch, 18. Ausgabe 2021, S. 92; *Hentschel*, KommunalPraxis spezial 2021, 135 (137).

38 *Jarass*, BImSchG, 14. Auflage 2022, § 10 BImSchG Rn. 96.

39 *Jarass*, BImSchG, 14. Auflage 2022, § 16b BImSchG Rn. 13.

führt, für Anlagen mit weniger als 20 Windkraftanlagen zur Anwendung kommt[40], ohnehin gemäß § 19 Abs. 2 BImSchG kein Erörterungstermin durchzuführen ist.[41] In diesen Fällen trägt die Regelung somit nicht zu einer Beschleunigung bei.

IV. Neue artenschutzrechtliche Bestimmungen zum Repowering

Mit dem Vierten Gesetz zur Änderung des Bundesnaturschutzgesetzes vom 20. Juli 2022 (BGBl. I 2022, S. 1362) wurde der bisherige § 16b Abs. 4 BImSchG gestrichen, der Regelungen zur artenschutzrechtlichen Prüfung im Rahmen des Genehmigungsverfahrens für Repowering-Maßnahmen enthalten hatte. Stattdessen wurde mit § 45c BNatSchG eine neue Vorschrift für das Repowering von Windenergieanlagen an Land in das Bundesnaturschutzgesetz eingefügt. Der Gesetzgeber reagierte damit auf die Kritik, dass die Regelungen des bisherigen § 16b Abs. 4 BImSchG rechtssystematisch falsch verortet gewesen seien.[42]

1. Anwendungsbereich

Die Regelungen des § 45c BNatSchG gelten gemäß § 45c Abs. 1 BNatSchG für Repowering-Vorhaben von Windenergieanlagen gemäß § 16b Abs. 1 und 2 BImSchG. Abweichend von § 16b Abs. 2 S. 2 BImSchG werden jedoch auch Windenergieanlagen erfasst, die innerhalb von 48 Monaten nach dem Rückbau der Bestandsanlage errichtet werden und bei denen der Abstand zwischen der Bestandsanlage und der neuen Anlage höchstens das Fünffache der Gesamthöhe der neuen Anlage beträgt.

Der Begriff des Repowerings wird somit in § 16b Abs. 1 und 2 BImSchG und § 45c Abs. 1 BNatSchG in Bezug auf Standortverlagerungen unterschiedlich definiert. Soweit § 16b BImSchG nicht anwendbar ist, muss deshalb hinsichtlich des Genehmigungsregimes weiterhin zwischen einer bloßen Änderung und einer Neuerrichtung abgegrenzt werden, wobei bei einer Überschreitung des in § 16b BImSchG genannten Abstands

40 Siehe oben die Ausführungen unter III. 3. a).
41 *Hentschel*, KommunalPraxis spezial 2021, 135 (137).
42 *Hentschel*, KommunalPraxis spezial 2021, 135 (138).

grundsätzlich eher von einer Neuerrichtung auszugehen sein wird.[43] § 45c BNatSchG kann daher nicht nur im Rahmen von Änderungsgenehmigungsverfahren zum Tragen kommen, sondern auch im Rahmen von Neugenehmigungsverfahren.[44]

§ 45c Abs. 1 BNatSchG war im ursprünglichen Gesetzesentwurf nicht enthalten und wurde erst im Rahmen der Beschlussempfehlung des Ausschusses für Umwelt, Naturschutz, nukleare Sicherheit und Verbraucherschutz hinzugefügt.[45] Die Ergänzung soll der zusätzlichen Erleichterung und dadurch der weiteren Beschleunigung des Repowerings von Windenergieanlagen dienen.[46] Zu befürchten ist allerdings, dass eine unterschiedliche Definition des Repowerings im BImSchG und im BNatSchG eher zu Anwendungsschwierigkeiten und Unsicherheiten in der Praxis führen wird.

2. Berücksichtigung der Bestandsanlagen im Rahmen der Signifikanzprüfung

Gemäß § 45c Abs. 2 S. 1 BNatSchG wird der Umfang der artenschutzrechtlichen Prüfung durch das Änderungsgenehmigungsverfahren nach § 16b Abs. 1 BImSchG nicht berührt. Dies entspricht dem Wortlaut des § 16b Abs. 4 S. 1 BImSchG a.F. und korrespondiert mit der Vorschrift des § 16b Abs. 4 BImSchG n.F., wonach die Prüfung anderer öffentlich-rechtlicher Vorschriften unberührt bleibt.

a) Vorbelastung

Auch der Wortlaut des § 16b Abs. 4 S. 2 BImSchG a.F. wurde trotz geäußerter Kritik[47] unverändert in § 45c Abs. 2 S. 2 BNatSchG übernommen. Danach müssen die Auswirkungen der zu ersetzenden Bestandsanlagen bei

43 Siehe hierzu die Ausführungen unter III.1.

44 *Agatz*, Arbeitshilfe BNatSchG-Änderung 2022, Block 4: Repowering; nach a.A. besteht für die weitergehende Regelung des § 45c Abs. 1 S. 2 BNatSchG gar kein Anwendungsbereich, siehe *Gellermann*, NuR 2022, 589 (596). Diese Auslegung ist aber nach dem Wortlaut nicht zwingend und entsprach offensichtlich nicht dem Willen des Gesetzgebers.

45 BT-Drs. 20/2593, S. 2.

46 BT-Drs. 20/2658, S. 13.

47 *Hentschel*, KommunalPraxis spezial 2021, 135 (138).

der artenschutzrechtlichen Prüfung als Vorbelastung berücksichtigt werden. Der Begriff der „Vorbelastung“ ist in diesem Zusammenhang nicht, wie sonst im Umweltrecht, so zu verstehen, dass die Belastung der Bestandsanlagen und die Belastung der neuen Anlagen zu addieren sind.[48] Vielmehr soll der Wegfall der gegenwärtigen Belastung durch den Rückbau der Bestandsanlagen im Rahmen der Signifikanzprüfung berücksichtigt werden.[49]

§ 45c Abs. 2 S. 3 BNatSchG listet – nicht abschließend – Umstände auf, die im Hinblick auf die Vorbelastung durch die Bestandsanlagen einzubeziehen sind, wie beispielsweise Anzahl und Höhe der Bestandsanlagen und die Berücksichtigung der Belange des Artenschutzes zum Zeitpunkt der Genehmigung. Letzteres lässt darauf schließen, dass eine Vorbelastung dann nicht oder nur eingeschränkt berücksichtigt werden kann, wenn Belange des Artenschutzes zum Zeitpunkt der Genehmigung für die Bestandsanlagen nicht geprüft wurden.

b) Regelvermutung

Die Signifikanzprüfung ist entscheidend für die Feststellung, ob ein Vorhaben gegen das Tötungs- und Verletzungsverbot des § 44 Abs. 1 Nr. 1 BNatSchG verstößt. Ein Verstoß liegt dann nicht vor, wenn die Beeinträchtigung durch den Eingriff oder das Vorhaben das Tötungs- und Verletzungsrisiko für Exemplare der betroffenen Arten nicht signifikant erhöht und diese Beeinträchtigung bei Anwendung der gebotenen, fachlich anerkannten Schutzmaßnahmen nicht vermieden werden kann (vgl. § 44 Abs. 5 S. 2 Nr. 1 BNatSchG).[50]

Sozialadäquates menschliches Verhalten soll durch das Tötungs- und Verletzungsverbot nicht unterbunden werden, da tierisches Leben nicht in einer unberührten, sondern in einer vom Menschen gestalteten Landschaft existiert.[51] Ob die Signifikanzschwelle überschritten und damit der Rahmen

48 *Hentschel*, KommunalPraxis spezial 2021, 135 (138).

49 BT-Drs. 19/30954, S. 12; BT-Drs. 20/2354, S. 29; *Hentschel*, KommunalPraxis spezial 2021, 135 (138).

50 BVerwG, Urteil vom 10.11.2016 – 9 A 18/15 –, juris, Rn. 83; BVerwG, Urteil vom 27.6.2013 – 4 C 1/12 –, juris Rn. 11; *Schütte/Gerbig*, in: GK-BNatSchG, 2. Auflage 2017, § 44 BNatSchG Rn. 16; *Lau*, in: Frenz/Müggenborg, 3. Auflage 2021, § 44 BNatSchG Rn. 63.

51 BVerwG, Urteil vom 10.11.2016 – 9 A 18/15 –, juris Rn. 83; *Lau*, in: Frenz/Müggenborg, 3. Auflage 2021, § 44 BNatSchG Rn. 63.

des sozial üblichen und von der Allgemeinheit gebilligten Verhaltens verlassen wird, unterliegt einer wertenden Betrachtung.[52]

Im Rahmen des § 16b Abs. 4 BImSchG a.F. war weitgehend unklar, auf welche Weise die Vorbelastung durch die Bestandsanlagen im Rahmen der Signifikanzprüfung berücksichtigt werden sollte.[53] Gemäß § 45c Abs. 2 S. 4 BNatSchG ist nun davon auszugehen, dass die Signifikanzschwelle in der Regel nicht überschritten ist, soweit die Auswirkungen der Neuanlagen unter Berücksichtigung der gebotenen, fachlich anerkannten Schutzmaßnahmen geringer als oder gleich sind wie die der Bestandsanlagen, es sei denn, der Standort liegt in einem Natura-2000-Gebiet mit kollisionsgefährdeten oder störungsempfindlichen Vogel- oder Fledermausarten. Es muss also – wie bei der „Delta-Prüfung" gemäß § 16b Abs. 1 BImSchG[54] – ein Vergleich der Ist-Situation mit der Situation nach Verwirklichung des Vorhabens vorgenommen werden. Anders als bei § 16b Abs. 1 BImSchG entfällt jedoch die Prüfung im Falle einer Verbesserung der Situation nicht, sondern es erfolgt eine inhaltliche Modifizierung der Prüfung: Es wird eine Regelvermutung für die im Rahmen der Signifikanzprüfung vorzunehmende, wertende Betrachtung aufgestellt. Zudem bedarf es im Rahmen des § 45c Abs. 2 S. 4 BNatSchG – ebenso wie bei § 16b Abs. 1 BImSchG – keiner Verbesserung im Vergleich zur Ist-Situation. Es genügt, wenn die Auswirkungen der Neuanlagen gleich sind wie die der Bestandsanlagen und die Situation folglich nicht verschlechtern.

c) Kritik

Nach der bisherigen Rechtsprechung des BVerwG war das als Bezugspunkt für die Signifikanzprüfung heranzuziehende Grundrisiko nicht mit dem im Umfeld eines Vorhabens bereits anderweitig gesteigerten Tötungsrisiko gleichzusetzen.[55] Hierdurch sollte vermieden werden, dass aufgrund anderweitiger Vorbelastungen durch bereits realisierte Vorhaben eine umso größere Gefährdung zulässig ist.[56] Indem die Vorbelastung im Rahmen der

---

52 BVerwG, Urteil vom 10. November 2016 – 9 A 18/15 –, juris Rn. 83; *Lau*, in: Frenz/Müggenborg, 3. Auflage 2021, § 44 BNatSchG Rn. 63.

53 Vgl. *Agatz*, Windenergie-Handbuch, 18. Ausgabe 2021, S. 247.

54 Siehe hierzu die Ausführungen unter III. 2. b).

55 BVerwG, Urteil vom 10.11.2016 – 9 A 18/15 –, juris Rn. 84; BVerwG, Beschluss vom 8.3.2018 – 9 B 25/17 –, juris Rn. 11.

56 BVerwG, Urteil vom 10.11.2016 – 9 A 18/15 –, juris Rn. 84.

Signifikanzprüfung nach der gesetzlichen Regelung des § 45c Abs. 2 S. 1 BNatSchG nun berücksichtigt werden muss, rückt der Gesetzgeber von dieser Rechtsprechung augenscheinlich ab. Auch die in § 45c Abs. 2 S. 4 BNatSchG aufgestellte Regelvermutung spricht dafür, dass Ausgangspunkt der Signifikanzprüfung nunmehr das durch die Bestandsanlagen bereits erhöhte Risiko ist, wenn es für die Überschreitung der Signifikanzschwelle auf die Verringerung des Risikos im Vergleich zur gegenwärtigen Situation ankommen soll.[57] Ein Abstellen auf das örtlich bestehende Risiko als Bezugspunkt würde allerdings dazu führen, dass das Tötungsverbot etwa durch immer größere Windparks ausgehöhlt werden könnte.[58] Um dies zu verhindern, müsste das Grundrisiko zukünftig unterschiedlich definiert werden, je nachdem ob es sich um eine Repowering-Maßnahme im Sinne des § 45c Abs. 1 BNatSchG handelt oder um eine neue Anlage. Ob eine derartige Modifizierung der Signifikanzprüfung tatsächlich intendiert war, geht aus der Gesetzesbegründung nicht eindeutig hervor. Es ist jedoch geplant, die Regelung des § 45c Abs. 2 BNatSchG durch einen Leitfaden des Bundesministeriums für Umwelt, Naturschutz, nukleare Sicherheit und Verbraucherschutz oder des Bundesamtes für Naturschutz zu konkretisieren.[59] Es bleibt zu hoffen, dass hierdurch etwas mehr Klarheit geschaffen wird.

Des Weiteren ist die Regelvermutung unionsrechtlich problematisch. Die artenschutzrechtlichen Zugriffsverbote in § 44 Abs. 1 BNatSchG dienen der Umsetzung von Art. 5 RL (EG) 2009/147 (Vogelschutz-RL) und Art. 12 RL (EWG) 92/43 (FFH-RL)[60], die jeweils ein Verbot des absichtlichen Tötens der geschützten Arten vorsehen. Dem steht das in § 44 Abs. 5 S. 2 Nr. 1 BNatSchG verankerte Signifikanzkriterium grundsätzlich nicht entgegen.[61] Die Funktion der unionsrechtlichen Zugriffsverbote besteht nicht darin, den Individuen jedes Tötungs- oder Verletzungsrisiko abzunehmen. Das Signifikanzkriterium trägt dem Umstand Rechnung, dass für Tiere der geschützten Arten bereits unabhängig von einem konkreten Vorhaben ein gewisses Tötungsrisiko existiert, welches sich zum einen aus dem allge-

---

57 Vgl. *Agatz*, Arbeitshilfe BNatSchG-Änderung 2022, Block 4: Repowering und zu § 16b Abs. 4 BImSchG a.F. Windenergie-Handbuch, 18. Ausgabe 2021, S. 247 f.

58 Vgl. OVG Nordrhein-Westfalen, Beschluss vom 6.8.2019 – 8 B 409/18 –, juris Rn. 8; *Agatz*, Windenergie-Handbuch, 18. Ausgabe 2021, S. 248.

59 BT-Drs. 20/2354, S. 29.

60 *Gellermann*, in: Landmann/Rohmer, UmweltR, 99. EL 2022, § 44 BNatSchG Rn. 3.

61 BVerwG, Urteil vom 27.11.2018 – 9 A 8/17 –, juris Rn. 101; *Lau*, in: Frenz/Müggenborg, 3. Auflage 2021, § 44 BNatSchG Rn. 63.

meinen Naturgeschehen, daneben aber auch daraus ergibt, dass sie ihren Lebensraum mit dem Menschen teilen.[62] Es handelt sich letztlich um eine Ausprägung des Verhältnismäßigkeitsgrundsatzes, der auch im Unionsrecht gilt.[63] Erhöht sich dieses Tötungsrisiko nicht signifikant, liegt kein absichtliches Handeln im Sinne von Art. 12 Abs. 1 lit. a) FFH-RL, Art. 5 lit. a) Vogelschutz-RL vor.[64]

Ob diese Grundprämissen auch für die durch die Gesetzesreform neu ausgestaltete Signifikanzprüfung gelten, ist fraglich.[65] Im Rahmen der Vogelschutz- und FFH-RL ist es nämlich unbeachtlich, ob eine Tötung von Exemplaren geschützter Arten durch eine gänzlich neue Windenergieanlage hervorgerufen wird oder durch eine Windenergieanlage, für die eine Bestandsanlage abgebaut wird.[66] Die Auswirkungen der neuen Windenergieanlage sind grundsätzlich unabhängig von der bereits bestehenden Situation zu betrachten. Verschiebt sich das als Ausgangspunkt heranzuziehende Grundrisiko, wird der artenschutzrechtliche Schutzstandard für Repowering-Vorhaben insgesamt herabgesetzt, ohne dass es hierfür eine Grundlage im Unionsrecht gäbe. Auch aus der RL (EU) 2018/2001 ergibt sich keine Verpflichtung der Mitgliedsstaaten, die materiellen Zulassungsanforderungen für Erneuerbare-Energie-Anlagen zu senken. Die Vorgaben des EU-Naturschutzrechts sollten vielmehr unberührt bleiben. Dies ergibt sich zum einen aus Art. 16 Abs. 7 RL (EU) 2018/2001, wonach die in diesem Artikel festgelegten Fristen die Verpflichtungen nach dem geltenden Umweltrecht der Union unberührt lassen. Zudem soll die Richtlinie nach Erwägungsgrund Nr. 51 S. 4 der RL (EU) 2018/2001 unbeschadet des Unionsrechts, einschließlich der Bestimmungen zum Schutz der Umwelt, gelten.

3. Kompensationszahlung

Die Errichtung von Windenergieanlagen stellt einen Eingriff in Natur und Landschaft gemäß § 14 Abs. 1 BNatSchG dar.[67] Unvermeidbare Beeinträchtigungen durch einen solchen Eingriff sind gemäß § 15 Abs. 2 S. 1 BNatSchG

62 BVerwG, Beschluss vom 8.3.2018 – 9 B 25/17 –, juris Rn. 11; *Gellermann*, in: Landmann/Rohmer UmweltR, 99. EL 2022, § 44 BNatSchG Rn. 51.

63 *Bick/Wulfert*, NVwZ 2017, 346 (348).

64 BVerwG, Urteil vom 27.11.2018 – 9 A 8/17 –, juris Rn. 101; *Lau*, in: Frenz/Müggenborg, 3. Auflage 2021, § 44 BNatSchG Rn. 64.

65 Vgl. *Gellermann*, NuR 2022, 589 (596 f.).

66 *Gellermann*, NuR 2022, 589 (597).

67 *Agatz*, Windenergie-Handbuch, 18. Ausgabe 2021, S. 212.

auszugleichen oder zu ersetzen. Ist dies nicht möglich, hat der Verursacher gemäß § 15 Abs. 6 S. 1 BNatSchG Ersatz in Geld zu leisten, sofern der Eingriff nicht gemäß § 15 Abs. 5 BNatSchG versagt werden muss.

Gemäß § 45c Abs. 3 BNatSchG, dessen Wortlaut § 16b Abs. 4 S. 3 BImSchG a.F. entspricht, ist bei der Festsetzung einer Kompensation aufgrund einer Beeinträchtigung des Landschaftsbildes die für die zu ersetzende Bestandsanlage bereits geleistete Kompensation abzuziehen. Aufgrund des Wortlauts der Regelung ist davon auszugehen, dass der Gesetzgeber hierbei lediglich Kompensationen in Form von Geldzahlungen vor Augen hatte und keine Ausgleichs- oder Ersatzmaßnahmen. Die Möglichkeit, auch den Rückbau der Altanlage als Kompensation im Sinne einer Ausgleichs- bzw. Ersatzmaßnahme anzurechnen[68], wird hierdurch aber nicht ausgeschlossen. Der Eingriff in den Naturhaushalt bleibt von der Regelung unberührt.[69]

4. Standortalternativen

a) Allgemeines

Stellt die Genehmigungsbehörde einen Verstoß gegen ein Zugriffsverbot des § 44 Abs. 1 BNatSchG fest, kann sie – insbesondere zur Abwendung ernster wirtschaftlicher Schäden oder im Interesse der öffentlichen Sicherheit – gemäß § 45 Abs. 7 BNatSchG eine Ausnahme von diesem Verbot erteilen. Gemäß § 45b Abs. 8 Nr. 6 BNatSchG ist sie hierzu im Hinblick auf den Betrieb von Windenergieanlagen bei Vorliegen der Voraussetzungen sogar verpflichtet. Eine Voraussetzung für die Erteilung einer Ausnahme ist gemäß § 45 Abs. 7 S. 2 BNatSchG, dass zumutbare Alternativen nicht gegeben sind.

Gemäß § 45c Abs. 4 BNatSchG gilt § 45 Abs. 7 S. 2 BNatSchG für das Repowering von Windenergieanlagen an Land nach § 16b Abs. 1 und 2 BImSchG mit der Maßgabe, dass Standortalternativen in der Regel nicht zumutbar sind, es sei denn, der Standort liegt in einem Natura-2000-Gebiet mit kollisionsgefährdeten oder störungsempfindlichen Vogel- oder Fledermausarten. Eine solche Regelvermutung sollte nach der Gesetzesbegrün-

68 Vgl. zu dieser Möglichkeit *Agatz*, Windenergie-Handbuch, 18. Ausgabe 2021, S. 214; *Hentschel*, KommunalPraxis spezial 2021, 135 (138).

69 *Hentschel*, KommunalPraxis spezial 2021, 135 (138).

dung bereits im Rahmen des § 16b Abs. 4 BImSchG a.F. gelten.[70] Bisher fand sich hierfür jedoch kein Anhaltspunkt in der gesetzlichen Regelung.

b) Anwendungsbereich

§ 45c Abs. 4 BNatSchG erfasst dem Wortlaut nach nur Repowering-Maßnahmen von Windenergieanlagen nach § 16b Abs. 1 und 2 BImSchG. Wie bereits dargelegt, geht der allgemeine Anwendungsbereich des § 45c BNatSchG darüber hinaus und es werden gemäß § 45c Abs. 1 S. 1 BNatSchG auch Windenergieanlagen erfasst, die innerhalb von 48 Monaten nach dem Rückbau der Bestandsanlage errichtet werden und bei denen der Abstand zwischen der Bestandsanlage und der neuen Anlage höchstens das Fünffache der Gesamthöhe der neuen Anlage beträgt.[71] Grundsätzlich handelt es sich bei Abs. 4 um die speziellere Regelung. Dies könnte rechtfertigen, den Anwendungsbereich des Abs. 4 enger zu fassen. Die Disbalance innerhalb des § 45c BNatSchG ist jedoch auf ein Redaktionsversehen zurückzuführen, welches durch das nachträgliche Einfügen des Abs. 1 begründet ist. Daher gilt auch im Abs. 4 der erweiterte Anwendungsbereich des Abs. 1.

c) Kritik

Die gemäß § 45 Abs. 7 S. 2 BNatSchG durchzuführende Alternativenprüfung ist unionsrechtlichen Vorgaben geschuldet.[72] Ausnahmen können gemäß Art. 9 Abs. 1 Vogelschutz-RL und Art. 16 Abs. 1 FFH-RL nur zugelassen werden, wenn es keine anderweitige zufriedenstellende Lösung gibt. Es ist also stets zu prüfen, ob Alternativstandorte in Betracht kommen, die artenschutzrechtlich unbedenklicher sind.[73] Gemäß § 45 Abs. 7 S. 2 BNatSchG kann jedoch nur auf zumutbare Alternativen verwiesen werden. Hierdurch findet das auch im Unionsrecht verankerte Verhältnismäßigkeitsprinzip Berücksichtigung, wobei im Einzelfall die jeweiligen Interessen abgewogen werden müssen.[74] Eine solche Abwägung im Einzelfall wird für Repowering-Vorhaben nun nicht mehr vorgenommen, wenn Alternativstandorte

---

70 BT-Drs. 19/30954, S. 13.

71 Siehe hierzu die Ausführungen unter IV. 1.

72 *Schütte/Gerbig*, in: GK-BNatSchG, 2. Auflage 2017, § 45 BNatSchG Rn. 21, 37 ff.

73 *Schütte/Gerbig*, in: GK-BNatSchG, 2. Auflage 2017, § 45 BNatSchG Rn. 40.

74 *Lau*, in: Frenz/Müggenborg, 3. Auflage 2021, § 45 BNatSchG Rn. 31; *Schütte/Gerbig*, in: GK-BNatSchG, 2. Auflage 2017, § 45 BNatSchG Rn. 41.

in der Regel unzumutbar sind. Durch das Unionsrecht ist eine derartige Erleichterung für Repowering-Vorhaben aktuell[75] nicht vorgesehen und mit diesem daher nicht zu vereinbaren.[76] Insbesondere der Verhältnismäßigkeitsgrundsatz kann hier ohne Einzelfallprüfung nicht greifen.

V. Neue Sondervorschriften für Windenergieanlagen

Durch das Gesetz zur Änderung des Energiesicherungsgesetzes vom 8. Oktober 2022 (BGBl. I 2022, S. 1726) wurden § 16b BImSchG die Abs. 7 und 8 hinzugefügt, die zusätzliche Sondervorschriften für Windenergieanlagen enthalten.

1. Typenänderung noch nicht errichteter Anlagen

a) Allgemeines

Die Regelung in § 16b Abs. 7 BImSchG betrifft den Wechsel des Anlagentyps vor Errichtung einer genehmigten Windenergieanlage. Es handelt sich also nicht um ein Repowering-Vorhaben gemäß § 16b Abs. 1 und 2 BImSchG, bei dem eine bestehende Anlage modernisiert wird, sondern um eine Änderung an einer geplanten und genehmigten neuen Anlage, die jedoch noch nicht errichtet wurde. In diesem Fall müssen gemäß § 16b Abs. 7 BImSchG im Rahmen des Änderungsgenehmigungsverfahrens nur dann Anforderungen geprüft werden, soweit hierdurch im Verhältnis zur genehmigten Anlage nachteilige Auswirkungen für die Schutzgüter des § 1 BImSchG[77] hervorgerufen werden und diese für die Prüfung nach § 6 BImSchG erheblich sein können. Der Prüfungsumfang wird somit entsprechend der Regelung für Repowering-Vorhaben in Abs. 1 begrenzt.

Durch die Vorschrift soll klargestellt werden, dass Änderungen am Anlagentyp auch vor der Errichtung der Anlage keiner Neugenehmigung bedür-

75 Die Europäische Kommission strebt eine Änderung der EE-RL an, mit der auch die umweltrechtlichen Standards abgesenkt werden sollen; vgl. KOM(2022) 222 final vom 18.5.2022. Siehe hierzu auch Schlacke/Wentzien/Römling, NVwZ 2022, 1577 (1584 f.).

76 *Gellermann*, NuR 2022, 589 (597).

77 Vgl. zur selben Formulierung in § 16 Abs. 1 BImSchG: *Jarass*, BImSchG, 14. Auflage 2022, § 16 BImSchG Rn. 11.

fen.[78] Dies ist angesichts dessen, dass eine Änderung bisher teilweise nur angenommen wurde, wenn die Anlage bereits errichtet worden war[79], zu begrüßen.

b) Standortverschiebung

Unsicherheiten bestehen, ob von § 16b Abs. 7 BImSchG sämtliche Änderungen, die durch den Wechsel des Anlagentyps bedingt sind, erfasst werden sollen und damit an der Begrenzung des Prüfungsumfangs teilhaben. So kann beispielsweise der neue Anlagentyp eine erhöhte Nennleistung aufweisen oder es kann zu einer Standortverschiebung kommen, weil durch den Typwechsel größere Abstände zwischen den einzelnen Anlagen erforderlich sind.

Da die gesetzgeberische Intention eine verfahrensrechtliche Erleichterung war[80], müssen die mit dem Typwechsel einhergehenden Änderungen zumindest in einem gewissen Umfang von § 16b Abs. 7 BImSchG umfasst sein. Die Regelung liefe ansonsten ins Leere. Würden allerdings alle Änderungen, die mit einem Typwechsel einhergehen, eingeschlossen, könnte der Anwendungsbereich im Hinblick auf eine erforderliche Standortverschiebung weiter reichen als der des § 16b Abs. 1 und 2 BImSchG, obwohl vom Gesetzgeber offenbar ein Gleichlauf dieser Regelungen für Änderungen vor und nach Errichtung der Windenergieanlage gewollt war.

In Betracht käme vor diesem Hintergrund eine entsprechende Anwendung des § 16b Abs. 2 S. 2 Nr. 2 BImSchG, wonach eine Standortverschiebung noch erfasst ist, wenn der Abstand zwischen der Bestandsanlage und der neuen Anlage höchstens das Zweifache der Gesamthöhe der neuen Anlage beträgt. Gegen eine solche Parallelführung spricht jedoch, dass § 16b Abs. 7 BImSchG explizit die entsprechende Anwendung der Abs. 5 und 6 anordnet, nicht aber auf Abs. 2 S. 2 Nr. 2 eingeht. Es sollte daher von gesetzgeberischer Seite dringend Klarheit geschaffen werden, wie weit der Anwendungsbereich des § 16b Abs. 7 BImSchG reichen soll.

---

78 BT-Drs. 20/3497, S. 35.

79 OVG NRW, Urteil vom 25.2.2015 – 8 A 959/10 –, juris Rn. 115; *Agatz*, Windenergie-Handbuch, 18. Ausgabe 2021, S. 14 ff.

80 BT-Drs. 20/3497, S. 1.

c) Prüfung anderer öffentlich-rechtlicher Vorschriften

Da § 16b Abs. 7 BImSchG auch keinen Verweis auf Abs. 4 enthält, wonach die Prüfung anderer öffentlich-rechtlicher Vorschriften unberührt bleibt, ist des Weiteren ungewiss, ob die Begrenzung des Prüfungsumfangs auch diese anderen öffentlich-rechtlichen Vorschriften erfasst. Dies betrifft insbesondere das Bauplanungs- und Artenschutzrecht.

Es ist zwar davon auszugehen, dass ein anderer Anlagentyp am selben Standort in der Regel nicht über die Auswirkungen der bisher genehmigten Anlage hinausgeht. Sollte jedoch zumindest eine gewisse Standortverschiebung erfasst sein[81], könnten sich die Auswirkungen der Anlage durchaus verändern. Zudem könnte beispielsweise auch eine Modifikation der Höhe der Anlage die artenschutzrechtliche oder bauplanungsrechtliche Prüfung beeinflussen.

Da der Gesetzgeber hinsichtlich des Artenschutzes bei Windenergieanlagen unlängst spezielle Vorschriften in den §§ 45b, 45c BNatSchG erlassen hat, ist nicht davon auszugehen, dass er hiervon im Fall des § 16b Abs. 7 BImSchG abweichen möchte. Eine entsprechende gesetzliche Klarstellung, indem Abs. 4 für entsprechend anwendbar erklärt wird, wäre jedoch angezeigt.

2. Leistungssteigernde Software-Updates

Wird die Leistung einer Windenergieanlage an Land ohne bauliche Veränderungen oder ohne den Austausch von Teilen und ohne eine Änderung der genehmigten Betriebszeiten erhöht, sind gemäß § 16b Abs. 8 BImSchG ausschließlich die Standsicherheit sowie die schädlichen Umwelteinwirkungen durch Geräusche und nachteilige Auswirkungen durch Turbulenzen zu prüfen. Im Sinn hatte der Gesetzgeber hierbei leistungssteigernde Software-Updates.[82]

Leistungssteigernde Software-Updates können nicht unter die Definition des Repowerings gemäß § 16b Abs. 1 und 2 BImSchG subsumiert werden, da nach dieser die Modernisierung den „vollständigen oder teilweisen Austausch von Anlagen oder Betriebssystemen und -geräten" umfasst. Ein solcher Austausch liegt bei leistungssteigernden Software-Updates gerade nicht vor.

---

81 Siehe zu dieser Frage oben unter V.1.b).

82 BT-Drs. 20/3497, S. 35.

Das Ziel, das Verfahren für leistungssteigernde Software-Updates zu vereinfachen, ist zu begrüßen. Die Vorschrift kann dennoch nicht als gelungen bezeichnet werden: Zum einen könnte im Einzelfall bei leistungssteigernden Software-Updates überhaupt keine Genehmigungspflicht bestehen, sondern die Änderung lediglich gemäß § 15 Abs. 1 S. 1 BImSchG anzuzeigen sein. Eine Genehmigungspflicht besteht gemäß § 16 Abs. 1 S. 1 BImSchG nämlich nur für wesentliche Änderungen, also solche Änderungen, durch die nachteilige Auswirkungen hervorgerufen werden und diese für die Prüfung nach § 6 Abs. 1 Nr. 1 BImSchG erheblich sein können. Sind solche nachteiligen Auswirkungen von vornherein ausgeschlossen, ist eine Genehmigung nicht erforderlich.[83]

Zum anderen ist für leistungssteigernde Software-Updates gemäß § 16b Abs. 8 BImSchG, im Gegensatz zu § 16b Abs. 1 und 3 BImSchG, keine „Delta-Prüfung" vorgesehen. Das bedeutet, dass eine Genehmigung nicht erteilt werden kann, wenn nach dem Software-Update die Immissionsrichtwerte der TA Lärm nicht eingehalten werden, selbst wenn sich dadurch im Vergleich zum vorherigen Zustand eine Verbesserung ergeben sollte. Weshalb dies im Rahmen des Software-Updates nicht möglich sein soll, ist nicht erkennbar.

Der aufgezeigten normativen Schwachstellen könnte man sich entledigen, wenn man statt der Einführung erneuter Sondervorschriften eine Änderung der Repowering-Definition vornehmen würde, sodass auch bloße Software-Updates umfasst wären. So könnte ein Gleichlauf hinsichtlich der verschiedenen leistungssteigernden Änderungen erreicht werden.

VI. Fazit

Viele Fragen und Problemkreise im Hinblick auf § 16b BImSchG bleiben auch nach den beiden Reformen unbeantwortet bzw. unangetastet. So wurde beispielsweise nicht eindeutig klargestellt, welches Genehmigungsregime für Repowering-Vorhaben greifen soll. Auch die vorgesehenen Verfahrens-

83 Ähnlich wie beim Anwendungsbereich des § 16b Abs. 1 BImSchG stellt sich die Frage, ob mit der Regelung in § 16b Abs. 7 BImSchG eine Festlegung hinsichtlich des Genehmigungsverfahrens erfolgen sollte. Im Gegensatz zu § 16b Abs. 1 BImSchG ist jedoch im Hinblick auf den Gesetzeszweck – die Vereinfachung und Beschleunigung des Verfahrens – nicht davon auszugehen, dass durch § 16b Abs. 8 BImSchG das Erfordernis einer Änderungsgenehmigung statuiert werden sollte, obwohl die Formulierung dieselbe ist.

erleichterungen hätten im Zuge der Gesetzesänderung besser in das allgemeine System des BImSchG integriert werden können.

Zumindest eine gewisse Klarstellung wurde hinsichtlich der artenschutzrechtlichen Regelungen erreicht. Die schon im Rahmen des § 16b Abs. 4 BImSchG a.F. intendierten, sich allerdings teilweise lediglich aus der Gesetzesbegründung ergebenden Erleichterungen wurden in Gesetzesform gegossen. Offen bleibt, ob der Gesetzgeber tatsächlich die Signifikanzprüfung derart umgestalten wollte, dass die „Vorbelastung“ durch die bereits bestehenden Anlagen in das Grundrisiko einbezogen werden soll. Zudem ergeben sich bei den Regelungen Probleme hinsichtlich der Vereinbarkeit mit Unionsrecht. Die Sondervorschriften für Windenergieanlagen sind in ihrer Zielrichtung jeweils zu begrüßen. Es besteht jedoch noch Klärungsbedarf im Hinblick auf den Anwendungsbereich und den Prüfungsumfang.

Zusammenfassend kann festgestellt werden, dass kleinere Verbesserungen durch die Reformen zu erkennen sind. Der große Wurf bleibt allerdings nach wie vor aus, und wie bereits bei der ursprünglichen Fassung des § 16b BImSchG sind die einzelnen Regelungen teilweise nicht auf das Gesamtgefüge des BImSchG abgestimmt.

Beschleunigung durch Gesetzgebung?

Was Vorhabenträger und Behörden tun können

Peter Kersandt

A. Einleitung

Das Thema Beschleunigung ist ein Dauerbrenner. Als vermeintlich (schnelle) Lösung gilt das Tätigwerden des Gesetzgebers, z.B. im Zusammenhang mit der Herausforderung des globalen Klimawandels.[1]

Von den jüngsten gesetzgeberischen Maßnahmen haben sich diejenigen zur Erleichterung des Brennstoffwechsels und der Errichtung von LNG-Terminals als wirksam herausgestellt. Die Vollzugsfähigkeit und die Wirksamkeit anderer gesetzlicher Instrumente, wie z.B. derjenigen zum beschleunigten Ausbau der Erneuerbare-Energie-Anlagen[2] u.a. durch die Abwägungsdirektive des „überragenden öffentlichen Interesses“ (§ 2 Satz 1 EEG), müssen sich erst noch erweisen.

Mit Ausnahme der Beschleunigungsgesetze zur Vollendung der deutschen Einheit zeigt die Erfahrung, dass gesetzliche Beschleunigungsinstru-

---

1 Gesetz zur Beschleunigung des Einsatzes verflüssigten Erdgases v. 24.05.2022, BGBl. I S. 802 ff.; Zweites Gesetz zur Änderung des Windenergie-auf-See-Gesetzes und anderer Vorschriften v. 20.07.2022, BGBl. I S. 1325 ff.; Gesetz zur Erhöhung und Beschleunigung des Ausbaus von Windenergieanlagen an Land v. 20.07.2022, BGBl. I S. 1353 ff.; Gesetz zu Sofortmaßnahmen für einen beschleunigten Ausbau der erneuerbaren Energien und weiteren Maßnahmen im Stromsektor v. 20.07.2022, BGBl. I S. 1237 ff.; Viertes Gesetz zur Änderung des Bundesnaturschutzgesetzes v. 20.07.2022, BGBl. I S. 1362 ff.; Gesetz zur Beschleunigung von verwaltungsgerichtlichen Verfahren im Infrastrukturbereich vom 14.03.2023, BGBl. I Nr. 71; Gesetz zur Änderung des Raumordnungsgesetzes und anderer Vorschriften v. 22.03.2023, BGBl. I Nr. 88; Gesetz zur sofortigen Verbesserung der Rahmenbedingungen für die erneuerbaren Energien im Städtebaurecht v. 04.01.2023, BGBl. I Nr. 6; Entwurf eines Gesetzes zur Beschleunigung von Genehmigungsverfahren im Verkehrsbereich und zur Umsetzung der Richtlinie (EU) 2021/1187 über die Straffung von Maßnahmen zur rascheren Verwirklichung des transeuropäischen Verkehrsnetzes, BT-Drs. 198/23; Entwurf eines Gesetzes zur Verbesserung des Klimaschutzes beim Immissionsschutz, zur Beschleunigung immissionsschutzrechtlicher Genehmigungsverfahren und zur Umsetzung von EU-Recht, BR-Drs. 201/23.

2 Siehe Fußnote 1.

mente nur beschränkte Wirksamkeit entfalten.[3] Grund dafür ist, dass sie im konkreten Zulassungsverfahren praktisch umgesetzt werden müssen und es hierbei häufig und über längere Zeit an Vollzugshinweisen fehlt.

Der Nationale Normenkontrollrat der Bundesregierung hat im Rahmen seiner Zuständigkeit für Themen der besseren Rechtssetzung bereits im November 2020 und im Juni 2021 konkrete Vorschläge zur Beschleunigung von Genehmigungsverfahren, auch zur Erreichung der Klimaschutzziele, gemacht.[4]

Die Beschleunigungsgesetze der laufenden Legislaturperiode betreffen – aus aktuellem Anlass – ganz überwiegend den Bereich der Erneuerbaren Energien; dies gilt auch für die (in der Sache richtigen) Instrumente zur Beschleunigung der verwaltungsgerichtlichen Verfahren.[5] Es fehlen jedoch nach wie vor entsprechende Maßnahmen für alle anderen Investitionsvorhaben im Bereich von Industrie und Infrastruktur.[6] Auch diese können einen wesentlichen Beitrag zum Klimaschutz, z.B. durch die Dekarbonisierung der Energieerzeugung oder die Rückgewinnung von Rohstoffen durch das Recycling von Abfällen, leisten.

Gleichwohl ist es auch in diesen Bereichen bereits jetzt möglich, Zulassungsverfahren wirksam zu beschleunigen. Die entsprechenden Lösungen müssen in jedem Einzelfall durch die Erstellung vollständiger und prüffähiger Antragsunterlagen sowie eine enge Abstimmung mit den Genehmigungsbehörden und den Fachbehörden im konkreten Verfahren gefunden werden.

Zur Beschleunigung beitragen können die Genehmigungsbehörden durch frühzeitige, zielführende Beratung der Vorhabenträger, in der Regel aber erst dann, wenn dieser vollständige und prüffähige Antragsunterlagen vorlegt. Für beide Seiten ist diese Aufgabe durch die materiellen Vorgaben

---

3 Dazu auch *Groß*, Beschleunigungsgesetzgebung – Rückblick und Ausblick, ZUR 2021, 75ff.; *Roth*, Planungs- und Genehmigungsbeschleunigung, ZRP 2022, 82ff.; *Teßmer*, Entwurf eines Verfahrensbeschleunigungsgesetzes: Beschleunigung durch Abbau von Verwaltungskontrolle und Verfahrensrechten?, ZUR 2006, 469 (473).

4 Abrufbar unter: https://www.normenkontrollrat.bund.de/Webs/NKR/DE/veroeffentlichungen/nkr-stellungnahmen/nkr-stellungnahmen_node.html (geprüft am 19.06.2023).

5 Gesetz zur Beschleunigung von verwaltungsgerichtlichen Verfahren im Infrastrukturbereich vom 14.03.2023, BGBl. I Nr. 71.

6 Vgl. für das Immissionsschutzrecht jetzt den Entwurf eines Gesetzes zur Verbesserung des Klimaschutzes beim Immissionsschutz, zur Beschleunigung immissionsschutzrechtlicher Genehmigungsverfahren und zur Umsetzung von EU-Recht, BR-Drs. 201/23.

des europäischen und nationalen Fachrechts einerseits und die Kontrolldichte bei der objektiv-rechtlichen Überprüfung von Zulassungsentscheidungen durch die Gerichte (nach Einführung des Verbandsklagerechtes) andererseits nicht einfacher geworden.

Regelmäßig neue Vorgaben und materielle Standards, z.B. im Natur- und Artenschutzrecht, sowie deren Konkretisierung durch die Verwaltungsgerichte führen zu erheblichen Rechts- und Investitionsunsicherheiten. Sie verursachen Unsicherheiten im Vollzug, wiederholte fachbehördliche Prüfungen und damit Verzögerungen bei der Anwendung des Rechts. Änderungen der formellen und materiellen Anforderungen durch die Rechtsprechung der Verwaltungsgerichte können auf nicht bestandskräftige Zulassungsentscheidungen auch dann zurückwirken, wenn die Behörde diese Rechtsprechung bei ihrer Entscheidung noch gar nicht berücksichtigen konnte.[7]

Maßnahmen zur wirksamen Beschleunigung von Genehmigungsverfahren müssen daher im konkreten Genehmigungsverfahren sowohl auf Seiten des Antragstellers als auch auf Seiten der Behörde ansetzen. Der Vorhabenträger kann hierzu vor allem durch ein Projektmanagement, das die Erstellung vollständiger und prüffähiger Antragsunterlagen gewährleistet, beitragen und damit die Grundlage schaffen, um – bereits existierende – gesetzliche Fristen im Bundes-Immissionsschutzgesetz (BImSchG)[8] und in der 9. BImSchV[9] für behördliche Prüfungen einzufordern. Die Erstellung vollständiger und prüffähiger Antragsunterlagen ist nur im frühzeitigen Austausch mit den Genehmigungs- und Fachbehörden effektiv möglich (hierzu D. I. und II.).

In komplexen Genehmigungsverfahren sind regelmäßig ca. 15–30 Fachbehörden und Träger öffentlichere Belange einzubeziehen; dies geschieht oft bereits im Rahmen der Vollständigkeitsprüfung (hierzu D. III.). Von zentraler Bedeutung ist deshalb in dieser Phase die Wahrnehmung der Koordinierungspflicht der Behörde (hierzu D. IV.).

Die Personalausstattung der Genehmigungsbehörden ist seit mehr als 20 Jahren als wesentlicher Grund für verzögerte Genehmigungsverfahren

---

7 Vgl. *Sachs*, in: Stelkens/Bonk/Sachs, 10. Aufl. 2022, VwVfG § 44 Rn. 16, 33.

8 Bundes-Immissionsschutzgesetz i.d.F. der Bekanntmachung vom 17.05.2013 (BGBl. I S. 1274; 2021 I S. 123), zuletzt geändert durch Art. 2 Abs. 3 des Gesetzes vom 19.10.2022 (BGBl. I S. 1792).

9 Verordnung über das Genehmigungsverfahren i.d.F. der Bekanntmachung vom 29.05.1992 (BGBl. I S. 1001), zuletzt geändert durch Art. 10 des Gesetzes vom 22.03.2023 (BGBl. 2023 I Nr. 88).

erkannt.[10] Diese Situation hat sich nicht verbessert, sondern deutlich verschlechtert. Sie hat – wenn auch mit erheblicher Verspätung – inzwischen dazu geführt, dass vom Instrument eines externen Projektmanagers zur Unterstützung der Behörde – jedenfalls bei Infrastrukturvorhaben – zunehmend Gebrauch gemacht wird. Im Immissionsschutzrecht besteht die Möglichkeit nach § 2 Abs. 2 Satz 3 Nr. 5 9. BImSchV bereits seit 1993. Gebrauch gemacht wird davon (auch) wegen vermeintlicher Ausschreibungspflichten häufig nicht (hierzu E. I.).

Die verwaltungsgerichtliche Überprüfung wirkt, wie oben dargestellt, zurück auf den Vollzug. Beide Bereiche stellen sich wie kommunizierende Röhren dar: Entscheidungen auf der einen Ebene können zu Verzögerungen auf der anderen Ebene führen und umgekehrt. Die Dauer der gerichtlichen Überprüfung – bis zur Rechtskraft von Zulassungsbescheiden – wirkt sich ebenso wie die Dauer des Genehmigungsverfahrens selbst auf die Verzögerung von Investitionen insgesamt aus.

B. (Verfassungs-)rechtliche Einordnung des Anspruchs auf ein zügiges Verfahren

Die Notwendigkeit, Verwaltungsverfahren in angemessener Zeit zu erledigen, wird als „Beschleunigungsgebot" bezeichnet. Einfachrechtlich gebietet § 10 Satz 2 VwVfG, das Verwaltungsverfahren „einfach, zweckmäßig und zügig durchzuführen". Bei der Vorschrift handelt es sich nicht um einen reinen Programmsatz, sondern um eine Rechtmäßigkeitsvoraussetzung; der Anspruch geht im Kern über die Einhaltung von gesetzlich vorgesehenen Fristen bzw. die Dreimonatsfrist für die Untätigkeitsklage hinaus.

Zügige Genehmigungsverfahren sind kein Privileg großer und/oder ausländischer Investoren. Der Rechtsanspruch ist auch nicht auf bestimmte Vorhaben bzw. Vorhaben, die dem Klimaschutz dienen, beschränkt.

Der Beschleunigungsgrundsatz hat vielmehr einen verfassungsrechtlichen Rahmen.[11] Die Konsequenzen hieraus mögen im Einzelfall umstritten und diskussionswürdig sein; die Verankerung in Art. 20 Abs. 3 GG

10 Vgl. *Ramsauer*, Beschleunigung von Genehmigungsverfahren, German Working Papers in Law and Economics, Vol. 2008, Paper 15, S. 5.

11 *Bullinger*, Beschleunigung von Investitionen durch Parallelprüfung und Verfahrensmanagement, JZ 1993, 492 ff.

kann jedoch nicht grundsätzlich in Abrede gestellt werden.[12] Vielmehr setzt das aus Art. 20 Abs. 3 GG folgende Rechtsstaatsprinzip voraus, dass Verwaltungsverfahren in einer für den Antragsteller nicht unnötig oder unverhältnismäßig langen Dauer durchgeführt werden.

Ein vergleichbarer Beschleunigungsgrundsatz ist seit geraumer Zeit für das besonders eingriffsintensive Strafverfahren unstreitig anerkannt.[13] Aber auch das Verwaltungsverfahren, in dem der Private gegenüber der Genehmigungsbehörde in einer strukturell schwächeren („untergeordneten") Position steht, kann rechtsstaatlichen Grundsätzen nur genügen, wenn dem Antragsteller gewisse Verfahrensgarantien zu dessen Schutz zugestanden werden. Aus diesem Grund gebietet das Rechtsstaatsprinzip, dass Entscheidungen staatlicher Stellen zügig erfolgen.[14]

An diesen verfassungsrechtlichen Rahmen knüpfte der Gesetzgeber an, als er in § 10 Satz 2 VwVfG das zügige Verwaltungshandeln einfachgesetzlich festschrieb. Bereits in der Begründung zu dieser Anpassung wurde festgestellt, dass es sich lediglich um eine Klarstellung handelt, da das Beschleunigungs- und Effektivitätsgebot ohnehin Bestandteil jedes rechtsstaatlichen Verwaltungsverfahrens ist.[15]

Der sich an eine Behörde wendende Private hat ein berechtigtes und schutzwürdiges Vertrauen darauf, dass sein Antrag zeitnah bearbeitet und auf diese Weise Rechtsklarheit hergestellt wird. Ohne ein solches Vertrauen wären wirtschaftliche Dispositionen kaum vorstellbar. Im Gegenzug ist die Behörde rechtlich verpflichtet, das entgegengebrachte Vertrauen nicht zu enttäuschen, sondern das Verwaltungsverfahren mit den ihr zur Verfügung stehenden Mitteln möglichst zügig und effizient zu betreiben. Insofern ist die zügige Verfahrensführung nicht nur einfachrechtliches Gebot, sondern Ausdruck des verfassungsrechtlichen Rechtsstaatsprinzips.[16] Ohne dass es

---

12 A.A. *Groß*, Beschleunigungsgesetzgebung – Rückblick und Ausblick, in: ZUR 2021, 75 ff. m.w.N.

13 BVerfG, Kammerbeschluss vom 14.07.1994 – 2 BvR 1072/94, NJW 1995, 1277 f. m.w.N.; *Di Fabio*, in: Dürig/Herzog/Scholz, 99. EL September 2022, GG Art. 2 Abs. 1 Rn. 74.

14 Vgl. *Greszick*, in: Dürig/Herzog/Scholz, 99. EL September 2022, GG Art. 20 Kap. VII, Rn. 141.

15 BT-Drs. 13/3995, 7; *Ritgen*, in: Knack/Henneke, VwVfG, Kommentar, 11. Aufl. 2019, § 10 Rn. 22.

16 Zustimmend *Gerstner-Heck*, in: BeckOK VwVfG, 59. Ed. 01.04.2023, § 10 Rn. 17; *Huck*, in: Huck/Müller, VwVfG, Kommentar, 3. Aufl. 2020, § 10 Rn. 8; *Ritgen*, in: Knack/Henneke, VwVfG, Kommentar, 11. Aufl. 2019, § 10 Rn. 5, 22; außerdem *Sennekamp*, in: Mann/Sennekamp/Uechtritz, VwVfG, 2. Aufl. 2019, § 10 Rn. 7 unter Verweis

auf den Gegenstand des Antrags ankommt, ist Behörde somit zur effizienten Bearbeitung verpflichtet.

Das gilt umso mehr, wenn das Vorhaben dem Klimaschutz dient. In diesem Fall stellt Art. 20a GG einen weiteren Anknüpfungspunkt in der Verfassung dar, der die Beschleunigung von Verfahren normativ einfordert.[17] Um Klimaschutzprojekte handelt es sich allerdings nicht nur bei Anlagen zur Gewinnung und Ableitung Erneuerbarer Energien, bei der Stromnetz- oder Schieneninfrastruktur, sondern auch bei zahlreichen anderen Projekten u.a. im Bereich der Wasserstofftechnologie oder der Kreislaufwirtschaft und des Recyclings, z.B. des Recyclings von Batterien für E-Autos.

C. Beschleunigung, Aufrechterhaltung materieller Umweltstandards und Öffentlichkeitsbeteiligung – kein Widerspruch

Über mehr als zwei Jahrzehnte hat die Sorge vor einem Abbau materieller Umweltstandards und einer Einschränkung der Öffentlichkeitsbeteiligung die Diskussion über wirksame Beschleunigungsmaßnahmen geprägt und sich als Hindernis für gesetzgeberische Maßnahmen erwiesen. Dabei ist der Abbau materieller Umweltstandards bei der Beschleunigung von Genehmigungsverfahren regelmäßig deswegen nicht zu befürchten, weil diese Standards europarechtlich vorgegeben sind und damit national kaum modifiziert werden können (hierzu B V).[18]

Was die Öffentlichkeitsbeteiligung betrifft, führt jedenfalls deren gesetzliche Ausgestaltung lediglich zu einer unwesentlich längeren Genehmigungsverfahrensdauer. Schwer tun sich die Genehmigungsbehörden allerdings in Verfahren mit einer Vielzahl von Einwendungen und einer besonderen öffentlichen Wahrnehmung. Gerade für solche Verfahren eignet sich der Einsatz externer Projektmanager.

Tatsächlich hat die Bedeutung der Öffentlichkeitsbeteiligung in Planfeststellungsverfahren und immissionsschutzrechtlichen Genehmigungsverfah-

---

auf BVerfG, Beschluss vom 26.02.1985 – 2 BvR 1145/83, BVerfGE 69, 161 (169), das eine entsprechende Verpflichtung dem Willkürverbot entnimmt.

17 Vgl. *Burgi/Nischwitz/Zimmermann*, Beschleunigung bei Planung, Genehmigung und Vergabe, NVwZ 2022, 1321 (1323).

18 Hinzu kommt, dass die EU ihrerseits an bestimmte (umwelt-)völkerrechtliche Vorgaben gebunden und daher selbst nicht frei bei der Entscheidung über materielle Umweltstandards ist; vgl. *Roth*, Planungs- und Genehmigungsbeschleunigung, ZRP 2022, 82 (84).

ren durch den Wegfall der materiellen Präklusion deutlich abgenommen. Die Zahl der Einwendungen geht seit Jahren zurück; die Öffentlichkeitsbeteiligung ist kein entscheidender Grund mehr für Verfahrensverzögerungen.[19] Die Legitimation von Vorhaben ist durch die Beteiligung der Öffentlichkeit im Verfahren auf der Grundlage der bestehenden gesetzlichen Instrumente sichergestellt;[20] die Durchführung eines Erörterungstermins ist hierfür nicht in allen Fällen notwendig und auch europarechtlich nicht vorgeschrieben. Nach den Erfahrungen mit dem Planungssicherstellungsgesetz[21] sollte insoweit ein weiter Ermessensspielraum eingeräumt und von den Behörden auch wahrgenommen werden.

D. Beschleunigungsansätze im Vollzug

I. Frühzeitige Beratung zwischen Antragssteller und Behörde und Antragskonferenz

Das zentrale Instrument für die Durchführung eines zielgerichteten und damit zügigen Genehmigungsverfahrens ist eine frühzeitige Kommunikation und laufende Abstimmung zwischen allen am Verfahren Beteiligten, insbesondere zwischen Antragsteller, Genehmigungsbehörde und anderen zu beteiligenden (Fach-)Behörden bei der Erstellung der Antragsunterlagen.[22]

Aus § 25 Abs. 2 VwVfG folgt eine grundsätzliche Beratungspflicht der Behörde in Bezug auf die Antragstellung.[23] Nach dem Katalog des § 2 Abs. 2 9. BImSchV soll die Antragskonferenz im immissionsschutzrechtlichen Genehmigungsverfahren der Klärung dienen, welche Antragsunterlagen bei Antragstellung vorgelegt werden müssen, welche Auswirkungen das Vorhaben voraussichtlich hat, welche Gutachten voraussichtlich erforderlich sind, wie der zeitliche Ablauf des Genehmigungsverfahrens ausgestaltet werden kann, ob eine Verfahrensbeschleunigung dadurch erreicht werden kann, dass sich die Behörde eines Projektmanagers bedient, und welche Behörden zu beteiligen sind.

19 Vgl. dazu *Versteyl,* Partizipation durch Verfahren, I+E 2011, 89 (90).

20 *Versteyl,* Partizipation durch Verfahren, I+E 2011, 89 (89).

21 Planungssicherstellungsgesetz vom 20.05.2020 (BGBl. I S. 1041), zuletzt geändert durch Art. 11 des Gesetzes vom 22.03.2023 (BGBl. 2023 I Nr. 88).

22 *Versteyl/Heimbürge,* Beschleunigung von immissionsschutzrechtlichen Genehmigungsverfahren – Was ist schon jetzt möglich?, Immissionsschutz 2022, 64 (64 ff.).

23 *Jarass,* BImSchG, 14. Aufl. 2022, § 10 Rn. 21.

§ 20 Abs. 1 NABEG hat die – jedem Vorhabenträger zu empfehlende – Durchführung der Antragskonferenz verpflichtend gemacht und könnte so Vorbild für weitere Fachplanungsgesetze sein.[24]

II. Kommunikation zwischen Behörde und Vorhabenträger im Verfahren

Verzögerungen ergeben sich häufig auch dadurch, dass Fachstellungnahmen und sog. Nachforderungen nicht bzw. nicht unverzüglich an den Vorhabenträger weitergeleitet werden. Dies steht nach aktueller Rechtslage noch im (pflichtgemäßen) Ermessen der Behörde, sollte aber eine Selbstverständlichkeit sein.

Daher ist es konsequent und zu begrüßen, dass im aktuellen Entwurf eines Gesetzes zur Verbesserung des Klimaschutzes beim Immissionsschutz, zur Beschleunigung immissionsschutzrechtlicher Genehmigungsverfahren und zur Umsetzung von EU-Recht[25] klargestellt wird, dass Stellungnahmen von zu beteiligenden Behörden unverzüglich an den Antragsteller weiterzuleiten sind (§ 10 Abs. 5 Satz 2 BImSchG-E).

III. Vollständigkeitsprüfung

In der Praxis stellt die Vollständigkeitsprüfung häufig die zentrale und zeitintensive „Hürde" für jeden Antrag dar.[26] § 7 Abs. 1 9. BImSchV bestimmt:

> *„Die Genehmigungsbehörde hat nach Eingang des Antrags und der Unterlagen unverzüglich, in der Regel innerhalb eines Monats, zu prüfen, ob der Antrag den Anforderungen des § 3 und die Unterlagen den Anforderungen der§§ 4 bis 4e entsprechen. Die zuständige Behörde kann die Frist in begründeten Ausnahmefällen einmal um zwei Wochen verlängern."*

Ziel der Öffentlichkeitsbeteiligung ist die sog. Anstoßfunktion, d. h., Betroffene müssen aus den Unterlagen erkennen können, ob und wie ihre Belange durch das Vorhaben berührt sein könnten. Die vorgeschriebene Regelfrist von einem Monat wird ganz überwiegend um mehrere Monate, nicht

24 *Versteyl/Heimbürge,* Beschleunigung von immissionsschutzrechtlichen Genehmigungsverfahren – Was ist schon jetzt möglich?, Immissionsschutz 2022, 64 (67).

25 BR-Drs. 201/23, 1.

26 *Versteyl,* Genehmigungsrechtlicher Vorrang für Klimaschutzprojekte?, Die Mediation 2022, 70.

selten auch länger, überschritten. Grund dafür ist, dass die Anforderungen an die Prüffähigkeit von Unterlagen von der Frage der Genehmigungsfähigkeit bei der Beteiligung der Fachbehörden bzw. den fachbehördlichen Stellungnahmen nicht klar getrennt werden.

Die Vollständigkeitsprüfung ist keine Prüfung der Genehmigungsfähigkeit des Antrags. Diesbezügliche „Nachforderungen" sind nach der Vollständigkeitserklärung möglich, soweit dies zur Beurteilung der Genehmigungsfähigkeit erforderlich ist. Umso wichtiger ist es, dass der Verfahrensbeginn und die Öffentlichkeitsbeteiligung nicht durch extensive Vollständigkeitsprüfungen verzögert werden.

Die Monatsfrist des § 7 Abs. 1 9. BImSchV dient der Verfahrensbeschleunigung,[27] denn der weitere Zeitablauf des gesamten Genehmigungsverfahrens hängt von der Bestätigung der Vollständigkeit ab. Erst dann können die Öffentlichkeitsbeteiligung und die erneute Fachbehördenbeteiligung durchgeführt werden. Auch die Sollfrist für die Entscheidung nach § 10 Abs. 6 BImSchG wird hierdurch in Gang gesetzt.

Es ist daher konsequent, wenn laut dem Gesetzesentwurf in § 7 Abs. 2 Satz 2 9. BImSchV-E klargestellt werden soll, dass Unterlagen vollständig sind, wenn sie

> *„in einer Weise prüffähig sind, dass sie sich zu allen rechtlich relevanten Aspekten des Vorhabens verhalten, und die Behörde in die Lage versetzen, den Antrag unter Berücksichtigung dieser Vorgaben näher zu prüfen. Fachliche Einwände und Nachfragen stehen der Vollständigkeit nicht entgegen, sofern die betreffende Unterlage eine fachliche Überprüfung überhaupt ermöglicht."*[28]

Zweifelsohne sind die Grenzen im Einzelfall fließend. Die für das weitere Verfahren – und dessen Rechtssicherheit – einzig entscheidende Frage ist, ob die sog. „Anstoßfunktion" in Verfahren mit Öffentlichkeitsbeteiligung durch die Unterlagen erfüllt ist, um eine erneute Auslegung zu vermeiden. Auch ist die Behörde nach § 7 Abs. 1 Satz 4 9. BImSchV zu Teilprüfungen verpflichtet, soweit die Unterlagen vollständig sind. Dies geschieht jedoch regelmäßig nicht.

---

27 Vgl. die Begründung des Reg.-Entw. in BR-Drs. 526/76.
28 BR-Drs. 201/23, 7.

IV. Koordinierungspflicht der Behörde

In der Praxis setzen nur einzelne Behörden die Fristen der 9. BImSchV gegenüber Fachbehörden konsequent um.[29] Häufig ist zu beobachten, dass den Fachbehörden gesetzte Stellungnahmefristen aufgrund von sog. „Nachforderungen“ ins Leere laufen, weil die Anforderungen an die Prüffähigkeit der Unterlagen von der Frage der Genehmigungsfähigkeit nicht klar getrennt werden.

Fristenüberschreitungen im Genehmigungsverfahren sind sanktionslos und können insbesondere vom Antragsteller nicht beeinflusst bzw. durchgesetzt werden. Rechtsschutz besteht nur nach Versagung einer Genehmigung durch eine Untätigkeitsklage zum Verwaltungsgericht, für die aber die Genehmigungsfähigkeit feststehen muss.[30] Nur ausnahmsweise besteht auch ein Rechtsschutzbedürfnis des Vorhabenträgers zu Gunsten der Fortführung des Verfahrens durch die Behörde,[31] d. h. zur Einleitung von einzelnen Verfahrensschritten, wie z.B. der Öffentlichkeitsbeteiligung.

Bei der Behördenbeteiligung entscheidet sich häufig bereits die Genehmigungsfähigkeit des Vorhabens an sich oder unter welchen Anforderungen eine Genehmigung im Einzelfall erwartet werden kann. Enthalten die fachbehördlichen Stellungnahmen Aussagen, die diese Fragen betreffen, sollte die Genehmigungsbehörde frühzeitig hierauf reagieren.

Die Koordinierungspflicht der Genehmigungsbehörde in immissionsschutzrechtlichen Verfahren bezieht sich nicht nur auf die im Verfahren nicht konzentrierten sonstigen Genehmigungen (z.B. nach Wasserrecht), sondern gerade auch auf die Beteiligung der Fachbehörden und Träger öffentlicher Belange nach § 11 9. BImSchV.

V. Öffentlichkeitsbeteiligung

Bereits nach derzeitiger Rechtslage liegt die Entscheidung über die Durchführung eines Erörterungstermins im Ermessen der Behörde, § 10 Abs. 6

29 *Versteyl*, Genehmigungsrechtlicher Vorrang für Klimaschutzprojekte?, Die Mediation 2022, 70. So auch *Ohms/Weiss*, in: Johlen/Oerder, Münchener Anwaltshandbuch Verwaltungsrecht, 4. Auflage 2017, § 10 Rn. 94, beck-online.

30 Vgl. *Dietlein*, in: Landmann/Rohmer UmweltR, 96. EL September 2021, 9. BImSchV § 11 Rn. 10.

31 VG Halle (Saale), Beschluss vom 30.12.2010 – 4 B 408/10, juris; OVG Magdeburg, Beschluss vom 22.03.2011 – 2 M 5/11, juris.

BImSchG i.V.m. §§ 12 Abs. 1 Satz 3, 14 9. BImSchV.[32] Dies wahrt „die wesentlichen Anforderungen" i. S. des § 1 Abs. 4 UVPG, da ein Erörterungstermin weder unionsrechtlich gefordert[33] noch verfassungsrechtlich geboten[34] ist.

Bei der Entscheidung hat die Behörde den Zweck des Erörterungstermins nach § 14 9. BImSchV zu berücksichtigen. Der Erörterungstermin dient dazu, die rechtzeitig erhobenen Einwendungen zu erörtern, soweit dies für die Prüfung der Genehmigungsvoraussetzungen von Bedeutung sein kann.[35] Aus Vorhabenträger- und Behördensicht stehen der Zeitaufwand und die Inanspruchnahme behördlicher Ressourcen oft in einem Missverhältnis zum Erkenntnisgewinn für die Behörde, obwohl nicht zuletzt gerade dieser Ziel des Erörterungstermins ist.[36]

Eine Befriedungsfunktion wird durch den Erörterungstermin regelmäßig nicht erreicht.[37] Erörterungstermine wurden und werden häufig durch Umweltverbände und professionelle Sachbeistände dominiert. Belange Einzelner, die nicht sachverständig oder anwaltlich vertreten sind, spielen in der Dramaturgie dieser Termine regelmäßig eine untergeordnete Rolle.

Von dem bestehenden Ermessen hinsichtlich der Entscheidung einer Durchführung bzw. Nicht-Durchführung eines Erörterungstermins wird von den Behörden oft kein Gebrauch gemacht. Die Gründe liegen in der Besorgnis, durch einen Verzicht einen Verfahrensfehler zu verursachen.

Da der Zweck der Erörterung darin besteht, die Einwendungen zu erörtern, die im Zusammenhang mit der Genehmigungsfähigkeit des Vorhabens stehen, liegt es nahe, den Erörterungstermin auf die Beteiligung der „betroffenen Öffentlichkeit" zu beschränken. Unionsrechtliche Vorgaben setzen kein Jedermannsrecht zur Beteiligung voraus, eine Beschränkung

---

32 *Dietlein,* in: Landmann/Rohmer UmweltR, 96. EL September 2021, 9. BImSchV § 12 Rn. 8.

33 *Versteyl,* Partizipation durch Verfahren, I+E 2011, 89 (93); *Dietlein,* in: Landmann/Rohmer UmweltR, 96. EL September 2021, 9. BImSchV § 12 Rn. 8; BImSchG § 10 Rn. 210.

34 *Versteyl,* Partizipation durch Verfahren, I+E 2011, 89 (91); *Guckelberger,* Bürokratieabbau durch Abschaffung des Erörterungstermins?, DÖV 2006, 97 (105).

35 *Wolf,* Die Umsetzung der UVP-Richtlinie 2014 in der Verordnung über das immissionsschutzrechtliche Genehmigungsverfahren, ZUR 2018, 457 (463).

36 *Jarass,* BImSchG, 13. Aufl. 2020, § 10 Rn. 96; vgl. auch *Neumann/Külpmann,* in: Stelkens/Bonk/Sachs, VwVfG, 9. Aufl. 2018, § 73 Rn. 113.

37 *Versteyl,* Erweiterung der Öffentlichkeitsbeteiligung und des Rechtsschutzes im Anlagenzulassungsrecht, AbfallR 2008, 8; *dies.,* Partizipation durch Verfahren, I+E 2011, 89 (90), jeweils m.w.N.

auf betroffene Teile der Öffentlichkeit (sowie Umweltverbände) wäre europarechtlich somit denkbar.[38]

Um Einwendungen als Nicht-Betroffenen-Einwendungen auszuschließen, bedarf es gleichwohl der Sichtung aller Einwendungen und der Prüfung, ob sich die Betroffenheit oder Nicht-Betroffenheit z.B. aus dem Wohnsitz ergibt. Da dem Vorhabenträger die Einwendungen erst nach (vom Einwender gewünschter) Anonymisierung zugesandt werden, obliegt der Behörde die Verantwortung für eine rechtssichere Vorauswahl.[39]

Ausgelöst durch die Corona-Pandemie ist eine physische Erörterung durch das PlanSiG[40] vom Mai 2020 jedenfalls für alle Verfahren entbehrlich, die bis zum 31.12.2023 begonnen werden. Sowohl Vorhabenträger als auch Behörden berichten ganz überwiegend über positive Erfahrungen mit der pandemiebedingten Durchführung von Online-Konsultationen.

Zumindest im Bereich der Windenergieanlagen und Wasserstoffanlagen beabsichtigt der Gesetzgeber, dass die Behörde auf die Durchführung eines Erörterungstermins verzichten „soll"; Ausnahmen davon müssten somit begründet werden. Allerdings ist nicht ersichtlich, warum diese Regelung nur für die vorgenannten Anlagen und nicht für alle immissionsschutzrechtlich genehmigungsbedürftigen Anlagen verpflichtend werden soll. Vorhabenträger, die einen Erörterungstermin durchführen wollen, wären daran nicht gehindert.

E. Weitere Ansätze zur Beschleunigung aus Sicht der Vorhabenträger

I. Einsatz von Projektmanagern

Der Einsatz externer Projektmanager zur Unterstützung der personell oft unterausgestatteten Genehmigungsbehörden hat sich seit vielen Jahren als wesentliches Beschleunigungsinstrument bewährt.[41] Eine Rechtsgrundlage für den Einsatz Dritter im immissionsschutzrechtlichen Genehmigungsverfahren besteht nach § 2 Abs. 2 Satz 3 Nr. 5 9. BImSchV. Weitere Rechts-

38 *Versteyl/Marschhäuser,* Öffentlichkeitsbeteiligung in immissionsschutzrechtlichen Genehmigungsverfahren, EurUP 2020, 449 (451).

39 *Versteyl/Marschhäuser,* Öffentlichkeitsbeteiligung in immissionsschutzrechtlichen Genehmigungsverfahren, EurUP 2020, 449 (455).

40 Fn. 21.

41 Siehe dazu auch die Beiträge von *Kalz,* Aktuelle behördliche Instrumente zur Beschleunigung von Planfeststellungs-verfahren für den Netzausbau, und *Rockitt,* Projektmanagement in Planfeststellungsverfahren aus der Sicht der Behörde.

grundlagen existieren im Fachplanungsrecht, auch für den Netzausbau (§ 29 NABEG, § 43g EnWG).

Die Einschaltung eines Projektmanagers in immissionsschutzrechtlichen Genehmigungsverfahren nach § 2 Abs. 2 Satz 3 Nr. 5 9. BImSchV in Abstimmung mit und auf Kosten des Vorhabenträgers soll die Behörde bereits im Rahmen der Erstunterrichtung mit diesem besprechen, um eine Verfahrensbeschleunigung zu erreichen. Der Einsatz externer Dritter umfasst nicht nur die Leitung bzw. Vorbereitung des Erörterungstermins, sondern das gesamte Spektrum der im Rahmen des immissionsschutzrechtlichen Genehmigungsverfahrens abzuarbeitenden Schritte vom Scoping-Termin über den Erörterungstermin, die zusammenfassende Darstellung und Bewertung der Umweltauswirkungen des Vorhabens bis zum Entwurf des Genehmigungsbescheids. Sämtliche Leistungen werden durch den Dritten im Auftrag und unter Aufsicht der Behörde erbracht. Der Einsatz Dritter begegnet keinen rechtlichen Bedenken.[42]

Die Aufgabenwahrnehmung kann sowohl durch Juristen als auch durch Ingenieure oder andere geeignete Personen erfolgen. Insbesondere im Rahmen der Leitung des Erörterungstermins zeigt die Erfahrung mit diesem Instrument, dass die Genehmigungsbehörde ihre Neutralität und Glaubwürdigkeit aus der Sicht der Betroffenen eher wahren kann, wenn sie nicht gezwungen ist, sich im Rahmen des Erörterungstermins selbst mit den Einwendungen bzw. der Form ihres Vorbringens auseinandersetzen zu müssen.

Auch die in §§ 73 f. VwVfG für das Planfeststellungsverfahren seit jeher vorgesehene Trennung zwischen Genehmigungs- und Anhörungsbehörde könnte dieselbe Wirkung erzielen. Allerdings wird von der Möglichkeit, den Erörterungstermin nicht durch die Genehmigungsbehörde selbst, sondern durch eine andere Behörde (im materiellen Sinne) durchführen zu lassen – sicherlich auch aus personellen Gründen – kaum Gebrauch gemacht.

Für den Vorhabenträger liegen die Vorteile der Einschaltung eines Projektmanagers auf der Hand, denn die Kosten einer Verzögerung des Projekts (Finanzierungskosten) sind regelmäßig wesentlich höher.

Die Beschleunigungseffekte beim Einsatz auf Behördenseite sind umso größer, je früher der Projektmanager eingesetzt wird. Der Projektmanager kann unterstützende Tätigkeiten in jeder Phase des Genehmigungsverfah-

42 OVG Berlin-Brandenburg, Beschluss vom 14.05.2007 – 11 S 83.0, juris, Rn. 20.

rens leisten; er sollte daher möglichst bereits nach der Vorstellung des Vorhabens bei der Behörde auch im Rahmen der Beratung des Antragstellers bei der Erarbeitung der Antragsunterlagen und der Vollständigkeitsprüfung eingesetzt werden.[43]

Praxisberichte von Behördenmanagern zeigen auch die akzeptanzfördernde Wirkung der Leitung des Erörterungstermins durch einen externen Dritten auf, der nicht Teil der Genehmigungsbehörde ist und damit als neutral wahrgenommen wird. Laut *Kalz* habe sich die externe Moderation „als taugliches Modell erwiesen, Erörterungsverfahren mit großer Komplexität arbeitsteilig zu bewältigen und durch die Planung hervorgerufene starke Emotionen der Betroffenen durch eine deutlich verkörperte Neutralität zu mildern".[44] Mit Unterstützung eines externen Projektmanagers konnte z.B. die Niedersächsische Landesbehörde für Straßenbau und Verkehr 2019 das Planfeststellungsverfahren für die 380 kV-Leitung Emden-Conneforde mit einem bestandskräftigen Beschluss, d.h. ohne gerichtliche Überprüfung, abschließen.

Eine Ausschreibungspflicht kann regelmäßig ausgeschlossen werden. Eine auf das Vergaberecht gestützte Ablehnung eines Angebots eines Vorhabenträgers zur Einsetzung und Kostentragung für das Projektmanagement auf Behördenseite ist damit unbegründet.[45] Das pflichtgemäße Ermessen der Behörde dürfte somit regelmäßig zugunsten der Bestellung eines Projektmanagers auszuüben sein.

Es ist geplant, für den Projektmanager in der 9. BImSchV eine eigenständige Regelung zu schaffen; namentlich soll dies durch einen neuen § 2b 9. BImSchV geschehen.[46] Dieser ist an die ähnlichen Regelungen im Fachplanungsrecht (§ 29 NABEG, § 43g EnWG) angelehnt, es soll aber auch einige Unterschiede geben. Zum einen „sollen" die Behörden auf Antrag einen Projektmanager einschalten (im Gegensatz zu den „Kann"-Bestimmungen im sonstigen Fachplanungsrecht).

---

43 *Versteyl,* Beschleunigung von Genehmigungsverfahren – aber wie? Teil 1, I+E 2020, 31 (35).

44 *Kalz,* Erfahrungsbericht über die externe Moderation des Erörterungstermins im eisenbahnrechtlichen Planfeststellungsverfahren für die Ertüchtigung der Bahnstrecke Oldenburg-Wilhelmshaven, NordÖR 2016, 278 (281).

45 *Versteyl/Heimbürge,* Beschleunigung von immissionsschutzrechtlichen Genehmigungsverfahren – Was ist schon jetzt möglich?, Immissionsschutz 22, 64 (72); *Versteyl,* Beschleunigung von Genehmigungsverfahren – aber wie? Teil 1, in: I+E 2020, 31 (35).

46 BR-Drs. 201/23, 6 f.

Zum anderen soll es nach § 2b Abs. 3 9. BImSchV-E möglich sein, dass die Zahlungspflicht direkt zwischen Vorhabenträger und Projektmanager begründet wird. Diese Regelung dürfte Auswirkungen auf die Frage haben, ob für den Einsatz von Projektmanagern ein Vergabeverfahren notwendig ist; ob dies auch das Ziel der Vorschrift ist, lässt sich der Begründung des Gesetzentwurfs nicht entnehmen.

II. Stichtagsregelung für die Antragsunterlagen

Antragsunterlagen müssen grundsätzlich bis zum Zeitpunkt der Genehmigung, d.h. der Erteilung des Bescheids, aktuell gehalten werden. Ändern sich im Zuge des Verfahrens die gesetzlichen Vorgaben oder die Sachlage, muss nachgebessert werden. Änderungen im Antrag bergen stets das Risiko einer erneuten Öffentlichkeitsbeteiligung, wenn nicht auszuschließen ist, dass durch die Änderung Dritte erstmals oder stärker betroffen sein können (§ 8 Abs. 2 9. BImSchV).

Ein Vorschlag der Industrieverbände sieht deshalb eine Ergänzung in § 10 Abs. 6a BImSchG wie folgt vor:

> *„Grundlage der Genehmigungsentscheidung ist die zum Zeitpunkt der Erklärung der Vollständigkeit geltende Rechtslage.“*[47]

Eine solche auf den Zeitpunkt der Vollständigkeitserklärung bezogene Stichtagsregelung kann das zeitaufwendige Nachreichen von Unterlagen aufgrund einer Änderung der (Sach- und) Rechtslage entbehrlich machen. Grundsätzliche rechtliche Bedenken hiergegen bestehen nicht.[48]

F. Fazit

Die Erfahrung zeigt, dass die Wirksamkeit gesetzgeberischer Maßnahmen zur Beschleunigung von Genehmigungsverfahren begrenzt ist, weil deren Umsetzung dem Vollzug im Einzelfall überlassen bleibt.

Ausgehend von diesem Befund hat der Beitrag Möglichkeiten aufgezeigt, Zulassungsverfahren bereits auf der Grundlage der bestehenden Verfah-

---

47 Siehe Positionspapier des BDI, Beschleunigte Genehmigungen für die Transformation der Industrie 2022, S. 3.

48 *Reidt/Fellenberg*, Rechtliche Stellungnahme zur Beschleunigung von Planungs- und Genehmigungsverfahren für Gewerbeansiedlungen und Infrastrukturvorhaben, Berlin 2018, S. 45 f.

rensregelungen erheblich zu beschleunigen. Der Vorhabenträger muss dazu durch vollständige und prüffähige Antragsunterlagen beitragen.

Auf Seiten der Genehmigungsbehörde erfordert die Verfahrensbeschleunigung, die Einhaltung gesetzlicher Fristen konsequent zu verfolgen. Dazu muss die Genehmigungsbehörde in jeder Phase des Verfahrens ihre gesetzliche Beratungs- und Koordinierungsfunktion – gegenüber Vorhabenträger wie Fachbehörden – wahrnehmen.

Der Einsatz externer Projektmanager zur Unterstützung der Genehmigungsbehörden hat sich seit vielen Jahren als wesentliches Beschleunigungsinstrument bewährt. Die geplante Stärkung des Projektmanagers in der 9. BImSchV ist deshalb zu begrüßen und sollte in der Praxis entsprechend genutzt werden.

Die Zulassung vorzeitigen Beginns im Umweltrecht – ein „Vorhabenbeschleuniger" im Überblick

Martin Dippel

A. Einleitung

Über die Beschleunigung von Planungs- und Zulassungsverfahren und das Spannungsverhältnis zwischen Verfahrensbeschleunigung und effektivem Rechtsschutz wird seit etwa 30 Jahren diskutiert, in der letzten Zeit wieder besonders intensiv.[1] Auch Andrea Versteyl hat dazu beigetragen.[2] Das Wichtigste zuerst: Die Zulassung vorzeitigen Beginns – ein im Umweltrecht höchst praxisrelevanter Zwischenschritt im Verfahren – beschleunigt zwar nicht das gesamte Genehmigungsverfahren, sehr wohl aber die Verwirklichung des zur Genehmigung gestellten Vorhabens.

---

1 Vgl. als (möglicherweise nur vorläufigen) Abschluss der Beschleunigungsbemühungen das Gesetz zur Beschleunigung verwaltungsgerichtlicher Verfahren im Infrastrukturbereich, RegE vom 11.01.2023, BT-Drs. 20/5165; aus der rechtswissenschaftlichen Diskussion exemplarisch *Burgi/Nischwitz/Zimmermann*, Beschleunigung bei Planung, Genehmigung und Vergabe, NVwZ 2022, 1321 ff.; ferner *Roth*, Planungs- und Genehmigungsbeschleunigung, ZRP 2022, 82 ff. mit einem Überblick über die „Beschleunigungsgesetzgebung" seit Anfang der 1990er Jahre; aus dem älteren Schrifttum vgl. nur *Wasielewski*, Beschleunigung von Planungs- und Genehmigungsverfahren – Inhalt und Bewertung der neuen Beschleunigungsgesetze unter besonderer Berücksichtigung des Immissionsschutzrechts, LKV 1997, 77 ff.; *Schäfer*, Die Beschleunigungsnovellen zum Immissionsschutzrecht, NVwZ 1997, 526 ff., sowie *Schmitz/Wessendorf*, Das Genehmigungsverfahrensbeschleunigungsgesetz – Neue Regelungen im VwVfG und der Wirtschaftsstandort Deutschland, NVwZ 1996, 955 ff.; kritisch zu diesen Ansätzen bspw. *Teßmer*, Entwurf eines Verfahrensbeschleunigungsgesetzes: Beschleunigung durch Abbau von Verwaltungskontrolle und Verfahrensrechten?, ZUR 2006, 469 ff., und (für den Anwendungsbereich des NABEG) *Baumann/Brigola*, Das Gesetz zur Beschleunigung des Energieleitungsausbaus und die Bremskraft der Garantie des effektiven Rechtsschutzes – eine Analyse im Anwendungsbereich des NABEG, DVBl. 2020, 324 ff.

2 *Versteyl*, Beschleunigung von Genehmigungsverfahren – aber wie?, I+E 2020, 31 ff. (Teil 1), und – gemeinsam mit *Marschhäuser* – I+E 2020, 76 ff. (Teil 2).

I. Die bestehenden Regelungen

Die Zulassung vorzeitigen Beginns ist die vorübergehende Aufhebung eines grundsätzlich bestehenden Verbots einer genehmigungs- oder zulassungspflichtigen Maßnahme vor Erteilung der Zulassung.[3] Soweit es das Umweltrecht[4] betrifft, finden sich Regelungen über die Zulassung vorzeitigen Beginns einer Maßnahme bzw. eines Vorhabens in § 8a BImSchG (modifiziert durch § 5 Abs. 1 Nr. 5 des LNG-Beschleunigungsgesetzes – LNGG – und durch § 31e BImSchG während einer Gasmangellage) für die Errichtung oder Änderung einer immissionsschutzrechtlich genehmigungspflichtigen Anlage, in §§ 17, 69 Abs. 2 WHG für erlaubnis- oder bewilligungspflichtige Gewässerbenutzungen sowie wasserrechtliche Planfeststellungen, in § 37 KrWG für die Errichtung einer Deponie, in § 57b BBergG für die Ausführung eines planfeststellungspflichtigen oder rahmenbetriebsplanpflichtigen Vorhabens, in § 67a UVPG für ein planfeststellungs- oder plangenehmigungspflichtiges Vorhaben nach Anlage 1 Nr. 19.7 UVPG (dies sind werksüberschreitende Rohrleitungsanlagen zum Befördern von Dampf oder Warmwasser) oder – sofern man dies ebenfalls in den umweltrechtlichen Kontext einordnet – in § 44c EnWG für planfeststellungs- oder plangenehmigungspflichtige Vorhaben im Sinne des § 43 Abs. 1 Satz 1 Nr. 1 bis 6 und Abs. 2 EnWG (hierbei handelt es sich um bestimmte Energieleitungen – Strom, Gas – einschließlich der für den Betrieb der Leitungen notwendigen Anlagen wie Konverter, Verdichter, Umspannanlagen, Speicher etc.).[5]

Zu diesen auf die Bereiche Industrie, Versorgung und Entsorgung bezogenen Regelungen kommen vergleichbare Regelungen im Bereich der Verkehrsinfrastruktur, die nachfolgend jedoch nicht näher betrachtet werden

---

3 Siehe nur BVerwG, Beschluss vom 30.04.1991 – 7 C 35/90, NVwZ 1991, 994 (995); OVG Bautzen, Beschluss vom 14.07.2020 – 4 B 169/19, BeckRS 2020, 20498, Rn. 40; OVG Münster, Beschluss vom 10.11.2020 – 8 B 1409/20.AK, juris, Rn. 22 ff.

4 Siehe aber auch für das Bauordnungsrecht die Regelung über den vorzeitigen Baubeginn in § 72a Abs. 1 S. 2 bis 5 der Hamburgischen Bauordnung für Aufnahmeeinrichtungen, Flüchtlings- oder Asylbewerberunterkünfte.

5 Keine Zulassung vorzeitigen Beginns eines Vorhabens ist die in vielen Vorschriften des Fachplanungsrechts (vgl. z.B. § 18f FStrG) enthaltene, auch in energierechtlichen Vorschriften (vgl. § 44b Abs. 1 EnWG, § 27 Abs. 1 NABEG) geregelte vorzeitige Besitzeinweisung, weil damit kein Errichtungsverbot vorläufig suspendiert wird, sondern allein der Zugriff auf ein für das Vorhaben benötigtes Grundstück ermöglicht wird, vgl. *Riege*, in: BeckOK EnWG, Stand 01.12.2022, § 44b, Rn. 60; *Stender-Vorwachs*, in: Schink/Versteyl/Dippel (Hrsg.), NABEG, 2016, § 27, Rn. 21.

sollen: § 17 Abs. 2 FStrG (vorläufige Anordnungen zur Festsetzung vorbereitender Maßnahmen oder Teilmaßnahmen für Bundesfernstraßen), § 18 Abs. 2 AEG (vorläufige Anordnung zur Festsetzung vorbereitender Maßnahmen oder Teilmaßnahmen an Eisenbahnstrecken) oder § 14 WaStrG (vorläufige Anordnung zur Festsetzung vorbereitender Maßnahmen oder Teilmaßnahmen an Bundeswasserstraßen).

Die Zulassung vorzeitigen Beginns hat nicht den Sinn und auch nicht den Inhalt, im Hinblick auf das Vorhaben gewisse abtrennbare Teile eines Vorhabens endgültig vorab zu genehmigen. Vielmehr soll dem Vorhabenträger lediglich aus Beschleunigungsgründen ermöglicht werden, das in diesem Verfahrensstadium grundsätzlich noch bestehende präventive Errichtungs- bzw. Benutzungsverbot nicht beachten zu müssen. Deshalb können auch mehrere, in einem anhängigen Verfahren gegebenenfalls hintereinander gestaffelte Bescheide über die Zulassung des vorzeitigen Beginns bestimmter Vorhabenteile – anders als Teilgenehmigungen – keine Vollgenehmigung ersetzen.[6] Die Zulassung vorzeitigen Beginns setzt einen entsprechenden Antrag des Vorhabenträgers voraus. Das ist in § 8a BImSchG, in § 17 WHG und in § 44c Abs. 1 Satz 3 EnWG ausdrücklich geregelt, ist aber auch für die Zulassung vorzeitigen Beginns in § 37 KrWG (hier ist nur die Verlängerung einer Zulassung vorzeitigen Beginns ausdrücklich mit einem Antragserfordernis versehen) unstreitig.[7] Insofern verhält es sich anders als bei den vorläufigen Anordnungen in den Infrastrukturgesetzen (FStrG, AEG, WaStrG). Die vorläufige Anordnung vorbereitender Maßnahmen oder Teilmaßnahmen zum Bau oder zur Änderung eines Infrastrukturprojekts erfolgt von Amts wegen und setzt lediglich ein anhängiges Planfeststellungsverfahren, nicht aber einen gesonderten Antrag des (regelmäßig öffentlichen) Vorhabenträgers voraus.

II. Hohe praktische Bedeutung

Die praktische Bedeutung der Regelungen über die Zulassung vorzeitigen Beginns ist enorm: Das betrifft nicht nur so „spektakuläre“ Vorhaben wie

---

6 BVerwG, Beschluss vom 30.4.1991 – 7 C 35/90, NVwZ 1991, 994 (995); OVG Bautzen, Beschluss vom 14.07.2020 – 4 B 169/19, BeckRS 2020, 20498, Rn. 40.

7 Siehe *Beckmann*, in: Landmann/Rohmer, Umweltrecht, § 37 KrWG, Rn. 24; *Fellenberg/Schiller*, in: Jarass/Petersen, KrWG, 2. Auflage 2022, § 37, Rn. 11.

die Tesla-Fabrik Grünheide in Brandenburg[8] oder den Bau des LNG-Terminals Wilhelmshaven[9] oder der dazu gehörenden LNG-Anbindungsleitung WAL[10], sondern auch eine Vielzahl „gewöhnlicher" Vorhaben im Bereich der Industrie und der Abfallentsorgung. So sind dem Verfasser allein aus der eigenen Praxis in den Jahren 2021 und 2022 beispielsweise Behördenentscheidungen über die Zulassung vorzeitigen Beginns wesentlicher Änderungen eines Zementwerks, einer Anlage zur Herstellung von Nahrungsmitteln oder einer Anlage zur Herstellung von Holzwerkstoffen bekannt, bei denen es jeweils um hohe Investitionssummen ging.

Sucht man unter dem Stichwort „Zulassung vorzeitigen Beginns" im Internet, wird man umfassend fündig. So hat beispielsweise die Bezirksregierung Münster unter dem 7. Januar 2021 die Zulassung vorzeitigen Beginns gemäß § 37 KrWG für vorbereitende Maßnahmen zur Erweiterung und Erhöhung einer Zentraldeponie ausgesprochen. Das schleswig-holsteinische Landesamt für Landwirtschaft, Umwelt und ländliche Räume (LLUR) hat auf der Basis des § 8a BImSchG Gründungsarbeiten für eine Klärschlamm-Monoverbrennungsanlage zugelassen, worüber der Vorhabenträger in einer Pressemitteilung vom 7. Mai 2021 informiert hat. Die Stadt Nürnberg benennt auf ihrer Internetseite die Zulassung vorzeitigen Beginns des Probebetriebs einer Anlage zur Trennung von Verbundstoffen zur Rohstoffgewinnung, die am 17. März 2022 genehmigt wurde. Den Bereich der Entsorgungswirtschaft betrifft auch die Zulassung vorzeitigen Beginns gemäß § 8a BImSchG von Gründungs- und Erdarbeiten für die wesentliche Änderung einer Klärschlammverbrennungsanlage in Hamburg durch die dortige Behörde für Umwelt, Klima, Energie und Agrarwirtschaft, über die die Behörde am 12. April 2022 informierte. Für den Bereich der Energieerzeugung informiert der Kreis Euskirchen unter dem 19. Januar 2022 in einer öffentlichen Bekanntmachung darüber, dass er auf der Basis des

8 Für dieses Projekt wurde ausweislich der Angaben im Genehmigungsbescheid vom 4.3.2022 während des laufenden Genehmigungsverfahrens 19 Mal vom Instrument der Zulassung vorzeitigen Beginns Gebrauch gemacht, vgl.: Häufig gestellte Fragen zur Tesla-Ansiedlung | Landesregierung Brandenburg; siehe auch OVG Berlin-Brandenburg, Beschluss vom 20.2.2020 – OVG 11 S 8/20, ZUR 2020, 368 ff.

9 Vgl. hierzu die Pressemitteilung des NLWKN vom 10.05.2022 unter www.nlwkn.niedersachsen.de: LNG-Terminal Wilhelmshaven: Vorzeitiger Baubeginn nur unter Einhaltung strenger Vorgaben | Nds. Landesbetrieb für Wasserwirtschaft, Küsten- und Naturschutz (niedersachsen.de); ferner *Ludwigs*, Gewährleistung der Energieversorgungssicherheit in Krisenzeiten, NVwZ 2022, 1086 (1090).

10 Vgl. die Pressemitteilung des Landesamtes für Bergbau, Energie und Geologie (LBEG) Niedersachen vom 24.06.2022, www.lbeg.niedersachsen.de.

§ 8a BImSchG die Räumung der Baufelder, den Wegebau und den Aushub der Fundamentgruben für drei Windenergieanlagen zugelassen hat. Den Bereich der Energiewirtschaft betrifft auch eine Entscheidung nach § 8a BImSchG des Landratsamts Wunsiedel im Fichtelgebirge vom 11. März 2021, mit der vorbereitende Maßnahmen zur Errichtung und zum Betrieb eines Elektrolyseurs am Standort Wunsiedel (im Wesentlichen Baugrundertüchtigung, Herstellung von Baustraßen und Herstellung von Medienanschlüssen) zugelassen werden. Wiederum die Stadt Nürnberg gibt eine Entscheidung gemäß § 8a BImSchG bekannt, mit der sie am 13. August 2021 vorbereitende Maßnahmen (Bodenabtrag, Bodenbeprobung) für die Errichtung von Motorenprüfständen zugelassen hat. Für den Bereich des Hochwasserschutzes lässt sich eine Entscheidung der Stadt Braunschweig vom 7. Dezember 2010 auf der Basis der §§ 17, 69 Abs. 2 WHG finden, mit der der Baubeginn eines Hochwasserrückhaltebeckens vorzeitig zugelassen wird. Der vorzeitige Beginn einer Haldenkapazitätserweiterung gemäß § 57b BBergG schließlich war Gegenstand eines Beschlusses des VG Magdeburg vom 17. Juli 2020.[11]

Diese mehr oder minder zufällige Auswahl aktueller, im Internet veröffentlichter Entscheidungen über die Zulassung des vorzeitigen Beginns eines Vorhabens oder einer Maßnahme aus einem kurzen Zeitraum belegt die enorme praktische Bedeutung der Regelungen in den Fachgesetzen über die Zulassung vorzeitigen Beginns. Gestützt wird dies beispielsweise auch durch ein Papier des Verbandes der Chemischen Industrie e. V. (VCI) vom 22. Oktober 2020. Darin macht der VCI einen Vorschlag zur Neuregelung des § 8a BImSchG, der einem in einer Pandemiesituation bestehenden erhöhten Interesse an einer beschleunigten Zulassung von Anlagen nach dem BImSchG zur Herstellung von Impfstoffen (Anlagen gemäß Nr. 4.1 des Anhangs 1 der 4. BImSchV) Rechnung tragen soll.[12] Wenn daher im Schrifttum etwas apodiktisch die Auffassung vertreten wird, das Instrument der Zulassung vorzeitigen Beginns habe, bevor es mit der „Tesla Gigafactory" in Grünheide bei Berlin schlagartig ins Licht der Öffentlichkeit gerückt wurde, „in umweltrechtlichen Genehmigungsverfahren bisher kaum eine

11 VG Magdeburg, Beschluss vom 17.7.2020 – 3 B 158/20, BeckRS 2020, 28544.

12 Microsoft Word - VCI Loesungsvorschlaege Beschleunigung der Verfahren zur Impfstoffherstellung_Anlage Schreiben VCI Praesident (003) (zuletzt abgerufen am 21.2.2023).

Rolle gespielt"[13], so kann dies kaum nachvollzogen werden. Richtig ist, dass dieses Instrument mindestens im Bereich der Industrie- und Entsorgungsanlagen, die durch das BImSchG geregelt sind, aber auch im Bereich der Wasserversorgung, der Abwasserentsorgung und des Hochwasserschutzes schon seit seiner Einführung eine ganz erhebliche Rolle gespielt hat. Dass die Zulassungen vorzeitigen Beginns für die „Tesla Gigafactory" oder für das LNG-Terminal Wilhelmshaven bzw. die Anschlussleitung an das Gasnetz besonders prominente Beispiele für das Instrument der Zulassung vorzeitigen Beginns sind, steht dem viel breiter gefächerten praktischen Bedarf in der Vergangenheit und in der Gegenwart keineswegs entgegen.

B. Voraussetzungen der Zulassung vorzeitigen Beginns

I. Regelungsvergleich

Die fachgesetzlichen Tatbestände über die Zulassung vorzeitigen Beginns eines Vorhabens sind ähnlich strukturiert.

Es muss in allen Fällen mit einer Entscheidung zugunsten des Antragstellers (§ 8a Abs. 1 BImSchG), des Benutzers (§ 17 Abs. 1 WHG), des Vorhabenträgers (§ 37 Abs. 1 KrWG, § 67a Abs. 1 UVPG, § 44c Abs. 1 EnWG) oder des Unternehmers (§ 57b Abs. 1 BBergG) gerechnet werden können. Das setzt jeweils eine positive Prognose im Hinblick auf den Abschluss des jeweiligen Genehmigungs-, Zulassungs- oder Planfeststellungsverfahrens voraus, nicht aber – das widerspräche dem Gesetzeswortlaut und dem Charakter einer Prognose – eine Gewissheit im Hinblick auf den Ausgang des Verfahrens.[14] Ein zweites Strukturelement, welches den Tatbeständen über die Zulassung vorzeitigen Beginns gemeinsam ist, ist ein öffentliches oder ein berechtigtes Interesse des Antragstellers/Benutzers/Vorhabenträgers an dem vorzeitigen Beginn, welches sowohl § 8a BImSchG als auch § 37 Abs. 1 KrWG, § 17 Abs. 1 WHG, § 52b Abs. 1 BBergG, § 67a Abs. 1 UVPG und schließlich auch § 44c Abs. 1 EnWG fordern. Gemeinsam ist den Tatbeständen über die Zulassung vorzeitigen Beginns auch, dass der Antragsteller eine Verpflichtung übernehmen muss, im Fall einer Nichtzulassung seines Vorhabens den früheren Zustand wiederherzustellen. Das verlangen § 8a Abs. 1 Nr. 3 BImSchG, § 17 Abs. 1 Nr. 3 WHG, § 37 Abs. 1 KrWG, § 57b Abs. 1

13 So *Hohnerlein*, Die Zulassung des vorzeitigen Beginns umweltrelevanter Vorhaben als Interimsentscheidung, NVwZ 2022, 750.

14 Zu den Einzelheiten der positiven Prognose siehe unter B. II.

Nr. 4 BBergG und auch § 67a Abs. 1 Nr. 5 lit. b UVPG. Lediglich § 44c Abs. 1 Nr. 4 lit. b EnWG verlangt nicht die Herstellung des früheren Zustandes im Fall der Nichtzulassung des Vorhabens, sondern die Herstellung eines „im Wesentlichen gleichartigen Zustands“, wie er vor Durchführung der Maßnahmen des vorzeitigen Baubeginns bestand.

Abweichende Formulierungen gibt es bei § 8a BImSchG i.V.m. § 31e BImSchG oder i.V.m. § 5 Abs. 1 Nr. 5 LNGG, welche die Zulassung vorzeitigen Beginns in einer Gasmangellage oder für LNG-Anlagen regeln. In Anwendung dieser Vorschriften kann die Genehmigungsbehörde den vorzeitigen Beginn bereits vor dem Vorliegen vollständiger Antragsunterlagen – also im frühestmöglichen Stadium des Genehmigungsverfahrens bei noch unvollständigem Genehmigungsantrag – unter bestimmten Voraussetzungen zulassen. Allerdings ist es in einem solchen Fall erforderlich, dass auch ohne Berücksichtigung noch fehlender Unterlagen mit einer Entscheidung zugunsten des Antragstellers gerechnet werden kann (§ 5 Abs. 1 Nr. 5 lit. c LNGG, § 31e Abs. 2 Nr. 2 BImSchG). Von dem Erfordernis der positiven Prognose wird also auch unter der besonderen Eilbedürftigkeit solcher Vorhaben nicht abgerückt.

Eine zusätzliche Voraussetzung für die Zulassung vorzeitigen Beginns enthält § 57b BBergG. Diese ist den Besonderheiten des Bergrechts geschuldet, weil es hier zu deutlichen Beeinträchtigungen der „gewachsenen“ Natur und Landschaft – zum Beispiel bei größeren Rohstoffabbauvorhaben – kommen kann. Eine nicht wiedergutzumachende Beeinträchtigung von Natur und Landschaft darf nicht zu besorgen sein (§ 57 Abs. 1 Nr. 2 BBergG), sonst wäre die Zulassung des vorzeitigen Beginns im Bergrecht nicht möglich. § 67a Abs. 1 Nr. 3 UVPG und § 44c Abs. 1 Nr. 3 EnWG verlangen ausdrücklich, dass der Vorhabenträger im Zuge des vorzeitigen Baubeginns nur Maßnahmen durchführen darf, die reversibel sind. Dies wird von den übrigen Bestimmungen über die Zulassung vorzeitigen Beginns nicht ausdrücklich gefordert. § 67a Abs. 1 Nr. 4 UVPG verlangt schließlich – insoweit anders als die anderen Regelungen über die Zulassung vorzeitigen Beginns –, dass der Vorhabenträger über die für die Maßnahmen notwendigen privaten Rechte verfügt.

Durchweg setzt die Zulassung vorzeitigen Beginns bzw. Baubeginns einen Antrag des Vorhabenträgers/Gewässerbenutzers/Unternehmers voraus, ohne den die Zulassung vorzeitigen Beginns nicht ausgesprochen werden darf. Die Zulassung vorzeitigen Beginns ist (anders als die vorläufige Anordnung nach § 17 Abs. 2 FStrG, § 14 Abs. 2 WaStrG oder § 18 Abs. 2 AEG, die keinen Antrag des Vorhabenträgers erfordert) folglich ein mitwirkungsbedürftiger Verwaltungsakt. Fehlt der Antrag, führt das zur Rechtswidrigkeit der Zulassung vorzeitigen Beginns.[15] Ebenso durchweg ergehen die Zulassungsentscheidungen über den vorzeitigen Beginn unter dem gesetzlichen Vorbehalt des Widerrufs. Das bedeutet indessen nicht, dass ein Widerruf quasi nach Gutdünken erfolgen dürfte. Vielmehr hat die Behörde insoweit ein Ermessen, welches sie pflichtgemäß (vgl. § 40 VwVfG) auszuüben hat, bevor sie einen Widerruf ausspricht.[16]

Wenn somit auch im Einzelnen unterschiedliche Voraussetzungen für die Zulassung vorzeitigen Beginns bestehen, so zeigt sich doch, dass die wesentlichen Strukturelemente der einzelnen fachgesetzlichen Regelungen vergleichbar sind.[17]

II. Die Voraussetzungen im Einzelnen

Vergleicht man die gesetzlichen Voraussetzungen für die Zulassung des vorzeitigen Beginns nach den genannten umweltrechtlichen Bestimmungen, so stellt man schnell fest, dass ihnen ein unterschiedlich ausgeprägtes, jedoch insgesamt ganz erhebliches Potenzial zukommt, was die *Vorhaben*beschleunigung angeht. Die *Verfahrens*beschleunigung tritt hingegen bei den Regelungen über die Zulassung vorzeitigen Beginns in den Hintergrund, weil die Zulassung vorzeitigen Beginns, wie oben ausgeführt, nicht das Genehmigungsverfahren als solches beschleunigen kann, sondern lediglich den Vorhabenträger von dem Verbot, ohne eine Zulassung sein Vorhaben zu verwirklichen, vorübergehend partiell freistellt und ihn damit in die Lage versetzt, mit seinem Vorhaben parallel zum fortschreitenden Zulassungs-

---

15 Zum Antragserfordernis als Rechtmäßigkeitsvoraussetzung mitwirkungsbedürftiger Verwaltungsakte vgl. nur *U. Stelkens*, in: Stelkens/Bonk/Sachs, VwVfG, 10. Auflage 2023, § 35, Rn. 239; *von Alemann/Scheffczyk*, in: BeckOK VwVfG, Stand 1.1.2023, § 35, Rn. 80.

16 Vgl. exemplarisch *Mann*, in: Landmann/Rohmer, Umweltrecht, § 8a BImSchG, Rn. 97; *Jarass*, BImSchG, 14. Auflage 2022, § 8a, Rn. 22 mit Verweis auf § 21, Rn. 20 f.; *Sachs*, in: Stelkens/Bonk/Sachs, VwVfG, 10. Auflage 2023, § 49, Rn. 11, jeweils mit zahlreichen Nachweisen.

17 Vgl. in diesem Sinne auch *Ewer*, Beschleunigter Beginn des Baus von Fernwärmeleitungen, EurUP 2020, 270 (272) und *Hebrock*, Der vorzeitige Baubeginn im Energiewirtschaftsrecht – ein Überblick, UWP 2021, 122.

verfahren nach näherer Maßgabe beginnen zu dürfen. Für die materiellen Voraussetzungen der Zulassung vorzeitigen Beginns gilt im Einzelnen:

1. Wahrscheinlichkeit der Entscheidung zugunsten des Antragstellers

Die Zulassung vorzeitigen Beginns verlangt nach den fachgesetzlichen Regelungen durchweg die Prognose, dass mit einer Entscheidung zugunsten des Antragstellers/Vorhabenträgers/Benutzers gerechnet werden kann (§ 8a Abs. 1 Nr. 1 BImSchG, § 17 Abs. 1 Nr. 1 WHG, § 37 Abs. 1 Nr. 1 KrWG, § 57b Abs. 1 Nr. 1 BBergG, § 67a Abs. 1 Nr. 1 UVPG sowie § 44c Abs. 1 Nr. 1 EnWG).

a)

Anknüpfungspunkt für diese Prognose ist dabei grundsätzlich die Genehmigungsfähigkeit des gesamten Vorhabens.[18] Diese positive Prognose entfaltet keine Bindungswirkung für die endgültige Entscheidung. Die Prognose, dass mit einer Entscheidung zugunsten des Trägers des Vorhabens bzw. des Unternehmers oder des Benutzers gerechnet werden kann, ist nicht (feststellender) Regelungsbestandteil der Zulassung vorzeitigen Beginns, sondern vielmehr tatbestandliche Voraussetzung der Zulassungsentscheidung. Damit fehlt es an einer Rechtfertigung dafür, dieser Prognose einen Regelungscharakter und damit Bindungswirkung beizumessen. Das ist in der Rechtsprechung geklärt[19] und in der Kommentarliteratur unbestritten.[20] Hinsichtlich der Detailausgestaltung eines Vorhabens können bei der Zulassung vorzeitigen Beginns folglich durchaus noch Fragen offen-

---

18 Siehe zum Beispiel *Enders*, in: BeckOK Umweltrecht, § 8a BImSchG, Rn. 15; *Klages*, in: BeckOK Umweltrecht, § 37 KrWG, Rn. 4; *Guckelberger*, in: BeckOK Umweltrecht, § 17 WHG, Rn. 6; *Hermeier/Kalinna*, in: BeckOK EnWG, § 44c, Rn. 10; *Dippel*, in: Schink/Reidt/Mitschang, UVPG UmwRG, 2. Auflage 2023, § 67a, Rn. 5, jeweils mit weiteren Nachweisen.

19 Vgl. BVerwG, Beschluss vom 30.4.1991 – 7 C 35/90, NVwZ 1991, 994 (995); VGH München, Beschluss vom 23.9.2021 – 22 A 20.40011, BeckRS 2021, 28464, Rn. 5; OVG Münster, Beschluss vom 10.11.2020 – 8 B 1409/20.AK, juris, Rn. 26; OVG Bautzen, Beschluss vom 14.7.2020 – 4 B 169/19, BeckRS 2020, 20498, Rn. 39; OVG Magdeburg, Beschluss vom 24.8.2016 – 2 M 43/16, KommJur 2017, 77 (79).

20 Vgl. nur *Jarass*, BImSchG, 14. Auflage 2022, § 8a, Rn. 19; *Beckmann*, in: Landmann/Rohmer, Umweltrecht, § 37 KrWG, Rn. 33; *Guckelberger*, in: BeckOK Umweltrecht, § 17 WHG, Rn. 6.

bleiben, soweit sie nur insgesamt lösungsfähig erscheinen und damit der Genehmigungsfähigkeit nicht von vornherein entgegenstehen. Die konkret zur vorzeitigen Zulassung beantragte Maßnahme als Teil des gesamten Vorhabens bedarf allerdings einer detaillierteren Prüfung dahingehend, dass mit überwiegender Wahrscheinlichkeit das Vorhaben in den entsprechenden Teilbereichen auch konkret so genehmigt werden wird, wie es in Teilen vorzeitig ausgeführt werden soll. Auch darüber besteht in Rechtsprechung und Kommentarliteratur kein Streit.[21]

Ebenfalls weitgehende Einigkeit besteht im Hinblick auf die Frage, was der Entscheidungsmaßstab für die anzustellende Prognose ist. Anknüpfungspunkt für die Genehmigungsprognose ist grundsätzlich die Genehmigungsfähigkeit des Gesamtvorhabens.[22] Der Genehmigung dürfen keine unüberwindbaren Hindernisse entgegenstehen, wobei zwar eine bloße Evidenzprüfung nicht ausreicht, aber dennoch an die Zulassungsprognose keine allzu hohen Anforderungen zu stellen sind[23] – eben weil es sich um eine Prognose handelt und noch nicht um eine Vollprüfung.[24] Eine Detailprüfung der offenen Fragen ist also nicht verlangt. Dies würde nach übereinstimmender Auffassung die abschließende Entscheidung vorwegnehmen und damit dem Sinn des Instruments der Zulassung eines vorzeitigen Beginns zuwiderlaufen.

b)

Im Gegensatz hierzu besteht keineswegs Einigkeit, was die Bewertungsgrundlage für die Prognoseentscheidung ist. Dass dafür ausreichende Informationen vorliegen müssen, ist zwar unbestritten. Wann genau dieser Zeitpunkt aber erreicht ist, sagt das Gesetz nicht. Auch der vom Umweltministerium NRW 2022 herausgegebene Leitfaden für das Genehmigungs- und Anzeigeverfahren nach dem BImSchG, nach eigenem Anspruch ein Leitfa-

---

21 Vgl. *Mann*, in: Landmann/Rohmer, Umweltrecht, § 8a BImSchG, Rn. 40; *Hermeier/Kalinna*, in: BeckOK EnWG, § 44c, Rn. 10.

22 Vgl. statt vieler nur *Mann*, in: Landmann/Rohmer, Umweltrecht, § 8a BImSchG, Rn. 39; *Guckelberger*, in: BeckOK Umweltrecht, § 17 WHG, Rn. 6; *Hebrock*, Der vorzeitige Beginn im Energiewirtschaftsrecht, UWP 2021, 122 (125).

23 So mit Recht *Enders*, in: BeckOK Umweltrecht, § 8a BImSchG, Rn. 15; ähnlich *Beckmann*, in: Landmann/Rohmer, Umweltrecht, § 37 KrWG, Rn. 31.

24 Vgl. ähnlich für die Prüfungstiefe bei der UVP-Vorprüfung BVerwG, Urteil vom 18.12.2014 – 4 C 36/13, juris, Rn. 29.

den „für ein optimiertes und beschleunigtes Verfahren in NRW", schweigt sich hierzu aus. Dort wird nur ausgeführt, Voraussetzung sei, dass die Erteilung der Genehmigung überwiegend wahrscheinlich sei und die Prognose umso mehr Substanz besitzen müsse, je mehr Errichtungsmaßnahmen zugelassen würden.[25] Diese Formulierung ist in ihrer Allgemeinheit zwar zutreffend, stellt aber die Anwendungspraxis „am Fall" vor Schwierigkeiten.

Für eine ausreichende Bewertungsgrundlage müssen zunächst (Regelungen in der Gasmangellage ausgenommen) die vollständigen Antragsunterlagen vorliegen. Die Vollständigkeit ist an dieser Stelle ein formales Kriterium. Gemeint sind damit die nach § 7 Abs. 1 der 9. BImSchV bzw. nach § 73 Abs. 1 Satz 2 VwVfG vollständigen Unterlagen, also diejenigen Unterlagen, die das Vorhaben, seinen Anlass und die von dem Vorhaben betroffenen Grundstücke und Anlagen erkennen lassen (§ 73 Abs. 1 Satz 2 VwVfG), bzw. diejenigen Unterlagen, die nach der 9. BImSchV zum notwendigen Umfang eines Genehmigungsantrags gehören. Diese formale Vollständigkeit im Sinne einer Prüffähigkeit des Antrags ist dann erfüllt, wenn die Unterlagen sich zu allen rechtlich relevanten Aspekten des Vorhabens verhalten und sie die Behörde in die Lage versetzen, den Antrag unter Berücksichtigung dieser Vorgaben näher zu prüfen. Nicht vollständig sind Unterlagen nur dann, wenn sie rechtlich relevante Fragen vollständig ausblenden. Die Unterlagen müssen nicht schon die Genehmigungsfähigkeit belegen, um in diesem Sinne vollständig zu sein. Es ist also nicht erforderlich, dass zum Beispiel ein vorzulegendes Gutachten der Prüfung in jeder Hinsicht standhält und keine weiteren fachlichen Fragen aufwirft. Dies ist in der Rechtsprechung des BVerwG geklärt.[26] Diese formale Vollständigkeit ist also nicht zu verwechseln mit einer abschließenden „Vollständigkeit" des Genehmigungsantrags unmittelbar vor Ausspruch der Zulassungsentscheidung, nachdem zur abschließenden materiellen Prüfung gegebenenfalls im Laufe des Verfahrens weitere Unterlagen vorgelegt wurden, auf deren Basis dann alle Zulassungsvoraussetzungen für das jeweilige Vorhaben abschließend geprüft werden können.[27] Ebenso wird noch einheitlich beurteilt,

---

25 Vgl. den Leitfaden „Das Genehmigungs- und Anzeigeverfahren nach dem BImSchG" des Umweltministeriums NRW, 2021, verfügbar unter www.umwelt.nrw.de, Ziffer 11.3, S. 110.

26 BVerwG, Urteil vom 25.6.2020 – 4 C 3/19, NVwZ 2020, 1434 (1437); vgl. auch *Kämper*, in: BeckOK VwVfG, § 73, Rn. 6.

27 Vgl. BVerwG, oben Fn. 26, Rn. 26; auch *Kämper*, in: BeckOK VwVfG, § 73, Rn. 6, auch unter Hinweis auf § 73 Abs. 8 VwVfG; *Dippel*, in: Schink/Reidt/Mitschang, UVPG UmwRG, 2. Auflage 2023, § 67a UVPG, Rn. 6.

dass der Behörde die Stellungnahmen der Träger öffentlicher Belange (nach § 67a Abs. 1 Satz 1 Nr. 1 UVPG und § 44c Abs. 1 Satz 1 Nr. 1 EnWG zusätzlich die Stellungnahmen der Gebietskörperschaften, soweit diese nicht ohnehin Träger öffentlicher Belange sind) vorliegen müssen.[28]

c)

Kontrovers diskutiert wird, ob ein weitergehender Verfahrensstand erreicht sein muss, damit die positive Prognose mit der Feststellung einer überwiegenden Wahrscheinlichkeit einer Gesamtentscheidung getroffen werden kann. Dies hat das OVG Berlin-Brandenburg in dem Beschluss zur „Tesla Gigafactory" vom 20. Februar 2020 für § 8a BImSchG dahingehend beantwortet, dass das Gesetz aufgrund der Anknüpfung an das laufende Genehmigungsverfahren zwar voraussetze, dass ein Genehmigungsantrag bereits gestellt wurde, dass hier aber weitere verfahrensrechtliche Voraussetzungen für die Zulassung des vorzeitigen Beginns nicht geregelt seien.[29] Das OVG führt weiter aus, aufgrund dieser gesetzlichen Regelungssystematik verbiete es sich, für die Zulassung vorzeitigen Beginns schematisch an die Durchführung bestimmter Verfahrensabschnitte im Genehmigungsverfahren anzuknüpfen. Entscheidend sei allein, ob davon ausgegangen werden könne, dass der Behörde im Zeitpunkt der Zulassungsentscheidung ausreichendes Tatsachenmaterial für ihre Prognose hinsichtlich der Genehmigungsfähigkeit des Vorhabens vorlag. Das – so das OVG Berlin-Brandenburg – werde zwar „regelmäßig" der Fall sein, wenn die gesetzlich vorgesehenen Beteiligungsverfahren durchgeführt seien, jedoch könne die genehmigende Behörde im Einzelfall auch schon vor Abschluss der erforderlichen Beteiligungsverfahren Kenntnis der entscheidungserheblichen Tatsachen erlangt haben, die ihr eine solche Prognose ermöglichen. Für den Fall der „Tesla Gigafactory" hat das OVG Berlin-Brandenburg darauf abgestellt, dass das Verfahren der Öffentlichkeitsbeteiligung bereits weit fortgeschritten war: Die Auslegung war abgeschlossen, die Einwendungsfrist lief zwar noch, es

---

28 Siehe *Jarass*, BImSchG, 14. Auflage 2022, § 8a, Rn. 11; *Mann*, in: Landmann/Rohmer, Umweltrecht, § 8a BImSchG, Rn. 49; *Klages*, in: BeckOK Umweltrecht, § 37 KrWG, Rn. 4; *Guckelberger*, in: BeckOK Umweltrecht, § 17 WHG, Rn. 6.1; *Dippel*, in: Schink/Reidt/Mitschang, UVPG UmwRG, 2. Auflage 2023, § 67a, Rn. 6.

29 OVG Berlin-Brandenburg, Beschluss vom 20.2.2020 – OVG 11 S 8/20 -, ZUR 2020, 368 (370).

waren aber bis zum Erlass des vom OVG überprüften Bescheides über die Zulassung vorzeitigen Beginns 67 Einwendungsschreiben bei der Behörde eingegangen. Insofern habe die Behörde davon ausgehen dürfen, dass sich durch den Abschluss der Öffentlichkeitsbeteiligung keine durchgreifenden weiteren Erkenntnisse ergeben werden. Diese Entscheidung ist in der Kommentarliteratur und im weiteren Schrifttum nicht nur zustimmend[30], sondern auch kritisch aufgenommen worden.[31] Jedoch ist es mit dem Wortlaut der Vorschriften über die Zulassung vorzeitigen Beginns nur schwerlich zu vereinbaren, daraus indirekt weitergehende Verfahrensanforderungen abzuleiten und sehr formal auf einen bestimmten Verfahrensstand – beispielsweise den Abschluss der Öffentlichkeitsbeteiligung infolge eines schon durchgeführten Erörterungstermins oder einer Onlinekonsultation – abzustellen. Die gesetzlichen Bestimmungen über die Zulassung vorzeitigen Beginns verlangen dies nicht, ein bestimmter formaler Verfahrensstand wird dort für die Entscheidung über die Zulassung vorzeitigen Beginns gerade nicht geregelt. Die positive Prognose zur Genehmigungsfähigkeit des Gesamtvorhabens ist nach dem Wortlaut des § 8a BImSchG mithin nicht schematisch mit einem bestimmten Verfahrensstand verbunden, selbst wenn mit jedem Verfahrensschritt die Entscheidungsgrundlage für eine positive Prognose „wächst". Das gilt ähnlich für § 37 KrWG, § 17 WHG und § 57b BBergG. Lediglich § 67a UVPG und § 44c EnWG verlangen die Einbeziehung der Stellungnahmen der Träger öffentlicher Belange einschließlich der Gebietskörperschaften in die Prognoseentscheidung, nicht aber den Abschluss der Öffentlichkeitsbeteiligung.[32] Vielmehr muss materiell gefragt werden, ob der Erkenntnisfortschritt im Verfahren schon eine ausreichende

30 Zustimmung erfährt der Beschluss z.B. bei *Steiger/Kramp*, Grüne Liga gegen Tesla – Kann und soll das Verbandsklagerecht eingeschränkt werden?, ZUR 2020, 358 ff.

31 Zur Kritik vgl. zum Beispiel *Hohnerlein*, Die Zulassung vorzeitigen Beginns umweltrelevanter Vorhaben als Interimsentscheidung, NVwZ 2022, 750 (755); *Mutert*, Anmerkung zum Beschluss des OVG Berlin-Brandenburg vom 20.2.2020 – 11 S 8/20, ZUR 2020, 373 (374); kritisch zur Zulassung vorzeitigen Baubeginns nach § 44c EnWG (Stellungnahmen der Behörden erforderlich, vollständige UVP und Stellungnahmen der Naturschutzverbände aber nicht) auch bereits *Baumann/Brigola*, Das Gesetz zur Beschleunigung des Energieleitungsausbaus und die Bremskraft der Garantie effektiven Rechtsschutzes, DVBl. 2020, 324 (329).

32 Unklar insofern zu § 44c EnWG *Leidinger*, Netzausbaubeschleunigung zum Zweiten, NVwZ 2020, 1377 (1380), der den Abschluss der Öffentlichkeitsbeteiligung wohl (anders als *Baumann/Brigola*, a.a.O., Fn. 31) ausnahmslos für erforderlich hält; unklar insofern auch *Hebrock*, Der vorzeitige Baubeginn im Energiewirtschaftsrecht, UWP 2021, 122 (125).

Grundlage für die positive Prognose bietet. Insofern ist dem OVG Berlin-Brandenburg zuzustimmen, wenn es allein auf diese materielle Frage abstellt.[33]

d)

Es liegt auf der Hand, dass mit der hier behandelten Frage, wann eine positive Prognose im Verfahren möglich ist, unter Umständen ein ganz erhebliches Beschleunigungspotenzial im Zulassungsverfahren verbunden ist. Entkoppelt man konsequent die Frage, wann mit einer Entscheidung zugunsten des Antragstellers zu rechnen ist, von einem formalen Verfahrensstand und verkoppelt sie allein mit dem Erreichen einer ausreichenden Beurteilungsgrundlage, so können damit – wie der Fall „Tesla Grünheide" gezeigt hat – Wochen oder gar Monate der Vorhabenbeschleunigung erreicht werden. Die neuen gesetzlichen Regelungen in § 31e Abs. 2 BImSchG oder § 5 Abs. 1 Nr. 5 LNGG bestätigen diese Einschätzung.

2. Berechtigtes oder öffentliches Interesse

Die Regelungen über die Zulassung vorzeitigen Beginns verlangen, dass an dem vorzeitigen Beginn ein öffentliches Interesse oder ein berechtigtes Interesse des Vorhabenträgers/Unternehmers/Benutzers besteht (§ 8a Abs. 1 Nr. 2 BImSchG, § 17 Abs. 1 Nr. 2 WHG, § 37 Abs. 1 Nr. 2 KrWG, § 57b Abs. 1 Nr. 3 BBergG, § 67a Abs. 1 Nr. 2 UVPG sowie § 44c Abs. 1 Nr. 2 EnWG). Wie dieses Merkmal auszufüllen ist, darüber besteht im Wesentlichen Einigkeit in der Rechtsprechung und Kommentarliteratur.

Für das berechtigte Interesse genügt bereits jedes verständige, durch die besondere Sachlage gerechtfertigte Interesse. Dafür reicht üblicherweise das Interesse des Betreibers an einer zeitlichen Beschleunigung seines Vorhabens aus. Das kann etwa dann der Fall sein, wenn sich die endgültige

33 Zustimmend auch *Steiger/Kramp*, Grüne Liga gegen Tesla – Kann und soll das Verbandsklagerecht eingeschränkt werden?, ZUR 2020, 358 ff.; wohl auch *Riege*, Erste Erfahrungen zum vorzeitigen Baubeginn nach § 44c EnWG, EnWZ 2022, 305 (307); vgl. auch *Dippel*, in: Schink/Reidt/Mitschang, UVPG UmwRG, 2. Auflage 2023, § 67a UVPG, Rn. 6; auch *Wirths*, in: Führ (Hrsg.), GK-BImSchG, 2. Auflage 2019, § 8a, Rn. 33, sieht die Prognosegrundlage unabhängig von formalen Verfahrensstadien jeweils nach dem erreichten Erkenntnisstand als ausreichend an.

Entscheidung im Zulassungsverfahren aus Gründen verzögert, die nicht im Einflussbereich des Vorhabenträgers liegen, z.B. im Fall gezielter „Masseneinwendungen“ oder behördlicher Fehler bei der Handhabung des Verfahrens.[34] Ein solches berechtigtes Interesse fehlt (selbstverständlich) dann, wenn Zweifel an der Rechtmäßigkeit der Teilmaßnahmen oder der Vorarbeiten bestehen, mit denen vorzeitig begonnen werden soll. Es kann auch dann fehlen, wenn das Vorhaben im Zulassungsverfahren bereits einen solchen Grad der Genehmigungsreife erreicht hat, dass in Kürze die Erteilung der Zulassung zu erwarten ist.[35] Die Anwendung des Merkmals „berechtigtes Interesse“ des Vorhabenträgers zeigt auch das Beschleunigungspotenzial der Zulassung vorzeitigen Beginns im Hinblick auf das jeweilige Vorhaben auf. Insbesondere bei engen „Bauzeitfenstern“, z.B. im Fall zu beachtender Brut- oder Vegetationszeiten, in denen keine Veränderungen durchgeführt werden dürfen, aber auch bei besonders komplexen Bauabschnitten oder notwendigen Sonderbauten (z.B. im Zuge einer Flussquerung) wird dadurch der Zeitdruck aus dem Verfahren genommen.[36]

Alternativ zu dem berechtigten Interesse des Vorhabenträgers kann auch ein öffentliches Interesse ins Feld geführt werden, um die Voraussetzungen für die Zulassung des vorzeitigen Beginns zu erfüllen. Für die Zulassung des vorzeitigen Beginns einer Deponie (§ 37 Abs. 1 Nr. 2 KrWG) bedarf es sogar zwingend eines öffentlichen Interesses, ein berechtigtes Interesse des Vorhabenträgers reicht hier nicht.[37] Anders als bei der Anordnung der sofortigen Vollziehung ist kein darüber hinausgehendes besonderes Interesse (vgl. § 80 Abs. 3 VwGO) erforderlich. Ein öffentliches Interesse an dem vorzeitigen Beginn ergibt sich deshalb im Grunde aus dem Vorhaben selbst, nämlich dann, wenn die frühzeitige Realisierung des Vorhabens aus Gründen des Allgemeinwohls zu befürworten ist. Das kann z.B. bei einer

34 *Riege*, Erste Erfahrungen zum vorzeitigen Baubeginn nach § 44c EnWG, EnWZ 2020, 305 (307); *Hagmann*, in: Landmann/Rohmer, Umweltrecht, § 67a UVPG, Rn. 8; *Dippel*, in: Schink/Reidt/Mitschang, UVPG UmwRG, § 67a UVPG, Rn. 7; ähnlich *Guckelberger*, in: BeckOK Umweltrecht, § 17 WHG, Rn. 7.

35 Vgl. nochmals *Riege* (Fn. 34), EnWZ 2020, 305 (309); ferner *Mann*, in: Landmann/Rohmer, Umweltrecht, § 8a BImSchG, Rn. 69.

36 BT-Drs. 19/24040, S. 25.

37 Vgl. *Klages*, in: BeckOK Umweltrecht, § 37 KrWG, Rn. 5; *Beckmann*, in: Landmann/Rohmer, Umweltrecht, § 37 KrWG, Rn. 36, der mit Recht darauf aufmerksam macht, dass nicht erkennbar ist, warum für Deponien etwas anderes gelten soll als für immissionsschutzrechtlich genehmigungsbedürftige Abfallentsorgungsanlagen, für deren Zulassung vorzeitigen Beginns auch ein berechtigtes Interesse des Vorhabenträgers ausreicht.

Gewässerbenutzung zum Zwecke der öffentlichen Trinkwasserversorgung der Fall sein[38], kann sich bei einem bergrechtlich zulassungspflichtigen Vorhaben z.B. aus der Sicherstellung der Rohstoffversorgung ergeben[39], kann bei einer Deponie dann vorliegen, wenn die öffentliche, umweltgerechte Abfallentsorgung anderenfalls gefährdet wäre[40], kann sich aber auch daraus ergeben, dass durch die vorzunehmenden Maßnahmen der Umweltschutz verbessert wird, z.B. wenn es sich beim vorzeitigen Beginn um die Durchführung naturschutzrechtlicher Maßnahmen (Schadensbegrenzungsmaßnahmen, vorgezogene Ausgleichsmaßnahmen nach § 44 Abs. 5 BNatSchG sowie Maßnahmen zur Kohärenzsicherung des europaweiten Netzes Natura 2000 gemäß § 34 Abs. 5 BNatSchG) handelt.[41] Aus der Praxis ist dem Verfasser dieses Beitrags kein Fall bekannt, in dem ein Antrag auf Zulassung vorzeitigen Beginns daran scheiterte, dass weder ein berechtigtes noch ein öffentliches Interesse an der Zulassung des vorzeitigen Beginns bestand. Die Regelung wird von den Behörden regelmäßig „vorhabenfreundlich" angewandt.

3. Verpflichtung des Vorhabenträgers

Durchweg verlangen die Umweltgesetze für die Zulassung vorzeitigen Beginns eines Vorhabens oder einer Benutzung, dass sich der Vorhabenträger verpflichtet, alle bis zur Entscheidung durch die Errichtung seines Vorhabens verursachten Schäden zu ersetzen und, wenn das Vorhaben nicht genehmigt wird, den früheren Zustand wiederherzustellen (§ 8a Abs. 1 Nr. 3 BImSchG, § 17 Abs. 1 Nr. 3 WHG, § 37 Abs. 1 Nr. 3 KrWG, § 57b Abs. 1 Nr. 4 BBergG, § 67a Abs. 1 Nr. 5 UVPG). Abweichend davon verlangt § 44c Abs. 1 Nr. 4 EnWG für den Fall, dass das Vorhaben weder planfestgestellt noch plangenehmigt wird, die Herstellung eines „im Wesentlichen gleichartigen Zustands". Die bis Oktober 2022 geltende Fassung von § 44c EnWG verlangte insoweit – wie die anderen genannten Regelungen auch – in diesem Fall die Wiederherstellung des früheren Zustands.

38 Vgl. *Guckelberger*, in: BeckOK Umweltrecht, § 17 WHG, Rn. 7.

39 *Keienburg*, in: Boldt/Weller/Kühne/von Mäßenhausen, BBergG, 2. Auflage 2016, § 57b, Rn. 16; vgl. aber – insofern zurückhaltender – *Beckmann*, in: Frenz (Hrsg.), BBergG, 2019, § 57b, Rn. 49.

40 Vgl. *Klages*, in: BeckOK Umweltrecht, § 37 WHG, Rn. 5.

41 Siehe *Hermeier/Kalinna*, in: BeckOK EnWG, § 44c, Rn. 17; *Dippel*, in: Schink/Reidt/Mitschang, UVPG UmwRG, § 67a, Rn. 8; *Hagmann*, in: Landmann/Rohmer, Umweltrecht, § 67a UVPG, Rn. 9.

Nach völlig übereinstimmender Auffassung in der Kommentarliteratur kann der Vorhabenträger diese Verpflichtung zwar auch im Wege eines öffentlich-rechtlichen Vertrags übernehmen, es reicht aber auch eine einseitige Erklärung gegenüber der Behörde aus.[42] Dem öffentlichen Recht ist die Begründung öffentlich-rechtlicher Pflichten durch eine einseitige öffentlich-rechtliche Willenserklärung seit jeher keineswegs fremd. Ein Beispiel dafür ist die im Baurecht bestehende Möglichkeit eines Grundstückseigentümers, durch eine einseitige öffentlich-rechtliche Willenserklärung gegenüber der Bauaufsichtsbehörde Baulasten zu übernehmen.[43] Die Behörde kann deshalb die Zulassung vorzeitigen Beginns nicht vom Abschluss eines öffentlich-rechtlichen Vertrags abhängig machen, wenn der Vorhabenträger eine solche einseitige öffentlich-rechtliche Willenserklärung anbietet und abgibt. Die Erklärung des Vorhabenträgers zur Wiederherstellung berechtigt die zuständige Behörde, eine solche Wiederherstellung zu verlangen. Dafür bedarf es allerdings einer Konkretisierung durch einen Verwaltungsakt.[44] Aus der Sicht vom vorzeitigen Baubeginn betroffener privater Dritter mag ein öffentlich-rechtlicher Vertrag zwischen dem Vorhabenträger und der Behörde auf den ersten Blick vorzugswürdig sein, da hierdurch – wenn es sich um einen Vertrag zugunsten Dritter handelt, § 62 Satz 2 VwVfG i.V.m. § 328 BGB – auch direkte Ansprüche der Dritten gegen den Vorhabenträger begründet werden können.[45]

Die Verpflichtung begründet eine verschuldensunabhängige Haftung des Vorhabenträgers und umfasst alle Schäden, die durch die vorzeitige Ausfüh-

42 Das ist unstreitig, vgl. *Hermeier/Kalinna*, in: BeckOK EnWG, § 44c, Rn. 28; *Hagmann*, in: Landmann/Rohmer, Umweltrecht, § 67a UVPG, Rn. 17; *Dippel*, in: Schink/Reidt/Mitschang, UVPG UmwRG, § 67a, Rn. 11; *Beckmann*, in: Landmann/Rohmer, Umweltrecht, § 37 KrWG, Rn. 37; *Enders*, in: BeckOK Umweltrecht, § 8a BImSchG, Rn. 14; *Guckelberger*, in: BeckOK Umweltrecht, § 17 WHG, Rn. 8; *Beckmann*, in: Frenz (Hrsg.), BBergG, 2019, § 57b, Rn. 55, jeweils mit weiteren Nachweisen.

43 Vgl. dazu *Wirths*, in: GK-BImSchG, § 8a, Rn. 47 ff. (49).

44 Vgl. nur *Beckmann*, in: Landmann/Rohmer, Umweltrecht, § 37 KrWG, Rn. 37 mit weiteren Nachweisen.

45 Vgl. im Kontext des § 44 EnWG *Riege*, EnWZ 2020, 305 (308); siehe aber auch *Beckmann*, in: Frenz (Hrsg.), BBergG, 2019, § 57b, Rn. 55 sowie *Wirths*, in: GK-BImSchG, § 8a, Rn. 50, wonach eine öffentlich-rechtliche Willenserklärung eines Vorhabenträgers so zu verstehen ist, dass sie öffentlich-rechtliche Schadensersatzpflichten des Vorhabenträgers gegenüber betroffenen Dritten begründen kann; ebenso *Jarass*, BImSchG, § 8a, Rn. 9, sowie *Guckelberger*, in: BeckOK Umweltrecht, § 17 WHG, Rn. 8.

rung adäquat kausal verursacht worden sind, auch reine Vermögensschäden.[46]

4. Reversibilität der Maßnahme

§ 67a Abs. 1 Nr. 3 UVPG und § 44c Abs. 1 Nr. 3 EnWG fordern bei den Entscheidungen über die Zulassung des vorzeitigen Baubeginns ausdrücklich, dass der Vorhabenträger nur Maßnahmen durchführt, die reversibel sind. Das gilt auch, wenn die Vorschrift über die Zulassung vorzeitigen Beginns dieses Erfordernis nicht ausdrücklich regelt, weil sonst das Risiko einer Rückabwicklung den weiteren Entscheidungsprozess unangemessen belasten würde.[47]

Die Frage, wann eine Maßnahme reversibel ist, wird im Einzelnen nicht einheitlich beantwortet und ist gerade vor dem Hintergrund der Tesla-Entscheidung des OVG Berlin-Brandenburg[48] umstritten. Die Gesetzesbegründung stellt darauf ab, dass die durch die zugelassene Maßnahme hervorgerufenen Beeinträchtigungen sowohl in zeitlicher als auch in räumlicher Hinsicht eingriffsnah rückgängig zu machen bzw. umkehrbar sind. Dazu zählen solche Beeinträchtigungen von Natur und Landschaft, die so behoben werden können, dass der ursprüngliche Zustand ohne bleibende Auswirkungen wiederhergestellt wird. Das ist der Fall, wenn insbesondere die geschädigten natürlichen Ressourcen und/oder beeinträchtigten Funktionen der natürlichen Ressourcen und/oder des Naturhaushaltes in den Ausgangszustand zurückversetzt werden können.[49] Allerdings wird die vollständige Wiederherstellung des *früheren* Zustands im Sinne einer Identität im naturwissenschaftlichen Sinn häufig nicht möglich sein, sodass letztlich ausreichend, aber auch entscheidend sein dürfte, ob ein *gleichwertiger* Zustand wiederhergestellt werden kann.[50]

---

46 Vgl. BT-Drs. 19/24040, Seite 25; ferner *Mann*, in: Landmann/Rohmer, Umweltrecht, § 8a BImSchG, Rn. 77; *Beckmann*, in: Landmann/Rohmer, Umweltrecht, § 37 KrWG, Rn. 38; *Guckelberger*, in: Landmann/Rohmer, Umweltrecht, § 17 WHG, Rn. 8; *Dippel*, in: Schink/Reidt/Mitschang, UVPG UmwRG, § 67a, Rn. 12.

47 BVerwG, Urteil vom 30.4.1991 – 7 C 35/90, NVwZ 1991, 994 (996); *Jarass*, BImSchG, § 8a, Rn. 6.

48 OVG Berlin-Brandenburg, Beschluss vom 20.2.2020 – OVG 11 S 8/20, BeckRS 2020, 1968.

49 BT-Drs. 19/24040, S. 25.

50 Vgl. in diesem Sinne auch OVG Berlin-Brandenburg, BeckRS 2020, 1968, Rn. 15; ähnlich *Hermeier/Kalinna*, in: BeckOK EnWG, § 44c, Rn. 23; *Hagmann*, in: Land-

Problematisch wird dies, wenn im Rahmen der Zulassung vorzeitigen Beginns eine – auf den ersten Blick – unumkehrbare Maßnahme zugelassen wird. Die Gesetzesbegründung fasst beispielsweise die für die Umsetzung einer vorzeitig zu beginnenden Maßnahme notwendige Abholzung von Wald im Grundsatz (mit Recht) als irreversibel auf, weil das Nachwachsen des Baumbestands Jahrzehnte in Anspruch nehmen kann.[51] Allerdings kann es auch hier zu einer anderen Beurteilung kommen, wie die „Tesla-Entscheidung" des OVG Berlin-Brandenburg gezeigt hat. Das OVG hat korrekterweise auf den dortigen Einzelfall abgestellt, und zwar auf die konkrete Beschaffenheit des Waldes im Bereich des Vorhabens. Hier handelte es sich um einen ökologisch offenbar nicht besonders werthaltigen Wirtschaftswald, für den das OVG einzelfallbezogen davon ausgegangen ist, dass es sich bei der Abholzung für die Zwecke des Vorhabens doch um eine reversible Maßnahme handele.[52] Das dürfte im Einzelfall zutreffend gewesen sein. Anders als bei einem wirtschaftlich genutzten Wald (z.B. einer Fichtenmonokultur) wird aber das Abholzen von Wäldern mit höherem ökologischem Wert nicht als reversible vorzeitige Maßnahme eingeordnet werden können.[53]

5. Notwendige private Rechte

Nach § 67a Abs. 1 Satz 1 Nr. 4 UVPG muss der Vorhabenträger außerdem über die für die konkreten Maßnahmen erforderlichen privaten Rechte

---

mann/Rohmer, Umweltrecht, § 67a UVPG, Rn. 11; *Hebrock*, Der vorzeitige Beginn im Energiewirtschaftsrecht, UWP 2021, 121 (127 f.); dies wird ähnlich verstanden, soweit die Gesetze eine Wiederherstellung des „früheren Zustands" fordern, vgl. insoweit *Guckelberger*, in: Landmann/Rohmer, Umweltrecht, § 17 WHG, Rn. 9 mit weiteren Nachweisen sowie *Beckmann*, in: Landmann/Rohmer, Umweltrecht, § 37 KrWG, Rn. 39.

51 BT-Drs. 19/24040, S. 26.

52 OVG Berlin-Brandenburg, BeckRS 2020, 1968, Rn. 15; zustimmend *Jarass*, BImSchG, § 8a, Rn. 6; *Hermeier/Kalinna*, in: BeckOK EnWG, § 44c, Rn. 22; *Hebrock* (oben Fn. 50), UWP 2021, 121 (128); siehe aber auch, generell kritisch im Hinblick auf die Wiederherstellbarkeit von Wald, *Hohnerlein*, NVwZ 2022, 750 (753); auch *Mutert*, Anmerkung zum Beschluss des OVG Berlin-Brandenburg vom 20.2.2020, ZUR 2020, 373 (374); kritisch hinsichtlich der (nach seiner Auffassung unzureichenden) Würdigung der Einzelfallumstände durch das OVG äußert sich *van den Berg*, Wiederherstellbare Wälder? – Zur Anwendung der Zulassung des vorzeitigen Beginns auf Rodungsmaßnahmen, NuR 2020, 729 (734 f.).

53 So auch OVG Berlin-Brandenburg; BeckRS 2020, 1968, Rn. 15; eingehend hierzu *van den Berg* (oben Fn. 52), NuR 2020, 729 (734 f.).

verfügen, denn im Unterschied zum Planfeststellungsbeschluss hat die nur vorläufige Entscheidung über die Zulassung des vorzeitigen Baubeginns keine enteignungsrechtliche Vorwirkung. Der Vorhabenträger kann Maßnahmen daher insbesondere nur da umsetzen, wo er sich mit betroffenen Grundstückseigentümern schon vorweg geeinigt hat. Nichts anderes gilt auch nach § 44c EnWG. Zwar hat der Gesetzgeber die entsprechende Forderung nach dem Vorliegen der privaten Rechte des Vorhabenträgers durch Gesetz vom 19. Juli 2022[54] aus dem Gesetz gestrichen, jedoch ist die tatsächliche Umsetzung des vorzeitigen Baubeginns auf Grundstücken Dritter weiterhin davon abhängig, dass sich der Vorhabenträger und der Eigentümer über die Nutzung des Grundstücks geeinigt haben. Der Bescheid über die Zulassung des vorzeitigen Baubeginns hat keine enteignungsrechtliche Vorwirkung.[55]

III. Rechtsschutzfragen

Entscheidungen über die Zulassung vorzeitigen Beginns werfen einige für die Praxis höchst bedeutsame Rechtsschutzfragen auf.

1. Rechtsschutz Dritter

Der gefestigten Rechtsprechung entspricht es, dass ein Drittanfechtungskläger wegen der begrenzten Gestattungswirkung der Zulassung vorzeitigen Beginns seine Klage- oder Antragsbefugnis nicht aus einer möglichen Verletzung seiner subjektiven Rechte ableiten kann, die erst zukünftig durch den mit der vorzeitigen Zulassung gerade noch nicht genehmigten Betrieb einer Anlage verursacht wird.[56] Ebenfalls entspricht es der gefestigten Rechtsprechung, dass der in den Vorschriften über die Zulassung vorzeitigen Beginns vorausgesetzten Prognose, es könne (gegebenenfalls auch mit Blick auf den Nachbarschutz) mit einer Entscheidung zugunsten des

---

54 BGBl. I 2022, 1214 (1224).

55 Siehe *Hermeier/Kalinna*, in: BeckOK EnWG, § 44c, Rn. 29; vgl. auch *Hebrock*, oben Fn. 50, UWP 2021, 121 (128), noch zu § 44c EnWG vor der Streichung der Regelung zu den notwendigen privaten Rechten.

56 Siehe OVG Münster, Beschluss vom 10.11.2020 – 8 B 1409/20.AK, juris, Rn. 24; OVG Bautzen, Beschluss vom 14.7.2020 – 4 B 169/19, BeckRS 2020, 20498, Rn. 36 ff. (39), mit weiteren Nachweisen.

Antragstellers gerechnet werden, für sich genommen keine drittschützende Wirkung zukommt. Soweit es sich bei Einwendungen, die gegen die Zulassung vorzeitigen Beginns vorgebracht werden, um solche handelt, die eigentlich die inhaltliche Richtigkeit der „Hauptentscheidung“ (also z.B. der Vollgenehmigung nach dem BImSchG) betreffen, müssen diese – und können auch erst – gegen die „Hauptentscheidung“ vorgebracht werden.[57] Das macht deutlich, dass Entscheidungen über die Zulassung vorzeitigen Beginns, die sich nur auf Teilschritte eines Vorhabens beziehen können, nicht schon gleichsam einen vorgezogenen Rechtsschutz „aufs Ganze“ ermöglichen. In der Verfahrenspraxis wird dies, wie die hier nachgewiesenen Entscheidungen exemplarisch deutlich machen, von Einwendungsführern bzw. Drittklägern häufig verkannt. Gerade in verwaltungsgerichtlichen Auseinandersetzungen über die Zulassung vorzeitigen Beginns eines Vorhabens, von dem nur bestimmte Errichtungsschritte zugelassen sind, werden häufig bereits Argumente vorgebracht, die sich auf die befürchteten Auswirkungen eines späteren Betriebs einer Anlage (deren Genehmigung noch aussteht) oder der Voll-Ausnutzung einer späteren Zulassung beziehen.

Gegen eine Vielzahl von Einwendungen bzw. Argumenten gegen ein Vorhaben, die von dritter Seite vorgebracht werden (können), ist die Zulassung des vorzeitigen Beginns daher von vornherein „immun“. Das bedeutet letztlich aber nur, dass zwar vorläufig noch ohne größere Verfahrensrisiken mit dem Vorhaben begonnen werden kann, jedoch wird der Rechtsschutz und damit das Risiko für den Vorhabenträger hierdurch lediglich auf einen späteren Zeitpunkt verlagert, an dem mit der Errichtung eines Vorhabens bereits begonnen worden ist und zu dem dann eine gerichtliche Entscheidung gegen das Vorhaben für den Vorhabenträger noch deutlich ungünstiger sein könnte, als wäre es zunächst gar nicht begonnen worden. Dieses Risiko ist der Zulassung vorzeitigen Beginns allerdings immanent. Es muss deshalb von vornherein in die Überlegungen eines Vorhabenträgers mit einbezogen werden. In der Praxis läuft das darauf hinaus, dass nicht nur die Zulassungsbehörde prognostizieren muss, ob sie ein Vorhaben insgesamt

---

57 Siehe bereits BVerwG, Urteil vom 30.4.1991 – 7 C 35/90, NVwZ 1991, 994; aus der jüngeren Rspr. vgl. OVG Münster, Beschluss vom 10.11.2020 – B 1409/20.AK, juris, Rn. 26; vgl. für § 57b Abs. 1 BBergG auch VG Magdeburg, Beschluss vom 17.7.2020 – 3 B 158/20, BeckRS 2020, 28544, Rn. 55; OVG Bautzen, Beschluss vom 14.7.2020 – 4 B 169/19, BeckRS 2020, 20498, Rn. 39 (zu § 17 WHG); vgl. ferner VGH München, Beschluss vom 23.9.2021 – 22 A 20.40011, BeckRS 2021, 28464, Rn. 8, dazu *Lang*, jurisPR-UmwR 12/2021 sowie VGH München, Beschluss vom 7.3.2022 – 22 A 21.40009, BeckRS 2022, 6542, Rn. 5.

für zulassungsfähig hält, also ob mit der Genehmigung gerechnet werden kann. Vielmehr muss vor allem auch der Vorhabenträger das Risiko eines eventuell erfolgreichen Rechtsschutzes von dritter Seite sorgfältig in seine Überlegungen einbeziehen, und zwar mehr noch, als wenn vor dem Beginn der Errichtung eines Vorhabens zunächst der Ausgang eines Drittrechtsbehelfs abgewartet werden könnte.

2. Anwendbarkeit des UmwRG

In der jüngsten Zeit diskutiert wird auch immer wieder die Frage, ob denn die Zulassung vorzeitigen Beginns eine Zulassungsentscheidung im Sinne von § 2 Abs. 6 Nr. 1 UVPG bzw. § 1 Abs. 1 Satz 1 Nr. 1 oder ein Verwaltungsakt nach § 1 Abs. 1 Satz 1 Nr. 5 UmwRG sei.

Die Regelung in § 1 Abs. 1 Satz 1 UmwRG ist sehr unübersichtlich, auch die Rechtsprechung tut sich damit im Einzelnen mitunter etwas schwer.[58] In der Rechtsprechung und Kommentarliteratur wird vielfach die Auffassung vertreten, auch Entscheidungen über die Zulassung des vorzeitigen Beginns seien solche Zulassungsentscheidungen im Sinne von § 2 Abs. 6 Nr. 1 UVPG/§ 1 Abs. 1 Satz 1 Nr. 1 UmwRG.[59] Dagegen spricht allerdings, dass Entscheidungen über die Zulassung vorzeitigen Beginns nicht das Vorhaben als solches zulassen (auch nicht teilweise), sondern lediglich eine Prognose treffen, auf deren Grundlage ein Vorhabenträger auf eigenes Risiko – und grundsätzlich beschränkt auf reversible Maßnahmen – mit einer teilweisen Realisierung seines Vorhabens beginnen darf. Er wird lediglich von dem an sich bestehenden Genehmigungserfordernis für Teile seines Vorhabens vorübergehend freigestellt. Das ist keine Zulassung des Vorhabens, anders als zum Beispiel eine Teilgenehmigung, auch ein Vorbescheid (§§ 8, 9 BImSchG) oder auch eine Verlängerungsentscheidung gemäß § 18 Abs. 3 BImSchG[60], die dem Vorhabenträger entweder (und zwar

58 Vgl. nur BVerwG, Urteil vom 29.10.2020 – 4 CN 9/19, juris, Rn. 11 ff. (Bebauungspläne); BVerwG, Urteil vom 6.10.2022 – 7 C 5/21, juris, Rn. 12 (bergrechtlicher Hauptbetriebsplan).

59 Siehe z.B. OVG Koblenz, Beschluss vom 4.3.2016 – 8 B 10234/16.OVG, BeckRS 2016, 43234, Rn. 4; ebenso *Franzius*, in: Schink/Reidt/Mitschang, UVPG/UmwRG, 2. Auflage 2023, § 1 UmwRG, Rn. 17; für die Einordnung der Zulassung vorzeitigen Beginns als Verwaltungsakt i. S. d. § 1 Abs. 1 S. 1 Nr. 5 UVPG spricht sich das OVG Berlin-Brandenburg unter Änderung seiner eigenen vorherigen Rechtsprechung aus, vgl. OVG Berlin-Brandenburg, Beschluss vom 14.7.2021 – 11 S 78/21, juris, Rn. 21.

60 BVerwG, Urteil vom 19.12.2019 – 7 C 28/18, juris, Rn. 13.

insoweit abschließend) gestatten, einen Teil des Vorhabens zu realisieren oder mit bindender Wirkung eine spätere Zulassungsentscheidung vorwegnehmen. Insoweit hat die Auffassung, wonach Entscheidungen über die Zulassung vorzeitigen Beginns keine Zulassungsentscheidungen im Sinne von § 2 Abs. 6 Nr. 1 UVPG sind, ebenfalls einiges für sich.[61] Selbst dann müsste (auch aufgrund von Art. 11 UVP-Richtlinie) eine gerichtliche Überprüfungsmöglichkeit im Hinblick auf das UVP-Recht eingeräumt sein, wenn die Behörde nichtreversible Maßnahmen zuließe, die für sich gesehen nur im Wege einer abschließenden Zulassungsentscheidung nach Durchführung einer UVP genehmigt werden dürften.[62] Da diese Frage bisher höchstrichterlich nicht entschieden ist, bedeutet auch dies für einen Vorhabenträger ein gewisses Risiko, welches er mit einem Antrag bzw. einer entsprechenden Zulassung vorzeitigen Beginns auf sich zu nehmen bereit sein muss.[63]

3. Spannungsverhältnis zu effektivem Rechtsschutz

Die Zulassung vorzeitigen Beginns steht unbestreitbar in einem gewissen Spannungsverhältnis zu dem durch Art. 19 Abs. 4 GG gewährleisteten effektiven Rechtsschutz[64], also zu einem Rechtsschutz im Sinne einer tatsächlich wirksamen und möglichst lückenlosen gerichtlichen Kontrolle[65] – aber insofern „nur" zum Rechtsschutz Dritter (Vorhabenbetroffene, Umweltverbände) gegen ein Vorhaben. Ohne diesen Aspekt hier weiter vertiefen zu

---

61 So mit gewichtigen Argumenten VG Karlsruhe, Beschluss vom 12.8.2009 – 4 K 1648/09, BeckRS 2009, 37835, zit. nach juris, Rn. 24 ff.; ebenso VG Schleswig, Beschluss vom 11.1.2008 – 12 B 44/07, ZUR 2008, 211 (212); *Mann*, in: Landmann/Rohmer, Umweltrecht, § 8a BImSchG, Rn. 127 f. (128); *Keienburg*, in: Boldt/Weller/Kühne/von Mäßenhausen, BBergG, 2. Auflage 2016, § 57b, Rn. 33; wohl auch *Fellenberg/Schiller*, in: Landmann/Rohmer, Umweltrecht, § 1 UmwRG, Rn. 21.

62 Siehe erneut *Fellenberg/Schiller*, in: Landmann/Rohmer, a. a. O., Rn. 21; hier würde sich dann wiederum die im Einzelfall schwierig zu beantwortende Frage stellen, was „irreversibel" bedeutet (vgl. oben II.4.).

63 Vgl. *Hagmann*, in: Landmann/Rohmer, Umweltrecht, § 67a UVPG, Rn. 31; *Fellenberg/Schiller*, in: Jarass/Petersen, Kreislaufwirtschaftsgesetz, § 36, Rn. 50, 131; *Hermeier/Kalinna*, in: BeckOK EnWG, § 44c, Rn. 49; *Enders*, in: BeckOK Umweltrecht, § 8a BImSchG, Rn. 27, jeweils m. w. N.

64 Vgl. die Nachweise oben in Fn. 1.

65 Siehe hierzu BVerfG, Urteil vom 17.12.2013 – 1 BvR 3139/08 u.a., NVwZ 2014, 211 (220 ff.); vgl. auch *Enders*, in: BeckOK GG, Art. 19, Rn. 74 mit zahlreichen Nachweisen.

können, sei darauf hingewiesen, dass hierbei der Vorhabenträger nicht übersehen werden darf, der ja seinerseits eine (gerade auf die Beschleunigung „seines" Genehmigungsverfahrens gerichtete) Rechtsposition hat. Es stehen sich also gegenläufige Rechtspositionen im Ansatz gleichrangig gegenüber. Für die Konstellation eines „mehrpoligen" Verwaltungsrechtsverhältnisses hat das BVerfG und haben auch die Verwaltungsgerichte im Zusammenhang mit Eilentscheidungen über die Regelung der Vollziehung (§§ 80, 80a VwGO) vielfach angemerkt, dass es von Verfassung wegen an einem Rangverhältnis der privaten Rechtspositionen und einer einseitigen Vermutung zugunsten des Individualrechtsschutzes Dritter fehlt.[66] Das gilt nicht nur in den von den Gerichten angesprochenen Entscheidungssituationen über die Regelung der Vollziehung, sondern dürfte in gleicher Weise für die „mehrpoligen" Verfahrenssituationen im Zusammenhang mit Zulassungen vorzeitigen Beginns Geltung beanspruchen. Insofern ist das häufig vorgetragene Argument einer Vernachlässigung des effektiven Rechtsschutzes Dritter durch Entscheidungen über die Zulassung vorzeitigen Beginns zu relativieren und in den größeren Zusammenhang mit den auf die Vorhabenbeschleunigung gerichteten Rechtspositionen – jedenfalls – privater Vorhabenträger zu stellen.

4. Rechtsschutz des Vorhabenträgers

Enthält die positive Entscheidung über die Zulassung des Vorhabens Nebenbestimmungen, mit denen der Vorhabenträger nicht einverstanden ist, so kann er diese isoliert anfechten, sofern die Zulassungsentscheidung materiell teilbar ist, soweit also der noch verbleibende Inhalt der Zulassungsentscheidung rechtmäßig und sinnvoll weiter bestehen kann. Davon wird man bei „echten" Auflagen regelmäßig auszugehen haben.[67] Sobald das Vorhaben als solches zugelassen und damit der Antrag beschieden ist, tritt der gestattende Teil der Genehmigung an die Stelle der Zulassung

66 BVerfG, Nichtannahmebeschluss vom 1.10.2008 – 1 BvR 2466/08, juris, Rn. 18; aus der Rechtsprechung der Verwaltungsgerichte vgl. z.B. VGH Mannheim, Beschluss vom 29.1.2019 – 10 S 1919/17, juris, Rn. 4; OVG Schleswig, Beschluss vom 29.10.2020 – 4 MR 1/20, juris, Rn. 26; VGH Kassel, Beschluss vom 24.10.2017 – 9 B 1789/17.T, juris, Rn. 33; auch OVG Lüneburg, Beschluss vom 9.8.2019 – 12 MS 34/19, juris, Rn. 9.

67 Siehe *Fellenberg/Schiller*, in: Jarass/Petersen, Kreislaufwirtschaftsgesetz, § 36, Rn. 131, § 37, Rn. 50; siehe auch *Neumann/Külpmann*, in Stelkens/Bonk/Sachs, VwVfG, 10. Auflage 2023, § 74, Rn. 266; *Schröder*, in: Schoch/Schneider, Verwaltungsrecht Kommentar, Stand 3. EL August 2022, § 36 VwVfG, Rn. 141 ff.

vorzeitigen Beginns als einer nur vorläufigen Zulassung, die lediglich das grundsätzlich bestehende präventive Errichtungs- und Betriebsverbot teilweise und vorläufig suspendiert. Dadurch wird die Zulassung vorzeitigen Beginns gegenstandslos, ihre Regelungswirkung endet.[68]

C. Fazit

Die Zulassung des vorzeitigen Beginns von Vorhaben ist im Umweltrecht höchst praxiswirksam und dementsprechend häufig anzutreffen. Sie kann zu einer echten Vorhabenbeschleunigung führen, auch wenn sie nicht das eigentliche Zulassungsverfahren verkürzt. Eine gesicherte rechtliche Basis dafür, dass der Vorhabenträger dann auch tatsächlich die Genehmigung für das von ihm beantragte Vorhaben bekommt, ergibt sich de jure aus der Entscheidung über die Zulassung vorzeitigen Beginns noch nicht. Allerdings erfordert die Zulassung vorzeitigen Beginns nach den Vorschriften der umweltrechtlichen Fachgesetze durchweg eine positive Prognose über den Ausgang des Zulassungsverfahrens. Wird diese Prognose sorgfältig getroffen, so lassen sich in der Praxis durchaus die Voraussetzungen für die frühzeitige Verwirklichung eines Vorhabens schaffen. Dies setzt im Vorfeld eine wirklich gründliche Prüfung durch den Vorhabenträger und die ihn begleitenden Gutachter bzw. sonstigen – auch rechtlichen – Berater voraus. Richtigerweise ist diese positive Prognose nicht formal von einem bestimmten Verfahrensstand abhängig zu machen, sondern allein davon, ob sie sich materiell treffen lässt oder nicht. Auch die neueren Vorschriften zur erleichterten Zulassung vorzeitigen Beginns, die zum Teil auf die Gasmangellage-Regelungssituation zurückzuführen sind, tragen dem Rechnung und entkoppeln kraft ausdrücklicher gesetzlicher Regelung die Entscheidung über die Zulassung vorzeitigen Beginns fast gänzlich von dem Erreichen eines bestimmten Verfahrensstands. Teilweise gehen sie sogar so weit, dass schon vor der Einreichung vollständiger Unterlagen eine Zulassung vorzeitigen Beginns ausgesprochen werden darf.

Dass gleichsam reflexartig der Einwand erhoben wird, damit könne der Rechtsschutz von Umweltverbänden entwertet werden, tut dem Befund der Eignung zur Vorhabenbeschleunigung keinen Abbruch. Bei Umweltver-

---

68 Vgl. *Mann*, in: Landmann/Rohmer, Umweltrecht, § 8a BImSchG, Rn. 115; *Enders*, in: BeckOK Umweltrecht, § 8a BImSchG, Rn. 25; *Jarass*, BImSchG, 14. Auflage 2022, § 8a, Rn. 21; *Beckmann*, in: Landmann/Rohmer, Umweltrecht, § 37 KrWG, Rn. 61.

bandsklagen ist die Zulassung vorzeitigen Beginns jedoch angesichts der noch nicht höchstrichterlich entschiedenen Frage, ob es sich überhaupt um Zulassungsentscheidungen im Sinne des § 1 Abs. 1 S. 1 Nr. 1 UmwRG oder um Verwaltungsakte im Sinne des § 1 Abs. 1 S. 1 Nr. 5 UmwRG handelt, auch insoweit mit einer gewissen Rechtsunsicherheit behaftet. Vor diesem Hintergrund gilt – naturgemäß – gerade auch in solchen Konstellationen, dass auf den Antragsinhalt und die Verfahrensschritte (UVP, UVP-Vorprüfung) große Sorgfalt zu verwenden ist, damit die Maßnahmen, die der Vorhabenträger nach einer Zulassung vorzeitigen Beginns durchführt, nicht durch eine Aufhebung oder Nichtvollziehbarkeitsentscheidung der endgültigen Zulassung durch das Verwaltungsgericht entwertet werden.

Trotz der verbleibenden Unsicherheiten gibt es bei den Voraussetzungen der Zulassung vorzeitigen Beginns zahlreiche Stellschrauben, mit diesem gesetzlichen Instrument eine erhebliche Vorhabenbeschleunigung zu erreichen. Ob manches von den Regelungen, die der „Gasmangellage“ geschuldet sind (§ 31e BImSchG, § 5 Abs. 1 Nr. 5 LNGG), auch dauerhaft fortbestehen wird, bleibt noch abzuwarten. Trotz aller Vorbehalte gilt, was bereits am Anfang dieses Beitrags zum Ausdruck gebracht wurde: Die Zulassung vorzeitigen Beginns ist im Umweltrecht ein echter „Vorhabenbeschleuniger“.

Aktuelle behördliche Instrumente zur Beschleunigung von Planfeststellungsverfahren für den Netzausbau

Wolfgang Kalz

I. Vorbemerkung

Hinsichtlich der angestrebten Energiewende ist der beschleunigte Ausbau der erneuerbaren Energien einschließlich des erforderlichen Ausbaus der Stromnetze derzeit in aller Munde. Neue gesetzliche Bestimmungen werden dafür in so rascher Folge geschaffen, dass es schwerfällt, den Überblick zu behalten.

Der Fokus dieses Beitrags ruht auf dem Netzausbau, mit dem die Kanzlei Andrea Versteyl Rechtsanwälte (AVR) seit geraumer Zeit als Projektmanager nach § 43g des Energiewirtschaftsgesetzes – EnWG – auf Behördenseite befasst ist[1] und der auch aktuell einen Schwerpunkt ihrer Arbeit bildet; in ihn sind alle Kanzleistandorte eingebunden.

Für die dringend erwünschte Beschleunigung wird fortlaufend weiter an einem Abbau von Verfahrenshindernissen gearbeitet, soweit sich ein solcher rechtsstaatlich vertreten lässt. Beschleunigungsmöglichkeiten werden im behördlichen wie im gerichtlichen Verfahren[2] gesucht. (Auch) letztere werden kontrovers diskutiert, in diesem Beitrag aber nicht behandelt, weil in ihm nur Instrumente aufgeführt und bewertet werden, mit denen der Verfasser bereits aktuelle praktische Erfahrungen machen konnte. Die Frage ist, ob die Änderungen der gesetzlichen Bestimmungen halten werden, was sie versprechen, nämlich eine nennenswerte Verkürzung des Genehmigungsverfahrens.

Ebenfalls nicht vertieft behandelt werden Änderungen des materiellen Rechts, die aktuell aus Gründen der Beschleunigung vorgenommen wer-

---

1 Vgl. bereits Planfeststellungsbeschluss der Niedersächsischen Landesbehörde für Straßenbau und Verkehr (NLStBV) vom 21.8.2019 – P216–05020–22/EmCo –; Planfeststellungsbeschluss des Regierungspräsidiums Karlsruhe vom 3.2.2022 – 17–0513.2-E/28 –; Planfeststellungsbeschluss der NLStBV vom 21.10.2022 – CCM_PFA 1 – 05020–83.

2 Entwurf eines Gesetzes zur Beschleunigung von verwaltungsgerichtlichen Verfahren im Infrastrukturbereich, BT-Drs. 20/5165 vom 11.1.2023, Art. 1, S. 7, zum Zeitpunkt der Abfassung dieses Beitrags noch nicht im Gesetzblatt.

den. Diese lassen sich allerdings nicht immer vollständig von den verfahrensrechtlichen Änderungen trennen.

II. Aktuelle Beschleunigungsinstrumente

1. Präklusion, § 43 Abs. 4 EnWG i.V.m. § 73 Abs. 4 S. 3 VwGO

Die in § 73 Abs. 4 S. 3 VwVfG noch aufgeführte Präklusion gehört nicht zu den neu geschaffenen Beschleunigungsinstrumenten, soll hier aber wegen der u.a. im Netzausbau verbliebenen Beschränkung auf das behördliche Verfahren und deren mögliches Beschleunigungspotenzial gleichwohl ins Gedächtnis gerufen werden.

a) Die umfassende auch materielle Präklusion war bis zum Urteil des EuGH vom 15. Oktober 2015 – C-137/14[3] –, mit dem sie zur allgemeinen Überraschung des Fachpublikums für unionsrechtswidrig erklärt wurde, sowohl für das behördliche als auch für das gerichtliche Verfahren ein scharfes Schwert. Mit ihr war nach Ablauf der Einwendungsfrist eingehender Vortrag für den nachfolgenden Erörterungstermin, für die Berücksichtigung im Planfeststellungsbeschluss wie vor allem auch in einem anschließenden gerichtlichen Verfahren ausgeschlossen. Der verspätete Einwender hatte nicht nur formell seine Mitwirkungsmöglichkeit vergeben, sondern auch die zugrunde liegende materielle Rechtsposition verwirkt.[4] Gerade in „großen" Planfeststellungsverfahren mit sehr vielen und umfänglichen Einwendungen bedeutete das Außerachtlassen verspäteter Stellungnahmen eine erhebliche Arbeitsersparnis und war damit auch ein nicht unwesentlicher Beschleunigungsfaktor.

Unter Beachtung der EuGH-Entscheidung, der sich auch das Bundesverwaltungsgericht unter Abkehr von seiner bisherigen Rechtsprechung angeschlossen hat[5], hat der Gesetzgeber in § 7 Abs. 4 des Umweltrechtsbehelfsgesetzes – UmwRG – folgerichtig bestimmt, dass § 73 Abs. 4 S. 3 VwVfG für Zulassungsentscheidungen, für die eine Pflicht zur Durchführung einer Umweltverträglichkeitsprüfung (UVP) bestehen kann, „im Rechtsbehelfsverfahren keine Anwendung" findet. Darunter fallen nach der Liste der Anlage 1 zum UVPG, Nr. 19.1, praktisch alle Hochspannungsfreileitungen nach dem EnWG. Entsprechendes ist speziell nochmals in § 21 Abs. 4 des Geset-

3 Tenor 1, 2. Spiegelstrich und Rn. 75 f., juris.
4 BeckOK VwVfG/Kämper, 58. Ed. 1.1.2023, VwVfG § 73 Rn. 55.
5 Seit Urt. vom 22.10.2015 – 7 C 15.13 –, LS 3 u. Rn. 26, juris.

zes über die Umweltverträglichkeitsprüfung – UVPG – bestimmt, wenn es dort heißt, dass mit Ablauf der Äußerungsfrist für die Öffentlichkeit zu den Umweltauswirkungen „für das Verfahren über die Zulässigkeit des Vorhabens“ alle Äußerungen ausgeschlossen sind, die nicht auf besonderen privatrechtlichen Titeln beruhen.

b) Der nationale Gesetzgeber hat also die materielle Präklusion u.a. in Planfeststellungsverfahren für den Netzausbau außer Kraft setzen müssen, eine „formelle“ Präklusion – also die Nichtberücksichtigung verspäteten Vortrags in einer Erörterung und im Planfeststellungsbeschluss – aber aufrechterhalten.[6] Mit dem Wegfall der materiellen Präklusion ist ein wirksamer Beschleunigungsfaktor – in erster Linie im gerichtlichen, darauf zurückwirkend aber auch im behördlichen Verfahren – entfallen, der durch die Missbrauchspräklusion nach § 5 UmwRG wegen schwieriger Nachweisbarkeit nicht kompensiert wird. Überlegungen, die materielle Präklusion unionsrechtskonform wiedereinzuführen[7], sind inzwischen zwar angestellt worden; sie haben jedoch zu keiner neuen gesetzlichen Ausformung geführt und dürften wegen des zu erwartenden Festhaltens des EuGH an seiner insoweit rigorosen Rechtsprechung, die auf dem schwer zu fassenden Effet-utile-Grundsatz beruht, auch keine Erfolgsaussichten haben.

c) Gleichwohl sollte unter Beschleunigungsgesichtspunkten die Möglichkeit einer formellen Präklusion von Einwendungen durch die Planfeststellungsbehörde nicht von vornherein als unbedeutend und gänzlich zu vernachlässigen behandelt werden.[8]

Immerhin lässt sie nach § 73 Abs. 6 S. 1 VwVfG die Pflicht zur Erörterung der Einwendung und in der Folge zu ihrer Bescheidung im Planfeststellungsbeschluss entfallen (§ 74 Abs. 2 S. 1 VwVfG[9]). Das behält eine mögliche Relevanz auch in Anbetracht der Notwendigkeit, entscheidungserhebliche Informationen bereits von Amts wegen zu berücksichtigen.

So kann es durchaus angezeigt sein, nach Ablauf der Einwendungsfrist oder gar der Erörterung (resp. Online-Konsultation) eingereichte neue umfangreiche Stellungnahmen einschließlich neuer Gutachten von einer förmlichen Befassung auszunehmen – und dies auch mitzuteilen –, wenn damit ein zu hoher Zeitaufwand verbunden wäre. Derartige argumentative „Kettenreaktionen“ erlebt man in Planfeststellungsverfahren immer wieder; sie

---

6 *Schoch/Schneider/Weiß*, 3. EL August 2022, VwVfG § 73 Rn. 256.

7 Vgl. *Durner*, Möglichkeiten und Grenzen einer Wiedereinführung der materiellen Präklusion in Planungs- und Genehmigungsverfahren, UPR 11/2020, S, 443, 449.

8 Zu zaghaft deshalb *Durner*, a.a.O., S, 446.

9 *Stelkens/Bonk/Sachs/Neumann/Külpmann,* VwVfG § 73 Rn. 89.

sollten nicht gleichsam automatisch zu einer Wiedereröffnung der Synopsen oder zu einer den festgelegten Zeitplan gefährdenden Aufladung des Entscheidungsstoffs führen. Das Gesetz verlangt keine Debatte zwischen Betroffenen und entscheidender Behörde. Es reicht mit Blick auf den weiteren Verfahrensablauf deshalb aus, neuen Stoff behördenintern summarisch zu sichten und bei Nichtoffensichtlichkeit entscheidungserheblicher neuer Umstände keine nachträgliche förmliche Befassung vorzunehmen. Zwar besteht das Risiko, in einem eventuellen späteren Gerichtsverfahren darauf eingehen zu müssen. Ein solches Risiko ist aber tragbar und muss nicht automatisch dazu verleiten, schon im Vorhinein darauf einzugehen. Denn einmal braucht die Behörde nicht notwendig von einem sich stets anschließenden gerichtlichen Verfahren auszugehen. Diese Möglichkeit kann nicht Maßstab ihrer Entscheidung sein. Zum anderen besteht auch in einem solchen Verfahren immer die Möglichkeit, sich mit dort eingebrachten neuen oder vertiefenden Gesichtspunkten erwidernd auseinanderzusetzen und notfalls die Entscheidung noch anzupassen. Welchen Weg man hier beschreitet, muss im Einzelfall entschieden werden. Unter Beschleunigungsgesichtspunkten sollte der – immerhin gesetzlich vorgesehenen – Nichtbefassung bei gegebener formeller Präklusion grundsätzlich der Vorrang zukommen.

2. Novellierter § 44 EnWG – Vorarbeiten

a) Mit dem Gesetz zur Änderung des Energiewirtschaftsrechts vom 19. Juli 2022 – Art. 1 Nr. 21 –[10] hat auch § 44 EnWG einige Änderungen erfahren.

Besonders erwähnenswert ist, dass nach Absatz 2 eine Weigerung des Eigentümers oder sonstigen Nutzungsberechtigten nicht mehr zwingende Voraussetzung für die Stellung des Duldungsantrags bei der Behörde ist; diese braucht also nicht mehr abgewartet zu werden, bevor der Vorhabenträger den Antrag zulässigerweise stellen kann. Unabhängig davon muss der Vorhabenträger sich aber bemühen, die Zustimmung zu erhalten. Der Gesetzgeber verspricht sich davon einen Zeitgewinn. Neu ist weiter, dass die Behörde dem Duldungsantrag entsprechen „soll“; dabei handelt es sich um ein sogenanntes intendiertes Ermessen.[11]

10 BGBl. I S. 1214, in Kraft getreten am 29.7.2022.
11 BR-Drs. 164/22 vom 8.4.2022, S. 64.

Zudem sind nunmehr die Planfeststellungsbehörden anstelle der bisher nach Landesrecht zuständigen Fachbehörden als zentrale Stelle für Duldungen zuständig. Deren Zuständigkeit erscheint dem Gesetzgeber sinnvoll, weil sie mit den entsprechenden Sachverhalten in der Regel bereits vertraut sind, bevor es zu einer Duldungsanordnung kommt. Nach § 44 Abs. 2 S. 3 EnWG kann die Duldung jetzt auch durch Allgemeinverfügung ausgesprochen werden, wenn beispielsweise der Kreis der Eigentümer oder Nutzungsberechtigten unklar ist oder gesonderte Bescheide an die jeweiligen Eigentümer oder sonstigen Nutzungsberechtigten wegen der Vielzahl untunlich sind. Auf eine Anhörung kann nach den Voraussetzungen des § 28 Abs. 2 des Verwaltungsverfahrensgesetzes und den entsprechenden Landesverwaltungsverfahrensgesetzen verzichtet werden. In den Fällen, in denen die Allgemeinverfügung in Betracht kommt, wäre regelmäßig von einem hohen Verwaltungsaufwand für eine individuelle Bekanntmachung auszugehen, der mit der besonderen Eilbedürftigkeit der Vorhaben, an deren Durchführung ein überragendes oder jedenfalls großes öffentliches Interesse besteht, nicht zu vereinbaren ist.[12]

b) Der Vorarbeiten gestattende Duldungszwang ist für den Vorhabenträger nützlich, weil er ihm die häufig noch nicht vorliegende zivilrechtliche Verfügungsbefugnis über die benötigten Flächen verschafft. Deshalb kann hier jede Verfahrenserleichterung einen Zeitgewinn erbringen, der mit den Änderungen allerdings bescheiden ausfällt. Vor allem wird die jetzt mögliche Parallelität von Antragstellung und Einigungspflicht real keinen großen Unterschied zur bisherigen Praxis bewirken. Sinnvoll ist die Verlagerung der Zuständigkeit auf die Planfeststellungsbehörde, die auch eine gewisse Zeitersparnis mit sich bringen wird. Insgesamt ermöglicht § 44 EnWG aber noch keine Maßnahmen, die bereits eine teilweise Ausführung des Planvorhabens darstellen. Sie sind in Bezug auf dessen Beschleunigung deshalb schon naturgemäß nur von sehr begrenztem Wert.

3. Novellierter § 44c EnWG – Zulassung des vorzeitigen Baubeginns

a) Die Tinte für die Änderung des § 44c EnWG in der Fassung des Änderungsgesetzes vom 19. Juli 2022[13] war noch nicht trocken, als die Vorschrift

12 BT-Drs. 20/2402 vom 22.6.2022, S. 46.
13 BGBl. I S. 1214.

mit Gesetz vom 08. Oktober 2022[14]erneut geändert wurde. Der Vorfassung war damit nur ein Gültigkeitszeitraum vom 29. Juli 2022 bis zum 12. Oktober 2022 vergönnt. Das zeigt den Aktionismus, mit dem der Gesetzgeber derzeit versucht, an allen Stellschrauben des Verfahrens zu drehen, um nach Möglichkeit weitere Beschleunigungen zu erreichen.

b) War die vormalige „Kann"-Regelung für den beantragten Erlass der vorzeitigen Bauzulassung bereits in der vorangegangenen Fassung durch eine „Soll"-Regelung (intendiertes Ermessen) ersetzt worden, stellt die aktuelle Fassung des § 44 Abs. 1 S. 1 Nr. 1 EnWG nunmehr zusätzlich klar, dass die Prüfung der Voraussetzung, ob mit einer Entscheidung im Planfeststellungs- oder Plangenehmigungsverfahren zugunsten des Vorhabenträgers gerechnet werden kann, mit einer „summarischen Prüfung" vorgenommen wird.

Anknüpfungspunkt für die Genehmigungsprognose ist dabei grundsätzlich die Genehmigungsfähigkeit des gesamten Vorhabens. Hier bestand bis zur jetzigen Gesetzesänderung hinsichtlich der Detailprüfung Unsicherheit. Eine echte Gesamtprüfung auch auf der Grundlage noch nicht aller Informationen würde aufgrund des selbst damit verbundenen Prüf- und Zeitaufwands dem Sinn einer vorzeitigen Bauausführung zuwiderlaufen, sodass hier in der Praxis auch bisher schon keine allzu hohen Anforderungen gestellt wurden[15]; mit dieser Praxis waren aber Unsicherheiten verbunden. Das hat der Gesetzgeber mit dem aus dem Verfahren des vorläufigen Rechtsschutzes nach § 80 Abs. 5 S. 1 VwGO entlehnten Maßstab der summarischen Prüfung jetzt abgesichert. Dafür genügt die Prüfung, ob eine Entscheidung zugunsten des Vorhabenträgers überwiegend wahrscheinlich ist. Spätere abweichende Entwicklungen lassen die Rechtmäßigkeit der Entscheidung unberührt.[16] Der Genehmigung des Vorhabens insgesamt dürfen keine unüberwindbaren Hindernisse entgegenstehen. Hinsichtlich der konkret zur vorzeitigen Umsetzung beantragten Maßnahme bedarf es allerdings einer detaillierteren Prüfung, dass mit überwiegender Wahrscheinlichkeit das Vorhaben in den entsprechenden Teilbereichen konkret so genehmigt werden wird.[17] Die Genehmigung selbst wird im Vorzeitigkeitsverfahren ebenso wenig vorab erteilt wie dafür eventuell erforderliche

14 BGBl. I S. 1726, in Kraft getreten am 13.10.2022.

15 BeckOK EnWG/Hermeier/Kalinna, 5. Ed. 1.12.2022, EnWG § 44c Rn.9.

16 BT-Drs. 20/3743 v. 28.09.2022, S. 21.

17 BeckOK a.a.O. Rn. 10.

Ausnahmegewährungen. Das wird von den Planfeststellungsbehörden gelegentlich übersehen.

c) Eine weitere Unsicherheit bestand bis zur Gesetzesänderung in der Auslegung von § 44c Abs. 1 S. 1 Nr. 3 EnWG, wonach die gestatteten Maßnahmen „reversibel" sein müssen.

Insbesondere bei vorläufigen Maßnahmen mit Eingriffen in den Artenschutz, etwa einer Umsetzung von Zauneidechsen (Fangverbot), oder der Beseitigung von Gehölzen ist es regelmäßig nicht möglich, diesen Vorgang im Nachhinein ungeschehen zu machen. Bei einer individuen- und gegenstandsbezogenen Auslegung würde der Anwendungsbereich der Vorschrift zu sehr eingeengt und der Gesetzeszweck nicht erreicht, den Baubeginn zu ermöglichen und damit zu beschleunigen.

Dem trägt der neue § 44c Abs. 1 S. 2 EnWG dadurch Rechnung, dass es für die Reversibilität der Maßnahmen genügt, wenn „ein im Wesentlichen gleichartiger Zustand hergestellt werden kann und die hierfür erforderlichen Maßnahmen in einem angemessenen Zeitraum umgesetzt werden können". Dies ist insbesondere der Fall, wenn die bisherigen Funktionen im Wesentlichen gleichartig wieder erfüllt werden. Bei Vorhaben, deren Realisierung aus Gründen eines überragenden öffentlichen Interesses und im Interesse der öffentlichen Sicherheit erforderlich ist – wie etwa die Leitungsprojekte des Bundesbedarfsplans –, sind auch längere Aufwuchs- und Entwicklungszeiten grundsätzlich als angemessen anzusehen.[18] Der Angemessenheitsbegriff wird damit dynamisiert, indem er in eine Relation zur Wichtigkeit des Projekts gesetzt wird.

d) Schon mit der Vorgängerversion des geltenden § 44c EnWG[19] war die weitere Zulassungsvoraussetzung des vormaligen Absatzes 1 Satz 1 gestrichen worden, wonach der Vorhabenträger über die für die Maßnahmen notwendigen privaten Rechte verfügen kann. Es sollte diesem überlassen bleiben, wann er sich die notwendige Verfügungsbefugnis verschafft. Dies kann nunmehr auch noch nach der Gestattung oder parallel dazu geschehen, womit durchaus ein Zeitgewinn verbunden sein kann.

Das kann freilich nicht darüber hinwegtäuschen, dass bei einer Weigerung des Nutzungsberechtigten die Zulassung des vorzeitigen Baubeginns ins Leere geht, weil diese nicht die (zivilrechtliche) Wirkung etwa einer vorzeitigen Besitzeinweisung nach § 44b Abs. 1 S.1 EnWG hat und den dafür notwendigen Planfeststellungsbeschluss auch nicht ersetzt. In diesem

18 BT-Drs. 20/3497 vom 20.9.2022, S. 40.

19 Vom 19.7.2022, BGBl. I S. 1214.

Fall ist die vorzeitige Bauausführung unter Beschleunigungsgesichtspunkten ein stumpfes Schwert.

e) Einen Hinweis an dieser Stelle verdient der Beschluss des Bundesverwaltungsgerichts vom 10. Februar 2023 – 4 VR 1.23 –[20], mit dem der Aussetzungsantrag einer Gemeinde gegen einen vorläufig vollziehbaren Bescheid nach § 44c EnWG abgelehnt wurde. Die Kanzlei AVR hat diesen auf Seiten der Planfeststellungsbehörde erfolgreich verteidigt.

Dieser Entscheidung kommt deshalb eine besondere Bedeutung zu, weil sie seit dem Beschluss vom 30. April 1991[21] die erste des Gerichts ist, die sich inhaltlich mit den Voraussetzungen des § 44c EnWG und dessen Anfechtbarkeit befasst. In ihr wird in Übereinstimmung mit der herrschenden Meinung in Rechtsprechung und Schrifttum festgestellt, dass die von § 44c Abs. 1 S. 1 Nr. 1 EnWG geforderte Prognose, dass mit einer Entscheidung im Planfeststellungsverfahren zugunsten des Vorhabenträgers gerechnet werden kann, keinen Regelungscharakter und keine Bindungswirkung für das nachfolgende Verfahren über die endgültige Zulassung des Vorhabens hat. Sie ist lediglich „tatbestandliche Voraussetzung" für die Zulassung des vorzeitigen Baubeginns und wird in einem gerichtlichen Verfahren gegen eine Entscheidung nach § 44c EnWG nicht überprüft. Damit ist sie auch nicht drittschützend. Betroffene können Einwände dagegen erst gegen die Entscheidung über die (endgültige) Zulassung erheben.[22] Dagegen spricht nach Auffassung des Gerichts manches dafür, dass dies bei der Reversibilität der vorzeitig gestatteten Maßnahmen anders zu sehen ist. Nicht überraschend wird weiter bekräftigt, dass die Zulassung des vorzeitigen Baubeginns keine enteignungsrechtliche Vorwirkung und auch keine privatrechtlichen Wirkungen hat. Sie betrifft nur die öffentlich-rechtliche Zulassungsebene und überwindet lediglich das durch den Planfeststellungsvorbehalt begründete präventive Bauverbot.

f) Die vorzeitige Bauausführung kann damit ein durchaus bedeutsames Beschleunigungspotenzial bei der Umsetzung des Vorhabens bieten. Mit ihr können Maßnahmen vorgezogen und bereits verwirklicht werden, die sonst – etwa wegen der Artenschutzregularien – möglicherweise selbst nach Erlass und Vollziehbarkeit des Planfeststellungsbeschusses nicht sogleich umsetzbar wären. Zahl und Umfang der Maßnahmen werden durch

---

20 Zum Zeitpunkt der Abfassung dieses Beitrags nur über die Homepage des BVerwG öffentlich.

21 7 C 35.90, seinerzeit zu § 7a AbfG/§ 9a WHG.

22 BVerwG, Beschl. vom 10.2.2023 – 4 VR 1.23 –, Rn. 13.

§ 44c Abs. 1 S. 1 EnWG nicht begrenzt, wenn es bei „Teilen" des Vorhabens verbleibt. Die jüngsten Änderungen des § 44c EnWG haben für den Vorhabenträger weitere Erleichterungen geschaffen. Vor allem stellt die Prognose der Genehmigungsfähigkeit des Gesamtvorhabens keine zu große oder unsichere Hürde mehr dar. Die Herausnahme aus dem Drittrechtsschutz vermindert zudem das Prozessrisiko.

Achillesferse bleibt, dass der Vorhabenträger mit der Gestattung der Maßnahmen diese nicht umsetzen kann, wenn er sie auf fremdem Boden verwirklichen muss und es ihm nicht gelingt, sich mit dem Verfügungsberechtigten zu einigen. Dann bleibt es dabei, dass bis zum Erlass des Planfeststellungsbeschlusses und dessen Vollziehbarkeit gewartet werden muss; vorher kann auch eine vorzeitige Besitzeinweisung nicht umgesetzt werden.

4. Neuer § 43a Nr. 3 S. 1 EnWG – Verzicht auf eine Erörterung im Planfeststellungsverfahren

a) Nach dieser ebenfalls mit Änderungsgesetz vom 8. Oktober 2022[23] geschaffenen Ergänzung „kann die Anhörungsbehörde auf eine Erörterung im Sinne des § 73 Absatz 6 des Verwaltungsverfahrensgesetzes und des § 18 Absatz 1 Satz 4 des Gesetzes über die Umweltverträglichkeitsprüfung verzichten". Bisher war das nur in den vier (nach dem jetzigen Satz 2) weiter geltenden Fällen möglich, dann aber auch verbindlich.

Die Änderung soll eine flexiblere Vorgehensweise der Behörde ermöglichen. Der Verzicht kann nach der Gesetzesbegründung zur Verfahrensbeschleunigung beitragen.[24]

Dies beruht nach Ansicht des Gesetzgebers[25] im Tatsächlichen darauf, dass der Aufwand für einen Erörterungstermin im Rahmen des Projektberichts zum Erfüllungsaufwand im Bereich Planungs- und Baurecht von Infrastrukturvorhaben der Bundesregierung und vom Statistischen Bundesamt (Destatis 2012) geschätzt wurde und sich danach als nicht unerheblich erwiesen hat. Er stellt sich danach folgendermaßen dar (Tabelle 29, S. 73): Festsetzung Termin und Bekanntmachung zwischen 17 bis 43 Tagen; ortsübliche Bekanntmachung zwischen zwei bis drei Tagen; Durchführung des Erörterungstermins Anhörungsbehörde zwischen neun bis 18 Tagen;

23 BGBl. I S. 1726.
24 BT-Drs. 20/3494 vom 20.9.2022, S. 40.
25 Ebenda, S. 28.

Durchführung des Erörterungstermins Planfeststellungsbehörde zwischen 18 bis 30 Tagen; Niederschrift zwischen drei bis 15 Tagen. Insgesamt entsteht den Behörden damit im Einzelfall ein Aufwand für eine Erörterung von 47 bis 106 Tagen. Das lässt sich auch auf die Durchführung eines Erörterungstermins durch die Bundesnetzagentur im Rahmen der Bundesfachplanung übertragen. Vereinfacht wird von der Gesetzesbegründung angenommen, dass im Rahmen dieser Ermessensausübung mit einem Aufwand von im Durchschnitt 76 Tagen gerechnet werden kann.

b) Die generelle Möglichkeit des Absehens von der grundsätzlich zwingenden Erörterung der fristgerecht erhobenen Einwendungen folgt Regelungen, wie sie entsprechend schon in anderen Fachplanungsgesetzen – nicht allerdings im VwVfG – getroffen worden sind.[26] Das Absehen liegt danach im Ermessen der zuständigen Behörde, ohne dass es weiterer Voraussetzungen dafür bedarf.

Damit stellt sich die Frage nach den ermessensleitenden Gesichtspunkten. In der Gesetzesbegründung findet sich einzig der Gesichtspunkt der Verfahrensbeschleunigung, dem auch in Planungsvorhaben nach dem EnWG Rechnung getragen werden soll. Das bedeutet, dass der Verzicht gerade in bedeutenden, die Öffentlichkeit stark berührenden Vorhaben in Betracht kommt.[27] Denn gerade dann ergibt sich durch den Erörterungstermin ein erheblicher zeitlicher Aufwand, der mit dem Verzicht reduziert werden kann. Das bedeutet im Ergebnis: Für einen solchen Termin sprechen allenfalls noch die Gewinnung zusätzlicher Informationen, eine weitere Möglichkeit der Einflussnahme von Seiten der Einwender und die Chance, noch einvernehmliche Lösungen zu finden.[28] Die Praxis zeigt jedoch, dass nach Verfassung der schriftlichen Einwendungen, die den Anhörungsanspruch bereits erfüllen, und der regelmäßig folgenden, ebenfalls schriftlichen Erwiderung der Vorhabenträger einschließlich zugestandener Änderungen kaum noch neue Gesichtspunkte auftauchen. Auch sich erst in einem allgemeinen Erörterungstermin ergebende Einigungen sind eher die Ausnahme; die Bereitschaft dazu wird durch die dort gern gepflegte Streitkultur häufig eher schwächer.[29] Diese Zwecke dürften deshalb gegenüber

---

26 § 18a Nr. 1 S. 1 AEG, § 17a Nr. 1 S. 1 FStrG, § 14a Nr. 1 WaStrG, jeweils idF vom 29.11.2018.

27 *Stelkens/Bonk/Sachs/Neumann/Külpmann*, 10. Aufl. 2022, VwVfG § 73 Rn.113.

28 *Schoch/Schneider/Weiß*, 3. EL August 2022, VwVfG § 73 Rn. 10 ff.

29 Vgl. demgegenüber zur anderen Mentalitätslage etwa in Dänemark *Siegert*, Beschleunigung von Planungsverfahren – Kann Deutschland von Dänemark lernen? UPR-Sonderheft 2019, S. 468, 473 f.

einer gewünschten erheblichen Beschleunigung meist geringer wiegen, womit nicht das Absehen von einem Erörterungstermin, sondern vielmehr seine Beibehaltung nach aktueller EnWG-Rechtslage rechtfertigungsbedürftig ist.

c) Erste Erfahrungen in der Praxis deuten allerdings darauf hin, dass Behörden – wie auch Vorhabenträger – bisher zögerlich oder gar nicht von der Verzichtsmöglichkeit Gebrauch machen. Gründe dafür sind die Idee, der Öffentlichkeit einen Erörterungsforum zu schulden, und die Unsicherheit, mit dem Verzicht einen Verfahrensfehler zu begehen, dessen Vermeidung den zusätzlichen Aufwand rechtfertigt. Das wird sich vermutlich ändern, wenn damit auch in den politischen Gremien keine Anerkennung mehr erzielt wird, weil dort nur noch mit Beschleunigungen positive Reaktionen hervorgerufen werden. Denn der Verzicht auf einen Erörterungstermin ist durchaus geeignet, in nennenswertem Ausmaß zu einer zeitlichen Beschleunigung des Planfeststellungsverfahrens zu führen.

5. Neuer § 43g Abs. 1 Nr. 10 EnWG – Projektmanager als Entwurfsverfasser

a) Nachdem schon die vorhergehende Fassung des § 43g Abs. 1 EnWG[30] Erweiterungen der ausdrücklich genannten Aufgaben des Projektmanagers wie etwa die organisatorische Vorbereitung und Leitung des Erörterungstermins gebracht hatte, wurde dieser Katalog jetzt um eine Nr. 10 „Entwurf von Entscheidungen" erweitert.[31] Es wird, was wohl auch vorher schon als „Durchführung eines Verfahrensschritts" zulässig war, ausdrücklich klargestellt, dass der Projektmanager auch Entwürfe von Entscheidungen erstellen darf. Hiervon umfasst sind beispielsweise Entwürfe für Planfeststellungsentscheidungen, Plangenehmigungen und Freistellungsentscheidungen im Rahmen von Anzeigeverfahren, aber auch von Duldungsanordnungen nach § 44 EnWG oder Zulassungen des vorzeitigen Baubeginns nach § 44c EnWG.

Dies soll ausdrücklich der Beschleunigung des Genehmigungsverfahrens dienen.[32] Zugleich bietet es Entlastungspotenzial für die Behörde. Dabei gilt weiterhin nach § 43g Abs. 3 EnWG n.F., dass die endgültige Entscheidung über die Planfeststellung allein von der Behörde getroffen werden darf.

30 Vom 13.5.2010, BGBl I S.706.
31 Fassung vom 19.7.2022, BGBl. I S.1214.
32 BT-Drs. 20/2402 vom 22.6.2022, S. 45.

Deshalb ist nur der Entwurf, nicht aber die finale Fassung der Entscheidung aufgenommen. Dies gilt gleichermaßen für andere Entscheidungen. Der Projektmanager ist kein Beliehener.

b) In der Übertragung weiterer behördlicher Aufgaben an den Projektmanager liegt ein erhebliches Beschleunigungspotenzial, wahrscheinlich das größte aller dem bisher dienenden Maßnahmen. Denn lange Verfahrensdauern auf Behördenseite sind zunehmend durch einen erheblichen Personalmangel verursacht. Die Übernahme ganzer Aufgabenblöcke durch Externe hilft dem teilweise ab. Sie schafft sofort und unmittelbar Entlastung. Voraussetzung ist allerdings, dass der Projektmanager Sachkunde, entsprechende Fähigkeiten und möglichst auch schon Erfahrung mitbringt. Hier muss eine sorgfältige Auswahl vorgenommen werden, bei der auch kommunikatives Geschick eine Rolle spielt. Überlegt werden sollte in diesem Zusammenhang, ob der Vergabe der Position des Projektmanagers zwingend eine Ausschreibung vorangehen muss. Diese verursacht oft lange Wartezeiten und kann zu Ergebnissen führen, die bei Behörde und Vorhabenträger nicht auf Beifall stoßen. Auf die enge und vertrauensvolle Zusammenarbeit mit beiden Seiten ist der Projektmanager aber angewiesen.

6. § 43m EnWG – Entwurf

a) Nach Artikel 6 der Verordnung (EU) 2022/2577 des Rates vom 22. Dezember 2022 zur Festlegung eines Rahmens für einen beschleunigten Ausbau der Nutzung erneuerbarer Energien ST/14787/2022/INIT, in Kraft seit dem 30. Dezember 2022[33] (sogenannte EU-Notfallverordnung), können die Mitgliedstaaten Ausnahmen für Projekte im Bereich der erneuerbaren Energien sowie für solche im Bereich Energiespeicherung und Stromnetze, die für die Integration erneuerbarer Energie in das Elektrizitätssystem erforderlich sind, von der Umweltverträglichkeitsprüfung gemäß Art. 2 Abs. 1 der Richtlinie 2011/92/EU und von den Bewertungen des Artenschutzes gemäß Art. 12 Abs. 1 der Richtlinie 92/43/EWG sowie gemäß Artikel 5 der Richtlinie 2009/147/EG vorsehen. Voraussetzung dafür ist, dass das Projekt in einem für erneuerbare Energien oder Stromnetze vorgesehenen Gebiet für damit verbundene Netzinfrastruktur, die für die Integration erneuerbarer Energie in das Elektrizitätssystem erforderlich ist, durchgeführt wird, falls die Mitgliedstaaten ein solches Gebiet ausgewiesen haben und

33 Geltungsende 30.6.2024, ABl. L 335 vom 29.1.2022, S. 36 f.

dieses Gebiet einer strategischen Umweltprüfung gemäß der Richtlinie 2001/42/EG des Europäischen Parlaments und des Rates unterzogen worden ist. Die zuständige Behörde stellt sicher, dass auf der Grundlage der vorhandenen Daten geeignete und verhältnismäßige Minderungsmaßnahmen ergriffen werden, um die Einhaltung von Art. 12 Abs. 1 der Richtlinie 92/43/EWG und Artikel 5 der Richtlinie 2009/147/EG zu gewährleisten. Falls solche Maßnahmen nicht verfügbar sind, stellt die zuständige Behörde sicher, dass der Betreiber einen finanziellen Ausgleich für Artenschutzprogramme zahlt, damit der Erhaltungszustand der betroffenen Arten gesichert oder verbessert wird.

b) Dem trägt der zu erwartende § 43m EnWG[34] Rechnung, mit dem von den Erleichterungen der EU-Notfallverordnung „im Interesse einer Beschleunigung der Genehmigungsverfahren" in Form des § 43m (neu) Gebrauch gemacht werden soll. Angesprochen werden dort in Absatz 1 u.a. Vorhaben nach § 43 Abs. 1 S. 1 Nr. 1 bis 4 EnWG und § 1 BBPlG, für die eine strategische Umweltprüfung durchgeführt wurde. Bei diesen ist von der Durchführung einer UVP und einer Prüfung des Artenschutzes nach § 44 Abs. 1 BNatSchG abzusehen. Dies soll nach § 43m Abs. 3 S. 2 EnWG-E auch für bereits laufende Planfeststellungs- und Genehmigungsverfahren gelten, in denen noch keine endgültige Entscheidung ergangen ist, wenn der Antragsteller es verlangt. Nach Absatz 2 sollen geeignete und verhältnismäßige Minderungsmaßnahmen auf Grundlage vorhandener Daten ergriffen werden, um die Einhaltung des § 44 Abs. 1 BNatSchG zu gewährleisten, aber nur, soweit solche Maßnahmen verfügbar und geeignete Daten vorhanden sind.

c) Der aktuelles EU-Recht umsetzende künftige § 43m EnWG geht damit über die Änderung bloßen Verfahrensrechts hinaus, als die man die Umweltverträglichkeitsprüfung wegen § 4 UVPG noch ansprechen kann, weil er auch tief in das materielle (Naturschutz-)Recht eingreift. So dürfen etwa nach seinem Absatz 1, letzter Satz, unter bestimmten Umständen naturschutzrechtliche Belange bei der Abwägung gänzlich ausgeblendet werden.

Da gerade das europäisch geprägte Naturschutzrecht in allen aktuellen Planfeststellungsverfahren des Netzausbaus einen qualitativ wie quantitativ gewichtigen Platz einnimmt und immer wieder von Unwägbarkeiten gekennzeichnet ist, stellen die Einschränkung seiner Relevanz und die damit verbundenen Arbeitserleichterungen für Behörde und Gutachter

34 Drs. 20/5830 – 24. Ausschuss –, Stand 1.3.2023, S. 25; S. 46.

einen ganz wesentlichen Beschleunigungsfaktor dar. Damit wird ohne Weiteres deutlich, wo tatsächlich massive Beschleunigungsmöglichkeiten liegen, wenn man diese will. Deutlich wird aber auch, dass der nationale Gesetzgeber hier zwingend auf die Mithilfe der EU und ihrer Gremien angewiesen ist. Die Erwägungsgründe (4) und (6) der EU-Notfallverordnung, die auf den aktuellen Energienotstand und die akute Ausnahmesituation im Energiebereich als Rechtfertigung für die Verordnungsregelungen abheben, zeigen allerdings die bisherigen Grenzen einer Verallgemeinerungsfähigkeit auf. Gleichwohl sollte es nicht ausgeschlossen sein, über eine Ausweitung in andere Bereiche nachzudenken.

III. Ausblick

1. Der Überblick über die vom Gesetzgeber aktuell und zum Teil in hektischer Folge geschaffenen verfahrensrechtlichen Änderungen mit dem Ziel der Beschleunigung des behördlichen Verfahrens hat gezeigt, dass damit voraussichtlich nur geringfügige Effekte zu erzielen sein werden. Ein Verzicht auf den Erörterungstermin in „großen" Planfeststellungsverfahren würde eine deutlichere Beschleunigung bewirken; ob die Behörden davon aber Gebrauch machen werden, ist nicht gewiss.

Damit liegt die Schlussfolgerung nahe, dass verfahrensrechtliche Instrumentein diesem Bereich weitgehend ausgereizt sind. Einzig der Einsatz kompetenter Projektmanager und die damit verbundene Entlastung der Behörden versprechen einen sicheren und nennenswerten Beschleunigungsgewinn. Dies scheint inzwischen auch erkannt worden zu sein, wenn man auf die erheblich gewachsene Zahl der bundesweit aktuellen Ausschreibungen für diese Position blickt.

Es ließe sich über eine weitere Ausdehnung der Befugnisse des Projektmanagers nachdenken, in bestimmten Bereichen auch über eine Beleihung mit hoheitlichen Befugnissen (etwa bei Erörterungs- oder Besprechungsterminen). Ein Problem bleibt die sachgerechte Auswahl, bei der nicht die Höhe des Honorars das entscheidende Kriterium sein sollte. Auch auf den ersten Blick hoch erscheinende Honorare sind allemal günstiger als die Schaffung neuer Planstellen in der Verwaltung oder zusätzliche Verfahrenskosten nach unnötig verlorenen Gerichtsverfahren. Das dürften auch wirtschaftlich denkende Vorhabenträger so sehen, welche die Kosten des Projektmanagers als Auslagen übernehmen müssen.

2. Wie schon die obigen Ausführungen zum künftigen § 43m EnWG ergeben haben, würde sich eine wirklich durchgreifende Verkürzung der Planfeststellungs- und Genehmigungsverfahren durch eine weitere Beschränkung des zu prüfenden materiellen Rechts ergeben. Beispiel dafür ist die innerhalb von sechs Monaten gelungene Genehmigung und Errichtung schwimmender LNG-Terminals nach dem Gesetz zur Beschleunigung des Einsatzes verflüssigten Erdgases – LNG-Beschleunigungsgesetz, LNGG.[35] Dieses gestattet zur Beschleunigung u.a., keine UVP durchzuführen, ferner, die Zulassungsentscheidung von der Festsetzung von naturschutzrechtlichen Ausgleichs- und Ersatzmaßnahmen zeitlich um bis zu zwei Jahre abzukoppeln sowie einen vorzeitigen Baubeginn weiter vorzuverlegen und zu erleichtern. Diese Möglichkeiten werden mit der sonst drohenden unzureichenden Gasversorgung als dem nationalen Interesse zuwiderlaufend begründet und sind damit kaum verallgemeinerungsfähig; selbst für die noch nicht genehmigten Terminals sind sie inzwischen ins Wanken geraten. Dennoch zeigen sie, was rechtlich und tatsächlich möglich ist, wenn wirklich Dringlichkeit herrscht und ein politischer Wille besteht.

3. Letztlich ist aber auch ein außerrechtlicher Aspekt mitursächlich für die Verzögerung behördlicher Verfahren zur Zulassung großer Infrastrukturprojekte in Deutschland: Dieser betrifft die Mentalität des Publikums. Er besteht in einem Mangel an Einsicht in das Allgemeinwohl unter Rückstellung eigener Interessen und der Bereitschaft, Vorhaben zwar kritisch, aber konstruktiv zu begleiten und sie zu akzeptieren, wenn ihre Notwendigkeit kaum infrage zu stellen ist.[36] An diesem Mangel werden Gesetzesänderungen jedweder Art in absehbarer Zeit wohl nichts ändern.

---

35 Vom 24.5.2022, BGBl I S. 802.

36 *Siegert,* a.a.O., S. 475, zum diesbezüglichen anderen Verhalten der Anwohner auf der dänischen Seite der Fehmarnbeltquerung.

Projektmanagement in Planfeststellungsverfahren aus der Sicht der Behörde[1]

Rolf Rockitt

A. Einleitung

Das Zauberwort in allen öffentlich-rechtlich geprägten Genehmigungsverfahren lautet: ***Beschleunigung***. Da liegt es nahe, private Dritte mit der Erledigung von Verfahrensschritten zu betreuen. Das 2011 im NABEG geschaffene Instrument eines Projektmanagers bot erstmals eine gesetzliche Grundlage hierfür.

Aber nicht nur das Beschleunigungsinteresse war Motivation für die Beauftragung Externer. Sie bot die Chance, sich auch in rechtlicher Hinsicht beraten zu lassen. Nicht jeder Vorhabenträger war von dieser Idee anfangs angetan, denn mit der externen Beratung ging regelmäßig auch eine Nachbesserung der Antragsunterlagen einher. Diese Form der Qualitätssicherung zeigte jedoch Früchte im Planfeststellungsverfahren, insbesondere bei der Beschlusserstellung, wenn auf einen professionell gestalteten Anhörungsbericht zurückgegriffen werden konnte. Spätestens im Gerichtsverfahren erwies sich die recht frühzeitige „Anpassung“ der Unterlagen als positiv. Mehr noch: Indem Rechtsanwaltskanzleien als Projektmanager eingesetzt wurden, konnten diese nahtlos mit der Prozessvertretung beauftragt werden. Selten waren Klagen erfolgreich!

B. Historie

Die Beauftragung Privater in Genehmigungsverfahren geht in die 90er Jahre zurück.[2] So ist erstmalig in § 4b BauGB die Möglichkeit geschaffen

---

1 Der Autor ist Geschäftsbereichsleiter Personal, Organisation und Recht bei der Autobahn GmbH; er war bei der Niedersächsischen Landesbehörde für Straßenbau und Verkehr zuständig für die Planfeststellung der Verkehrsinfrastruktur einschließlich des Baus der 380 kV-Leitungen.

2 *Gaentzsch*, FS Sellner 2010, 219 (221).

worden, Dritten zur Beschleunigung des Bauleitplanverfahrens bestimmte Aufgaben zu übertragen.[3] Mit dem Gesetz zur Beschleunigung und Vereinfachung immissionsschutzrechtlicher Genehmigungsverfahren v. 9.10.1996 wurde der Begriff des Projektmanager erstmalig eingeführt.[4]

Die Fachplanungsgesetze folgten diesem Beispiel und eröffneten ebenfalls die Möglichkeit, Projektmanager einzusetzen. Mit dem Gesetz vom 19.07.2011 führte der Bundestag in § 43g EnWG und in § 29 NABEG erstmalig ein, Dritte mit bestimmten Aufgaben zu beauftragen.[5] Das Gesetz zur Beschleunigung von Planungs- und Genehmigungsverfahren vom 20.11.2018 übertrug das Instrument des Projetmanagers auf weitere Fachplanungsgesetze: § 14f WaStrG, § 17a AEG und § 17h FStrG.[6]

C. Beschleunigung in der Planfeststellung

Die Wiedervereinigung Deutschlands machte es notwendig, die in den neuen Bundesländern jahrzehntelang vernachlässigte Infrastruktur möglichst rasch in einen Zustand zu versetzen, um dem nach der Wiedervereinigung gestiegenen Verkehr insbesondere in Ost-West-Richtung gerecht zu werden. Das am 19. Dezember 1991 in Kraft getretene Verkehrswegeplanungsbeschleunigungsgesetz (VerkPBG)[7] sollte die neuen Länder sowie das Land Berlin vor allem in den ersten Jahren nach der Wiedervereinigung die Möglichkeit geben, Planungen für Bundesverkehrswege, Verkehrsflughäfen und bestimmte Straßenbahnen während der Geltungsdauer dieses Gesetzes spürbar schneller werden zu lassen und zu verwirklichen.[8] Die wesentlichen Instrumente waren:

- die Einführung bzw. Konzentrierung der Linienbestimmung für alle Verkehrsträger bei dem Bundesminister für Verkehr,
- die Freistellung eines förmlichen Raumordnungsverfahrens für die Bundesländer,

3 Eingeführt bereits durch das Gesetz zur Änderung des Baugesetzbuchs und zur Neuregelung des Rechts der Raumordnung (BauROG) v. 18.8.1997, BGBl. I, S. 2081.
4 BGBl. I S. 1498; 1500.
5 BGBl. I, 1214 ff.
6 BGBl. I, 2273 ff.
7 BGBl. I S. 2174.
8 BT-Drs. 15/2311, 3.

- die Einführung von Fristen für die Stellungnahmen der zuständigen Behörden und die Verkürzung von Fristen für die Öffentlichkeitsbeteiligung (d. h. insbesondere für Einwendungen der Betroffenen, Stichwort Präklusion),[9]
- die Möglichkeit eines vereinfachten Plangenehmigungsverfahrens,
- die Beschränkung des Rechtsweges auf eine Instanz (Bundesverwaltungsgericht),
- die Einführung des gesetzlichen Sofortvollzuges.

Mit dem Gesetz zur Vereinfachung der Planungsverfahren für Verkehrswege (Planungsvereinfachungsgesetz – PlVereinfG) vom 17. Dezember 1993[10] sind einige wesentliche Instrumente der Beschleunigung dann auch für das gesamte Bundesgebiet übernommen worden:

- die Linienführung von Verkehrswegen von europäischer und besonderer nationaler Bedeutung durch Bundesgesetz zu bestimmen,
- Verzicht auf ein Linienbestimmungsverfahren bei Verkehrswegemaßnahmen von nur örtlicher Bedeutung,
- neue und verkürzte Fristen für Behörden und Kommunen im Raumordnungs- und Planfeststellungsverfahren,
- die Einführung der Konzentrationswirkung für Plangenehmigungen,
- die Einführung planungssichernder Instrumente in allen Bundesverkehrswegegesetzen (Bestimmungen über Vorarbeiten, vorzeitige Besitzeinweisung, Veränderungssperre),
- die erstinstanzliche Zuständigkeit der Oberverwaltungsgerichte/Verwaltungsgerichtshöfe für alle Klagen gegen Verkehrswegevorhaben.

Das Gesetz zur Beschleunigung von Planungsverfahren für Infrastrukturvorhaben vom 09.12.2006[11] setzte schließlich die Öffentlichkeitsrichtlinie 2003/35/EG um; allerdings verspätet. Erst nach Eröffnung eines Vertragsverletzungsverfahrens sah sich der Gesetzgeber veranlasst, das Gesetzgebungsverfahren zu eröffnen und es zugleich als eilbedürftig einzustufen. Wesentliche Neuerung bestand insoweit darin, die Rechtsstellung anerkannter Naturschutzvereine und anerkannter oder sonstiger Umweltschutz dienenden Vereinigungen dem Recht von privaten Personen anzugleichen. Damit verloren jene Vereinigungen das Privileg, die Planunterlagen von der Anhörungsbehörde zugestellt zu bekommen. Sie waren – wie Private

---

9 mit Urteil des EuGH vom 15.10.2015, C-137/14 für unionsrechtswidrig erklärt.

10 BGBl. I S. 2123.

11 BGBl. I. S. 2833.

auch – darauf angewiesen, sich über die ortsübliche Bekanntmachung über anstehenden Planfeststellungsverfahren zu informieren.

Mit dem Gesetz über Maßnahmen zur Beschleunigung des Netzausbaus Elektrizitätsnetze vom 28.07.2011[12] wurde erstmalig der Projektmanager in § 43g EnWG und in § 29 NABEG vorgesehen, mittels derer Dritte mit bestimmten Aufgaben beauftragt werden konnten.[13]

Mit dem Gesetz zur Beschleunigung von Planungs- und Genehmigungsverfahren im Verkehrsbereich vom 28.11.2018[14] kam eine erneute Novelle auf die Fachplanungsgesetze zu. Die wesentlichen Neuregelungen waren:

- die Bündelung von Anhörungs- und Planfeststellungsverfahren beim Eisenbahn-Bundesamt,
- die Verpflichtung des Vorhabenträgers sämtliche Planunterlagen im Internet zu veröffentlichen,
- die Möglichkeit vorbereitende Maßnahmen zum eigentlichen Projekt bereits vor Erlass des Planfeststellungsbeschlusses durchzuführen,
- der Einsatz eines externen Projektmanager für weitere Verkehrsträger, § 14f WaStrG, § 17a AEG und § 17h FStrG,
- die Möglichkeit des Verzichts auf Erörterungstermine,
- die Möglichkeit der Erteilung einer Plangenehmigung an Stelle eines Planfeststellungsbeschlusses für Vorhaben, für die eine Umweltverträglichkeitsprüfung durchzuführen ist (stark reduzierte Öffentlichkeitsbeteiligung und die Streichung des Erörterungstermins).

Mit dem Gesetz zur weiteren Beschleunigung von Planungs- und Genehmigungsverfahren vom 03.03.2020[15] wurde unter anderem der Projektmanager auch in § 28b Personenbeförderungsgesetz vorgesehen. Eine weitere Neureglung erfuhr § 17 FStrG, indem der Begriff der Änderung nunmehr gesetzlich definiert worden ist.

Das Gesetz zur Vorbereitung der Schaffung von Baurecht durch Maßnahmengesetz im Verkehrsbereich vom 22.03.2020[16] verfolgte nach dem Vorbild Dänemarks (Feste Fehmarnbelt-Querung) anschließend die Idee, bestimmte bedeutende Infrastrukturprojekte, anstatt in einem Planfeststellungsverfahren nunmehr unmittelbar vom Deutschen Bundestag zu „genehmigen". Im Kern ging es darum, den Rechtsweg zu verkürzen. Statt

12 BGBl. I. S. 1690.
13 BGBl. I, S. 1214 ff.
14 BGBl. I. S. 2237 ff.
15 BGBl. I. S. 433 ff.
16 BGBl. I. S. 640 ff.

eines langwierigen Gerichtsverfahrens bis zum Bundesverwaltungsgericht wäre lediglich der Weg zum Bundesverfassungsgericht eröffnet.

Es ist fraglich, ob ein solches, das Planfeststellungsverfahren abschließende, Gesetz jemals in Kraft treten wird. Die hierfür gesetzten Hürden sind so hoch, dass es zeitlich effektiver sein wird, dass die zuständige Planfeststellungsbehörde selbst den Planfeststellungsbeschluss erlassen wird.

Dem folgten eine Reihe späterer gesetzgeberischer Anpassungen in der Hoffnung, Genehmigungsverfahren zügiger, effizienter und vor allem schneller zu machen. Jede Novelle hatte den Versuch unternommen, rechtliche Details so nachzuschärfen, damit Behörden deren Arbeit erleichtern sollte.

Allerdings erlebte die Politik regelmäßig einen „Kater“ bei ihren Rufen nach Beschleunigung. Einziges effektives Mittel der Beschleunigung besteht ausschließlich darin, personelle Ressourcen sowohl auf Planer- als auch auf Behördenseite zu erhöhen. In Zeiten behördlicher Sparsamkeit war und ist die Möglichkeit, Personal einzustellen, mit mäßigem Erfolg behaftet. So hat der Verfasser in seiner Tätigkeit bei einer Planfeststellungsbehörde nur mit viel Überzeugungskraft dafür sorgen können, dass sein Dezernat, später Stabsstelle, einen Personalaufwuchs verzeichnen konnte.

Mit der jüngsten Novelle plant der Gesetzgeber eine Beschleunigung der Gerichtsverfahren.[17] Für ausgewählte, bedeutsame Infrastrukturprojekte, insbesondere für Vorhaben nach dem Allgemeinen Eisenbahngesetz, dem Bundesfernstraßengesetz, dem Bundeswasserstraßengesetz, dem Energieleitungsausbaugesetz, dem Bundesbedarfsplangesetz sowie für ausgewählte Vorhaben nach dem Energiewirtschaftsgesetz sind folgende Neuerungen vorgesehen:

- ein Vorrang- und Beschleunigungsgebot durch eine bevorzugte Behandlung gegenüber anderen Verfahren,
- ein gerichtlicher Erörterungstermin spätestens zwei Monate nach Klageerhebung mit den Parteien
- eine Verschärfung und Ausweitung der innerprozessualen Präklusion
- eine Modifikation im Verfahren des einstweiligen Rechtsschutzes
- die Erweiterung der erstinstanzlichen Zuständigkeit des Bundesverwaltungsgerichtes für Vorhaben zur Errichtung und zur Anbindung von Terminals zum Import von Wasserstoff und Derivaten.

17 BT-Drs. 20/5165.

Ob hierdurch eine echte Beschleunigung erzielt wird, wird bereits bezweifelt.[18] Vor allem der Eingriff in die Rechtsschutzmöglichkeiten durch die vorzeitige Zulassung des Vorhabens im einstweiligen Rechtsschutzverfahren wird stark kritisiert.[19]

D. Inhalt und Aufgaben eines Projektmanagers

Nach den § 43g EnWG, § 29 NABEG, § 14f WaStrG, § 17a AEG, § 17h FStrG und § 28b PBfG kann die zuständige Behörde „... einen Dritten, der als Verwaltungshelfer beschäftigt werden kann, mit der Vorbereitung und Durchführung von Verfahrensschritten wie

1. der Erstellung von Verfahrensleitplänen unter Bestimmung von Verfahrensabschnitten und Zwischenterminen,
2. der Fristenkontrolle,
3. der Koordinierung von erforderlichen Sachverständigengutachten,
4. dem Entwurf eines Anhörungsberichtes,
5. der ersten Auswertung der eingereichten Stellungnahmen,
6. der organisatorischen Vorbereitung eines Erörterungstermins und
7. der Leitung des Erörterungstermins

auf Vorschlag oder mit Zustimmung des Trägers des Vorhabens (und auf dessen Kosten)[20] beauftragen. Diese Aufzählung ist nicht abschließend, was sich aus der Formulierung („wie") ergibt.[21] Daher kommen auch weitere Tätigkeiten in Betracht.

Die Beauftragung erwähnt ausdrücklich einzelne „Verfahrensschritte". Damit wird deutlich, dass der Dritte nicht mit der Durchführung des gesamten Verfahrens betraut werden darf.[22] Der Gesetzgeber stellt zudem klar, dass die Entscheidung über den Antrag bei der beauftragenden Behörde verbleibt. Der Projektmanager darf also die behördliche Entscheidung nur unterstützen und vorbereiten. Die Abwägung der betroffenen Belange,

---

18 *Hess*, www.bund.net/fileadmin/user_upload_bund/publikationen/mobilitaet/mobilitaet_planungsbeschleunigung_rechtsgutachten.pdf, S. 1.

19 *Hess*, a.a.O, S. 9.

20 Zur Ausnahme im FStrG s. **unten.**

21 *Kment*, Energiewirtschaftsgesetz 2. Auflage 2019, § 43g, Rn. 3; Gesetzesbegründung zum Regierungsentwurf EnWG, BR-Drs. 342/11, 56.

22 *Kment*, Energiewirtschaftsgesetz 2. Auflage 2019, § 43g, Rn. 3.

die Entscheidung über den Planfeststellungsantrag und alle anderen hoheitlichen Befugnisse verbleiben daher bei der Behörde.[23]

Die Behörde ist ihrerseits verpflichtet, die Tätigkeit des Projektmanagers zu überprüfen.[24] Dies ergibt sich schlicht aus der Tatsache, dass sie die Verantwortung für das Verfahren und schließlich für den Panfeststellungsbeschluss übernimmt.

Da bislang strittig ist, ob dem Projektmanager auch hoheitliche Tätigkeiten übertragen werden dürfen, wie etwa die Ausübung des Hausrechtes, ist stets auch die Anwesenheit von Behördenvertretern erforderlich.

In der behördlichen Praxis wurde der Verfahrensschritt Vorbereitung, Einladung zum Erörterungstermin und dessen Leitung einem Projektmanager einmal übertragen, um Erfahrungen auf diesem Gebiet zu sammeln. Bis auf die öffentliche Bekanntmachung nach § 73 Abs. 6 Satz 2 VwVfG wurde die persönliche Einladung, die Einlasskontrolle, die Leitung des Termins, die Protokollierung usw. dem beauftragten Rechtsanwalt und dessen Kanzlei übertragen.

Die Einladung zum Erörterungstermin war damals für eine Rechtsanwaltskanzlei, die zwar über eine gewisse Routine im Umgang mit Geschäftspost verfügt, eine echte Herausforderung; die Masse der zu erzeugenden Schreiben nebst Anlagen musste erst einmal geleistet werden.

Da der Erörterungstermin grundsätzlich nur den Einwendern und Trägern öffentlicher Belange vorbehalten ist, hat eine Einlasskontrolle stattgefunden. Die Erfahrung zeigte, dass eine Einlasskontrolle nur mit einem Tisch, an dem sich alle legitimieren mussten, zu einer längeren Schlange und natürlich auch zu Unmut bei den Beteiligten geführt hatte. Bei knapp 200 Einwendern hat die Einlasskontrolle zu einem verspäteten Beginn des Erörterungstermins geführt. Lessons learned: In einem späteren Anhörungsverfahren für ein Projekt der Deutschen Bahn mit mehr als 8.000 Einwendungen wurde ein mehrköpfiges Team mit entsprechender Technik postiert.

Am Rande bemerkt, dem Projektmanager nach WaStrG ist es nicht ausdrücklich erlaubt, den Entwurf eines Anhörungsberichtes zu fertigen. Interessant ist auch, dass im EnWG und im NABEG der Projektmanager auch ein Qualitätsmanagement der Anträge und Unterlagen der Vorhabenträger sowie die Koordinierung der Enteignungs- und Entschädigungsverfahren

---

23 Gesetzesbegründung zum Regierungsentwurf EnWG, BR-Drs. 342/11, 56; Gesetzesbegründung zum Regierungsentwurf FStrG, BT-Drs. 19/4459, 33.

24 *Greinacher* ZUR 2011, 305 (307).

nach den §§ 45 und 45a EnWG übertragen werden darf. Eine solche Regelung fehlt in allen anderen Fachplanungsgesetzen.

Gerade das Qualitätsmanagement spielt im Zuge eines Projektmanagements eine zentrale Rolle. Je besser die Unterlagen, umso weniger Verfahrensänderungen fanden erfahrungsgemäß statt.

E. Anforderungen an einen Projektmanager

Alle oben genannten Gesetze enthalten keine Anforderungen an die Qualifikation des zu beauftragenden Dritten. Im Rahmen einer pflichtgemäßen Ermessensausübung hat die zuständige Behörde ausgehend von den zu übertragenden Aufgaben zu beurteilen, ob der Dritte fachlich und persönlich in der Lage ist, die entsprechenden Aufgabenstellungen sachgerecht zu erfüllen.[25] Dies setzt ein Anforderungsprofil voraus.

Eine der wichtigsten Eigenschaften eines Projektmanagers ist dessen Organisationsfähigkeit. Er muss in der Lage sein, Zeitpläne vorzuhalten, sie zu aktualisieren und Andere an diese zu erinnern.

Zudem sollte er gute kommunikative Fähigkeiten besitzen. Insbesondere sollte die Person die „Sprache" und vor allen die Herangehensweise von Ingenieuren verstehen. Während diese den Einzelfall betrachten und hieraus Ableitungen für eine generelle Sichtweise entwickeln, gelangen Juristen von einem allgemeinen Rechtssatz, über einzelne Tatbestandsmerkmale und deren Definitionen zum Sachverhalt. Hier zeigt sich eine unterschiedliche Herangehensweise an den Fall. Besonders zeigt sich dieses diametral auseinanderfallende Vorgehen an der Bewertung einzelner Gerichtsurteile. So habe ich (als Jurist) des Öfteren erklärt bekommen, dass genau dieses Urteil nicht auf den zu lösenden Sachverhalt passt, weil die Sachverhalte nicht vergleichbar seien. Dann zu erklären, dass die vom Gericht gefundene Entscheidung losgelöst vom Fall zu sehen ist, war mitunter echt mühsam.

Ein gutes Vertrauensverhältnis zwischen Behörde und Projektmanager setzt zudem voraus, dass sich der Projektmanager seiner Rolle bewusst ist, alle erforderlichen Informationen sachgerecht aufzubereiten. Dabei ist wichtig, dass er bei seinen Stellungnahmen die Inhalte in ausgewogener und nicht in präjudizierender Art und Weise darstellt. Auch der Vorhaben-

25 *Wiesendah*, in Theobald/Kühling, Energierecht, 116. EL Mai 2022, § 29 NABEG, Rn. 10.

träger darf erwarten, dass der Projektmanager auch dessen Interessen und Belange entsprechend wahrt.[26]

Für die Leitung von Erörterungsterminen dürfte die Fähigkeit nicht schaden, vermitteln zu können. Zwar ist der Verhandlungsleiter im Erörterungstermin zur Neutralität verpflichtet. Ich habe aber oft genug erlebt, wie wichtig es ist, die unterschiedlichen Interessen von Vorhabenträger und Einwendern herauszuarbeiten und ggf. Lösungsvorschläge zu unterbreiten. Sicher geschieht dies gelegentlich am Rande der gefürchteten Befangenheit. Aber es dient jedenfalls regelmäßig der Sache und dem Vorhaben.

Schließlich geht es um eine fachliche Expertise. Das Fachplanungsrecht ist ständigem Wandel unterworfen. Wie bereits oben gezeigt, wird der Gesetzgeber nicht müde, immer neue Regeln aufzustellen. Daneben tragen europäische Richtlinien und deren Interpretation durch den Europäischen Gerichtshof zu weiteren Anpassungen des Rechtes bei. Schließlich hat die deutsche Rechtsprechung ein weit verzweigtes Case Law entwickelt, das erst durch eine mehrjährige Praxis verstanden werden kann.

Bei der Niedersachsen Behörde für Straßenbau und Verkehr wurden ausnahmslos Rechtsanwaltskanzleien als Projektmanager eingesetzt. Es wurde Wert darauf gelegt, dass der Projektleiter über eine persönliche und fachliche Autorität verfügt. Deshalb wurden Kanzleien ausgewählt, in denen ehemalige Richter/Richterinnen als Anwälte tätig waren und die sich als Leiter von Erörterungsterminen bei umstrittenen Projekten eigneten.

F. Vergaberechtliche Aspekte der Beauftragung

Was nutzt die angestrebte Beschleunigung, wenn vor Beauftragung eines Projektmanagers ein langwieriges Vergabeverfahren durchgeführt werden müsste?

Der Gesetzgeber hat dieses Problem zwar erkannt.[27] Eine Lösung hierfür hat er aber nicht angeboten. Allerdings lässt der Gesetzestext Interpretationsspielraum für den Verzicht auf ein Vergabeverfahren zu. Die Behörde kann den Projektmanager auf Vorschlag oder (nur) mit Zustimmung des

26 Projektmanager in Genehmigungsverfahren für Windenergieanlagen, S. 19, in: www.fachagentur-windenergie.de/fileadmin/files/Veroeffentlichungen/Genehmigung/FA_Wind_Hintergrundpapier_Projektmanager_07-2022.pdf.

27 BT-Drs. 17/6073, 31, 34; BR-Drs. 342/11, 51, 56: „Der zu erwartende Beschleunigungseffekt ist realistischerweise nur bei Auftragsvolumina zu verwirklichen, die noch keine Durchführung eines Vergabeverfahrens erforderlich machen.".

Vorhabenträgers beauftragen, § 43g EnWG. Wenn dem so wäre, würde ein Vergabeverfahren sinnentleert, wenn der Vorhabenträger die nach längen Mühen gefundene Person ablehnen würde. Möglicherweise hat man sich aus europarechtlicher Sicht nicht getraut, die Vorgaben des GWB abzuändern.

1. Vergabeverfahren

Ist Vergaberecht anwendbar, ist die Übertragung von Projektmanagementaufgaben als Dienstleistungsauftrag i.S.v. § 103 Abs. 4 GWB zu klassifizieren; ein Bau- oder Lieferauftrag ist auszuschließen. Auftraggeber sind idR Behörden, mithin handeln sie als öffentliche Auftraggeber gem. § 99 Nr. 1 GWB. Das Vergaberecht findet daher Anwendung.

Bestehen die Projektmanagementleistungen vorwiegend aus juristischen Prüfungen bzw. Rechtsberatung (z.B. Auswertung der Stellungnahmen und Einwendungen, Entwurf eines Anhörungsberichtes einschließlich von Vorschlägen für Nebenbestimmungen), so wäre der der erhöhte Schwellenwert von derzeit 750.000 EUR anzusetzen gem. § 106 Abs. 2 Nr. 1 GWB i.V.m. Art. 4 lit. d) RL 2014/24/EU, Anhang XIV.[28]

Auch wenn der Stundensatz von Rechtsanwaltskanzleien deutlich über den von Ingenieurbüros liegt, dürfte eine solche Höhe idR nicht erreichbar werden.

a) Ausnahmen nach § 116 GWB

Sofern Rechtsdienstleistungen beauftragt werden, lässt § 116 Abs. 1 Nr. 1 lit. b) GWB den Verzicht auf eine Ausschreibung zu, wenn diese Rechtsberatung zur Vorbereitung eines Gerichts- oder Verwaltungsverfahrens dient, oder wenn konkrete Anhaltspunkte dafür vorliegen und eine hohe Wahrscheinlichkeit dafür besteht, dass die Angelegenheit, auf die sich die Rechtsberatung bezieht, Gegenstand eines solchen Verfahrens werden wird. Im Zuge eines Planfeststellungsverfahrens muss sich entweder ein konkretes Gerichtsverfahren abzeichnen (z.B. ein Umweltverband oder ein privater Kläger hat bereits eine Klage angekündigt) oder es bedarf zumindest objektiver tatsächlicher Anhaltspunkte, dass eine Klage gegen den Planfest-

---

28 *Donhauser/Schröck,* VergabeR 202,139, 142.

stellungsbeschluss erhoben wird.[29] Ausreichend für eine Prognose dieser Art dürfte sein, dass nach Erfahrung der beauftragenden Anhörungs- oder Planfeststellungsbehörde aus vergleichbaren Verfahren mit einem Klageverfahren gerechnet werden muss.[30] Schlussendlich kommt es auf eine ex ante Betrachtung an. Es wäre hiernach später die Beauftragung nicht zu beanstanden, wenn es wider Erwarten zu keinem Gerichtsverfahren kommen sollte.[31]

b) Haushaltsrechtliche Anforderungen

Selbst wenn mit guter Begründung ein Vergabeverfahren ausgeschlossen werden kann, so ist dennoch das Haushaltsrecht zu beachten. Vor dem Hintergrund der Verwendung von Steuergeldern ist auf eine wirtschaftliche und sparsame Verwendung von Haushaltsmitteln zu achten. § 55 BHO und die vergleichbaren landesrechtlichen Regelungen verlangen daher eine vorherige Ausschreibung, sofern nicht die Natur des Geschäfts oder besondere Umstände eine Ausnahme rechtfertigen. Eine solche könnte darin bestehen, dass der Projektmanager direkt vom Vorhabenträger bezahlt würde. Dies müsste vertraglich geregelt werden. Damit würde der Haushalt nicht belastet.[32]

2. Der Vertrag

Empfehlenswert ist ein dreiseitiger Vertrag zwischen Behörde, Projektmanager und Vorhabenträger. In diesem sind folgende Vertragsbestandteile zu regeln:

- der Leistungsumfang,
- die Weisungsbefugnis der Behörde gegenüber dem Projektmanager sowie
- die Kostenfreistellung der Behörde durch den Vorhabenträger und die Abrechnungsbefugnis des Projektmanagers gegenüber dem Vorhabenträger.

29 *Lausen* in: Beck VergabeR, 4. Aufl. 2022, GWB § 116 Rn. 25.
30 *Donhauser/Schröck*, VergabeR 2020, 139, 144.
31 *Lausen* in: Beck VergabeR, 4. Aufl. 2022, GWB § 116 Rn. 27.
32 *Donhauser/Schröck*, VergabeR 2020, 139, 147.

Letzteres ist besonders wichtig, weil dadurch die Entrichtung der Mehrwertsteuer entfällt, da Projektmanager und Vorhabenträger umsatzsteuerpflichtig sind. Geregelt werden sollte in jedem Fall, dass erst durch die Freigabe der Behörde (sachlich und rechnerische Richtigkeit) die Inrechnungstellung erfolgen darf.

G. Besonderheiten nach FStrG

Im Zuge der Novelle 2018 sah das Planungsbeschleunigungsgesetz auch für das FStrG in § 17h die Möglichkeit vor, Projektmanager für bestimmte Verfahrensschritte einzusetzen. Im Gegensatz zum Vorläufer § 43g EnWG und zu den ebenfalls eingeführten Regelungen in §17a EnWG und § 14f WaStrG führte der Gesetzgeber hier keine Kostentragungspflicht für den Vorhabenträger ein. Entgegen den Forderungen des Bundesrates hielt der Bund daran fest, dass die vom Projektmanager zu übernehmenden Aufgaben Verfahrenshandlungen seien. Die damit anfallenden Kosten seien Kosten im Rahmen des administrativen Apparates der Anhörungs- und Planfeststellungsbehörde und damit von den Ländern zu tragen[33].

Der Bundesrat hat im Gesetzgebungsverfahren auf die Rechtsprechung des BVerwG und des BGH hingewiesen, wonach die Kosten des Projektmanagers nicht als Verwaltungskosten, sondern als Zweckausgaben anzusehen sind.[34] Sie entstehen bei der Erfüllung des Sachzweckes, dem sie dienen, also der Planfeststellung für Bundesfernstraßen.

Würde man heute einen Blick auf die Gesetzesbegründung werfen, so würde sich ein anderes Lagebild ergeben: Unter Hinweis auf Art. 104a Abs 5 GG tragen die Länder die bei ihren Behörden entstehenden Verwaltungskosten. Die am Set agierenden Behörden waren als Anhörungs-, Planfeststellungsbehörde und Vorhabenträger seinerzeit ausgemacht. Bei Autobahn-Vorhaben ist es nunmehr in der Regel das Fernstraßenbundesamt, also eine Bundesbehörde und auf Vorhabenträgerseite die Autobahn GmbH des Bundes, eine private Gesellschaft mit beschränkter Haftung. Hier zeigen sich Parallelen zum AEG (Eisenbahnbundesamt und Deutsche Bahn), zum EnWG und NABEG (Bundesnetzagentur und Energieversorgungsunternehmen). Hier darf ein Projektmanager auf Kosten des Vorhabenträgers eingesetzt werden.

---

33 BT-Drucks. 19/4731, S. 2.
34 BR-Drucks. 389/1/18, S. 21.

H. Ausblick

Der Einsatz von Projektmanagern hat sich bewährt. Er trägt nicht nur zu der gewünschten Beschleunigung bei. Er führt auch insgesamt zu einer Qualitätssicherung. Bei richtiger Analyse der Planfeststellungsunterlagen insbesondere im umweltfachlichen Bereich steigt auch die Gerichtsfestigkeit des Beschlusses.

Diskutiert wird, die gesetzlichen Regeln anzupassen, indem in § 43g S. 1 EnWG und § 29 S. 1 NABEG das Wort „kann" durch das Wort „soll" ersetzt werden möge. Hiermit soll erreicht werden, dass die Behörde im Regelfall an die im Gesetz bestimmte Rechtsfolge gebunden ist; nur in atypischen Fällen soll somit einen Ermessensspielraum eröffnet werden.[35]

Damit wäre die Behörde in der Regel verpflichtet, dem Vorschlag des Vorhabenträgers zu folgen, einen bestimmten Projektmanager zu beauftragen und dies nur ausnahmsweise abzulehnen, wenn Zweifel an der Befähigung bestehen.

35 *Riege,* EnWZ, 2022, 170, 176.

Der neutrale Dritte in Bürgerbeteiligungsprozessen der Energiewende

Gernot Barth, Sophia Kiefl

Die Notwendigkeit der „Energiewende" ist in Deutschland weitgehend gesellschaftlich anerkannt. Dass sich das Energiesystem ändern muss und wird, ist größtenteils akzeptiert. Wenn jedoch konkrete Planungs- und Bauvorhaben zur Sprache kommen und Betroffenheiten deutlich werden, ist diese Akzeptanz nicht mehr gesichert. Hierzulande ist dieses Phänomen bekannt als Sankt-Florians-Prinzip, benannt nach dem Schutzheiligen für Feuer und Brände („Heiliger Sankt Florian, verschon' mein Haus, zünd' andre an"). In Bezug auf die Energiewende wird es als NIMBY (*Not In My Backyard*) -Prinzip bezeichnet. Maßnahmen für den Klimaschutz ja, aber bitte nur, wenn sie mich nicht betreffen. Für die Akzeptanz von Energie-Infrastrukturprojekten heißt dies, dass für sie nicht mehr nur die formelle Legitimität, sondern auch die Resonanz in der betroffenen Öffentlichkeit ausschlaggebend ist.[1]

Die große Herausforderung der Energiewende ist es daher, neben den nötigen technischen Innovationen die gesellschaftliche Akzeptanz für konkrete Planungs- und Bauvorhaben zu stärken.

1. Rechtliche Ansätze für Bürgerbeteiligung

Erste Schritte, die formelle Öffentlichkeitsbeteiligung in Deutschland zu verankern, wurden bereits 2006 durch das Öffentlichkeitsbeteiligungsgesetz unternommen. Mittlerweile finden sich Paragraphen zur Öffentlichkeitsbeteiligung in verschiedenen Gesetzesbüchern, die Bau- und Infrastruktur-

1 *R. Albrecht, A. Grüttner, T. Lenk, O. Löch, O. Rottmann,* Optionen moderner Bürgerbeteiligung bei Infrastrukturprojekten. Ableitungen für eine verbesserte Beteiligung auf Basis von Erfahrungen und Einstellungen von Bürgern, Kommunen und Unternehmen, 2013 (S. 21), abgerufen am 10.3.2023 unter: https://kowid.de/wp-content/uploads/2019/08/2013_Studie_Optionen_moderner_B%C3%BCrgerbeteiligungen_bei_Infrastrukturprojekten_.pdf.

vorhaben regulieren.[2] Die Öffentlichkeit kann beispielsweise in öffentlichen Auslegungen im Rahmen von Genehmigungsprozessen die Unterlagen zu Vorhaben einsehen und Stellungnahmen zum aktuellen Stand der Planung vornehmen. Einwände werden im weiteren Prozess berücksichtigt und bei Bedarf im Rahmen eines Erörterungstermins behandelt. In repräsentativer Form werden die Interessen der Öffentlichkeit durch Träger öffentlicher Belange in Genehmigungsverfahren, etwa bei Scoping-Terminen, eingebunden. Ziel der Formate und Regularien ist es, die Akzeptanz und Qualität für Vorhaben zu erhöhen.

Eine Studie zur Öffentlichkeitsbeteiligung im Rahmen der „Thüringer Strombrücke", einer bundesweit bedeutsamen Höchstspannungs-Freileitung, die 2017 nach mehr als zehn Jahren Planungs- und Bauzeit in Betrieb ging, kommt in Bezug auf die Erörterungstermine zu einem ernüchternden Befund. Bei diesen Terminen seien ausschließlich Positionen bezogen worden, ein Diskurs oder ein Dialog sei nicht beabsichtigt gewesen. Die Bürger hätten ihre Einwände vorbringen und der Vorhabenträger auf diese reagieren müssen. Auf dessen Argumente hätten die Bürger ihrerseits nur reagieren können, wenn sie spontan über die entsprechenden Argumente verfügten – es sei ihnen keine Zeit geblieben, sich mit den Äußerungen des Vorhabenträgers ausführlicher auseinanderzusetzen. Hinzu komme, dass die Argumente des Vorhabenträgers in den Erörterungsterminen von den Bürgern teilweise als zu technisch und unverständlich empfunden worden seien. Eine Konsequenz daraus sei gewesen, dass sich die Bürgerinitiativen bei den Terminen durch juristische und technische Experten vertreten ließen. Es wurde außerdem bemängelt, dass die Erörterung im Rahmen des Genehmigungsprozesses zu spät komme, nämlich dann, wenn der Planungsstand eines Vorhabens bereits weit fortgeschritten ist.[3]

Wie das Beispiel verdeutlicht, besteht bei Erörterungsterminen die Gefahr, dass sie zur Bühne für einen emotionalen Schlagabtausch auf der Ebene formaljuristischer Argumente werden. Da im Rahmen des Erörte-

---

2 Beispielsweise §§ 3, 4a Abs. 1 BauGB; §§ 9, 15 Abs. 3 ROG; §§ 7 Abs. 2, 9 Abs. 3–4, 22 Abs. 3 und 4 NABEG; §§10, 14 ff. der 9. BimSchV; §§ 25 Abs. 3, 73 Abs. 3–9 VwVfG; § 42 UVPG; individuelle Besonderheiten finden sich vor allem in den Landesgesetzgebungen.

3 *K. Schnelle, M. Voigt*, Energiewende und Bürgerbeteiligung: Öffentliche Akzeptanz von Infrastrukturprojekten am Beispiel der „Thüringer Strombrücke", Germanwatch e.V./DAKT e.V./Heinrich Böll Stiftung Thüringen (Hrsg.) 2012, S.29, abgerufen am 20.3.2023 unter: https://www.boell-thueringen.de/sites/default/files/energiewende_und_burgerbeteiligung.pdf.

rungstermins nur genehmigungsrechtlich relevante Einwendungen erörtert werden, entsprechen die Themen häufig nicht dem tatsächlichen Konfliktgegenstand, sondern sind Platzhalter für andersgeartete Interessen. Als klassisches Beispiel sei an dieser Stelle die Instrumentalisierung naturschutzrechtlicher Belange zur Verfolgung individueller Interessen genannt. Weitere Beispiele sind Sorgen um die Wertminderung von Grundstücken, um gesundheitliche Gefährdungen sowie um die Beeinträchtigung der Landschaft durch entsprechende Eingriffe.[4] Werden diese aus Sicht der Betroffenen nicht angemessen behandelt und berücksichtigt, gehen die Bürger andere Wege, um ihre Interessen zu verfolgen. Klagen und zeitintensive juristische Prozesse können die Folge sein. Neben der fehlenden Wirkung eines vorgezogenen Rechtsschutzes durch den Wegfall der materiellen Präklusion scheint die frühe Öffentlichkeitsbeteiligung damit das Ziel der Befriedung des Prozesses zu verfehlen.

Wie sich zeigt, kann dieses Vorgehen die häufig hochemotionalen Konflikte, wie sie bei Fragen von Energieinfrastrukturvorhaben auftreten, nicht lösen. Verschiedene aktuelle Beispiele belegen dies. Aber kann und muss Recht das überhaupt? Können gesellschaftliche Konflikte wie die um Vorhaben der Energiewende durch einen übermächtigen Dritten befriedet werden? Eine Demokratie lebt davon, dass Unstimmigkeiten ausgehandelt werden. Und so hat das formelle Format der frühen Öffentlichkeitsbeteiligung im Rahmen der geltenden Gesetzgebung seine Richtigkeit.

Ob frühe Öffentlichkeit im rechtlichen Rahmen anpassungsbedürftig ist und, wenn ja, wie sie angepasst werden kann, sei den Juristen überlassen. Hier soll stattdessen die Frage beantwortet werden, wie das Format der formellen Öffentlichkeitsbeteiligung durch weitere Formate ergänzt werden kann und worauf es dabei ankommt.

Seit gut fünfzehn Jahren rücken Formate der informellen Öffentlichkeitsbeteiligung, häufig auch Bürgerbeteiligung genannt, in den Fokus. Positive Erfahrungen bewegen Vorhabenträger zunehmend dazu, früher und umfassender als bislang üblich auf die Öffentlichkeit zuzugehen.

Ein Generalrezept, wie eine frühzeitige, informelle Öffentlichkeitsbeteiligung erfolgreich verlaufen und wie dadurch die Akzeptanz für ein Vorhaben gestärkt werden kann, gibt es bislang nicht. Und dies aus gutem Grund. Die Bedingungen, die zu einer Akzeptanz für ein Vorhaben führen, sind mindestens ebenso vielfältig wie die Akteure selbst. Für eine gelingende Be-

---

4 *G. Barth,* Bürgerbeteiligung: Grundlage für das Gelingen der Energiewende, in: EW, Magazin für die Energiewirtschaft, Ausgabe 12/2022, S. 16.

teiligung der Öffentlichkeit ist es daher wichtig, das Konzept der Akzeptanz genauer zu betrachten.

2. Akzeptanz als wechselseitiger Prozess

Akzeptanz kann gesehen werden als die *„Chance, für bestimmte Meinungen, Maßnahmen, Vorschläge und Entscheidungen bei einer identifizierbaren Personengruppe ausdrückliche oder stillschweigende Zustimmung zu finden und unter angebbaren Bedingungen aussichtsreich auf deren Einverständnis rechnen zu können"*.[5] Sie ist damit nicht als Zustand zu begreifen, sondern immer als eine Interaktion von Akzeptanzsubjekt, Akzeptanzobjekt und Akzeptanzkontext. Die Wahrscheinlichkeit, dass das Akzeptanzobjekt, zum Beispiel die geplante Stromtrasse oder der geplante Windpark, durch das Akzeptanzsubjekt, wie etwa betroffene Bürger, gebilligt wird, hängt nicht nur von der Beschaffenheit des Akzeptanzobjekts ab. Akzeptanz ist keine Eigenschaft des Akzeptanzobjekts, sondern das Ergebnis eines wechselseitigen Prozesses.[6]

Der Prozesscharakter verdeutlicht auch, dass Akzeptanz etwas Dynamisches ist. Sobald sich das Subjekt, das Objekt oder der Kontext verändern, verändert sich auch die Akzeptanz. Akzeptanz kann daher nur als etwas betrachtet werden, das es kontinuierlich auszuhandeln gilt. Beispielsweise kann, wie eingangs beschrieben, das gesellschaftliche Ziel der Energiewende als Akzeptanzobjekt nicht zwingend gleichgesetzt werden mit dem Akzeptanzobjekt eines konkreten Bauprojekts vor der eigenen Haustür.

3. Informelle Beteiligungsformate für eine echte Bürgerbeteiligung

In der Betriebswirtschaft zielt ein Anbieter bei der Produktentwicklung *„immer darauf ab, seine Leistung so zu gestalten, dass sie den Wünschen und Vorstellungen der tatsächlichen und potentiellen Nachfrager entspricht"*.[7] Im

---

5 *D. Lucke,* Akzeptanz. Legitimität in der „Abstimmungsgesellschaft". Opladen 1995, S. 104.

6 *G. Barth,* Akzeptanzmanagement und Mediation in Planungs- und Bauprozessen, in: G. Barth/B. Böhm (Hrsg.), Einvernehmlich planen und bauen, Steinbeis-Edition, Stuttgart 2015, S. 15.

7 *A. Hermann, F. Huber,* Produktmanagement. Grundlagen – Methoden – Beispiele, 3. Aufl. Springer, Wiesbaden 2013, S. 169.

Gegensatz dazu wird in baurechtlichen Beteiligungsverfahren häufig der Versuch unternommen, die Bedürfnisse der Bürger im Nachhinein an das geplante Projekt anzupassen: Sie werden mit einer angestrebten Situation konfrontiert, die sie dann möglichst gut finden sollen.[8] Es wird versucht, für bereits geplante Projekte eine nachträgliche Legitimierung bei den Bürgern zu erreichen.

Die Legitimierung eines Planungsvorhabens durch die Einbeziehung der Bürger wird jedoch nur dann erfolgreich sein, wenn diese tatsächlich auch die Möglichkeit der Mitwirkung haben. Eine Einbeziehung in ein Projekt, das bereits eine fertige Lösung beinhaltet, wirkt kontraproduktiv und führt zu Misstrauen und im schlimmsten Falle zur Ablehnung. Um eine Akzeptanz für konkrete Planungs- und Bauvorhaben herzustellen, müssen Lösungen innerhalb eines Dialog- bzw. Beteiligungsprozesses entstehen.

Informelle Beteiligungsprozesse und auch mediationsanaloge Methoden rücken daher zunehmend in das Bewusstsein der Projektverantwortlichen. Dabei herrscht häufig ein Missverständnis darüber, was genau mit informellen Beteiligungsformaten bewirkt werden kann und soll. Besonders in Planungsprozessen, in denen die Akzeptanz für ein Vorhaben fehlt, werden informelle Methoden der Bürgerbeteiligung oder auch der Mediation mit der Erwartung eingesetzt, Konflikte auszuräumen und Akzeptanz für den aktuellen Stand der Planung zu schaffen. Weder Bürgerbeteiligung noch der Einsatz mediativer Methoden im Rahmen von Beteiligungsprozessen zielen als wirkungsvolle Instrumente des Akzeptanzmanagements jedoch darauf ab, bereits feststehende Entscheidungen zu legitimieren. Vielmehr sollte das Ziel der informellen Beteiligung sein, zwischen verschiedenen Beteiligten zu vermitteln und Lösungsansätze zu finden, die für alle einen Gewinn darstellen.

4. Neutraler Dritter als Erfolgsfaktor von Bürgerbeteiligungsprozessen

Das dargelegte Verständnis von Akzeptanzmanagement durch Bürgerbeteiligung verdeutlicht, dass eine frühe Öffentlichkeitsbeteiligung im Sinne eines Dialoges nicht von einem übermächtigen Dritten geleistet werden

8 *H. Rzondkowski,* Idealisierte Prozessstruktur für Planung und Bau auf der Basis eines mediativen Grundgedankens, in: G. Barth/B.Böhm (Hrsg.), Einvernehmlich planen und bauen, Steinbeis-Edition, Stuttgart 2015, S. 81.

kann. Nichtsdestotrotz wird deutlich, dass Bürgerbeteiligung und Dialogformate komplexe Prozesse sind, die eine verlässliche Führung brauchen.[9]

Das Feld der frühen Bürgerbeteiligung ist, besonders bei Infrastrukturvorhaben, bezogen auf die Publikationslandschaft, ein recht junges Feld. Das Gros der Forschung ist in den letzten fünfzehn Jahren entstanden und digital publiziert.[10] Die stetig zunehmende Zahl von Studien, Einzelfallbeschreibungen sowie Handbüchern zu erfolgreicher Bürgerbeteiligung bestätigen, dass eine neutrale Moderation Prozesse der frühen Bürgerbeteiligung unterstützt.

In einer Umfrage zu Bürgerbeteiligung aus kommunaler Sicht geben Städte und Gemeinden an, man habe mit der neutralen Position, die von professionellen, externen Moderatoren eingenommen wird, gute Erfahrungen gemacht.[11] Auch andere Befragungen von Kommunen, Bürgern und Unternehmen belegen, dass das Kriterium der Neutralität für Akteure ein wichtiger Aspekt ist.[12] Lediglich Unternehmen schreiben einer externen Moderation eine weniger große Rolle zu.[13] Mit Blick auf den Erörterungstermin der frühen Öffentlichkeitsbeteiligung im Rahmen von Genehmi-

9 *A. Vetter, H. Klages, F. Ulmer*, Bürgerbeteiligung braucht Verstetigung und Verlässlichkeit: Gestaltungselemente einer dauerhaften und systematischen Bürgerbeteiligung in Städten und Gemeinden, in: Der moderne Staat – Zeitschrift für Public Policy, 6. Jg. 1/2013, S. 253.

10 Neben einzelnen Studien handelt es sich bei den meisten Publikationen um Einzelfallbeschreibungen. Allgemeine Schlussfolgerungen aus dem aktuellen Stand der Forschung abzuleiten ist daher schwierig. In der Hoffnung auf baldige Besserung und umfassende Metaanalysen sei dies beim Lesen des Kapitels im Hinterkopf zu behalten.

11 Studie: Bürgerbeteiligung aus kommunaler Sicht. Stellenwert und Verbreitung informeller Bürgerbeteiligung in deutschen Kommunen. NeulandQuartier GmbH/pollytix strategic reseach gmbh (Hrsg.), 2017, abgerufen am 17.3.2023 unter: https://pollytix.de/wp-content/uploads/2018/05/pdf_studie_buergerbeteiligung.pdf.

12 *B. Böhm, S. Schröder, H. Ulbrich,* Zur Rolle von Unternehmen bei Bürgerbeteiligungsprozessen. Ergebnisse einer Befragung von Kommunen, 2012, abgerufen am 16.3.2023 unter: https://nexusinstitut.de/wp-content/uploads/2019/07/Rolle-von-Unternehmen-bei-Bu%CC%88rgerbeteiligungsprozessen-Studie.pdf.

13 *R. Albrecht, A. Grüttner, T. Lenk, O. Löch, O. Rottmann,* Optionen moderner Bürgerbeteiligung bei Infrastrukturprojekten. Ableitungen für eine verbesserte Beteiligung auf Basis von Erfahrungen und Einstellungen von Bürgern, Kommunen und Unternehmen, 2013, abgerufen am 1.03.2023 unter: https://kowid.de/wp-content/uploads/2019/08/2013_Studie_Optionen_moderner_B%C3%BCrgerbeteiligungen_bei_Infrastrukturprojekten_.pdf.

gungsprozessen wird geäußert, dass dieser durch eine neutrale, externe Moderation verbessert werden kann.[14]

I. Warum Neutralität?

Repräsentative Studien zur konkreten Wirkung einer neutralen Moderation gibt es bislang für den Bereich der Bürgerbeteiligung noch nicht. Allgemein werden die Effekte jedoch in der wissenschaftlichen Literatur beschrieben: Neutralität in der Moderation verspricht, ein transparentes und faires Verfahren zu unterstützen[15], den Austausch auf Augenhöhe zu befördern und sicherzustellen[16], die verschiedenen Interessen auszugleichen sowie kulturelle Hemmnisse zu überwinden.[17] Darüber hinaus wird der neutralen Moderation eine Entemotionalisierung zugesprochen.[18]

Hinsichtlich der Ansprüche an die Überparteilichkeit des Moderators wird außerdem genannt, dieser müsse auch bei gegensätzlichen Interessen ein gutes Miteinander bewahren[19], festgefahrene Positionen und Wahrnehmungsmuster auflösen[20] und Brücken zu unterschiedlichen Sichtweisen

14 Ebenda.

15 Ebenda.

16 *M. Hemmati, C. Schmidt,* Beteiligung und Mitwirkung im kommunalen Klimaschutz, Erkenntnisse und Ergebnisse aus dem Vorhaben Klima-KomPakt. Berlin 2020, abgerufen am 16.3.2023 unter: https://www.klimaschutz.de/sites/default/files/Beteiligung_Klimaschutz_Klima-KomPakt%20barrierefrei_1.pdf.

17 *T. Orthmann,* Wegweiser breite Bürgerbeteiligung. Argumente, Methoden, Praxisbeispiele, Herausgeber Bertelsmannstiftung (Hrsg.), Allianz Vielfältige Demokratie, 2017, abgerufen am 16.3.2023 unter: https://www.bertelsmann-stiftung.de/fileadmin/files/Projekte/Vielfaeltige_Demokratie_gestalten/Wegweiser_breite_Beteiligung_FINAL.pdf.

18 *T. Recht, T. Montag,* Den Netzausbau mitgestalten. Potentiale formeller und informeller Beteiligung. Handreichung zur Politischen Bildung, Band 16, Konrad Adenauer Stiftung e.V. (Hrsg.), Berlin 2014, abgerufen am 20.3.2023 unter: https://www.kas.de/documents/252038/253252/7_dokument_dok_pdf_38840_1.pdf/ce1b63bd-76eb-9272-878b-0ab9f48abb5e?version=1.0&t=1539653693728.

19 *F. Sondershaus,* Handlungsempfehlung. Programm für Dialog und frühe Beteiligung, 2021, Fachagentur Wind an Land e.V. (Hrsg.), abgerufen am 17.3.2023 unter: https://www.fachagentur-windenergie.de/fileadmin/files/Veroeffentlichungen/Handlungsempfehlungen/FA_Wind_Handlungsempfehlung_5_Programm_fuer_Dialog_09-2021.pdf.

20 *J. Hildebrand, I. Rau, P. Schweizer-Ries,* Die Bedeutung dezentraler Beteiligungsprozesse für die Akzeptanz des Ausbaus erneuerbarer Energien. Eine umweltpsychologische Betrachtung. Informationen zur Raumentwicklung, Heft 9/10.2012 S. 491.

schlagen können.[21] Ein neutraler Dritter könne zudem eine unabhängig informierende Instanz sein.[22]

Häufig wird anstelle von Neutralität auch von externer Moderation oder Überparteilichkeit gesprochen.

II. Zum Verständnis von Neutralität

Umfassende, vertiefende Erläuterungen, was Neutralität im Rahmen von Bürgerbeteiligungsprozessen konkret bedeutet und wie diese zu erreichen ist, finden sich in der wissenschaftlichen Literatur kaum. Üblich ist die Behandlung von in Einzelfällen und Einzelaspekten.

Dazu zählen die finanzielle Betrachtung von Neutralität[23], eine politische Unabhängigkeit[24] sowie eine große Distanz zu den zu verhandelnden Inhalten.[25] Die Evaluation des Dialogprozesses um das Pumpspeicherkraftwerk-Projekt Atdorf im Schwarzwald beschreibt Neutralität in Form von Personen, die im Hinblick auf die zur Diskussion stehenden Fragen un-

21 *J. Ziekow, O. Gabriel, U. Remer-Bollow, F. Buchholz, C. Ewen*, Evaluation und Begleitforschung „Runder Tisch Pumpspeicherkraftwerk Atdorf", 2013, abgerufen am 17.3.2023 unter: https://www.baden-wuerttemberg.de/fileadmin/redaktion/dateien/PDF/Evaluation-und-Begleitforschung-Runder-Tisch-Pumpspeicherwerk-Atdorf.pdf.

22 *C. Ritzi, J. Kaßner,* Evaluationsleitfaden für Beteiligungsverfahren, vhw Bundesverband für Wohnen und Stadtentwicklung e.V. (Hrsg.), vhw-Schriftenreihe 11, Berlin 2019, abgerufen am 16.3.2023 unter: https://www.vhw.de/fileadmin/user_upload/08_publikationen/vhw-schriftenreihe-tagungsband/PDFs/vhw_Schriftenreihe_Nr._11_Leitfaden.pdfeigenverlag.

23 *M. Kappenstein-Machan, A. Wüste, P. Schmuck,* Erfolgreiche Umsetzung von Bioenergiedörfern in Deutschland – was sind die Erfolgsfaktoren? Berichte über Landwirtschaft, Zeitschrift für Agrarpolitik und Landwirtschaft, Band 91, Ausgabe 2, Göttingen 2013.

24 *P. Schweizer-Ries, I. Rau, J. Zoellner, K. Nolting, J. Rupp, D. Keppler,* Aktivität und Teilhabe – Akzeptanz Erneuerbarer Energien durch Beteiligung steigern, Projektabschlussbericht, 2010, abgerufen am 21.3.2023 unter: https://www.fachagentur-windenergie.de/fileadmin/files/Akzeptanz/209_0_Abschlussbericht_Aktivitaet_Teilhabe_FKZ_0325052_oeffentlich.pdf.

25 *U. Eith, J. Meier,* Bürgerräte: Erfahrungen aus der Praxis von Baden-Württemberg, Konrad Adenauer Stiftung e.V. (Hrsg.), Berlin 2021, abgerufen am 17.3.2023 unter : https://www.kas.de/documents/252038/11055681/Bu%CC%88rgerr%C3%A4te+-+Erfahrungen+aus+der+Praxis+von+Baden-Wu%CC%88rttemberg.pdf/952a9d85-b998-263d-3f28-19debf8a7beb.

parteiisch sind.[26] Die Ergebnisse eines umfassenden Forschungsprojektes zur Akzeptanz erneuerbarer Energien durch Beteiligung zeigen außerdem, dass die Vertrauenswürdigkeit und Glaubwürdigkeit von Institutionen, die Informationen und Beratung anbieten, wesentlich davon abhängig ist, ob man als neutraler Dritter glaubwürdig vermitteln kann, „dass man nichts verkaufen will".[27]

Es wird zudem darauf hingewiesen, dass Neutralität nicht als Nicht-Positionierung oder generelle Enthaltung misszuverstehen ist. Laut Auswertung der DELIKAT-Fachdialoge wird von einer Moderation im Rahmen von Beteiligungsprozessen neben einer Neutralität ebenfalls ein statusausgleichendes Eingreifen im Sinne eines Empowerments erwartet.[28] In diesem Sinne kann Neutralität als All- bzw. Überparteilichkeit begriffen werden.

III. Wer kann neutral sein?

Angesichts der Kriterien wird deutlich, dass das Konstrukt der Neutralität nicht klar eingegrenzt werden kann. Obwohl der Begriff und die dahinterstehenden Intensionen intuitiv nachvollziehbar wirken, wird beim zweiten Blick deutlich, dass das Erreichen einer Neutralität oder das Bestimmen einer neutralen Institution oder Person durchaus mit Hürden verbunden sein kann.

Bei Projekten der Energiewende wird der Dialog mit der Öffentlichkeit häufig vom Vorhabenträger selbst geleitet. Unabhängig davon, ob eine theoretische Neutralität in dieser Konstellation überhaupt möglich wäre, zeigt die Erfahrung, dass es für den Vorhabenträger selbst schwer ist, das eigene

26 *J. Ziekow, O. Gabriel, U. Remer-Bollow, F. Buchholz, C. Ewen*, Evaluation und Begleitforschung „Runder Tisch Pumpspeicherkraftwerk Atdorf", 2013, abgerufen am 17.3.2023 unter: https://www.baden-wuerttemberg.de/fileadmin/redaktion/dateien/PDF/Evaluation-und-Begleitforschung-Runder-Tisch-Pumpspeicherwerk-Atdorf.pdf.

27 *P. Schweizer-Ries, I. Rau, J. Zoellner, K. Nolting, J. Rupp, D. Keppler*, Aktivität und Teilhabe – Akzeptanz Erneuerbarer Energien durch Beteiligung steigern, Projektabschlussbericht, 2010, (S.152), abgerufen am 21.3.2023 unter: https://www.fachagentur-windenergie.de/fileadmin/files/Akzeptanz/209_0_Abschlussbericht_Aktivitaet_Teilhabe_FKZ_0325052_oeffentlich.pdf.

28 *S. Alcántara, R. Kuhn, O. Renn, N. Bach, B. Böhm, H.-L. Dienel, P. Ullrich, C. Schröder, H. Walk*, DELIKAT- Fachdialoge Deliberative Demokratie: Analyse partizipativer Verfahren für den Transformationsprozess, TEXTE 31/2014, Umweltbundesamt (Hrsg.), abgerufen am 17.3.2023 unter: https://www.umweltbundesamt.de/publikationen/delikat-fachdialoge-deliberative-demokratie-analyse.

Planungsprodukt aus einer neutralen Perspektive, die der Moderationsprozess verlangt, zu betrachten.

In einigen Veröffentlichungen wie zum Beispiel von der Fachagentur Wind werden politische Amtsträger, Landesenergieagenturen oder die Kommunen und andere Träger öffentlicher Belange als mögliche überparteiliche Akteure beschrieben.[29] Im Rahmen der DELIKAT- Fachdialoge wurde jedoch deutlich, dass unklar ist, wie staatliche Einrichtungen bei Themen, die sie direkt betreffen (Flughäfen, Endlager etc.), unparteiisch eingebunden werden können.[30] Das bestätigt auch die Studie um das Pumpspeicherkraftwerk Atdorf. Sie zeigt am konkreten Fall, dass Landes- und Bundesregierung aus der Sicht von einzelnen Akteuren nicht als neutral wahrgenommen wurden, da sie, nach Auffassung einiger Beteiligten, Interesse an großen Infrastrukturanlagen hätten. Insbesondere die Anforderungen der Energiewende stellten ebenfalls politisch explizit gesetzte Ziele dar. In diesem Sinne wurde auch die Genehmigungsbehörde nicht als neutral, sondern auf Seiten des Vorhabenträgers wahrgenommen.[31] Die Experten der DELIKAT-Fachdialoge schlagen deshalb ein Bundesamt für Partizipation als neutralen Regulator vor.[32]

Ergänzend zu politischen Institutionen entwickelt sich ein breites Angebot an professionellen privaten Dienstleistern, welche durch ihre inhaltliche Distanz und ihre geschulte Moderation Neutralität bieten.

---

29 *F. Sondershaus*, Handlungsempfehlung. Programm für Dialog und frühe Beteiligung, 2021, Fachagentur Wind an Land e.V. (Hrsg.), abgerufen am 17.3.2023 unter: https://www.fachagentur-windenergie.de/fileadmin/files/Veroeffentlichungen/Handlungsempfehlungen/FA_Wind_Handlungsempfehlung_5_Programm_fuer_Dialog_09-2021.pdf.

30 *S. Alcántara, R. Kuhn, O. Renn, N. Bach, B. Böhm, H.-L. Dienel, P. Ullrich, C. Schröder, H. Walk*, DELIKAT- Fachdialoge Deliberative Demokratie: Analyse partizipativer Verfahren für den Transformationsprozess, TEXTE 31/2014, Umweltbundesamt (Hrsg.), abgerufen am 17.3.2023 unter: https://www.umweltbundesamt.de/publikationen/delikat-fachdialoge-deliberative-demokratie-analyse.

31 *J. Ziekow, O. Gabriel, U. Remer-Bollow, F. Buchholz, C. Ewen*, Evaluation und Begleitforschung „Runder Tisch Pumpspeicherkraftwerk Atdorf", 2013, abgerufen am 17.3.2023 unter: https://www.baden-wuerttemberg.de/fileadmin/redaktion/dateien/PDF/Evaluation-und-Begleitforschung-Runder-Tisch-Pumpspeicherwerk-Atdorf.pdf.

32 *S. Alcántara, R. Kuhn, O. Renn, N. Bach, B. Böhm, H.-L. Dienel, P. Ullrich, C. Schröder, H. Walk*, DELIKAT- Fachdialoge Deliberative Demokratie: Analyse partizipativer Verfahren für den Transformationsprozess, TEXTE 31/2014, Umweltbundesamt (Hrsg.), abgerufen am 17.3.2023 unter: https://www.umweltbundesamt.de/publikationen/delikat-fachdialoge-deliberative-demokratie-analyse.

IV. Die Herausforderung der Neutralität

Betrachtet man die Kriterien der Neutralität sowie die Optionen der aktuell möglichen Akteure, die als neutrale Dritte in Beteiligungsprozessen vorgeschlagen werden, wird deutlich, dass ihre Neutralität immer angreifbar sein wird.

Besonders im Rahmen der Energiewende als gesellschaftliches Ziel scheint eine inhaltliche und politische Neutralität bei politischen Amtsträgern, staatlichen Genehmigungsbehörden, Kommunen oder anderen Trägern öffentlicher Belange nicht gesichert.

Auch externe private Moderatoren werden, wenn sie die Aufgabe als Dienstleister ausfüllen, in der Regel von einer in das Projekt eingebundenen Partei bezahlt und machen sich damit in ihrer Neutralität angreifbar. Darüber hinaus sahen beispielsweise Konfliktparteien im Dialogprozess um das Pumpspeicherkraftwerk in Atdorf die Neutralität aufgrund vergangener Aufträge der Moderatoren verletzt.[33]

Erschwerend kommt hinzu, dass sich Neutralität im Laufe eines Projektes verändern kann. Ein einmal als neutral anerkannter Akteur kann zu einem späteren Zeitpunkt des Prozesses nicht mehr als neutral wahrgenommen werden. Auch hier sei als Beispiel wieder auf das Pumpspeicherkraftwerk Atdorf verwiesen: Man habe sich, so heißt es in der Evaluation, *„auf die neutralen Akteure aus dem Sachverständigenbereich verlassen und dann festgestellt, dass diese die Positionen des Vorhabenträgers größtenteils stützen“*.[34]

V. Das Bedürfnis hinter der Neutralität

Der hier dargelegte Konflikt ist argumentativ nur schwer lösbar. Vielversprechender kann daher eine mediative Herangehensweise an den Diskurs sein. Anstelle einer argumentativen Erörterung scheint es wichtig, sich den der Neutralität zugrundeliegenden Interessen der Akteure zu nähern.

---

33 *J. Ziekow, O. Gabriel, U. Remer-Bollow, F. Buchholz, C. Ewen*, Evaluation und Begleitforschung „Runder Tisch Pumpspeicherkraftwerk Atdorf“, 2013, abgerufen am 17.3.2023 unter: https://www.baden-wuerttemberg.de/fileadmin/redaktion/dateien/PDF/Evaluation-und-Begleitforschung-Runder-Tisch-Pumpspeicherwerk-Atdorf.pdf.

34 Ebenda, S.183.

Eine Vielzahl entsprechender Veröffentlichungen zum Thema verdeutlicht, dass Neutralität vor allem bei konfliktträchtigen Projekten eine Relevanz hat[35], beziehungsweise dann, wenn die Vertrauensbasis zwischen den Akteuren (noch) nicht stabil ist.[36]

Projekte mit hohem Konfliktpotenzial sind in der Regel jene, bei denen es zu einer akuten Betroffenheit einzelner Individuen oder Gruppen kommt, die sich in Form von Gewinnern und Verlierern abbilden lassen.[37] Zu diesen Prozessen zählen häufig Bürgerbeteiligungen bei Infrastrukturprojekten bzw. Projektvorhaben der Energiewende.[38] Von einer neuen Stromleitung profitiert unter Umständen die ganze Region. Die Betroffenheit, die das Bauwerk auslöst, liegt bei einigen wenigen.

Die Wirkung von beziehungsweise das Bedürfnis nach Neutralität könnte darin begründet sein, dass in Konfliktsituationen generell ein hohes Maß an Misstrauen vorherrscht. Sie könnte jedoch auch durch frühere Erfahrungen begründet sein. Eine umfassende Studie hierzu zeigt, dass Beteiligungsangebote von Planungsbehörden oder Planungsfirmen aufgrund negativer Erfahrungen im Vorfeld nicht als aufrichtig gemeintes Einbeziehen, sondern als manipulatives Instrument wahrgenommen werden.[39] Das Bedürfnis nach Neutralität könnte jedoch auch viele weitere Gründe haben. Die mediative Arbeit ist ein konstantes Bilden und Überprüfen der Annahmen über die Interessen der Akteure. Es gibt damit mindestens so viele Erklärungen, warum Neutralität im Prozess wichtig ist, wie Akteure in diesem Prozess. Um beim Beispiel der negativen Erfahrungen zu bleiben: Unter diesem Gesichtspunkt kann angenommen werden, dass hinter dem

---

35 *Ohne Autor,* Qualität von Bürgerbeteiligung: Zehn Grundsätze mit Leitfragen und Empfehlungen. Bertelsmanstiftung (Hrsg.), Allianz Vielfältige Demokratie, 2017, abgerufen am 23.3.2023 unter: https://www.bertelsmann-stiftung.de/fileadmin/files/Projekte/Vielfaeltige_Demokratie_gestalten/Qualitaet_von_Buergerbeteiligung_final.pdf.

36 *M. Karpenstein-Machan, A. Wüste, P. Schmuck,* Erfolgreiche Umsetzung von Bioenergiedörfern in Deutschland – was sind die Erfolgsfaktoren? Berichte über Landwirtschaft, Zeitschrift für Agrarpolitik und Landwirtschaft, Band 91, Ausgabe 2 Göttingen 2013.

37 *A. Vetter, S. Geyer, U. Eith,* Wirkungen von Bürgerbeteiligung, in: Baden-Württemberg Stiftung (Hrsg.), Demokratie-Monitoring Baden-Württemberg 2013/2014, Studien zur Demokratie und Partizipation, VS Springer, Wiesbaden 2015.

38 Ebenda.

39 *J. Hildebrand, I. Rau, P. Schweizer-Ries,* Die Bedeutung dezentraler Beteiligungsprozesse für die Akzeptanz des Ausbaus erneuerbarer Energien. Eine umweltpsychologische Betrachtung, Informationen zur Raumentwicklung, Ausgabe 9/10 2012, S. 491.

Bedürfnis nach Neutralität weitere Konzepte wie Fairness, ein Sich-ernst-genommen-Fühlen und weiteres zu finden sind.

VI. Neutralität dialogisch sicherstellen

Neutralität ist folglich etwas, worunter jeder etwas anderes versteht. Je nachdem welche Anliegen sich hinter dem Konzept der Neutralität verbergen, kann das Gefühl von Neutralität im Prozess auf verschiedene Weise sichergestellt werden. Damit wird die Neutralität als Kriterium selbst Inhalt eines Aushandlungsprozesses.

Akzeptanzmanagement im Rahmen von Bürgerbeteiligung bedeutet demnach nicht nur, Akzeptanz für das Ergebnis des Prozesses zu schaffen. Es muss vielmehr auch Akzeptanz für den Prozess selbst geschaffen werden. Besonders in Vorhaben mit hohem Konfliktpotenzial ist der „neutrale Dritte" und damit der Prozess erst dann neutral, wenn er von allen als neutral anerkannt wird. Gleiches gilt im Übrigen auch für fachliche Bewertungen und Datenerhebungen im Rahmen des Prozesses.[40]

Die anerkannte Neutralität der vermittelnden Person zu Beginn des Prozesses bietet, wie beschrieben, keine Garantie dafür, dass deren Akzeptanz der Neutralität im gesamten Prozess gegeben bleibt. Um ihre Akzeptanz durchgängig aufrechtzuerhalten, sind kontinuierliche Rückmeldeschleifen wichtig. Eine offene Rückmeldekultur bedeutet, dass die Teilnehmenden sich direkt einbringen können, wenn sie sich nicht gehört oder respektiert fühlen.

Neutralität ist damit nicht nur allparteilich und integrativ.[41] Vielmehr ist sie diskursiv.

---

40 Transparenz bei Bürgerbeteiligung. Handreichung für Projektverantwortliche, Bertelsmann Stiftung (Hrsg.), Allianz vielfältige Demokratie, 2017, abgerufen am 17.3.2023 unter: https://www.bertelsmann-stiftung.de/fileadmin/files/Projekte/Vielfaeltige_Demokratie_gestalten/Transparenz_bei_Buergerbeteiligung.pdf.

41 *C. Ritzi, J. Kaßner,* Evaluationsleitfaden für Beteiligungsverfahren, vhw Bundesverband für Wohnen und Stadtentwicklung e.V. (Hrsg.) vhw-Schriftenreihe 11, Berlin 2019, abgerufen am 23.3.2023 unter: https://www.vhw.de/fileadmin/user_upload/08_publikationen/vhw-schriftenreihe-tagungsband/PDFs/vhw_Schriftenreihe_Nr._11_Leitfaden.pdf.

5. Mediationsanaloge Moderation als Tool der Prozessgestaltung

Die Ausführungen zur Neutralität verdeutlichen, wieso mediationsanaloge Methoden als besonders wirksam im Bereich der Bürgerbeteiligung betrachtet werden können. Häufig wird Mediation reduziert auf ein klassisches Verfahren zur Lösung von Konflikten. Ihr Potenzial zeigt sich jedoch in Bürgerbeteiligungsprozessen vor allem dann, wenn man sie als das versteht, was sie eigentlich ist: eine Methodik des interessenbasierten Verhandelns mit dem Ziel einer Win-win-Lösung. Als solche eignet sie sich in ihrer Flexibilität gerade auch zur Gestaltung eines Akzeptanzdialogs – besonders deswegen, weil im Rahmen des Gesamtprozesses aufkommende Konfliktthemen, wie beispielsweise Zweifel an der Neutralität oder der Fairness des Prozesses, direkt in den Prozess einbezogen werden können.

Die Wirksamkeit mediationsanaloger Ansätze liegt vor allem in den Prinzipien der Mediation begründet, die eine hohe Ähnlichkeit mit Erkenntnissen zu Wirkfaktoren bei Bürgerbeteiligungsprozessen aufweisen.

Wesentliche Merkmale sind nach Barth:[42]

- **Ergebnisoffenheit:** Das Ergebnis einer Mediation wird im Laufe des Prozesses gefunden. Eine wichtige Spielregel ist dabei, dass die Betroffenen selbst das Ergebnis bestimmen, nichts wird über ihren Kopf hinweg entschieden. Aufgrund der Komplexität des öffentlichen Raumes und der Vielzahl an Interessen muss bei der Mediation im Rahmen von Beteiligungsprozessen die Offenheit jedoch durch verbindliche Rahmenbedingungen definiert werden. Ansonsten besteht die Gefahr, durch die Komplexität des Sachverhalts handlungsunfähig zu werden, wodurch eine Lösungsfindung unmöglich wird.
- **Freiwillige Teilnahme aller Konfliktparteien:** Die Teilnahme an der Mediation ist freiwillig, niemand kann zur Teilnahme am Prozess gezwungen werden.
- **Ein auf Konsens orientierter Verhandlungsstil:** Dialog, wie er in der Mediation verstanden wird, verlangt es über das Zuhören und Verstehen hinaus, die eigene Position infrage zu stellen. Dazu gehört bei Planungsprozessen neben der Offenheit und Bereitschaft zur Einsicht auch die Bereitschaft zur Überarbeitung der Planung.

---

42 *G. Barth,* Akzeptanzmanagement und Mediation in Planungs- und Bauprozessen, in: G.Barth/B. Böhm (Hrsg.), Einvernehmlich planen und bauen, Steinbeis-Edition, Stuttgart 2015, S. 15.

- **Verfügbarkeit aller notwendigen Informationen für alle Parteien:** Für einen fairen Prozess auf Augenhöhe muss sichergestellt werden, dass alle beteiligten Parteien denselben Informationsstand haben, der für den weiteren Verlauf des Prozesses relevant ist.
- **Neutralität und Allparteilichkeit:**
  - *Allparteilichkeit*: Eine der wichtigsten Aufgaben eines Mediators ist es, sicherzustellen, dass alle Interessen in gleicher Weise im Prozess vertreten sind. Allen Beteiligten muss gleich viel Raum geboten werden, sich einzubringen. Allparteilichkeit bedeutet darüber hinaus, auch die Interessen derjenigen einzubeziehen, die nicht anwesend sind.
    Außerdem ist der Mediator dafür sensibilisiert, Betroffenheiten zu erkennen, die auf den ersten Blick nicht ersichtlich sind, und so alle relevanten Interessenvertreter in den Prozess einzubeziehen.
  - *Neutralität:* Der Mediator hat des Weiteren die Gleichbehandlung und Wertschätzung aller Beteiligten und aller Positionen – von Projektbefürwortern ebenso wie von Projektgegnern – sicherzustellen.
- **Vertraulichkeit:** Der Mediator als Moderator des Dialogs ist gegenüber allen Parteien zur Vertraulichkeit verpflichtet.

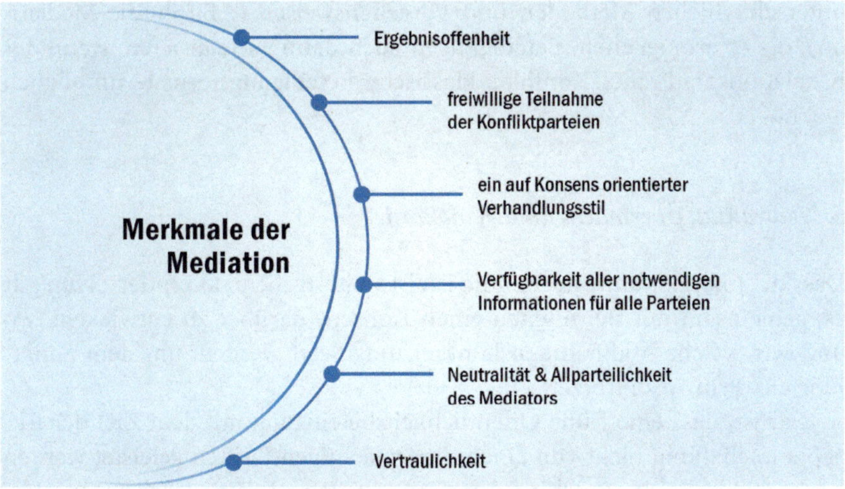

Abb. 1: Wesentliche Merkmale der Mediation nach Barth[43]

43 Ebenda.

Abgesehen von den Grundbedingungen unterscheidet sich der Einsatz mediationsanaloger Methoden in der Bürgerbeteiligung jedoch in der Regel vom Prozess einer klassischen Mediation.

Beim Einsatz mediationsanaloger Methoden in der Bürgerbeteiligung muss besonders darauf geachtet werden,

- die Interessen der Bürger vollständig und umfangreich zu erfassen und erst danach das weitere Vorgehen festzulegen,
- den Dialog auf Basis der Interessen zu führen und nicht auf fachlicher Basis,
- die Medien zur Aufklärung und Information frühzeitig einzubinden.

Die Methoden einer klassischen Mediation kommen im Rahmen von Bürgerbeteiligung erst dann zum Einsatz, wenn durch Handlungen Druck auf andere Beteiligte ausgeübt wird und Misstrauen sowie negative Erwartungen den Umgang der Beteiligten untereinander prägen. Wie konfliktbehaftet die Beziehung einzelner Akteure und Betroffener von Planungs- und Bauprojekten ist und welche Konfliktfelder bestehen, zeigt sich jedoch oft erst im Verlauf des Beteiligungsprozesses. Die Stärke des mediativen Ansatzes im Rahmen von Bürgerbeteiligung besteht daher auch in den unterschiedlichen Methoden und Vorgehensweisen (z.B. Shuttle-Mediation), die es ermöglichen, Beteiligungen auch dann zu realisieren, wenn der Eskalationsgrad eines Konflikts klassische Beteiligungsformate unmöglich macht.

6. Neutralität, Übermacht und Demokratie

Dass die Energiewende notwendig ist, ist weitestgehend akzeptiert. Nun gilt es, gemeinsam mit Betroffenen einen Konsens darüber zu entwickeln, wo und wie welche Maßnahmen konkret umgesetzt werden, um dem Sankt-Florians-Prinzip zu trotzen.

Klar ist, dass eine frühe Öffentlichkeitsbeteiligung mit dem Ziel der Akzeptanzschaffung nicht von einem übermächtigen Dritten geleistet werden kann, wie es bei in verschiedenen Gesetzen vorgesehenen Erörterungsterminen der Fall ist. Ebenso klar ist, dass Bürgerbeteiligung und Dialogformate komplexe Prozesse sind, die eine verlässliche Führung brauchen. Dabei ist die Erwartung, dass allein durch die Einbindung der Öffentlichkeit alle Konflikte beigelegt werden können, unangemessen.[44]

Auf dem Weg, geeignete Methoden zu entwickeln, die einen Akzeptanzdialog nachhaltig gestalten, zeigt sich Neutralität als ein bedeutsames Kriterium, das nicht einfach einzulösen ist. Interessenkonflikte können in einer pluralistischen Demokratie wie der unseren als Normalität begriffen werden. Letzten Endes kann auch Neutralität als ein weiterer auszuhandelnder Aspekt im Rahmen eines geführten Beteiligungsprozesses begriffen werden, für den es Verständnis herzustellen und eine Lösung zu finden gilt.

Durch ihre Prinzipien und ihr interessenbasiertes Verhandeln mit dem Ziel einer Win-win-Lösung eignet sich der Einsatz mediationsanaloger Methoden daher besonders, um im Rahmen von Beteiligungsprozessen Akzeptanz für die konkreten Planungs- und Bauprojekte der Energiewende zu schaffen.

Auch wenn klare, übermächtige Entscheidungen aufgrund ihrer wahrgenommenen Effizienz und Schnelligkeit reizvoll erscheinen mögen, sind jedoch die neutral herbeigeführten Entscheidungen, die in Aushandlung entstehen, von größerer Nachhaltigkeit.

Und nicht zuletzt ist die Frage nach einem übermächtigen Dritten oder einem neutralen Dritten in Bürgerbeteiligungsprozessen nicht nur eine Frage der Wirksamkeit, sondern auch eine Frage der Demokratie.

44 *A. Vetter, H. Klages, F. Ulmer,* Bürgerbeteiligung braucht Verstetigung und Verlässlichkeit: Gestaltungselemente einer dauerhaften und systematischen Bürgerbeteiligung in Städten und Gemeinden, in: Der moderne Staat – Zeitschrift für Public Policy, 6. Jg. 1/2013, S.253.

Verantwortung

Verantwortung, Recht und nachhaltige Innovation im Wettkampf der Systeme

Klaus Mainzer

Ich widme diesen Artikel in herzlicher Verehrung Frau Prof. Dr. Andrea Versteyl, die ich noch als junge Studentin der Philosophie und des Rechts in gemeinsamen Veranstaltungen der Rechtsphilosophie 1973 kennengelernt habe. Aus der Mathematik kommend, konnte ich als Assistent im Philosophischen Seminar der Universität Münster an Kolloquien mit bedeutenden Rechtslehrern, Richtern, Anwälten, Philosophen, Professoren und Studierenden dieser Universität teilnehmen. Unvergessen bleibt mir das Referat der jungen Studentin Andrea Holtwick über „Legalität und Moralität bei Kant". Wie eine verborgene Leitlinie zieht sich dieses rechtsphilosophische Thema durch ihre spätere Karriere, auch wenn sie sich in der Rechtspraxis einer erfolgreichen Juristin entfaltete. Selbst durch das Wissenschaftsverständnis der modernen Logik und Mathematik geprägt beeindruckte mich damals schon die Rechtsauffassung von Hans Kelsen, der, aus der kantianischen Tradition kommend, in den ideologischen Verwirrungen des 20. Jahrhunderts eine Wissenschaft vom Recht („Reine Rechtslehre") begründen wollte. Angesichts erneuter gefährlicher Verwerfungen der Weltpolitik erscheint mir Kelsens Plädoyer wie ein Leuchtturm rechtsphilosophischer Orientierung, deren wir auch im 21. Jahrhundert dringend bedürfen.

Neben der Philosophie galt aber ein akademisches Leben lang mein Engagement den Grundlagen von Wissenschaft, Technik und der darauf aufbauenden Innovation, die entscheidend Dynamik und Zukunft menschlicher Zivilisation bestimmt. Deshalb trägt dieser Text den Titel „Verantwortung, Recht und nachhaltige Innovation im Wettkampf der Systeme". Auch diese Entwicklungslinie hat Parallelen zu der Laureatin. Aus der Philosophie- und Rechtsstudentin Andrea Holtwick aus Münster wurde schließlich die erfolgreiche und einflussreiche Anwältin, Verfassungsrichterin und Professorin Andrea Versteyl, die sich im Umweltrecht mit den Folgen dieser technisch-wirtschaftlichen Entwicklung auseinandergesetzt hat und in nationalen Gremien auf ihre rechtliche Normierung Einfluss nehmen konnte. So verbindet uns am Ende die praktische Vernunft des Philosophen, mit dem wir vor einem halben Jahrhundert in Münster begonnen haben.

Einleitung

Vor dem Hintergrund der aktuellen politischen, wirtschaftlichen und militärischen Weltlage wird schlaglichtartig deutlich, woran es in der jüngsten Vergangenheit gravierend mangelte – an strategischem Denken. Die Zeit des Sichtflugs und kurzfristiger politischer und wirtschaftlicher Interessen führte in ein Desaster. Andere nutzten die Gunst der Stunde für Ihre langfristigen Strategien und Interessen. Was können wir von Seiten der Wissenschaft, Forschung, Bildung und Ausbildung tun? Die Antwort lautet: strategische Denken lernen, denn nur auf dieser Grundlage lässt sich Verantwortung umsetzen.

Der Schlüssel zu einer gelungenen Strategie für Europa heißt Innovation. Menschen neigen dazu, lieber gewohnte und bisher erfolgreiche Entwicklungspfade nicht zu verlassen, als auf neue Innovation zu setzen. Der Autor konnte als Leiter einer *acatech*-Studie (der Deutschen Akademie für Technikwissenschaften) über „Verantwortung in Unternehmen und Institutionen für eine nachhaltige Technikentwicklung" lernen, wie z.B. Teile der deutschen Automobilindustrie lieber der „Pfadabhängigkeit" der Profite in der umweltbelastenden Dieseltechnik folgten, als rechtzeitig auf nachhaltige Elektromobilität umzusteigen.

Noch dramatischer zeigte sich die Pfadabhängigkeit in der jüngsten Vergangenheit, als Verantwortliche in Politik und Wirtschaft Deutschland in die energiepolitische Abhängigkeit im Wesentlichen eines einzigen Landes brachten. Die bewährten Profite mit fossilen Brennstoffen wie Gas, Öl und Kohle waren verlockend, obwohl es an strategischen Warnungen vor einem blinden Vertrauen in den dominierenden Lieferanten nicht gefehlt hatte. Jeder Kleinaktionär weiß aber, dass man sich nie auf eine einzige Aktiensparte verlassen darf, möge sie kurzfristig noch so gewinnversprechend sein. Ein gutes Portfolio zeichnet sich durch Diversität aus, um langfristig allen Krisen zu Trotz einen guten Schnitt zu machen.

Die These ist daher, dass der Druck der gegenwärtigen politischen, wirtschaftlichen und militärischen Krise genutzt werden sollte, um beschleunigt auf nachhaltige Innovationen zu setzen, um aus der Pfadabhängigkeit fossiler Energien auszusteigen. So soll das eigentliche große Problem dieses Planeten gelöst werden – die globale Umwelt- und Klimakrise. Wie in der Politik darf dabei allerdings nicht auf eine einzige Lösung gesetzt werden, sondern es muss das gesamte technologische Potenzial in einem Innovationsportfolio gebündelt werden.

Auch Zukunftstechnologien sind wie Aktien Wetten auf die Zukunft. Dazu müssen für Europa Vor- und Nachteile von z.B. Solar- und Windenergie, Wasserkraft, Wasserstoff, Kern- und Fusionsenergie gegeneinander abgewogen und in einem „hybriden“ Energiesystem miteinander verbunden werden, um das europäische Innovationsportfolio auf eine nachhaltige Zukunft auszurichten. Auch bei einem Innovationsportfolio sorgt Diversität für resilientes Verhalten, um auf die Risiken der Zukunft flexibel reagieren und sich bei punktuellen Rückschlägen insgesamt erholen zu können.

Versorgungs- und Lieferketten der Energie sind nur ein Beispiel für komplexe Netzwerke moderner Zivilisation, deren große Daten- und Informationsmengen ohne Digitalisierung und Künstliche Intelligenz (KI) nicht zu bewältigen sind. Allerdings benötigt die Digitalisierung ein gewaltiges Energieaufkommen, das bei verschiedenen Rechnertechnologien unterschiedlich ausfällt. Wie in der Energiefrage darf bei der Digitalisierung nicht auf eine einzige Lösung gesetzt werden, sondern es muss das gesamte technologische Potenzial in einem Innovationsportfolio gebündelt werden. Daher sind klassische Digitalisierung und Künstliche Intelligenz zusammen mit Zukunftstechnologien wie neuromorphes Rechnen (nach dem energiesparenden Modus natürlicher Gehirne) ebenso zu berücksichtigen wie Quantenrechner, Quantenkommunikation und Quantentechnologie. Dazu müssen für Europa Vor- und Nachteile der digitalen und analogen Technologien gegeneinander abgewogen und in einer „hybriden“ IT und KI verbunden werden, damit auch dieses europäische Innovationsportfolio zusammen mit der Energiefrage auf eine nachhaltige Zukunft ausgerichtet wird.

Ein Innovationsportfolio setzt sich aus Basis-, Brücken- und Zukunftstechnologien zusammen, die sich kurz- und mittelfristig ändern, aufgegeben und durch neue ersetzt werden müssen. Ein Innovationsportfolio ist daher dynamisch und muss ständig gestaltet werden. Methodisch wird dazu auf die mathematische Theorie komplexer Systeme und nichtlinearer Dynamik zurückgegriffen, mit der sich komplexe Systeme und Netzwerke in Natur, Wirtschaft und Gesellschaft modellieren lassen. Mit dieser Theorie hat sich der Autor seit Jahrzehnten auseinandergesetzt. Chaos und Risiken werden auf dieser Grundlage in Frühwarnsystemen abschätzbar und in strategisches Handeln umsetzbar.

Die jüngste politische, wirtschaftliche und militärische Krise zeigt aber auch, dass strategisches Denken und Handeln sich nicht getrennt auf einzelne Sparten der Forschung, Technologie und Wirtschaft beschränken lassen. Innovationsstrategien stehen in einer globalen Auseinandersetzung der politischen Systeme. Innovationssysteme sind Ausdruck von unterschiedlichen Wertsystemen in z.B. USA, Russland, China und Europa. Der freiheitlich-demokratische Rechtsstaat ist dabei nicht nur Ausdruck der in der UN-Charta herausgestellten Menschenrechte, sondern verschafft auch Rechtssicherheit für Innovationen und Märkte, auf denen der wirtschaftliche Wettbewerb ausgetragen wird.

Imperiales Denken und das Pochen auf imperiale Einflusssphären und das Recht des Stärkeren wirft die Menschheit um Jahrhunderte zurück und führt sie in den Abgrund. Daher ist dieser Beitrag auch ein Plädoyer für ein internationales Völkerrecht, nach dem die Bürgerinnen und Bürger eines souveränen Landes über ihre Zukunft allein bestimmen und sonst niemand. Zu einem globalen Völkerrecht, so die Zukunftsperspektive, gehört wie in einem demokratischen Staat zwingend eine internationale Gerichtsbarkeit, mit der alle Verantwortlichen rechnen müssen.

A. Energietechnologie und Nachhaltigkeit

Schlüsselsektoren für die Zukunft Europas sind Energie- und Informationstechnologie. Am 24. Februar 2022 kam es zum Offenbarungseid hinsichtlich des Zustands Europas in dieser Frage, als die Russische Föderation das Völkerrecht brach und den souveränen Staat Ukraine überfiel. Schlaglichtartig rückte ins öffentliche Bewusstsein, dass Deutschland massiv vom russischen Import fossiler Brennstoffe wie Gas, Öl und Kohle abhängt. Im Jahr 2021 waren es 55 Prozent der Gasimporte, nahezu 50 Prozent der Steinkohle- und 35 Prozent der Rohölimporte. Käme z.B. die Gasversorgung vollständig zum Erliegen, würde der chemischen Industrie eine Basisversorgung entzogen. Die chemische Industrie steht aber am Anfang vieler Produktionsketten der Volkswirtschaft. Eine Unterbrechung an dieser empfindlichen Stelle könnte also im Sinne komplexer Systemdynamik eine Kettenreaktion auslösen, die sich zu globalen Einbrüchen des gesamten Wirtschaftssystems aufschaukelt.

Statt einseitiger Abhängigkeit gilt es daher zunächst, Versorgungssicherheit mit fossilen Brennstoffen durch vielfältige Lieferanten und Anbieter zu erreichen. Kurz gesagt geht es darum, Monopole der Versorgung durch Diversität zu ersetzen. Flüssigerdgas (LNG, *Liquified Natural Gas*) bietet sich dafür an, da diese Form der Energie weltweit aus verschiedenen Ländern und Erdteilen durch Schiffe an zentrale Flüssigkeitsgasterminals in europäischen Standorten gebracht werden kann.

Neben der Rohstoffsicherung muss die Stabilität der Energienetze gewährleistet sein. Ein Energienetz ist ein typisches Beispiel für ein komplexes dynamisches System, das in der Regel mit vielen Wechselwirkungen der Versorgungsknoten nichtlinear ist.[1] Um einem unvorhergesehenen Ausfall in einzelnen Teilbereichen begegnen zu können, sollten Redundanzen eingebaut sein und Resilienzstrategien berücksichtigt werden. Resilienz in einem komplexen dynamischen System bedeutet, dass vorübergehende Störungen des Gleichgewichts aufgefangen werden können und das System von selbst wieder nach einer gewissen Zeit in sein Gleichgewicht zurückkehrt. Redundante Lieferketten können vorübergehende Ausfälle auffangen und Resilienz ermöglichen. Stromspeicherung und Stromnachfrage müssen hinreichend flexibel sein, um Angebots- und Nachfrageschwankungen auszugleichen.

Fossile Brennstoffe sind aber nur Brücken hin zu einer nachhaltigen Versorgung mit Energie. Unter dem Eindruck des Ukraine-Kriegs hat Deutschland bereits angekündigt, bis 2035 eine hundertprozentige Stromerzeugung aus erneuerbaren Energien erreichen zu wollen – der 24. Februar 2022 als Katalysator einer beschleunigten Innovationsdynamik. Der Ausbau erneuerbarer Energien ist einerseits eine Frage des finanziellen Anreizes für Investoren, die entscheiden müssen, welche Vor- und Nachteile verschiedene Vergütungsmodelle dieser Energien mit sich bringen.[2] Kurzfristig sind aber die umständlichen und langwierigen Planungs- und Genehmigungsverfahren vor allem in Deutschland eine erhebliche Behinderung für eine zügige Einführung erneuerbarer Energien. Dazu muss der Rechtsrahmen kurzfristig reformiert werden.

Hinzu kommen Eigenschaften von erneuerbaren Energien, die ein ausbalanciertes Gesamtnetz der Energieversorgung erschweren. Erneuerbare Energien mit Wind- und Solaranlagen unterliegen Witterungsbedingungen. Die Energieerzeugung schwankt in diesem Fall und ist nur begrenzt regulierbar und berechenbar. Neben den hohen anfänglichen Investitionskosten

---

1 Zu komplexen dynamischen Systemen vgl. *K. Mainzer*, Thinking in Complexity. Springer: Berlin, 5. Auflage 2007.

2 *Tröndle, T., Lilliestam, J., Marelli, S., Pfenninger, S.* (2020), Trade-offs Between Geographic Scale, Cost, and System Design for Fully Renewable Electricity in Europe. Joule; IRENA (2021) Renewable Energy and Jobs. Annual Review 2021. In: International Renewable Energy Agency. https://irena.org/publications/2021/Oct/Renewable-Energy-and-Jobs-Annual-Review-2021; EurObserv'ER (2020), The State of Renewable Energies in Europe. Edition 2019. https://www.isi.fraunhofer.de/content/dam/isi/dokumente/ccx/2020/The-state-of-renewable-energies-in-Europe-2019.pdf.

kommt ein Investitionsrisiko bei z.B. Wind- oder Solaranlagen hinzu, die mit Risikoaufschlägen die Kostenstruktur mit hohen Vermarktungspreisen beeinflussen kann. Solche und andere Rückwirkungen führen zu einer komplexen Systemdynamik und müssen sorgfältig geprüft werden.[3] Ein Instrument zur Steuerung der Innovationsdynamik sind Marktprämien, die durch Ausschreibungen festgelegt werden. Um eine größere Preissicherheit zu garantieren, können auch Mindest- und Höchstpreis für Emissionszertifikate festgelegt werden. Hier reichen aber nationale Alleingänge nicht aus, sondern ist eine Einbettung in ein umfassendes Emissionshandelssystem der EU erforderlich.

Der 24. Februar 2022 unterstreicht die Dringlichkeit, ein europäisches Versorgungsnetz nach den Gesetzen komplexer Systemdynamik und den Forderungen der Nachhaltigkeit auszubauen.[4] Neben den bereits zur Verfügung stehenden erneuerbare Energien wie Solar-, Wind- und Wasserkraft sind in europäischer Gesamtperspektive auch Wasserstoff-, Kern- und Fusionsenergie zu berücksichtigen. Am Ende wird es für Europa auf ein hybrides Netzwerk dieser Technologien ankommen, um maximale Nachhaltigkeit und Unabhängigkeit zu ermöglichen.

B. Hybride Energiesysteme als nachhaltiges Innovationsportfolio

Jede der existierenden Energieformen hat Vor- und Nachteile, die gegeneinander abzuwägen sind. Am Ende wird es auf ein abgewogenes Portfolio ankommen, das die Bedarfslage und zukünftige Eventualitäten am besten berücksichtigt. Erdgas ist aufgrund seiner geringeren CO_2-Emissionen im Vergleich zu Erdöl eine wichtige Quelle für den Übergang zur Entwicklung brauchbarer Alternativen.

Die erneuerbaren Energien sollten so weit wie möglich eingesetzt werden, ohne dass wir jedoch vergessen dürfen, dass jede Energiequelle, um als Hauptquelle betrachtet zu werden, ausreichend vorhanden und zuverlässig sein muss. Gleichzeitig wird die Wasserkraft in den kommenden Jahren

3 *Surana, K., Doblinger, C., Anadon, L.D., Hultman, N.* (2020), Effects of Technology Complexity on the Emergence and Evolution of Wind Industry Manufacturing Locations Along Global Value Chains. In: Nature Energy 2020 5:10, 5(10), 811–821. https://doi.org/10.1038/s41560-020-00685-6.

4 WPKS (2022). Auf dem Weg zur Klimaneutralität: Umsetzung des European Green Deal und Reform der Klimapolitik in Deutschland. Jahresgutachten 2021 der Wissenschaftsplattform Klimaschutz.

eine wichtige Ressource sein. Die Entwicklung von Technologien zur Förderung von Biokraftstoffen, Biomasse oder Techniken wie *Waste to Fuel* wird ebenfalls vorangetrieben.

In Ländern wie Italien fallen jedes Jahr etwa 30 Mio. Tonnen Abfall an, von denen 14 Mio. Tonnen korrekt getrennt werden. Davon sind etwa 7 Mio. Tonnen OFMSW (*Organic Fraction of Municipal Solid Waste*).[5] Gegenwärtig werden sie hauptsächlich zur Herstellung von Kompost für die Landwirtschaft und in geringerem Umfang zur Erzeugung von Biogas verwendet. Durch die Kombination einer gut getrennten Abfallwirtschaft und mehr *Waste-to-Fuel*-Anlagen in ganz Italien könnten jährlich etwa eine Milliarde Liter Bioöl gewonnen werden, was etwa 6 Mio. Barrel Rohöl pro Jahr entspricht.

Wasserstoff, insbesondere grüner Wasserstoff, wird in den kommenden Jahren eine wichtige Rolle als Brückentechnologie spielen.[6] Allerdings wird dazu Forschung und Innovation notwendig sein, um die Kosten zu senken. Die Kernenergie hat einen Vorteil: Sie kann große Mengen an Energie konstant (24 Stunden am Tag) und kontrollierbar liefern. Das wäre selbst unter extremen Bedingungen möglich, wie sie im Weltraum oder in der Tiefsee herrschen. Wasserkraftwerke und geothermische Anlagen können zwar auch unter Erdbedingungen kontinuierlich Energie liefern, sie erfordern jedoch besondere territoriale Gegebenheiten, die nicht in allen Ländern gegeben sind. Allerdings zeigt die Klimaveränderung auch, dass es zu Erwärmung und Knappheit von Wasser in Flüssen kommen kann, sodass Atomkraftwerken Wasser zur Kühlung fehlt.

Um die Bedeutung der Kernenergie besser einschätzen zu können, muss man sich vergegenwärtigen, wie die Nachfrage nach Elektrizität strukturiert ist. Die Produktion muss Netzstabilität gewährleisten können. Die Nachfrage schwankt im Laufe des Tages erheblich: Sie erreicht ihr Minimum in der Nacht, steigt tagsüber an und erreicht in der Regel in den frühen Abendstunden ihren Höhepunkt. Der Stromverbrauch lässt sich daher in

5 *Boni, M.R., Musmeci, L.* (1998), Organic Fraction of Municipal Solid Waste (OFMSW): Extent of Biodegradation. In: Waste Management and Research: The Journal for a sustainable Circular Economy 16 2.

6 *Rifkin, J.* (2002), The Hydrogen Economy: The Creation of the Worldwide Energy Web and the Redistribution of Power on Earth, Wiley; Alverà, M. (2021), The Hydrogen Revolution. A Blueprint for the Future of Clean Energy, Hodder & Stoughton General Division Ed.; *Dincer, I., Ishaq, H.* (2021), Renewable Hydrogen Production. Elsevier; *Van de Voorden (Hrsg.)* (2021), Hydrogen Technology – Innovations and Application. 3 vols. De Gruyter: Berlin Boston.

zwei Bereiche unterteilen: einen konstanten Verbrauch, der zu jeder Stunde des Tages vorhanden ist (Grundlast), und einen Verbrauch während der Spitzenstunden (Spitzenlast). Die meisten der Technologien, die heute die Grundlast tragen, sind Kraftwerke mit fossilen Brennstoffen, die schrittweise ersetzt werden müssen, um das Emissionsreduktionsziel zu erreichen.

Es wäre naheliegend, erneuerbare Energiequellen wie Wind und Sonne als guten Ersatz zu betrachten. Doch weltweit nur auf sie zu setzen, würde technische Schwierigkeiten mit sich bringen: Der Wind weht in verschiedenen Erdregionen nicht immer, die Sonne scheint nachts nicht, der Himmel ist unterschiedlich bewölkt. Da es sich also um schwankende und nur eingeschränkt vorhersehbare Quellen handelt, sind Speichersysteme für Energie notwendig und/oder ergänzende Technologien, die in der Lage sind, einen möglichen Produktionsrückgang schnell und ohne CO_2-Ausstoß zu kompensieren.

Ein Energiesystem mit einem hohen Anteil an variabler erneuerbarer Energie würde die Energiekosten für den einzelnen Bürger und die Industrie erhöhen. Wenn das Ziel darin besteht, die Emissionen dort zu verringern, wo große Mengen an Wasserkraft und Erdwärme nicht zur Verfügung stehen, verspricht die Kernenergie daher eine effiziente Lösung, um Kraftwerke mit fossilen Brennstoffen bei der Erzeugung von grundlastfähiger Energie zu ersetzen. Voraussetzung ist allerdings, dass die Risiken der Kernkraftwerkbetriebs mit den Lagerungsproblemen des Atommülls beherrschbar sind.[7]

Die Kernenergie ist weltweit nicht nur für die Erreichung der Klimaziele zu berücksichtigen, sondern auch im Hinblick auf die Zuverlässigkeit der nationalen Energiesysteme. Mit Blick auf den 24. Februar 2022 reduziert sie die Abhängigkeit eines Landes von Energieimporten, die zur Deckung seines Energiebedarfs erforderlich sind. Ein zentrales Problem bleibt die Abfallentsorgung. Aber auch hier ist eine differenzierte Bewertung unter Berücksichtigung der vielfältigen Reaktortypen und ihrer jeweiligen Technologien und Innovationen notwendig.[8]

---

7 JRC. Technical Assessment of Nuclear Energy with Respect to the „Do No Significant Harm"
Criteria of Regulation (EU) 2020/852 (Taxonomy Regulation). 6 Apr. 2021.

8 What Are Small Modular Reactors (SMRs)? Www.iaea.org, (4 Nov. 2021) www.iaea.org/newscenter/news/what-are-small-modular-reactors-smrs.

Festzuhalten bleibt, dass Europa ein Gesamtportfolio zur nachhaltigen Energieerzeugung und Energieversorgung finden muss. Ein solches Gesamtportfolio mit seinen verschiedenen Ausgangs-, Brücken- und Zukunftstechnologien ist in ständiger Veränderung befindlich, die vom Entwicklungsstand der einzelnen Teiltechnologien abhängt. Wir sprechen daher auch von einem dynamischen Innovationsportfolio. Auf nationaler Ebene sind dabei die unterschiedlichen geologischen, klimatischen, wirtschaftlichen und politischen Bedingungen zu berücksichtigen. Die Vielfalt hochausgereifter Energieinnovationen könnte sich als Standortvorteil erweisen. Bemerkenswert ist dabei, dass es eine vollständige Akzeptanz für Fusionsreaktoren als Zukunftstechnologie in ganz Europa gibt[9] In der Tat wäre das die Ultima Ratio, die „Sonnenenergie" in unbegrenztem Ausmaß, weitgehend ohne Abfall und Risiko, auf der Erde herstellen zu können.

Das Erreichen der Klimaziele wäre theoretisch auch ohne weitere Investitionen in die Kernenergie möglich. Der Ausschluss dieser Energiequelle aus dem Gesamtportfolio würde jedoch eine viel größere Mobilisierung von anderen Ressourcen erfordern. Wenn heute beschlossen würde, bis 2040 keine Investitionen in die Kernenergie mehr zu tätigen, müsste die fehlende Stromerzeugung durch eine Menge an Wind- und Sonnenenergie kompensiert werden, die dem Fünffachen der in den letzten 20 Jahren weltweit installierten Gesamtkapazität entspricht.[10]

Das Ziel kann nur ein komplexes Energiesystem sein, das divers und vielfältig aufgestellt ist, über genügend Redundanzen zur Kompensation von lokalen Ausfällen verfügt und resilient auf Störungen reagiert, um sich anschließend selbst wieder zu stabilisieren. Die Wechselwirkungen von Brückentechnologien und erneuerbaren Energien müssen in einem hybriden System gut vernetzt sein, um eine nachhaltige Entwicklungsdynamik zu erreichen. Schließlich müssen die Versorgungssysteme wie in einem komplexen Organismus durch ein intelligentes „Nervensystem" steuerbar sein. Das leisten die Schlüsseltechnologien der Informations- und Kommunikationstechnologien, von denen nun die Rede sein soll.

---

9 *Bradshaw, A.M., Hamacher, T.* (2005), Kernfusion – Eine nachhaltige Energiequelle der Zukunft. In: Naturwissenschaftliche Rundschau 58 12, S. 629–637; *Gi, Keii, et al.* (2020), Potential Contribution of Fusion Power Generation to Low-Carbon Development under the Paris Agreement and Associated Uncertainties. In : Energy Strategy Reviews, vol. 27, Jan. 2020, p. 100432, 10.1016/j.esr.2019.100432; *Holtkamp, N.* (2007), An Overview of the ITER Project. In: Fusion Engineering and Design 82, S. 427–434.

10 EASA-Studie: Environment, Climate, and Energy 2022 (Coordinator S. Orlandi).

C. *Informationstechnologie und Nachhaltigkeit*

Informations- und Kommunikationsnetzwerke sind der Hintergrund einer weltweiten Automatisierung durch Künstliche Intelligenz. In Zukunft werden enorme Rechnerkapazitäten notwendig sein, um die gewaltigen Datenmengen dieser Zivilisation zu bewältigen. Die Komplexität des Lebens, seine unverstandenen Zusammenhänge, seine Empfindlichkeit und Gefährdung, die sich in Krankheiten wie Krebs ebenso zeigt wie in viralen Pandemien, erfordert neue Tools in *Life Sciences* und Medizin. Hier wird Bioinformatik zunehmend auf *Machine Learning* und geeignete Rechner- und Speicherkapazitäten zurückgreifen müssen. Das Gleiche gilt für die Bewältigung weltweiter Finanz- und Wirtschaftskrisen, die Frühwarnsysteme erfordern. So wachsen Informations- und Kommunikationsnetze mit dem großen anderen HighTech-Hype, der Künstlichen Intelligenz, zusammen.

Die Digitalisierung der menschlichen Zivilisation erfordert einen ungeheuren Bedarf an Energie. Rechnertechnologie und Informations- und Kommunikationsnetze sind daher nicht getrennt vom Energieverbrauch dieser Zivilisation zu sehen. Damit wird zugleich die ökologische Dimension der Digitalisierung deutlich, da fossile Energien die Umwelt belasten. Was können wir von der Natur lernen, die äußerst effektive und energiesparende Gehirne und Nervensysteme in der Evolution hervorgebracht hat? Hier kommt das neuromorphe Rechnen ins Spiel, dessen Rechnerarchitekturen den Gehirnen der Evolution nachempfunden sind. Statt energiefressender von-Neumann-Architekturen der klassischen Rechner vom Smartphone und PC bis zum Supercomputer kommen nun Rechnereinheiten zum Einsatz, die zwar noch auf Hardware, aber nach den effizienten Methoden von Neuronen und Synapsen in Gehirnen arbeiten. Statt einer totalen Digitalisierung nutzen sie zudem die Vorteile analoger Verfahren, wie man sie von lebenden Organismen kennt.

Nach Elektrifizierung und Digitalisierung im 20. Jahrhundert steht nun die Quantisierung der Kommunikations- und Versorgungsnetzwerke an. Das geschieht schrittweise und nicht „disruptiv". Auch der universelle Quantencomputer wird nicht „disruptiv" die klassische Rechnertechnologie ablösen, sondern zunehmend in klassische und neuromorphe Rechnerstrukturen eingebettet und neue Aufgaben lösen, die mit diesen Verfahren ausgeschlossen waren. Man spricht bereits von „ökologischen" und hybriden Rechnernetzwerken, die sich schrittweise über die Welt ausbreiten.[11]

Symbolische KI: Logik und Deduktion

Traditionell wurde KI (Künstliche Intelligenz) als Simulation intelligenten menschlichen Denkens und Handelns aufgefasst.[12] Nach der Definition des britischen Computerpioniers und Logikers Alan Turing (1950) sollte ein System dann „intelligent" genannt werden, wenn es in seinen Antworten und Reaktionen durch eine Testperson nicht von einem Menschen unterschieden werden kann.

Intelligenz wird traditionell mit logischem Denken und Problemlösen verbunden. In einer ersten Phase orientierte sich KI daher an formalen (symbolischen) Kalkülen der Logik, mit denen Problemlösungen regelbasiert abgeleitet werden können. Man spricht deshalb auch von symbolischer KI. Ein typisches Beispiel ist das automatische Beweisen mit logischen Deduktionen, die sich mit Computerprogrammen realisieren lassen. Automatisierung bedeutet bis zu einem bestimmten Grad auch Autonomie, da Computerprogramme die Beweistätigkeit eines Mathematikers übernehmen. Wissensbasierte Expertensysteme sind Computerprogramme, die Wissen über ein spezielles Gebiet speichern und ansammeln, aus dem Wissen automatisch Schlussfolgerungen ziehen, um zu konkreten Problemen des Gebietes Lösungen anzubieten. Im Unterschied zum menschlichen Experten ist das Wissen eines Expertensystems aber auf eine spezialisierte Informationsbasis beschränkt ohne allgemeines und strukturelles Wissen über die Welt.[13]

Um ein Expertensystem zu errichten, muss das Wissen des Experten in Regeln gefasst werden, in eine Programmsprache übersetzt und mit einer Problemlösungsstrategie bearbeitet werden. Die Architektur eines Expertensystems besteht daher aus den folgenden Komponenten: Wissensbasis, Problemlösungskomponente (Ableitungssystem), Erklärungskomponente,

---

11 *Stahl, B.C.* (2022), Responsible Innovation Ecosystem: Ethical Implications of the Application of the Ecosystem Concept to Artificial Intelligence. In: International Journal of Information Management 62, 102441.

12 *Mainzer, K.* (2019), Künstliche Intelligenz. Wann übernehmen die Maschinen? Springer: Berlin 2. Aufl., S. 3.

13 *Puppe, F.* (1988), Einführung in Expertensysteme. Springer: Berlin; *Mainzer, K.* (1990), Knowledge-based Systems. Remarks on the Philosophy of Technology and Artificial Intelligence. In: Journal for General Philosophy of Science 21, S. 47–74.

Wissenserwerb, Dialogkomponente. In dieser Architektur werden zugleich die Grenzen symbolischer KI deutlich: Fähigkeiten, die nicht oder nur schwer symbolisch erfasst und regelbasiert simuliert werden können, bleiben der symbolischen KI verschlossen.

Subsymbolische KI: Statistik und Induktion

Sensorische und motorische Fähigkeiten werden nicht aus Lehrbuchwissen logisch abgeleitet, sondern aus Beispielen erlernt, trainiert und eingeübt. So lernen wir, uns zu bewegen und in einer Vielzahl sensorischer Daten Muster und Zusammenhänge zu erkennen, an denen wir unser Handeln und Entscheiden orientieren können. Da diese Fähigkeiten nicht von ihrer symbolischen Repräsentation abhängen, spricht man auch von subsymbolischer KI.

An die Stelle der formalen Schlüsse der Logik tritt nun die Statistik der Daten. Beim statistischen Lernen sollen allgemeine Abhängigkeiten und Zusammenhänge aus endlich vielen Beobachtungsdaten durch Algorithmen abgeleitet werden.[14] An die Stelle der Deduktion in der symbolischen KI tritt also in der subsymbolischen KI die Induktion. Dazu können wir uns ein naturwissenschaftliches Experiment vorstellen, bei dem in einer Serie von veränderten Bedingungen (*Inputs*) entsprechende Ergebnisse (*Outputs*) folgen. In der Medizin beispielsweise könnte es sich um einen Patienten handeln, der auf Medikamente in bestimmter Weise reagiert.

Lernen mit neuronalen Netzen

In der Automatisierung statistischen Lernens nehmen neuronale Netze mit Lernalgorithmen eine Schlüsselrolle ein.[15] Neuronale Netze sind vereinfachte Rechenmodelle nach dem Vorbild des menschlichen Gehirns, in denen Neuronen mit Synapsen verbunden sind. Die Intensität der neurochemischen Signale, die zwischen den Neuronen ausgesendet werden, sind im Modell durch Zahlengewichte repräsentiert. Probabilistische Netzwerke haben experimentell eine große Ähnlichkeit mit biologischen neuronalen Netzen. Werden Zellen entfernt oder einzelne Synapsengewichte um kleine

---

14 *Vapnik, V.N.* (1998), Statistical Learning Theory, Wiley: New York.

15 *Hornik, K., Stinchcombe, M., White, H.* (1989), Multilayer Feedforward Networks Are Universal Approximators Neural Networks. In: Neural Networks 2, S. 359–366.

Beträge verändert, erweisen sie sich als fehlertolerant gegenüber kleineren Störungen, wie das menschliche Gehirn z.B. bei kleineren Unfallschäden. Das menschliche Gehirn arbeitet mit Schichten paralleler Signalverarbeitung. So sind beispielsweise zwischen einer sensorischen Inputschicht und einer motorischen Output-Schicht interne Zwischenschritte neuronaler Signalverarbeitung geschaltet, die nicht mit der Außenwelt in Verbindung stehen.

Während das menschliche Gehirn nur mit fünf Schichten arbeitet, benutzen technische Anwendungen, z.B. beim autonomen Fahren von Automobilen, Tausende solcher Schichten, um aus großen Datenmengen lernen zu können. Eine spektakuläre Steigerung sind derzeitig *Chatbots*, die auf Anfrage z.B. Zeitungsartikel schreiben oder Abituraufgaben lösen können. Der ChatGPT greift auf Milliarden von Gewichten zurück, um in Massen von eintrainierten Daten und Dokumenten passende Muster zu erkennen und die gestellten Aufgaben zu lösen. Bemerkenswerterweise folgt das menschliche Gehirn nicht dieser „Tonnenideologie". Kinder können schon ohne großes Vorwissen aus wenigen Beispielen lernen.

Künstliche neuronale Netze sind zwar äußerst effektiv, um komplexe Probleme (*real world problems*) zu bearbeiten. Was aber fehlt, sind Spezifikationen und Standards für die Sicherheit ihrer Outputs.[16] Dazu muss die Blackbox neuronaler Netze besser verstanden, kontrolliert und verifiziert werden.[17] Die Verifikation neuronaler Netze ist allerdings ein großes Erkenntnisproblem: Selbst der Nachweis einfacher Eigenschaften erweist sich im Rahmen der Komplexitätstheorie als NP-vollständig. Gründe dafür sind die Größe der praktisch angewendeten Netze (Skalierung) und die nichtlinearen Aktivierungsfunktionen ihrer Neuronen, die von Menschen in diesem Umfang und mit dieser Geschwindigkeit nicht nachvollzogen werden können. Da neuronale Netze zudem der Dynamik komplexer Systeme unterliegen, sind sie häufig empfindlich gegen kleine Störungen und Veränderungen ihrer Inputs, die sich zu unkontrollierbaren Effekten aufschaukeln können. Robustheit und Stabilität der Netze hängt also mit ihrer Sicherheit eng zusammen.

---

16 *Mainzer, K.* (2022), Verifikation und Sicherheit für Neuronale Netze und Machine Learning. In: Mainzer (Hrsg.), Philosophisches Handbuch der Künstlichen Intelligenz. Springer: Berlin. Online.

17 *Knight, W.* (2017), The Dark Secret at the Heart of AI. In: MIT Technology Review. April 11, S. 1- 22.

KI-Systeme als Dienstleistungssysteme

KI-Programme treten mittlerweile aber nicht nur in einzelnen Robotern und Computern auf. So steuern bereits lernfähige Algorithmen die Prozesse einer vernetzten Welt mit exponentiell wachsender Rechenkapazität. Ohne sie wäre die Datenflut im Internet nicht zu bewältigen, die durch Milliarden von Sensoren und vernetzten Geräten erzeugt wird. Aufgrund der Sensoren kommunizieren nun also auch Dinge miteinander und nicht nur Menschen. Daher sprechen wir vom Internet der Dinge (*Internet of Things: IoT*).[18]

In der Medizin und im Gesundheitssystem sind große Klinikzentren Beispiele solcher komplexen Infrastrukturen, deren Koordination von Patienten, Ärzten, medizinischem Personal, technischen Geräten, Robotik und anderen Dienstleistern ohne IT- und KI- Unterstützung nicht mehr steuerbar wäre.

Die sicherheitskritischen Herausforderungen, die eben erörtert wurden, werden sich in solchen Infrastrukturen noch einmal potenzieren. Darüber hinaus stellt sich aber die Frage nach der Rolle des Menschen in einer mehr oder weniger automatisierten Welt. Ich plädiere daher für Technikgestaltung, die über Technologiefolgenabschätzung hinausgeht. Die traditionelle Sicht, die Entwickler einfach arbeiten zu lassen und am Ende die Folgen ihrer Ergebnisse zu bewerten, reicht aus Erfahrung nicht aus – am Ende kann das Kind in den Brunnen gefallen sein und es ist zu spät. Nun lässt sich zwar Innovation nicht planen. Wir können aber Anreize für gewünschte Ergebnisse setzen. Ethik wäre dann nicht Innovationsbremse, sondern Anreiz zu gewünschter Innovation. Eine solche ethische, rechtliche, soziale und ökologische Roadmap der Technikgestaltung für KI-Systeme würde der Grundidee der sozialen Marktwirtschaft entsprechen, nach der ein Gestaltungsspielraum für Wettbewerb und Innovation gesetzt wird. Maßstab bleibt die Würde des einzelnen Menschen, wie sie im Grundgesetz als oberstes Axiom der parlamentarischen Demokratie festgelegt ist.

Diese ethische Positionierung im weltweiten Wettbewerb der KI-Technologie ist keineswegs selbstverständlich. Für die globalen IT- und KI-Konzerne des Silicon Valley geht es am Ende um ein erfolgreiches Geschäftsmodell, auch wenn sie IT-Infrastrukturen in weniger entwickelten Ländern unter von ihnen vorgegeben Geschäftsbedingungen fördern. Der andere

18 *acatech* (Hrsg.) (2011), Cyber-Physical Systems. Innovationsmotor für Mobilität, Gesundheit, Energie und Produktion. Berlin.

globale Wettbewerber heißt China, der einen Staatsmonopolismus im Projekt der Seidenstraße strikt befolgt.[19] Das chinesische Projekt des *Social Core* ist eng mit dem ehrgeizigen Ziel verbunden, die schnellsten Superrechner und leistungsfähigsten KI- Programme der Welt zu produzieren. Nur so lässt sich der *Social Core* mit der totalen Datenerfassung aller Bürgerinnen und Bürger und ihrer zentralen Bewertung realisieren.

Die totale staatliche Kontrolle privater Daten mag westliche Beobachter schockieren, wird aber in weiten Bevölkerungskreisen Chinas akzeptiert. Dazu gehört beispielsweise auch der direkte Zugriff auf alle möglichen medizinischen Daten der Bürgerinnen und Bürger für die medizinische Forschung. Hinzu kommt eine andere Wertetradition, die über Jahrhunderte in China eingeübt wurde: In konfuzianischer Tradition dieses Landes ist der oberste Wertmaßstab eine kollektive Harmonie und Sicherheit und nicht die Autonomie des Einzelnen mit einklagbaren Freiheitsrechten.[20]

Die Proklamation individueller Menschenrechte wurzelt tief in der philosophischen Tradition europäischer Demokratien. Wir brauchen zwar zertifizierte KI-Algorithmen als verlässliche Dienstleistung zur Bewältigung zivilisatorischer Komplexität. Entscheidend ist dabei aber auch eine Stärkung der menschlichen Urteilskraft und Wertorientierung, damit Algorithmen und Big Data nicht aus dem Ruder laufen. Im weltweiten Wettbewerb der KI-Systeme sollten wir unsere Lebenswelt nach unseren Wertmaßstäben selbst gestalten können.

Autonomie in Philosophie, Recht und Gesellschaft

In der Philosophie wird spätestens seit Kant Autonomie als fundamentales Alleinstellungsmerkmal des Menschen als vernunftbegabtes Wesen herausgestellt. Autonomie bedeutet danach die Fähigkeit zur Selbstgesetzgebung.[21] Demgemäß vermag der Mensch nicht nur Gesetzen zu folgen, sondern sie sich selbst allgemeinverbindlich zu geben, wie es im kategorischen Impera-

19 *Yonxiang, Lu* (Editor-in-Chief) (2010), Science & Technology in China: A Roadmap to 2050: Strategic General Report of the Chinese Academy of Sciences. Beijing (science press). Springer: Heidelberg; *Bai Chunli* (Editor-in-Chief) (2014), Vision 2020: Emerging Trends in Science and Technology and Strategic Option of China. In: *Bulletin of the Chinese Academy of Sciences* (BCAS) vol. 28 no.1.

20 *Chun-chieh Huang* (2009), Konfuzianismus: Kontinuität und Entwicklung. Bielefeld.

21 Kant I (1900 ff.) Ausgabe der Preußischen Akademie der Wissenschaften. Berlin, AA IV, 421: „Handle nur nach derjenigen Maxime, durch die du zugleich wollen kannst, dass sie ein allgemeines Gesetz werde."

tiv zum Ausdruck kommt. In der parlamentarischen Gesetzgebung wird diese Selbstautonomie politisch umgesetzt. In Gerichtsverfahren ist Autonomie eine Rechtsfigur, die freien Willen unterstellt, um Verantwortung z.B. für eine Straftat feststellen zu können.

Juristisch handelt es sich dabei um eine idealtypische Fiktion, die nicht einen naturwissenschaftlichen Beweis des „freien Willens" voraussetzt. Faktisch ist menschliches Entscheiden und Handeln von verschiedenen genetischen, physiologischen, entwicklungspsychologischen, sozialen, emotionalen und anderen Einflüssen abhängig, also nie vollkommen „autonom". Daher sind auch menschliche Handlungen und Entscheidungen nach Graden der Autonomie zu bemessen. Im Recht werden allerdings nur einige dieser Faktoren wie z.B. emotionaler Affekt oder messbarer Alkoholpegel als Einschränkung der Autonomie (z.B. bei der Strafzumessung) anerkannt. Es kann nicht ausgeschlossen werden, dass in Zukunft aufgrund besserer Nachweise oder veränderter gesellschaftlicher Einschätzung auch andere Faktoren stärkere Berücksichtigung finden.

Was die KI betrifft, so sind heute bereits Systeme zu begrenzter Selbstautonomie fähig, in dem sie lernen und sich auf dieser Grundlage für begrenzte Aufgaben selbst neu programmieren, also sich selbst Gesetze des Handelns geben können. Man könnte einwenden, dass vollkommene Autonomie selbst für Menschen eine Fiktion ist. Es wird daher in Zukunft nicht um die erkenntnistheoretische Frage gehen, ob KI-Systeme prinzipiell nie zur Selbstautonomie fähig wären. Vielmehr wird die ethische und rechtliche Frage geklärt werden müssen, bis zu welchem Grad wir die technische Entwicklung autonomer Systeme zulassen wollen.

D. Hybride IT-Systeme als nachhaltiges Innovationsportfolio

Jede Technologie weist Vor- und Nachteile auf, die gegeneinander abzuwägen sind. Zudem erweisen sich Technologien als Brücken zu neuen und effizienteren Lösungen. Sie sind also immer auch „Brückentechnologien". In einer solchen Situation wäre es ausgesprochen unklug, nur auf eine existierende Technologie zu setzen. Es kommt vielmehr darauf an, ein Portfolio verschiedener Technologien zu vernetzen, um, wie etwa bei Aktien, bei Ausfällen und Fehleinschätzungen einzelner Teile keine Verluste hinnehmen zu müssen. Ein solches Innovationsportfolio befindet sich in dynamischer Veränderung und muss gewartet und gepflegt werden.

Hybride KI = symbolische KI + subsymbolische KI

Ein dynamisches Innovationsportfolio ist, wie in den vorherigen Abschnitten gezeigt wurde, für die Energietechnologien erforderlich, aber auch für die Computertechnologien und die darauf aufbauenden Informations- und Kommunikationssysteme mit Künstlicher Intelligenz. Subsymbolische KI zielt vor allem auf Mustererkennung, wie es in Organismen in Wahrnehmungsvorgängen auftritt, während symbolische KI das logische Denken und Schlussfolgern des menschlichen Verstands (z.B. in Expertensystemen) abbildet. Die Verbindung von beiden Ansätzen wird als hybride KI bezeichnet und kommt damit der menschlichen Intelligenz näher als die Reduktion auf eine der beiden Ansätze.[22]

Hybrides Computing = Klassisches Computing + Quanten Computing

Eine hybride Verbindung ist auch für das klassische Computing vom Smartphone und PC bis zum Supercomputer mit dem *Quanten Computing* erstrebenswert.[23] *Quanten Computing* wird, wenn es ausgereift ist, nicht „disruptiv“ das klassische Computing ablösen. Vielmehr werden die Funktionen des *Quanten Computing* in klassische Großrechneranlagen eingebettet sein, um für sie typische Aufgaben im Verbund mit klassischen Prozeduren zu lösen. Wegen der ungeheuren Steigerung der Rechengeschwindigkeit kommen dabei bei besonders Aufgaben mit gewaltigen Datenmengen in Betracht (z.B. Klimamodelle, Verkehrsmodelle, Gehirnsimulation, Elementarteilchenphysik, Erforschung von Galaxien etc.). Das gilt auch für die bereits existierenden *D-Wave*-Rechner, die nicht wie Quantencomputer auf Schaltkreise mit quantenlogischen Gattern aufbauen, sondern durch adiabatisches Rechnen wie in der Thermodynamik Optimierungsaufgaben lösen. Der Unterschied zum klassischen adiabatischen Rechnen besteht darin, dass bereits Tausende von Quantenbits verwendet werden, allerdings simuliert auf herkömmlichen Großrechnern. Es geht also wieder um das Lösen spezieller Aufgaben („Optimierungsaufgaben“) mit speziellen Methoden („adiabatisches Rechnen mit Quantenbits“), die in klassische Rechneranlagen eingebettet sind.

22 *Mainzer, K., Kahle, R.* (2022), Grenzen der Künstlichen Intelligenz – theoretisch, praktisch, ethisch. Springer: Berlin.

23 *Mainzer, K.* (2020), Quantencomputer. Von der Quantenwelt zur Künstlichen Intelligenz. Springer: Berlin.

Hybridrechner = Analogrechner + Digitalcomputer

Bevor universelle programmierbare Digitalcomputer in den 1940er Jahren die Grundlage für die moderne Digitalisierung legten, kamen Analogrechner zum Einsatz, die ebenfalls für das Lösen spezieller Aufgaben konstruiert wurden. Die Idee der Analogrechner ist uralt[24]: Man baute z.B. ein technisch-mechanisches Modell („Analogon") des physikalischen Planetensystems, um damit Konstellationen der Planeten zu bestimmen. Bereits im ersten vorchristlichen Jahrhundert hatten griechische Mathematiker mit dem Mechanismus von Antikythera einen solchen Analogrechner vorgestellt, der durch Einstellungen eines Zahnradmechanismus für angenommene Himmelssphären solche Berechnungen durchführen konnte. Mit Aufkommen der Elektrotechnik konnten Röhren, Transistoren etc. zur Realisation von Rechenaufgaben eingesetzt werden. Bei einer Differential- oder Integralgleichung wurden die Rechenoperatoren z.B. des Multiplizierens, Addierens, Integrierens, Differenzierens durch entsprechende („analoge") elektrotechnische Einheiten dargestellt und zum Lösen der Aufgabe miteinander technisch verbunden. Die mathematische Gleichung lässt sich als Schaltplan für das analoge technisch-physikalische Modell verstehen, mit dem die Lösungen berechnet werden.

Ein Analogrechner benötigt daher eine Vielzahl von Rechenelementen, um alle verschiedenen Operationen, Größen und Verknüpfungen in Aufgaben „analog" zu repräsentieren. Demgegenüber benötigt ein Digitalcomputer nur wenige Recheneinheiten, die extrem schnell mit sehr einfachen Befehlen nacheinander abgearbeitet werden müssen. Es sind die Bits 0 und 1 mit wenigen Operationen des Addierens, Subtrahierens und Multiplizierens von Bits, die in wenigen logischen Gattern zu hochkomplexen Schaltkreisen verknüpft werden können. Für eine Additionsaufgabe muss ein Digitalcomputer zunächst die Bitfolge für den Befehl „Addiere" aus einem Speicher lesen und ausführen. Die Summanden müssen ebenfalls als Bitfolgen aus einem Speicher ausgelesen werden, bevor die Operation an den Summanden ausgeführt wird.

All das kostet Zeit und Energie, die sich bei Abermillionen von Rechenschritten für einzelne Bits potenziert. Ein Analogrechner benötigt keine von-Neumann-Architektur mit getrennten Speicher-, Kontroll- und Recheneinheiten und sequentiellen Ausführungsbestimmungen der Befehle

24 *Ulmann, B.* (2010), Analogrechner: Wunderwerke der Technik – Grundlagen, Geschichte und Anwendung. Oldenbourg: München.

in Algorithmen und Programmen, sondern löst die Aufgaben „direkt" in einem elektronischen Modell.

Aus heutiger Sicht sind Analogrechner daher energieeffizient und zeitsparend, aber beschränkt auf spezielle Anwendungen, die sich z.B. in Differential- und Integralgleichungen darstellen lassen. Dabei handelt es sich vor allem um spezielle Aufgaben aus Technik- und Naturwissenschaften, für die jeweils ein analoges Rechnermodell hergestellt werden muss. Mathematisch benutzen solche Gleichungen reelle Zahlen wie die Dezimalbrüche (z.B. ⊠ = 3,1415 ...) mit beliebig („unendlich kleinen") Größen und kontinuierlichen Prozessen im Unterschied zu digitalen Zahlen wie den beiden Bits. Analoges Computing bezieht sich daher auch auf das Rechnen mit reellen Zahlen.[25]

In den 1970er Jahren schien es zunächst so, dass Digitalcomputer wegen ihrer universellen Anwendbarkeit auf allen möglichen Gebieten Analogrechner ablösen würden. Wegen der ungeheuren Geschwindigkeiten der Digitalcomputer vom Smartphone bis zum Supercomputer schienen auch die typischen Aufgaben von Analogrechnern simulierbar. Unter dem Gesichtspunkt der Energieeffizienz und der Umweltschonung rücken nun Analogrechner wieder in das Zentrum des Interesses.

Unter Hybridrechnern versteht man mittlerweile auch die Kopplung von Digital- und Analogrechnern.[26] Dabei wird der Analogrechner als leistungsfähiger Ko-Prozessor für den Digitalrechner benutzt. Dazu wird allerdings Software benötigt, um den Analogrechner in der Rechnerumgebung des Digitalrechners programmieren zu können. Ähnlich wie die Funktionen eines Quantencomputers sind also Analogrechner für das Lösen spezieller Aufgaben in digitale Umgebung eingebettet. Man spricht auch von „ökologischen" Rechnersystemen und meint damit die vielfältige Vernetzung von Rechnertypen.

25 *Mainzer, K.* (2018), The Digital and Real World. Computational Foundations of Mathematics, Science, Technology, and Philosophy, World Scientific Singapore. Kap. 10–12.

26 *Ulmann, B.* (2010), Analog and Hybrid Computer Programming. De Gruyter: Berlin.

Hybride Robotik = Embodied Robotik („Embodied Mind") = Analoge Robotik + Digitale Robotik

Auch in der Robotik werden digitale und analoge Funktionen wie in einem Organismus verbunden. Kognitive und intellektuelle Fähigkeiten lassen sich nicht in einer vom Körper getrennten Software abbilden. Um Zusammenhänge und Strukturen zu erkennen, bedarf es Erfahrung durch Wahrnehmungsprozesse mit Sinnesorganen und Erleben von Bewegungsabläufen mit organischer Motorik wie Händen und Fingern. In der Kognitionspsychologie und Kognitionsphilosophie spricht man von „*Embodied Mind*": Der menschliche „Geist" (*mind*) ist nicht isoliert, sondern „verkörperlicht" (*embodied*) im Organismus. Viele körperliche Abläufe finden analog über Sensoren statt, Kontroll- und Steuerungsfunktion eher digital. Humanoide Roboter werden zunehmend nach dem Vorbild von „*Embodied Mind*" in hybrider Kopplung von analogen und digitalen Funktionen entwickelt.[27]

Analoge Funktionen nach dem Vorbild des Gehirns kommen auch beim neuromorphen Rechnen ins Spiel. Biologische Gehirne sind keineswegs digitale Schaltkästen, in denen Neuronen „feuern" und „nicht feuern", also digital zwischen zwei Zuständen als Bits 0 und 1 hin- und herschalten. Vielmehr haben synaptische Verbindungen analoge Komponenten, da sie kontinuierlich und graduell Gewichtungen berücksichtigen. Beim neuromorphen Rechnen werden dazu analoge mit digitalen Komponenten in memristiven und photonischen neuronalen Systemen verbunden.[28] Die Hardware neuromorpher Systeme ist allerdings mit Silizium und nanotechnischen Materialien realisiert und nicht mit lebendem Gewebe („*Wetware*") wie in biologischen Gehirnen. Einerseits ist diese Hardware sicher robuster und kann nicht wie biologisches Gewebe von Krankheiten befallen werden. Auch sind Leistungssteigerungen und Dauerbelastungen möglich, die lebendes Gewebe nicht aushält, bis hin zur Ermüdung von natürlichen Gehirnen.

---

27 *Mainzer, K.* (2020), Leben als Maschinen. Brill Mentis: Paderborn. 2. Auflage.

28 *NeuroSys* (2021) BMBF-Zukunftscluster neuromorphe Hardware für autonome Systeme der Künstlichen Intelligenz. Projektpapier, S. 14–15.

Neurobiologisch hybride Gehirne

Ein entscheidender Nachteil der bisherigen Hardware neuromorpher Systeme ist aber die Tatsache, dass sie sich von sich aus nicht verändern und wie biologische Gehirne entwickeln können. Das biologische Gehirn eines Kindes wächst, Hardware eines neuromorphen Systems nicht. Dazu kodieren Gene den Wachstumsprozess des menschlichen Gehirns, der zur Vernetzung der lebenden neuronalen Zellen führt. Dieser Wachstumsprozess hängt von zahlreichen Wechselwirkungen ab und unterliegt der nichtlinearen Dynamik eines komplexen Systems.[29] Damit entstehen und entwickeln sich auch kognitive Funktionen und Intelligenz, Emotionen und Bewusstseinszuständen und sind nicht fertig vorgegeben. Die Entwicklungspsychologie untersucht die gengesteuerten Phasenübergänge dieser Wachstumsprozesse, von denen die Entstehung kognitiver Fähigkeiten wie das Lernen abhängen.

Demgegenüber sind künstliche neuronale Netze technisch fertig konstruiert. Sie simulieren kognitive Fähigkeiten entweder wie im *Machine Learning* auf digitalen Computern oder realisieren sie mit der Hardware neuromorpher Systeme. Die „Verdrahtung" der künstlichen Gehirne ist also bisher in Software oder Hardware vorgeben. Da diese künstlichen Netze hochkomplexe Systeme sind, bedarf es aber enormer Information, um sie mit allen Details zu beschreiben. Man spricht auch von einer Parameterexplosion im *Deep Learning* künstlicher neuronaler Netze.

Um das Wachstum biologische Gehirne zu erfassen, genügt die weitaus geringere Informationsmenge, um die steuernden Genome und Gene des Wachstumsprozesses zu erfassen.[30] Wachstum ist zeit- und energieabhängig. Je mehr Zeit und Energie im Wachstum aufgewendet werden, desto mehr Information kann bereits in einem Netz untergebracht werden, bevor es anfängt zu lernen. So kommt es, dass in den Gehirnen von Jungtieren Informationen untergebracht sind, die nicht aufwendig erlernt werden müssen. Sie können, wie z.B. Fohlen, gleich nach der Geburt stehen und die Zitzen ihrer Mütter finden. Für aufwendiges Trainieren der neuronalen Netze durch viele Beispiele mit großen Datenmengen ist im Überlebenskampf der Evolution keine Zeit.

---

29 Mainzer, K. (1997), Gehirn-Computer Komplexität. Springer: Berlin.

30 *Hiesinger, P.R.* (2021), The Self-Assembling Brain. How Neural Networks Grow Smarter. Princeton University Press: Princeton NJ.

Beim Entwurf neuronaler Netze hatte man sich bisher auf vereinfachende Abstraktionen beschränkt, die von biologischen Details absehen. Bereits neuromorphe Systeme berücksichtigen zunehmend neurobiologische Details von Synapsen und Neuronen. Um die Energieeffizienz und Leistungsfähigkeit lebender Gehirne zu erreichen, wird man zunehmend die Ergebnisse der Entwicklungsbiologie und Entwicklungspsychologie berücksichtigen. Dann wird man wohl auch der erstaunlichen Fähigkeit lebender Gehirne auf die Spur kommen, die keineswegs „Big Data" zur Entwicklung kreativer Innovationen benötigt. Diese Gehirne sind häufig in der Innovationsgeschichte mit wenig Informationen ausgekommen, um mit bisher unverstandenen kreativen Fähigkeiten Innovationen zu entwickeln.

Hybride IT-Systeme mit Mensch und Computer

Im dynamischen Innovationsportfolio darf also der Mensch mit seinen kreativen Fähigkeiten nicht vergessen werden. Hybride IT-Systeme beziehen sich daher auch auf die Kopplung der Fähigkeiten von Menschen und Algorithmen. Während Algorithmen mit äußerster Präzision gigantische Informationsmengen blitzartig verarbeiten können, sind Menschen in der Regel kreativ und zeichnen sich sowohl durch Intuition als auch Empathie im Umgang mit ihrer Umwelt aus. Entscheidungen sollten zwar letztlich noch beim Menschen liegen. Wenn aber ein erfahrener Pathologe bei der Beurteilung von Tumoren in Gewebeschnitten auf Tausende von Beispielen zurückgreifen kann, Lernalgorithmen im *Deep Learning* aber blitzschnell auf Millionen von Beispielen, scheint es für den Menschen eng zu werden.

Ein menschlicher Experte sollte in der Lage sein, nicht nur seine Diagnose zu stellen, sondern auch Erklärungen und Abwägungen zu begründen. Diese Erklärungskomponente muss auch von Algorithmen eingefordert werden (*explainable AI*). Im Beispiel der Medizin müssen solche Erklärungen am Ende gerichtsfest sein. Hier werden Grenzen für einen Algorithmus deutlich, wenn nicht juristisches Vor- und Hintergrundwissen gegeben ist. Daher sind Letztentscheidung und die damit verbundene Verantwortung für den Menschen in risikoreichen und brisanten Situationen wie in der Medizin vorgeschrieben. Informationsaustausch zwischen Mensch und Maschine (Algorithmus) wird in hybriden Systemen gefordert. Menschen lernen dadurch von der Maschine und umgekehrt. So entstehen Rückkopplungen des Lernens zwischen zwei Seiten, die sich komplementär ergänzen. Am Beispiel der Medizin wird deutlich: In die Letztentscheidung z.B. einer Therapieanwendung bei Krebs sind nicht nur Fragen der genauen Tumorbestimmung und eventuelle Rückkopplungen mit anderen Krankheiten des Patienten zu berücksichtigen, sondern psychische und soziale, rechtliche und ökonomische Faktoren der Lebensqualität, die für einen Algorithmus (noch?) nicht realisierbar sind. Selbst wenn es möglich wäre, alle diese Faktoren zu berücksichtigen und in einer Gesamtbeurteilung nach einem Algorithmus zu erfassen, müsste auch dieser Algorithmus selbst hinterfragt werden. Deshalb läge die Letztverantwortlichkeit in diesem Fall beim Arzt.

Ziel: Hybride IT-Systeme als dynamisches Forschungsportfolio

Ziel ist also ein dynamisches Innovationsportfolio der derzeitigen IT-Systeme, die hybrid miteinander verbunden sind. Die verschiedenen Brückentechnologien können sich ergänzen, gegenseitig verstärken oder ablösen. Am Ende sollten sie aber für uns Menschen und diesen Planeten eine nachhaltige Dienstleistung auch mit Blick auf Energieverbrauch und Umweltbelastung sein.

Empfehlenswert wäre ein Nachhaltigkeitssiegel für IT-Systeme, das z.B. in Form von DIN-Normen, wie sie aus der Technik bekannt sind, vergeben werden könnte. Eine KI-Normierungs-Roadmap, in der alle technischen, ökonomischen, ökologischen, sozialen, rechtlichen und ethischen Nachhaltigkeitsfaktoren miteinfließen, wurde für Deutschland bereits vorgeschlagen.[31] Dabei muss klar zum Ausdruck kommen, dass diese Art von Nachhaltigkeitsforderung keine Innovationsbremse darstellt, sondern innovationsfördernd wirkt, da damit Rechtssicherheit und Orientierungshilfen gegeben sind.

E. Verantwortung, Recht und Innovation im Wettkampf der Wertsysteme

Ursprung der Grundrechte

In Europa entstanden nicht nur Wissenschaft und Technik, die im Zeitalter der Globalisierung zu weltweiter Innovationsdynamik führten. In Europa

31 *Wahlster, W., Winterhalter, C.* (Hrsg.) (2020), Deutsche Normungsroadmap Künstliche Intelligenz. DIN + DKE: Berlin.

entstand auch ein einzigartiger Kulturraum, dessen Grundlage Demokratie und Menschenrechte sind. Dieser Geist des Kulturraums Europa muss mit der Dynamik des Innovationsraums Europa verbunden werden, um in Zukunft ein attraktiver Lebensraum zu bleiben. Konkret werden sich Arbeits- und Lebenswelt unter dem Einfluss von Künstlicher Intelligenz und Big Data dramatisch verändern.

Europa muss nicht nur führend in Innovation sein, sondern ein damit verbundenes attraktives gesellschaftliches Umfeld aufbauen. Schutz von individuellen Freiheitsrechten und sichere Sozialsysteme in einer Marktwirtschaft bleiben auch im Zeitalter von Energie-, Informations- und Kommunikationstechnologie hohe Güter, die von Menschen weltweit erkannt und wertgeschätzt werden. Europa muss daher die Rahmenbedingungen für Bildungs- und Ausbildungssysteme schaffen, damit im Zeitalter der Digitalisierung Berufs- und Lebenschancen für junge Menschen in Europa eröffnet und gefördert werden. Europa muss am Ende aber auch die ethischen und rechtlichen Rahmenbedingungen (z.B. *Privacy, Cybersecurity*) sichern, um diese Zukunftstechnologien so zu gestalten, dass Freiheit, Menschenrechte und Demokratie als Grundwerte Europas gewahrt bleiben.

Rechtsstaatliche Verfassungen verweisen dazu heute auf das Grundrecht jedes einzelnen Menschen, auf die Unantastbarkeit und die Würde seiner Person.[32] Woher stammt diese Vorstellung? Die Tradition des Naturrechts versuchte, Rechtsnormen aus Ordnungsprinzipien und Zwecken der Natur abzuleiten. Das Naturrecht war daher in der Rechtsgeschichte immer mit einer bestimmten Naturphilosophie verbunden, in der die natürlichen Ordnungsprinzipien begründet wurden.[33] Nach unserem heutigen Wissen über die Evolution eignen sich ihre Gesetze für das menschliche Zusammenleben in hoch entwickelten Zivilisationen nur beschränkt.

Unsere sozialen und moralischen Vorstellungen sind vielmehr das Ergebnis komplexer Lernprozesse, deren Ausgang offen ist. So war Verantwor-

---

32 Häberle, P. (1987), Die Menschenwürde als Grundlage der staatlichen Gemeinschaft, in: Isensee I, Kirchhoff P (Hrsg.), Handbuch des Staatsrechts der Bundesrepublik Deutschland Bd.I, Heidelberg, S. 815–861; *Kleinheyer, G.* (1975), Grundrechte, Menschen- und Bürgerrechte, Volksrechte, in: Brunner, O., Conze, W., Koellek, R. (Hrsg.), Geschichtliche Grundbegriffe Bd.II, Stuttgart, S. 1047–1082; *Maunz, Dürig, Herzog* (1985), Kommentar zum Grundgesetz, München; *Stark, C.* (1985), Das Bonner Grundgesetz, Kommentar Bd.1., 3. Aufl.

33 *Böckle, F., Böckenförde, E.W.* (Hrsg.) (1973), Naturrecht in der Kritik, Mainz; *Ilting, K.-H.* (1975), Naturrecht, in: Brunner, O., Conze, W., Kosselek, R. (Hrsg.), Geschichtliche Grundbegriffe Bd.IV, Stuttgart, S. 245–313; *Mayer-Maly, D., Simons, P.M.* (Hrsg.) (1983), Das Naturrecht heute und morgen, Berlin.

tungsbewusstsein im modernen Sinn keineswegs von Anfang an in der Geschichte auszumachen. Das Überlebensinteresse und damit verbundene Verantwortungsvorstellungen galten zunächst nur dem Familienverband und der Population. Die politische Ideengeschichte zeigt, wie lange es dauerte, bis wenigstens der Idee nach Wert, Freiheit und Würde des Menschen unabhängig von den sozialen Vor- und Nachteilen seiner Geburt formuliert wurde.

Noch in den alten Hochkulturen wird von ritualisierten Menschenopfern berichtet. In der Bergpredigt wird die Liebe zum Nächsten in den Mittelpunkt gestellt. Sokrates begründet die Unsterblichkeit der Seele jedes einzelnen Menschen und betont damit in metaphysischen Worten einen Wert, der die physische Existenz jedes Einzelnen überdauert. Bei Kant wird daraus der „Zweck an sich selbst" als Postulat der Vernunft, den jeder Mensch verkörpert.[34] Die Freiheitsrechte des Einzelnen werden nur durch die Freiheitsrechte der anderen begrenzt; so werden die Grundrechte zunächst in der amerikanischen und französischen Verfassung begründet. In Anlehnung an einen Gedanken Hegels wird die Weltgeschichte von nun an als fortschreitende Anerkennung der Freiheits- und Menschenrechte verstanden.

Im 19. Jahrhundert beschränkt sich das juristische Denken zunehmend auf die positiven Gesetze, die im Gesetzgebungsverfahren der Nationalstaaten erlassen werden. In Anlehnung an das naturwissenschaftlich geprägte Bild der Natur in der Neuzeit wird der Staat in der Nachfolge der Ideen von Thomas Hobbes als Maschine betrachtet, die Gesetze für das Zusammenleben der Menschen produziert.[35] Menschen haben nach dieser Vorstellung diese Staatsmaschine selbst konstruiert, um ihr Überleben zu sichern und zu stabilisieren. Mit Betonung der Freiheitsrechte des Einzel-

---

34 *Kant, I.* (1968), Grundlegung zur Metaphysik der Sitten. In: *Kants Werke*. Akademie-Textausgabe Bd.IV. Berlin, S. 428–429: „Nun sage ich: der Mensch und überhaupt jedes vernünftige Wesen existiert als Zweck an sich selbst, nicht bloß als Mittel zum beliebigen Gebrauche für diesen oder jenen Willen, sondern muss in allen seinen sowohl auf sich selbst, als auch auf andere vernünftige Wesen gerichteten Handlungen jederzeit zugleich als Zweck betrachtet werden ... Der Grund dieses Prinzips ist: die vernünftige Natur existiert als Zweck an sich selbst. So stellt sich nothwendig der Mensch sein eignes Dasein vor; so fern ist es also ein subjectives Princip menschlicher Handlung ... Der praktische Imperativ wird also folgender sein: Handle so, daß du die Menschheit sowohl in deiner Person, als in der Person eines jeden andern jederzeit zugleich als Zweck, niemals bloß als Mittel brauchst."

35 *Hobbes, T.* (1968), Leviathan, or the Matter, Form and Power of a Commonwealth, Ecclesiastical and Civil. hrsg. v. C.B. Macpherson. Harmondsworth.

nen in den demokratischen Verfassungen geraten übernatürliche Wertvorstellungen zunehmend unter Verdacht, Herrschaftsinteressen der sie vertretenden Gruppen zu kaschieren. Grundlegend wird Max Webers Postulat der Wertfreiheit, nach dem alles Werten, namentlich das sittliche, als bloß subjektives Meinen verstanden wird.[36]

Hans Kelsen: Reine Rechtslehre und positives Recht

In Übereinstimmung mit Max Weber kommt es Hans Kelsen in seiner *Reinen Rechtslehre* nur noch auf eine wissenschaftliche Jurisprudenz und nicht auf eine Rechtsethik an. Danach kann zwischen den verschiedenen ethischen Normen keine objektiv begründete Wahl getroffen werden, es bleibt nur die relativierende Antwort, dass jeder selbst die Wahl treffen müsse und „niemand anderer, nicht Gott, nicht die Natur und auch nicht die Vernunft als objektive Autorität sie abnehmen könne".[37] Kelsens Wissenschaftsbegriff ist von der logisch-mathematischen Grundlagendiskussion seiner Zeit beeinflusst. Es ist bemerkenswert, dass Kelsen zunächst Mathematik, Physik und Philosophie (die Studienfächer des Autors) studieren wollte, bevor er zu einem der international bedeutendsten Juristen des 20. Jahrhunderts wurde.

Methodisch war diese Auffassung von Rechtsgesetzen in den Naturwissenschaften von einer Kritik an metaphysischen Deutungen der Naturgesetze begleitet. Wenn Kelsen feststellt, dass jeder beliebige Inhalt positives Recht sein könne, sofern er im staatlichen Gesetzgebungsverfahren korrekt zustande gekommen ist, so erinnert das an die Wissenschaftstheorie des Mathematikers David Hilbert und des Logikers Rudolf Carnap, wonach wir uns unter formalen Axiomen und Gesetzen mathematischer Theorien beliebiges vorstellen können, sofern sie logisch konsistent und im Falle empirischer Theorien der Natur- und Sozialwissenschaften durch Beobachtung, Experiment und Messung bestätigt seien.[38]

Tatsächlich stellt Kelsen in der Einleitung der *Reinen Rechtslehre* (1934) heraus, dass Objektivität und Exaktheit, Klarheit und Eindeutigkeit die methodischen Maßstäbe des Rechts sind. Der Erkenntnisgegenstand des

---

36 *Weber, M.* (1973), Rechtssoziologie, Neuwied 1960; *Weber, M.* (1973), Gesammelte Aufsätze zur Wissenschaftslehre, Tübingen 4. Aufl.

37 *Kelsen, H.* (1960), Reine Rechtslehre. Wien 2. Aufl., S. 442.

38 *Ott, W.* (1976), Der Rechtspositivismus. Kritische Würdigung auf der Grundlage eines juristischen Pragmatismus. Berlin.

Rechts soll nicht vom Werturteil des erkennenden Subjekts beeinflusst werden. Grundlegend ist die Bestimmung, was und wie das Recht ist. Es ist nicht Aufgabe der Rechtswissenschaft, wie es inhaltlich ausgestaltet werden oder wie es entwickelt werden soll.

Recht als formales Normensystem und formale Logik

Das entspricht genau Hilberts Auffassung von mathematischen Axiomen, die grundlegend für die moderne Mathematik wurde.[39] Auch hier kommt es nicht darauf an, was sich ein Mathematiker z.B. in der Geometrie unter einem „Punkt" oder einer „Gerade" vorstellt. Es spielt auch keine Rolle, wie ein Mathematiker auf bestimmte Sätze und Vorstellungen gekommen ist. Das sind Fragen der Psychologie und Geschichte. Die Grundbegriffe sind Variablen („Leerstellen") einer formalen Syntax, für die semantische Bedeutungen (z.B. Zahlenkoordinaten in der analytischen Geometrie) eingesetzt werden können. Entscheidend sind die Relationen zwischen den formalen Grundbegriffen, die in Grundsätzen (Axiomen) festgelegt werden. So kann ein Axiomensystem unterschiedliche Anwendungsmodelle erfassen, die durch unterschiedliche semantische Interpretation der formalen Grundbegriffe entstehen.

Die formale Definition eines Axiomensystems ist zunächst willkürlich, muss aber durch einen formalen Konsistenzbeweis gerechtfertigt werden. Formeln eines formalen Systems können durch Interpretation ihrer Variablen in wahre oder falsche Aussagen eines Modells überführt werden. Das ist Gegenstand der formalen Semantik eines Systems. So kommt es, dass mathematische Formeln je nach Interpretation in unterschiedlichen natur- und sozialwissenschaftlichen Disziplinen angewendet werden können. In der Semantik stellt sich dann die Frage, welche Modelle durch ein formales Axiomensystem erfasst werden, ob sie alle isomorph sind, wie im formalen System der (Peano-) Arithmetik, oder verschiedene Modelle wie im Fall der nicht-euklidischen Geometrien zulassen.

So kann bekanntlich aus den Axiomen der euklidischen Geometrie abgeleitet werden, dass die Summe der (Innen-)Winkel in einem Dreieck zwei rechten Winkeln, also 180° entspricht. Im Modell der klassischen Physik auf der Erde ist dieser Satz auch physikalisch (annähernd) wahr. Er gilt

39 *Mainzer, K.* (2014), Die Berechnung der Welt. Von der Weltfomel zu Big Data. C.H. Beck: München.

allerdings nicht für ein kosmisches Dreieck aus Lichtstrahlen zwischen drei über viele Lichtjahre entfernten Sternen. Hier sind die Lichtstrahlen im Modell der allgemeinen Relativitätstheorie nicht gerade, sondern (durch Gravitationskräfte) gekrümmt. Wir erhalten so ein sphärisches Dreieck der sphärischen (nicht-euklidischen) Geometrie, in dem die Summe der Winkel größer als die von zwei rechten ist.

Ein formales Theorem einer mathematischen Theorie ist also nicht „wahr“, sondern kann aus einem (konsistenten) Axiomensystem mit formal-logischen Regeln abgeleitet werden oder nicht. Dann heißt das Theorem in diesem formalen System beweisbar. Ein Axiomensystem einer Theorie heißt korrekt, wenn jedes formal abgeleitete Theorem dieses formalen Axiomensystems wahr in dieser Theorie ist. Es heißt vollständig, wenn jeder wahre Satz einer Theorie auch in diesem Axiomensystem formal ableitbar ist.

Nach Auffassung Kelsens soll so auch unabhängig von seinen wechselnden Inhalten, die das Recht in verschiedenen Zeiten, Kulturen und Gesellschaften angenommen hat, die typische formale Struktur des Rechts untersucht werden. Ein solcher wissenschaftlicher Begriff des Rechts konzentriert sich daher auf die formale Struktur des Rechtssatzes und des Stufenbaus der Rechtsordnung. Diese methodische Auffassung der Jurisprudenz als Rechtswissenschaft ist deshalb für Kelsen auch mit einer rigorosen Ideologiekritik verbunden, von deren politischen Inhalten das Recht zu „reinigen“ ist. Statt „reiner“ Rechtslehre könnte man auch von formaler Rechtslehre analog zur formalen Logik sprechen.

Kelsens Rede von „reiner“ Rechtslehre verweist auf seine ursprüngliche philosophiehistorische Prägung durch den Neukantianismus.[40] Kant nannte seine Erkenntnistheorie eine „Kritik der reinen Vernunft“. Grundsätze wurden „rein“ genannt, wenn sie „vor“ (lateinisch: *a priori*) Anwendung auf empirische Erfahrungsinhalte formale Geltung haben. Auch die Neukantianer (insbesondere der Marburger Schule) versuchten, in Analogie zur Mathematik und Physik reine, apriorische und formale Gesetze für die Geisteswissenschaften herauszustellen. Rudolf Carnap ist in seiner formalanalytischen Wissenschaftstheorie ebenfalls durch diese Tradition geprägt.

In seinem 1928 erschienenen Frühwerk *Der logische Aufbau der Welt* folgte Carnap der erkenntnistheoretischen These des englischen Empiris-

---

40 *Kaufmann, E.* (1960), Kritik der neukantianischen Rechtsphilosophie. In: Kaufmann E (Hrsg.)
Gesammelte Schriften III – Rechtsidee und Recht, S. 176, 198.

mus, wonach alle Wirklichkeitserkenntnis auf Wahrnehmungserlebnissen beruht.[41] Methodisch sollte die Gegenstandswelt aus Elementarerlebnissen logisch aufgebaut werden. Dabei wendete er Methoden der formalen Logik wie die von Russell entwickelte Relationenlogik an.

Heute sind nicht nur die Natur-, sondern auch die Sozial- und Wirtschaftswissenschaften empirische Wissenschaften. Die Sätze der empirischen Wissenschaften sind logisch affirmativ und beschreiben beobachtbare und messbare Sachverhalte wie z.B. „Ein Metall ist erwärmt" oder „Das BIP der USA beträgt 22,94 Billionen US-Dollar". Gesetzmäßigkeiten können deterministische oder statistische Wenn-dann-Aussagen (Hypothesen) sein, die eine Annahme oder Bedingung (Prämisse oder Kondition) mit einer Folge verbinden wie z.B. „Wenn ein Metall erwärmt ist, dehnt es sich aus." In diesem Beispiel handelt es sich um eine kausale Verknüpfung, die unabhängig von einem menschlichen Willensakt ist, also – klassisch philosophisch ausgedrückt – eine Gesetzmäßigkeit des Seins und nicht des Sollens.

Demgegenüber handelt die Rechtswissenschaft von Rechtsnormen. Es handelt sich ebenfalls um Konditionalsätze, aber von der Form: Wenn A ist, soll B sein." Gemeint ist: Wenn ein Unrecht begangen ist (affirmativer empirischer Satz), dann soll eine Unrechtsfolge (Sanktion) eintreten. Beispiel: Wenn ein Staat das Völkerrecht bricht, sollen die politisch Verantwortlichen mit Sanktionen des Strafrechts bestraft werden. Unter den von der Rechtsordnung bestimmten Bedingungen, die empirisch festgestellt werden können (im Beispiel: Die Truppen eines Staates marschieren in einen souveränen anderen Staat ein), soll ein bestimmter Zwangsakt erfolgen (z.B. Verurteilung der Verantwortlichen am internationalen Strafgerichtshof in Den Haag).

Logisch ist die Rechtswissenschaft daher eine Normwissenschaft, die sich mit bedingten Normsätzen und ihrer logisch-formalen Abhängigkeit beschäftigt. Logisch baut die normative Logik der Rechtswissenschaft auf der Modallogik auf. In der Modallogik wird die affirmative Logik durch Modaloperatoren wie z.B. „notwendig" und „möglich" erweitert. In der normativen Logik kommen Operatoren wie z.B. „pflichtmäßig" (sollen), „erlaubt" und „verboten" hinzu.[42]

41 *Carnap, R.* (1998), Der logische Aufbau der Welt. Felix Meiner: Hamburg.

42 *Lorenzen, P.* (1968), Normative Logic and Ethics. B.I. Hochschultaschenbücher: Mannheim.

Für die Rechtsanwendung ist entscheidend, dass Sanktionen mit Erzwingbarkeit verbunden sind, die ein notwendiger Bestandteil des Rechts ist. Auch hier steht Kelsen eindeutig in der Tradition Kants, für den Recht Norm plus Gewalt zur Erzwingung der Norm ist.[43] Allerdings ist das Recht nach Kelsen ein formales Normensystem. Es geht zunächst nur darum, ob Normen und Urteile formal konsistent abgeleitet sind. Man spricht dann auch von positivem Recht.

Zugespitzt gilt die Aussage eines Richters: „Von mir können Sie ein Urteil erwarten, keine Gerechtigkeit!" Es geht also zunächst nicht darum, ob ein Urteil „gerecht" oder „ungerecht" ist, so wie es zunächst in der formalen Logik nicht um „Wahrheit", sondern formale und konsistente Ableitbarkeit geht. Die Rechtswissenschaft hat also nicht die Aufgabe, eine bestehende Rechtsordnung zu legitimieren. Dazu kann die Moral als Legitimierung oder als Disqualifizierung einer bestimmten Rechts- und Staatsordnung herangezogen werden.

Carl Schmitt: Imperialer Rechtsanspruch und das Recht des Stärkeren

Analog zum Wandel des empirischen Gesetzesbegriffs in den Natur- und Sozialwissenschaften begründete Carl Schmitt den Rechtspositivismus mit einer fortschreitenden Neutralisierung, wonach neuzeitliche Gesellschaften zunehmend gegen Metaphysik, Religion und moralische Positionen indifferent werden, die sich in einer Vielheit weltanschaulicher Positionen und Menschenbilder selber relativieren.[44] Als Konsequenz dieser Neutralisierungsthese folgt einmal die pluralistische Gesellschaft westlicher Demokratien. Andererseits schien der Rechtspositivismus auch, wie bei Carl Schmitt, die Blankovollmacht für Diktaturen zu liefern, die sich qua positiver Gesetzgebungsverfahren nur durch den Überlebenskampf mit und gegen andere Staaten selbst legitimieren können.

Heute erlässt ein Staat wie die Russische Föderation Gesetze, die bereits die Verwendung einer verbotenen Terminologie (z.B. „Krieg" statt „Spezialaktion") unter schwerste Strafen stellt. Legitimation ist in diesem Fall der imperiale und revisionistische Anspruch eines Staats. Formal-lo-

43 *Kant, I.* (2018), Metaphysik der Sitten. Einleitung in die Rechtslehre. Felix Meiner: Hamburg, § E.

44 *Schmitt, C.* (1934), Über die drei Arten des rechtswissenschaftlichen Denkens, Hamburg; *Schmitt, C.* (1935), Was bedeutet der Streit um den Rechtsstaat? In: ZStW 95, S. 189; *Schmitt, C.* (1940), Positionen und Begriffe, Hamburg 1940.

gisch können so konsistente und korrekte Urteile abgeleitet werden. Im Nationalsozialismus verbündete sich der Rechtspositivismus mit Rassismus und Sozialdarwinismus. Die Ausrottung sogenannten „unwerten Lebens" wurde durch angebliche biologische Selektion in der Natur gerechtfertigt und im Gesetzgebungsverfahren legitimiert. Zudem war die sogenannte „Machtübernahme" 1933 kein Staatsstreich, sondern nach den Gesetzen der Weimarer Republik formal-rechtlich möglich.

Grundrechte und Verfassung

Diese Erfahrung hat die deutsche Rechtsgeschichte nachhaltig geprägt. Es verwundert daher nicht, dass mit Artikel 1 des Grundgesetzes der Bundesrepublik Deutschland feierlich ein überpositives Grundrecht an den Anfang gesetzt wurde: „Die Würde des Menschen ist unantastbar." Der Schock von 1945 zeigte die Berechtigung der provozierenden Frage von Augustinus: „Staaten ohne Gerechtigkeit – was sind sie anders als große Räuberbanden?"[45] Allerdings lässt Artikel 1 des Grundgesetzes bewusst offen, ob Menschenwürde als göttliches Recht, als Recht der Natur oder in der Vernunftrechtstradition der Aufklärung verstanden wird, um einen Grundkonsens der verschiedenen gesellschaftlichen Gruppen in der Bundesrepublik zu ermöglichen.[46]

Nun wäre es völlig verfehlt, Kelsen formale Blindheit für die politische Wirklichkeit zu unterstellen. Ja, im Sinne seines Rechtspositivismus ist ein Staat per definitionem eine Rechts- und Zwangsordnung. Daher kann das Recht nicht zur Legitimation und inhaltlichen Begründung eines Staats herangezogen werden. Folglich ist auch ein autokratisch regierter Staat formal ein „Rechts-Staat" im Sinne Kelsens. Carl Schmitt beispielsweise gilt bis heute als brillanter Jurist, dem keine inkonsistenten Urteilsbegründungen unterlaufen sind, obwohl er zugleich als „Kronjurist" des NS-Staates ein furchtbarer Jurist war. Seine Rechtfertigung von imperialen Ansprüchen, Gewalt und Angriffskrieg passt ebenso in die Gegenwart. Der NS-Staat war nur ein historisches Beispiel.

---

45 *Augustinus, A.* (1978), De civitate die, dt. 2 Bde. Zürich 2. Aufl. IV 4.

46 *Höffe, O.* (1987), Politische Gerechtigkeit. Grundlegung einer kritischen Philosophie von Recht und Staat. Frankfurt.

Für Kelsen muss das Rechtssystem zwar konsistent funktionieren, aber zugleich durch eine politische Demokratietheorie ergänzt werden[47]:

Die Legitimation des Rechtssystems ist aber Aufgabe der Politik. Hier ist vor allem Kelsens politische Theorie in dem Buch *Vom Wesen und Wert der Demokratie* hervorzuheben, in der er sich eindeutig zur parlamentarischen Demokratie im Unterschied zu Diktaturen bekennt. Merkmale der Demokratie wie Rechtssicherheit, Rechtsgleichheit, Willkürverbot, Gewährleistung von Freiheitsrechten, rechtliche Einbindung der Staatsmacht, und Gewaltenteilung sind unverzichtbar. Üblicherweise werden heute nur Staaten, die diese politischen Kriterien erfüllen, als „Rechtsstaat" bezeichnet.

Staatsrecht und Völkerrecht

Der Gegensatz zwischen Kelsen und Schmitt wird markant in der Staatsrechtslehre deutlich. Kelsen stellte die Frage: „Wer soll der Hüter der Verfassung sein?"[48] Schmitt propagierte ein System absoluter Macht mit der Antwort: „Souverän ist, wer über den Ausnahmezustand entscheidet!" In der Weimarer Republik war das der Reichspräsident, der damit die NS-Diktatur einleitete. Dem stellte Kelsen die Forderung nach einer Verfassungsgerichtsbarkeit entgegen, wie sie heute z.B. in der Bundesrepublik Deutschland realisiert ist.

Kelsens Forderung einer übergeordneten Gerichtsbarkeit lässt sich vom Staatsrecht auch auf seine Ideen des Völkerrechts übertragen. Für Schmitt ist derjenige Staat souverän, der seine imperialen Interessen durchsetzen kann, und sei es mit militärischer Gewalt. Für Kelsen ist das übergeordnete Völkerrecht und seine Gerichtsbarkeit zu beachten.

Auch hinsichtlich des Völkerrechts steht Kelsen in kantianischer Tradition. Ein Schritt in diese Richtung war Kants Spätschrift *Zum ewigen Frieden* von 1795. Ausgangspunkt ist die politische Frage, wie ein dauerhafter Frieden zwischen den Staaten möglich wäre. Kant löst das Problem auf der Grundlage seiner Moralphilosophie, wonach aus der Vernunft abgelei-

47 *Dreier, H.* (1986), Rechtslehre, Staatssoziologie und Demokratietheorie bei Hans Kelsen, Nomos: Baden-Baden; *Kelsen, H.* (1920), Vom Wesen und Wert der Demokratie, Mohr: Tübingen, 2. Aufl. 1929.

48 *Van Ooyen, R.C.* (Hrsg.) (2008), Hans Kelsen. Wer soll der Hüter der Verfassung sein? Mohr Siebeck: Tübingen.

tete Handlungsmaximen eingehalten werden müssen. Realistisch ist die Einschätzung der Ausgangslage, wonach Frieden kein natürlicher Zustand zwischen Menschen ist, sondern durch Politik gestiftet und gesichert werden muss. Die Vernunft erfordert, dass sich Politik dabei einem allgemeingültigen Rechtssystem der Menschenrechte unterzuordnen hat: „Das Recht der Menschen muss heilig gehalten werden, der herrschenden Gewalt mag es auch noch so große Aufopferung kosten."[49]

Frieden nach Kant wird als völkerrechtlicher Vertrag entworfen. Für eine dauerhafte Friedensordnung ist nach Kant erforderlich, dass sie auf einem Föderalismus freier Staaten gegründet ist. Kants Entwurf zum Völkerrecht hat historisch die Entwicklung vom Völkerbund nach dem Ersten Weltkrieg bis zur Charta der Vereinten Nationen nach dem Zweiten Weltkrieg beeinflusst. Philosophisch betont Kant die Bedeutung der Menschenrechte, die über den Interessen der Nationalstaaten stehen. Im liberalen Diskurs der westlichen Demokratien spielt diese Position eine zentrale Rolle.[50]

Hans Kelsen hat maßgeblich an den Fragen der internationalen Friedens- und Rechtsordnung in der Zeit nach dem Zweiten Weltkrieg mitgewirkt. In dem Zusammenhang sei besonders auf seinen Kommentar zur Charta und zum Recht der UN verwiesen. Auch das Völkerrecht entwirft Kelsen nach den Prinzipien der reinen Rechtslehre. Die Ausgangsfrage lautet: Wie lässt sich für eine auf der Gleichberechtigung souveräner Staaten beruhende internationale Gemeinschaft eine normative Theorie transnationaler Beziehungen entwerfen? Ziel ist wieder eine ideologiefreie Wissenschaft vom Recht, die dem methodischen Anspruch der Objektivität und intersubjektiver Nachprüfbarkeit genügt. Im Unterschied zu anderen normativen Systemen bedarf es wieder eines effektiven Zwangs, um als Rechtssystem im Sinn der reinen Rechtslehre gelten zu können. Zu seiner Zeit musste Kelsen für das Völkerrecht darauf weitgehend verzichten, obwohl er selbst bei der Vorbereitung der Nürnberger Prozesse die Weichen für eine übergeordnete völkerrechtliche Gerichtsbarkeit stellte.

Entscheidend ist das Primat des Völkerrechts, dem nationales Recht unterzuordnen ist. Das entspricht auf nationaler Ebene Kelsens Forderung nach der Verfassungsgerichtsbarkeit als übergeordneter Hüterin der Verfassung im Gegensatz zur Schmittschen Legitimität durch Gewalt. Alle Staaten

---

49 *Kant, I.* (1912–1923), Zum ewigen Frieden. In: Kants Gesammelte Schriften. Hrsg. Kgl. Preußische Akademie der Wissenschaften Bd. VIII, Berlin.

50 *Brunkhorst, H.* (Hrsg.) (2008), Rechts-Staat. Staat, internationale Gemeinschaft und Völkerrecht bei Hans Kelsen. Nomos: Baden-Baden.

sind in ihren völkerrechtlich anerkannten Grenzen gleich und souverän – von in ihrer Ländergröße kleinen Staaten wie z.B. Litauen oder Luxemburg bis zur großen Russischen Föderation, Weltmächten wie China oder den USA. Daher gibt es auch keine „Einflusssphären", auf die „große" Länder pochen, um am Ende danach mit anderen „großen" Ländern die Welt aufzuteilen. Es spielt auch keine Rolle, welche „historischen" oder sonst wie „begründeten" Ansprüche für den Angriff auf ein anderes Land angeführt werden. Das ist alles Ideologie und führt zum Revisionismus, von dem Völkerrecht als formales Normensystem zu reinigen ist. Ein Staat, dessen Militär in einen anderen souveränen Staat einmarschiert, bricht per definitionem das Völkerrecht. Die dafür Verantwortlichen sind Rechtsbrecher und müssen sich vor einem internationalen Strafgerichtshof des internationalen Völkerrechts verantworten.

Völkerrecht und Demokratie

Natürlich weiß auch Kelsen, dass am Anfang des formalen Völkerrechts inhaltlich-ethische Grundsatzentscheidungen wie die Freiheits- und Menschenrechte stehen. Sie sind in der UN- Charta ebenso verankert wie in den Verfassungen nationaler demokratischer Staaten. Dazu gibt es eine bemerkenswerte Parallele zu formalen Systemen in der Mathematik. Nach Kurt Gödel sind formale Systeme der Arithmetik von einer bestimmten Komplexität unvollständig in dem Sinn, dass nicht alle Wahrheiten dieser Theorie im formalen System ableitbar sind. Zudem können solche Systeme nicht mit den Mitteln dieser formalen Systeme ihre eigene Widerspruchsfreiheit zeigen. Das heißt aber nicht, dass formale Methoden an absolute Grenzen stoßen. Sie werden nur relativiert und können durch andere formale Methoden erweitert werden. Es gibt nur nicht das absolute formale System, das alle mathematischen Wahrheiten erfasst.[51]

Übertragen auf formale Normen- und Rechtssysteme, zeigen sich auch dort formale Grenzen der Urteilsbegründung, die durch Erweiterungen und neue positive Rechtssetzungen ergänzt werden können. Allerdings gibt es grundsätzliche Grenzen, auf die der Verfassungsrechtler Ernst-Wolfgang Böckenförde später hingewiesen hat: „Der freiheitliche, säkularisierte Staat lebt von Voraussetzungen, die er selbst nicht garantieren kann. Das ist

51 *Mainzer, K.* (2014), Die Berechnung der Welt. Von der Weltformel zu Big Data. C.H. Beck: München, S. 257.

das große Wagnis, das er, um der Freiheit willen, eingegangen ist."[52] Diese Feststellung lässt sich als Unvollständigkeit des positiven Rechtssystems verstehen, das den Staat im Sinne Kelsens definiert.

Es wird berichtet, dass Kurt Gödel vor seiner Vereidigung als amerikanischer Staatsbürger seinem Freund Albert Einstein mitteilte, dass er diesen Eid nicht leisten könne, da die US- amerikanische Verfassung unvollständig und widersprüchlich sei. Vermutlich aufgrund der Erfahrung in Deutschland 1933 hatte er den Eindruck gewonnen, dass man diese Verfassung mit legalen Mitteln aushebeln könne. Der pragmatische Einstein hat ihn dann doch zur Vereidigung überredet. Man hat das lange für eine skurrile Geschichte eines genialen, aber weltfremden Nerds gehalten. Mit Blick auf jüngste Ereignisse um den amerikanischen Präsidenten Trump wird klar, wie gefährdet Demokratie auch in einem der Mutterländer der Demokratie ist. Böckenförde meint die Freiheits- und Menschenrechte, die am Anfang der Verfassung stehen und selbst durch Mehrheitsbeschlüsse des Parlaments nicht verändert werden dürfen. Die Verfassung lässt offen, ob die Grundrechte naturrechtlich, religiös als gottgegeben oder säkular im Sinn der Aufklärungsphilosophie begründet sind, um einer pluralistischen demokratischen Gesellschaft zu entsprechen. Formal handelt es sich nicht um bedingte (hypothetische) Normen der Form „Wenn A gilt, dann soll B gelten". Sie sind unbedingt (kategorisch): „Die Würde des Menschen ist (soll) unantastbar (sein)." Kant bezeichnete Sollens-Sätze als Imperative. In seiner Ethik unterschied er deshalb hypothetische Imperative vom kategorischen Imperativ.

Woher kommen die Freiheits- und Menschenrechte? Wie sind sie begründet? Das ist nicht Thema des formalen positiven Rechts, sondern Thema von Rechtsphilosophie und Politik. Die Geschichte der Grundrechte hängt eng mit dem Wandel des Menschen- und Weltbildes zusammen, das in der Neuzeit zunehmend durch Wissenschaft und Technik bestimmt wird. Nach der Hoffnung der Aufklärung sollte das Wachstum des Wissens automatisch zur Emanzipation der Menschheit im Sinne der Menschenrechte führen. Tatsächlich erweist sich der technisch-wissenschaftliche Fortschritt aber als ambivalent.

Die modernen Zukunftstechnologien eröffnen sowohl neue Chancen der Lebensverbesserung, ermöglichen aber immer wieder den Rückfall in

---

52 *Böckenförde, E.W.* (1991), Die Entstehung des Staates als Vorgang der Säkularisation. In: Recht, Staat, Freiheit. Studien zur Rechtsphilosophie, Staatstheorie und Verfassungsgeschichte. Suhrkamp: Frankfurt.

vergangene Verhaltensmuster mit nicht abschätzbaren Folgen. Der Schutz und die Achtung der Menschenwürde durch Staat und Gesetzgeber sind daher unverzichtbar. Darauf muss Europa aufbauen. Normative Ansprüche werden aber nur dann zu Rechtsnormen, wenn sie durchsetzbar sind. Daher muss Europa politisch, wirtschaftlich und militärisch stark sein – durch Innovation.

Langzeitverantwortung – ethische und institutionelle Bedeutung

Jürgen Mittelstraß

Verantwortung gehört zu den zentralen Begriffen einer gelebten Ethik. Ohne den Begriff der Verantwortung kommen keine Ethik, die eine Begründung der von ihr formulierten Prinzipien und Normen leistet, und keine Gesellschaft, die sich von moralischen Orientierungen leiten lässt, aus. Das gilt nicht nur für gegenwärtige, sondern auch für zukünftige Verhältnisse und verbindet sich insofern, wenn man nur weit genug denkt, auch mit dem Problem einer zunehmend erfahrungstranszendenten Konstellation von Zuständen, Ereignissen und Erfordernissen. Verantwortung für Gegenwärtiges (und Vergangenes) ist konkret, vor allem dann, wenn es mit eigenen Handlungen und eigenem Verhalten, d.h. dessen Wirkungen, verbunden ist. Verantwortung für Zukünftiges, wenn es von Gegenwärtigem zeitlich weit entfernt gedacht wird und sich keine direkten Bezüge mit eigenem Handeln und Verhalten denken lassen, ist abstrakt. Sie betrifft (allgemein wünschenswerte oder nicht wünschenswerte) Zustände in der Zukunft, deren Eintreten oder Nichteintreten allenfalls mittelbar mit den Folgen des eigenen Handelns oder Verhaltens gedacht werden kann. Mit anderen Worten: Zu einer Verantwortung für (Vergangenes und) Gegenwärtiges, einem in feste institutionelle Rahmen eingebetteten, kausal bestimmten (Vergangenheits- und) Gegenwartsbezug tritt, allein schon, weil im Begriff der Verantwortung die Grenzen zwischen Gegenwärtigem und Zukünftigem fließend werden, eine Verantwortung für Zukünftiges, ein institutionell wie kausal unbestimmter Zukunftsbezug. Verantwortung über große Zeiträume hinweg wird in Form einer Fernverantwortung zur fiktiven Verantwortung. Die Frage ist, wie sie sich näher bestimmen und begründen lässt.[1]

1 Die folgenden Überlegungen schließen in überarbeiteter und wesentlich ergänzter Form an eine frühere kleine Arbeit an: *J. Mittelstraß*, Long-Term Responsibility, in: W. Arber et al. (Eds.), Science and Sustainability. Impacts of Scientific Knowledge and Technology on Human Society and Its Environment, Vatican City (The Pontifical Academy of Sciences) 2020 (Pontificiae Academiae Scientiarum Acta 24), 62-66.

1.

Verantwortung tragen gehört zu den Dingen, die uns zu Menschen machen. Wir tragen sie in der Familie, im Beruf, in der Gesellschaft. Wir tragen sie für Menschen, denen wir begegnen, und für Institutionen, in denen wir leben. Wir tragen sie für Ideen, die den Institutionen zugrunde liegen, z.B. für Freiheit, für Gerechtigkeit, für demokratische Ordnungen. Und wir tragen sie für das, was uns jenseits unserer eigenen Welt, der Welt, die wir machen, trägt: für die Natur – als schaffende und geschaffene Natur, *natura naturans* und *natura naturata*. In der aristotelischen Physik ist die Natur immer schon *natura naturans*, in der Kosmologie Platons *natura naturata*, geschaffen von einem gewaltigen Demiurgen, aus dem im christlichen Denken der Schöpfergott wird. Indem wir Verantwortung tragen, für die Welt des Menschen und die Welt der Natur, übernehmen wir, wenn diese Verantwortung auf einem ethischen Sollen (so der verpflichtungsethische Ansatz), nicht allein in der Beachtung von Handlungsfolgen (so der präferenzutilitaristische Ansatz) beruht[2], gleichzeitig Verpflichtungen.

Verantwortung und die ihr folgenden Verpflichtungen beschränken sich nicht, wie erwähnt, auf das jeweils Gegenwärtige. Wo das nicht der Fall ist, unterscheidet sich dies von Verantwortung, die wir auf Zeit für eine Handlung übernehmen bzw. übernommen haben, und von Verpflichtungen, die mit einem erfüllten Zweck enden – oder aber auch nicht, nämlich im Falle verfehlter Zwecke. Verpflichtungen, die sich nicht auf das jeweils Gegenwärtige (und Vergangene) beschränken, sind auf Dauer angelegt, und sie betreffen, wenn wir in Generationen denken, auch zukünftige Generationen, nämlich deren Lebensbedingungen. Wenn wir eine derart unbegrenzte Verantwortung und dieser Verantwortung entsprechende Verpflichtungen meinen, sprechen wir von Fern- oder *Langzeitverantwortung*. Was macht diese so besonders – und was macht sie bei genauerem Nachdenken zum Problem? Die Antwort ist zunächst einmal einfach. Ein Denken über zwei, drei Generationen hinweg, sei es in individuellen, sei es in institutionellen Verhältnissen, ist noch sehr konkret, es darf mit etwa gleichbleibenden Umweltbedingungen rechnen und besitzt eine bis in den sinnlichen Haushalt reichende Vertrautheitsbasis. Ein Denken über mehr als drei, vier Genera-

2 Zu dieser Unterscheidung im konzeptionellen Rahmen einer Langzeitverantwortung vgl. *C. F. Gethmann*, Wer ist der Adressat einer Langzeitverpflichtung?, in: C. F. Gethmann/J. Mittelstraß (Eds.), Langzeitverantwortung. Ethik – Technik – Ökologie, Darmstadt (Wissenschaftliche Buchgesellschaft) 2008, 10-22, 14-16.

tionen, erst recht über Generationsketten hinweg bis in ferne Zeiten, ist hingegen abstrakt, es muss Verhältnisse unterstellen, die unbekannt und im Allgemeinen nicht prognostizierbar sind, insofern auch Gefühle, die nicht unsere Gefühle sind.[3] Zwei Aspekte seien hervorgehoben.

Erstens: Im Falle einer Langzeitverantwortung können Verpflichtungen, die mit ihr eingegangen werden, nicht bei einer bestimmten Generation enden. Ein Gedankenexperiment macht das klar[4]: Angenommen, es gäbe Rechte (gleich welchen Inhalts), die wir *allen* Menschen zuerkennen. Kann diese Zuerkenntnis als befristet bis zu einer Generation k unterstellt werden? Unter der Annahme, dass irgendwelche Rechte, z.B. die Menschenrechte, als befristet bis zur Generation k angesetzt werden, würde das implizieren, dass der Generation k + 1 diese Rechte abgesprochen würden. Somit gäbe es Menschen, denen diese Rechte abzuerkennen wären. Diese Folgerung stünde jedoch im Widerspruch zu der Annahme, dass es Rechte gibt, die allen zukommen. Es gibt somit keine Generation, bei welcher die Reichweite der Verpflichtung endet, also gelten manche Verpflichtungen unbeschränkt.

Mit anderen Worten: Die Terminierung einer Langzeitverantwortung würde eine willkürliche, schwerlich begründbare Entscheidung darstellen, und sie verstieße gegen das Prinzip eines *ethischen Universalismus*. Dieser wird von mehr oder weniger allen Ethiken vertreten, in erster Linie wiederum von den Verpflichtungsethiken wie etwa der Ethik Immanuel Kants mit der Formulierung des Kategorischen Imperativs (als des Grundprinzips moralischer Universalität).[5] In einem ethischen Universalismus wird, auch kontrafaktisch, ein gemeinsamer Wille unterstellt, handelnd einander jederzeit als Zweck an sich selbst (Selbstzweck), nicht lediglich als Mittel zu

---

3 Zur schwierigen Motivationsfrage angesichts endlicher Bindungsbeziehungen vgl. *D. Birnbacher*, Langzeitverantwortung – das Problem der Motivation, in: C. F. Gethmann/J. Mittelstraß (Eds.), Langzeitverantwortung (siehe Anm. 2), 23-39.

4 Das Gedankenexperiment bei *H. Hofmann*, Rechtsfragen der atomaren Entsorgung, Stuttgart (Klett-Cotta) 1981, 266-270 (Die unverjährbaren Menschenrechte), hier wiedergegeben in der Zusammenfassung von C. F. Gethmann, Langzeitverantwortung als ethisches Problem im Umweltstaat, in: C. F. Gethmann et al., Langzeitverantwortung im Umweltstaat, Bonn (Economica Verlag) 1993, 1-21, 9.

5 Mit der so genannten Zweckeformel: „Handle so, daß du die Menschheit, sowohl in deiner Person, als in der Person eines jeden andern, jederzeit zugleich als Zweck, niemals bloß als Mittel brauchest", Grundlegung zur Metaphysik der Sitten (1785) B 66-67 (Werke in sechs Bänden, ed. W. Weischedel, Darmstadt [Wissenschaftliche Buchgesellschaft] 1956-1964, IV [1956], 61).

partikularen Zwecken zu betrachten.[6] Dies schließt auch zukünftige Generationen ein.

Zweitens: Das Bestehen einer unbegrenzten (unbegrenzbaren) Langzeitverantwortung angenommen, stellt sich die Frage, ob diese gegenüber allen Generationen, nicht nur den gegenwärtigen, sondern auch den zukünftigen, in gleicher Weise und in gleichem Maße besteht. Dafür scheint mit Blick auf den allgemeinen Gleichheitsgrundsatz, der Ungleichbehandlungen ausschließt (in der deutschen Verfassung Art. 3 Abs. 1 GG), alles zu sprechen. Hinsichtlich ihres Menschseins sind alle Generationen gleich. Insofern trifft der Gleichheitsgrundsatz nicht nur auf das Verhältnis gegenwärtig lebender Generationen untereinander zu, sondern auch auf das Verhältnis zwischen gegenwärtigen und zukünftigen Generationen: „Was im räumlichen Nebeneinander der Menschen unter das Verbot willkürlicher Ungleichbehandlung fällt, das ist im Zweifel, d.h. wenn ausreichende Gründe für die Rechtsänderung fehlen, auch in ihrem zeitlichen Nacheinander nicht zulässig."[7] Und doch sind hier Differenzierungen angebracht. Sie betreffen den Umstand, dass wir nicht wirklich wissen, wie die Lebenswelt einer zukünftigen Generation, zumal in ferner Zukunft, aussieht und welcher Art ihre Bedürfnisse im Allgemeinen sein werden. Wir wissen deshalb auch nicht, was gegenüber dieser Generation gegebenenfalls im Einzelnen zu tun und was zu lassen ist. Das wissen wir gegenüber Generationen, die unsere Lebenssituation teilen bzw. voraussehbar teilen werden, etwa der Generation unserer Kinder und Kindeskinder. Folglich kann auch eine Verpflichtung gegenüber fernen Generationen nicht die völlig gleiche sein wie die gegenüber nahen Generationen. Das gilt vor allem unter Verbindlichkeitsgesichtspunkten, die ein wesentliches Element jeglichen Gegenwartsbezugs sind, sich aber nicht in gleicher Weise für zukünftige Generationen bestimmen lassen. Und das heißt auch, „die Verbindlichkeit der Verpflichtung gegenüber zeitlich näheren Generationen ist bei Abwägung im Vergleich zu derjenigen gegenüber ferneren Generationen höher zu gewichten"[8], ohne dass damit von vornherein gegen ein Gleichheitsprinzip oder gegen Prinzipien eines ethischen Universalismus verstoßen würde.

Bei Unterstellung minimaler anthropologischer Konstanten lassen sich unabhängig davon elementare Verpflichtungen gegenüber fernen Generati-

---

6 Vgl. *F. Kambartel*, Universalität (ethisch), in: J. Mittelstraß (Ed.), Enzyklopädie Philosophie und Wissenschaftstheorie, I-VIII, 2. Aufl. Stuttgart/Weimar (Verlag J. B. Metzler) 2005-2018, VIII (2018), 197-199.

7 *H. Hofmann*, Rechtsfragen der atomaren Entsorgung (siehe Anm. 4), 283.

8 *C. F. Gethmann*, Wer ist der Adressat der Langzeitverpflichtung? (siehe Anm. 2), 14.

onen und deren in diesem Falle prognostizierbaren Bedürfnissen identifizieren. Zu diesen gehören die vorauslaufende Sorge für sauberes Wasser und saubere Luft, gesunde Ernährung, stabile Reproduktionsbedingungen, Energie, biologische und kulturelle Vielfalt. So muss im Falle der Sicherstellung ausreichender zukünftiger Energieversorgung ein irreversibler Verbrauch von Rohstoffen vermieden werden, weshalb im Übrigen auch eine Energieforschung, die alle Optionen, einschließlich der Kernenergie, offenhält, und eine Ressourcenökonomie, die sorgsam mit nicht nachwachsenden Rohstoffen umgeht, zu den wichtigsten Aufgaben der Menschheit gegenüber zukünftigen Generationen gehören. Das schließt auch die Sicherstellung ausreichender Forschungsressourcen, aus Sicht heutiger Notwendigkeiten z.B. für die Solar- und Fusionsforschung, ein.

Dasselbe gilt für eine Gefahrenabwehr, die sowohl gegenwärtige Generationen als auch zukünftige Generationen betrifft. Beispiel ist die Klimaforschung, die nicht nur durch ein wissenschaftliches Erkenntnisinteresse getrieben wird, sondern auch durch reale Probleme, deren Lösung sowohl für die heute Lebenden als auch, und das in einem weitaus dramatischeren Umfang, für zukünftige Generationen von existentieller Bedeutung ist. Das setzt eine genauere Kenntnis der Lebensumstände dieser Generationen nicht voraus. Wichtig ist allein, dass durch gegenwärtiges Handeln (und Unterlassen) Lebensräume zukünftiger Generationen bzw. entsprechende Optionen nicht auf eine irreversible Weise eingeschränkt werden – Stichworte dabei sind: vernünftige Ressourcenökonomie und Erhaltung der Biodiversität, d.h. der Vielfalt der Arten und der Ökosysteme sowie der artspezifischen genetischen Vielfalt. Das gilt auch für vermeintlich einfache Vorsorgemaßnahmen wie etwa die Sicherung und Kennzeichnung von gefährlichen Endlagerstätten. Die Frage ist z.B., wie die Kontrolle von Endlagerstätten für hochaktiven Atommüll für die nächsten etwa tausend Jahre gewährleistet werden kann, wobei angenommen wird, dass entsprechende Aufzeichnungen und deren Beachtung schon nach etwa einhundert Jahren nicht mehr verlässlich gewährleistet sind. Allgemein gilt: Gerade dadurch, dass jede Generation das Nächstliegende tut, nämlich den unmittelbar folgenden Generationen die Erde so hinterlässt, dass sie diese so vorfinden wie die eigene Generation, vielleicht sogar ein wenig besser und stabiler, sichert sie die Zukunft des Menschen auf unabsehbare Zeit, kommt sie ihrer Verantwortung nach, auch und gerade im Sinne einer Langzeitverantwortung.

2.

Die Stichworte Ressourcenökonomie und Biodiversität machen deutlich, dass sich eine Langzeitverpflichtung nicht nur auf die Lebensverhältnisse zukünftiger Generationen und deren zukünftige Geschichte bezieht, sondern auch auf die zukünftige Geschichte der Natur, unter kausalen Aspekten als Umwelt bestimmt und wahrgenommen. Beide Geschichten greifen, wie eh und je, ineinander, nur war die eine, die Geschichte des Menschen, in dieser Beziehung eine Siegergeschichte, die andere, die Geschichte der Natur, unter Aneignungsformen eine Verlierer- oder Verlustgeschichte – mit, wie wir heute wissen, dramatischen Folgen für beide Geschichten. In dem Maße, in dem sich, beispielhaft an den bekannten klimatischen und ökologischen Entwicklungen abzulesen, die aus eingeschränkter anthropologischer Perspektive überaus erfolgreiche Aneignung der Natur als ein in wesentlicher Hinsicht trügerischer Fortschritt erweist, schwindet für zukünftige Generationen die Lebensgrundlage bzw. wird die natürliche Welt, die einmal als Raum unendlicher Gestaltungsmöglichkeiten erschien, immer ärmer und enger. In wissenschaftsgestützten technischen Kulturen, in denen entwickelte Gesellschaften heute leben, wächst die Gefahr irreversibler Folgen gegenwärtigen Handelns (und Unterlassens), nicht zuletzt für Umwelt und Natur.

In dieser Situation wird der Ruf nach einer Bewahrung der natürlichen Grundlagen unserer Existenz und derjenigen zukünftiger Generationen immer lauter.[9] Wenn es in technischen Kulturen ein ethisches Problem der Verantwortung gegenüber zukünftigen Generationen gibt, dann lässt sich dieses Problem auch nicht gegen die Frage isolieren, wie es mit einer Verantwortung gegenüber der Natur steht. Da die Lebensbedingungen zukünftiger Generationen wesentlich von positiven Umweltbedingungen, d.h. einer „intakten" Natur, abhängig sein werden, wird auch diese zum Gegenstand nicht nur ökonomischer, haushälterischer, sondern auch ethischer Betrachtungen. Eine „menschenwürdige" Natur ist eben nicht nur ein ressourcenökonomisches, sondern auch ein ethisches, selbst ästhetische Elemente einschließendes Problem. Hier ist gemeint, dass der Reichtum und die Schönheit der Natur keine zufälligen, sondern wesentliche Bedin-

---

9 Die folgenden kurzgefassten Überlegungen sind ausführlicher dargestellt in: *J. Mittelstraß*, Leben mit der Natur. Über die Geschichte der Natur in der Geschichte der Philosophie und über die Verantwortung des Menschen gegenüber der Natur, in: O. Schwemmer (Ed.), Über Natur. Philosophische Beiträge zum Naturverständnis, Frankfurt/Main (Vittorio Klostermann) 1987, 37-62, insbes. 54-62.

gungen menschlicher Lebensformen sind. Ein Leben unter einer Sauerstoffglocke auf dem Mars ist in diesem Sinne kein menschenwürdiges Leben.

Eine andere Frage ist, ob eine Verantwortung gegenüber der Natur auch als Verantwortung gegenüber der Natur *um ihrer selbst willen* aufgefasst werden kann. In diesem Sinne spricht z.B. Robert Spaemann von einem „moralischen Recht der Natur" als dem „Recht der natürlichen Wesen, so behandelt zu werden, daß wir sie in eine Güterabwägung um ihrer selbst willen einbringen".[10] Eine derartige Vorstellung setzt allerdings, wenn es hier nicht nur um Fragen einer Tierethik gehen sollte, ein Wissen darüber voraus, was genauer Natur ist und wie sie sein sollte, und eben ein solches Wissen bleibt technischen Kulturen streng genommen ein Rätsel. Das gilt selbst in ökologischer Hinsicht. Auch die Ökologie vermag nicht zu sagen, wie Natur als nicht angeeignete Natur sein soll, und damit auch, wie wir uns gegenüber der Natur „richtig" verhalten sollen. Ein entsprechendes Wissen lässt sich auch nicht unter Rekurs auf das Wissen der Biologie, der Chemie und der Physik wissenschaftlich deduzieren. Wie die Medizin, die auch nicht sagen kann, wie gesund wir leben sollen, sondern nur, wie wir leben sollen, wenn wir schon wissen, wie gesund wir sein wollen, so sagt auch die Ökologie nicht, wie „natürlich" die Natur sein soll, sondern nur, wie die Natur relativ zu unserer Vorstellung von der Natur und relativ zu unseren Zwecken mit der Natur ist. Oder, anders formuliert: Auch die Ökologie setzt, wenn man von ihr Antworten auf die Frage nach dem richtigen Verhältnis einer technischen Kultur zur Natur erwartet, Vorstellungen darüber, wie Natur sein soll, schon voraus. Sie entwickelt diese Vorstellungen nicht selbst.

Das macht z.B. der Begriff des Gleichgewichts deutlich, der in der Ökologie im Wesentlichen ein *deskriptiver* Begriff ist; er definiert im Sinne eines Fließgleichgewichts den stationären Zustand eines Ökosystems, der aber in der Umweltdiskussion als ein *normativer* Begriff zur Kennzeichnung eines Zustands, der auch *um seiner selbst willen* nicht gestört werden dürfe bzw. zu sichern sei, missverstanden wird. Die Erhaltung der Natur liegt eben gerade nicht in der Erhaltung eines ökologischen Gleichgewichts um jeden Preis, nicht in ihrer vermeintlich geschichtslosen Unwandelbarkeit, sondern im Gegenteil in ihrer ständigen dynamischen Erneuerung und Entwicklung beschlossen. Das weiß auch die Biologie und drückt das

10 Zitiert bei *H. Lenk*, Verantwortung für die Natur. Gibt es moralische Quasirechte von oder moralische Pflichten gegenüber nichtmenschlichen Naturwesen?, Allgemeine Zeitschrift für Philosophie 8, Heft 3 (1983), 1-18, 3.

in einer geradezu aristotelischen Sprache – Natur als *natura naturans* – aus: Es ist „die uns immer bewußter werdende Tatsache der Hinfälligkeit, der Empfindlichkeit, der Gefährdbarkeit dieser in ungeheurer Dynamik kreisenden Natur, diese so schwer begreifliche Verbindung von überwältigendem Schwung kreatürlicher Entfaltung und der prekären Labilität einer auf die Spitze getriebenen, auf der Spitze tanzenden Perfektion unzähliger verketteter Abläufe, von deren präzisem Ineinandergreifen der Bestand des ganzen Lebensreichtums abhängt".[11] Alles „stürmt ständig chemischen Gleichgewichten zu, die das Ende allen Lebens wären, und darf sie daher nie erreichen. (...) Die überquellend sich erneuernde Fülle der Lebensformen ist (...) nichts anderes als Ausdruck des unaufhebbaren Zwanges, der unausweichlichen Dynamik des Zerfalls in Richtung stabiler Gleichgewichtszustände durch fortwährenden Neuaufbau geordneter Komplexität in lebendiger Substanz entgegenzuarbeiten, ein Schwimmen gegen den Strom der Entropie, der alle Ordnung fortzureißen sucht, wenn Energie nicht seinem Wirken entgegenarbeitet."[12]

Auch ökologische Antworten auf die Frage nach einem richtigen Umgang mit der Natur sind damit nicht einfach und nicht eindeutig. Sie bewegen sich in der Regel zwischen einem Klugheitsgebot (Einschränkung der Ausbeutung und Schadensabwehr) und einem Moralgebot (Verantwortung gegenüber der Natur unter einer Langzeitperspektive) und teilen hierin die Probleme ethischer Orientierungen in politischen und ökonomischen Verhältnissen. Gegenüber den Erkenntnisidealen der Wissenschaft (Natur als Erkenntnisobjekt) und den Produktionsidealen der Wirtschaft (Natur als Ressource), die in technischen Kulturen meist miteinander übereinstimmen, tun sich ethische und, mit ihnen verbunden, ökologische Orientierungen schwer, einen zukunftsichernden Weg zu finden.

Einen solchen Weg sucht auch der Ruf nach (der Etablierung von) „Rechten der Natur" zu weisen. Es ginge im juristischen Sinne um die Verwandlung der Natur in ein Rechtssubjekt, wobei hier nur von Rechten, nicht von (sonst mit diesem Begriff verbundenen) Pflichten die Rede wäre und klar wäre, dass – da die Natur selbst kein Recht setzt, auch nicht für sich selbst – sich diese Verwandlung dem rechtsetzenden Vermögen des Menschen verdankt, der der Natur damit gleichzeitig (schützenswerte)

---

11 *H. Markl*, Dasein in Grenzen: Die Herausforderung der Ressourcenknappheit für die Evolution des Lebens, Konstanz (Universitätsverlag Konstanz) 1984 (Konstanzer Universitätsreden 149), 6-7.

12 *H. Markl*, Dasein in Grenzen (siehe Anm. 11), 7-8.

Selbstständigkeit zuerkennt. Das macht die ins Auge gefasste Konzeption („Rechte der Natur") nicht schwächer, verdeutlicht aber, dass sie auf einer kulturellen Entscheidung (des Menschen als des zwecksetzenden Wesens) beruhen würde. Die erwähnten definitorischen und ökologischen Probleme blieben bestehen – und die einer allgemeinen Langzeitverantwortung natürlich auch.

3.

Die Probleme einer Langzeitverantwortung werden heute in den Begriffen *Nachhaltigkeit* und *intergenerationelle Gerechtigkeit* diskutiert. Der Begriff der Nachhaltigkeit beherrscht die umweltpolitische Diskussion, der Begriff der intergenerationellen Gerechtigkeit die politische Rhetorik. In beiden Begriffen geht es der Sache nach um Langzeitverantwortung, auch wenn diese Begriffe keineswegs von vornherein klar sind, ja sogar zunehmend an Klarheit verlieren.[13] So wird der Begriff der Nachhaltigkeit mittlerweile geradezu inflationär, bezogen auf immer neue Lebensbereiche und institutionelle Verhältnisse, verwendet. Gegenüber seiner ursprünglichen Bedeutung im Forstwesen, der Verpflichtung, dem Einschlag von Bäumen eine entsprechende Aufforstung folgen zu lassen, hat dieser Begriff, vor allem wenn er einfach im Sinne von „dauerhaft gegeben" verwendet wird, seine eigentliche Bedeutung, die in einem vernünftigen Ressourcenumgang liegt, weitgehend eingebüßt. Überall wird heute Nachhaltigkeit gefordert, im Unternehmensbereich, im Bauwesen, in der Finanzpolitik, im Gesundheits- und Energiewesen, neuerdings sogar um die Forderung nach einer Nachhaltigkeit der Universität (was immer diese sein könnte) ergänzt.[14] Dabei dürfte kaum verständlich sein, was etwa eine nachhaltige Gesundheitsfürsorge (es sei denn, man denkt konkret an Reformen im Gesundheitswesen) oder ein nachhaltiger Energieverbrauch (es sei denn, man denkt konkret an Nutzung und Verbrauch fossiler Brennstoffe) sein soll. Die präzise Bedeutung des Begriffs der Nachhaltigkeit löst sich in einer zunehmend metaphorischen Verwendung, die nebelhaft um den Begriff der Dauerhaftigkeit kreist, weitgehend auf.

---

13 Vgl. *C. F. Gethmann/J. Mittelstraß* (Eds.), Langzeitverantwortung (siehe Anm. 2), 7-8 (Vorwort).

14 Vgl. *S. R. Sterling* et al. (Eds.), The Sustainable University. Progress and Prospects, London (Routledge) 2013.

Dasselbe gilt für den Begriff der intergenerationellen Gerechtigkeit. Dieser betrifft ein reales Austauschverhältnis zwischen Generationen, die miteinander in direkter Verbindung bzw., wie etwa im System der Rentenversicherung, in einem direkten Austauschverhältnis stehen. Auf ferne Generationen bezogen, verliert er seine Bedeutung. Hier stellen sich keine Verteilungsfragen, sondern allein Fragen der Prognostizierbarkeit und der möglichen Folgen präsentischen Handelns (und Unterlassens) für ferne Generationen. Damit tritt sowohl im Falle des Begriffs der Nachhaltigkeit als auch im Falle des Begriffs der intergenerationellen Gerechtigkeit die eigentliche *normative* Bedeutung, wie sie mit dem Begriff der Langzeitverantwortung gegeben ist, in den Hintergrund, obwohl es um genau darum, Verantwortung für zukünftige Generationen zu tragen und entsprechende Verpflichtungen einzugehen, geht. Es liegt daher auch nahe, beide Begriffe durch den Begriff der Langzeitverantwortung zu ersetzen. Schließlich handelt es sich nicht primär und begrenzt um ökonomische und ökologische Fragen. Deren Beantwortung ist vielmehr Mittel zum Zweck. Dieser Zweck wird allein in einer Ethik der Langzeitverantwortung konkret.

4.

Wissenschaft ist von Anfang an – nicht erst mit dem problematischen Einfall, sie unter der Bezeichnung „transformative Wissenschaft" und unter Beschwörung eines neuen Gesellschaftsvertrags programmatisch auf Nachhaltigkeitsziele festzulegen[15] – mit dem Werden der modernen Welt, aber auch mit ihren sich in ihren Aneignungsstrukturen zeigenden Schattenseiten verbunden. In dem Maße, in dem sich diese Welt in wesentlichen Teilen als das Werk des wissenschaftlichen (und technischen) Verstandes erweist, wird auch dieser in den Diskurs um eine verantwortete Gegenwart und eine bewohnbare Zukunft hineingezogen. Wie es unsere Welt nicht gäbe, wenn Wissenschaft (und Technik) nicht ihre ganze weltbildende Kraft entfaltet hätte, so wird es auch mit einer zukünftigen Welt sein, vorausgesetzt, dass das Band zwischen Wissen, hier dem wissenschaftlichen (und technischen) Wissen, und einem verantworteten Handeln unter einer Zukunftsperspektive nicht reißt.

15 Vgl. *U. Schneidewind/M. Singer-Brodowski*, Transformative Wissenschaft. Klimawandel im deutschen Wissenschafts- und Hochschulsystem, Marburg (Metropolis Verlag) 2013.

Wissenschaft, die bewusst Aufgaben der Verantwortung und entsprechende Verpflichtungen übernimmt, tritt unter eine *moralische Form*, wird zum moralischen Subjekt. Das scheint mit einem Prinzip zu kollidieren, das in der Wissenschaft bzw. bezogen auf die Wissenschaft als Prinzip der Wertfreiheit bezeichnet wird und seit dem Soziologen Max Weber als konstitutives Prinzip wissenschaftlicher Arbeit überhaupt gilt. Nach Weber sind normative Fundierungsbemühungen in der wissenschaftlichen Theoriebildung unvermeidbar ideologisch, zugleich ist Wissenschaftlichkeit ohne Rekurs auf normative Teile definierbar.[16] Wissenschaft im Sinne dieses Prinzips wäre, frei von normativen Einschränkungen, allein auf die Feststellung von Tatsachen verpflichtet. Das schließt vermeintlich auch moralische Aspekte, wie sie mit dem Begriff der Verantwortung gegeben sind, aus.

Nun sind Freiheit und Verantwortung schwierige Begriffe, nicht nur in einem Wissenschafts- und Forschungskontext.[17] So gehört der Begriff der Verantwortung nach Auffassung mancher Wissenschaftler zum Vokabular der Unfreiheit. Er trübt den wissenschaftlichen Blick und lenkt ihn in eine falsche Richtung. Doch das ist ein Irrtum. Recht verstandene Freiheit ist immer verantwortete Freiheit, im anderen Falle Willkür. Wo immer der Anspruch auf Wissenschafts- und Forschungsfreiheit erhoben wird, muss dieser sich auf Verantwortungsstrukturen beziehen lassen. Aus zwei Gründen: Wissenschaft trägt erstens (und unbestritten) Verantwortung gegenüber sich selbst, nämlich Verantwortung für die Einhaltung wissenschaftlicher Standards. Zu diesen Standards gehören auch Normen wie Nachprüfbarkeit, Reproduzierbarkeit und Glaubwürdigkeit. Diese Normen aber sind nicht nur methodologischer Art, sie sind auch ethischer Art. Wissenschaft trägt zweitens Verantwortung gegenüber der Gesellschaft, und dies wiederum aus zwei Gründen: wegen der wesentlichen Unkontrollierbarkeit des wissenschaftlichen Verstandes durch den nicht-wissenschaftlichen Verstand und wegen der Abhängigkeit der modernen Gesellschaft von diesem Verstand. Mit Blick auf das über Langzeitverantwortung Gesagte ist dies zugleich eine Verantwortung und eine Verpflichtung auch gegenüber zukünftigen Generationen, d.h. gegenüber der Menschheit insgesamt.

---

16 Vgl. *M. Weber*, Wissenschaft als Beruf (1919), in: M. Weber, Gesammelte Aufsätze zur Wissenschaftslehre (Ed. J. Winckelmann), 3. Aufl. Tübingen (J. C. B. Mohr [Paul Siebeck]) 1968, 582-613, 601-602.

17 Vgl. *J. Mittelstraß*, The Moral Substance of Science, in: The Cultural Values of Science, Vatican City (The Pontifical Academy of Sciences) 2003 (Pontificiae Academiae Scientiarum Scripta Varia 105), 179-187.

Diese Verantwortung gilt sowohl in institutioneller als auch in individueller Hinsicht. In institutioneller Hinsicht, insofern eine Langzeitverantwortung von der Wissenschaft und ihren Institutionen insgesamt zu tragen ist, in individueller Hinsicht, insofern sie den einzelnen Wissenschaftler und dessen Wirken im System Wissenschaft betrifft. Hier geht es um das *Ethos* der Wissenschaft und des Wissenschaftlers und eben damit um die moralische Form der Wissenschaft. Unter einem Ethos ist die lebendige Form zu verstehen, in der sich eine Institution, hier die Wissenschaft, und der Einzelne, hier der Wissenschaftler, gegenüber normativen Verhältnissen, hier Normen der Verantwortung und entsprechenden Verpflichtungen, verhält. Das lässt sich im wohlverstandenen Sinne einer Langzeitverantwortung, an die Adresse der Wissenschaft gerichtet, auch in Form eines *Forschungsimperativs* formulieren[18]: *Lass dich leiten von der Lust auf das Neue und dem Willen zu erkennen, was die Welt im Innersten zusammenhält, aber achte darauf, dass es kein minderes Ziel ist, die Welt mit dem, was du forschend und entwickelnd tust, zusammenzuhalten!* Und das – keine Begrenzung des wissenschaftlichen Denkens und Handelns auf Nachhaltigkeitsziele, sondern ihre genauere Bestimmung in epistemischer und institutioneller Hinsicht – gilt nicht nur für die Welt von heute, sondern auch für die Welt von morgen.

18 *J. Mittelstraß*, Fröhliche Wissenschaft? Philosophische Grenzgänge zwischen Wissenschaft und Gesellschaft, Weilerswist (Velbrück Wissenschaft) 2021, 66-84 (Wahrheit und Wahrhaftigkeit in der Wissenschaft), 75-76.

ESG-Compliance und Greenwashing-Prevention

Marc Ruttloff

A. Einleitung

„Klimaneutral", „umweltfreundlich", „grün" – diese und ähnliche Aussagen finden sich immer häufiger in der Produktbewerbung und in den Nachhaltigkeitsberichten von Unternehmen.

Grund dafür ist zum einen das gestiegene Nachhaltigkeits- und Umweltbewusstsein in der Bevölkerung. Branchenübergreifend bemühen sich Unternehmen als „ESG-konform" wahrgenommen zu werden, um dem gesellschaftlichen Druck und den Erwartungen der verschiedenen Stakeholder gerecht zu werden. „ESG" wird dabei als Überbegriff für alle Themenfelder verwendet, die unter die Begriffe „*Environment*", „*Social*" und „*Governance*" fallen.

Das gesellschaftliche Bewusstsein ist aber nicht allein ausschlaggebend. Unternehmen sehen sich im ESG-Bereich mit einer zunehmenden Fülle gesetzlicher Berichts- und Transparenzanforderungen konfrontiert. Sowohl auf europäischer als auch auf nationaler Ebene werden sie vermehrt dazu verpflichtet, Angaben in Bezug auf die ESG-Konformität ihrer Produkte, ihrer Lieferketten oder ihrer Unternehmensführung zu machen.

Parallel zu den steigenden Transparenzanforderungen wächst auch die Anzahl der Greenwashing-Vorwürfe. Unter „Greenwashing" versteht man jedwede vorteilhafte, aber unrichtige oder unvollständige Außendarstellung eines Unternehmens im Hinblick auf Themen, die in den ESG-Bereich fallen.[1] Gegenstand von Greenwashing-Vorwürfen kann also grundsätzlich jede Angabe eines Unternehmens sein, die im Hinblick auf ESG getroffen wird. Derzeit richten sich die Vorwürfe allerdings überwiegend gegen umweltbezogene Aussagen. Bereits der Vorwurf des Greenwashing an sich kann für ein Unternehmen einen erheblichen Reputationsschaden bedeu-

---

1 *F. Zeidler/A. Dürr*, Greenwashing – Haftungsfallen und ihre Vermeidung, CCZ 2022, 377 (377); *B. Schwarz/A. Schieffer*, Greenwashing – Ermittlung von Greenwashing-Vorwürfen, CCZ 2022, 345 (345).

ten. Zudem drohen zivilrechtliche Haftungs-, sowie Sanktions- und Bußgeldrisiken.

Prozessual werden die Greenwashing-Vorwürfe meist als zivilrechtliche (Kollektiv-)Klagen, oder in Form eines lauterkeitsrechtlichen oder sogar strafrechtlichen Verfahrens verfolgt. Materielle Anknüpfungspunkte für Greenwashing-Vorwürfe finden sich in verschiedenen Rechtsgebieten. Der vorliegende Beitrag richtet den Fokus auf öffentlich-rechtliche und regulatorische Vorgaben. Besonders relevant sind dabei Angaben, die Unternehmen aufgrund gesetzlicher Berichtspflichten und Transparenzanforderungen machen. Aber auch die Darstellung der Klimabilanz einzelner Produkte und ihrer umweltgerechten Gestaltung können Ausgangspunkt für Greenwashing-Vorwürfe sein.

Zunächst soll der regulatorische Rahmen überblicksartig dargestellt werden, um anschließend Ansatzpunkte zur Risikominimierung durch ESG-Compliance herauszuarbeiten. Abschließend gibt der Beitrag einen Ausblick auf die in naher Zukunft zu erwartenden Entwicklungen.

B. Regulatorischer Rahmen

Regulatorische Transparenz- und Berichterstattungspflichten existieren sowohl auf europäischer als auch auf nationaler Ebene. Sie können sich auf das Unternehmen selbst, dessen Produkte und Dienstleistungen oder auch auf dessen Lieferketten beziehen. Im Folgenden werden die wichtigsten dieser Pflichten, die aktuell und in naher Zukunft zu beachten sind, überblicksartig dargestellt.

I. Lieferkettensorgfaltspflichtengesetz

Auf nationaler Ebene ist die wohl bedeutendste Regelung für Berichterstattungspflichten im ESG-Bereich das Lieferkettensorgfaltspflichtengesetz (LkSG).[2] Mit diesem am 1. Januar 2023 in Kraft getretenen Gesetz reagiert der deutsche Gesetzgeber auf die Globalisierung der Lieferketten und setzt die Leitprinzipien für Wirtschaft und Menschenrechte der Vereinten Na-

2 Gesetz über die unternehmerischen Sorgfaltspflichten zur Vermeidung von Menschenrechtsverletzungen in Lieferketten.

tionen um.[3] Ziel des LkSG ist es unter anderem, rechtlich verbindliche Sorgfaltsstandards zu schaffen, die international anschlussfähig sind.[4] Vom Anwendungsbereich des LkSG sind gemäß § 1 I LkSG alle Unternehmen – unabhängig von ihrer Rechtsform – mit in der Regel mehr als 3.000 Arbeitnehmern im Inland und einer Hauptverwaltung, Haupt- oder Zweigniederlassung oder einem Sitz im Inland erfasst. Ab dem 1. Januar 2024 sinkt diese Schwelle auf 1.000 Arbeitnehmer.[5]

1. Berichtspflicht gemäß § 10 II LkSG

Neben anderen Pflichten enthält das LkSG insbesondere auch Dokumentations- und Berichterstattungspflichten. Hervorzuheben ist die Pflicht zur Veröffentlichung eines Jahresberichts über die Erfüllung der unternehmerischen Sorgfaltspflichten gemäß § 10 LkSG. Diese Sorgfaltspflichten adressieren sowohl umwelt- als auch menschenrechtliche Risiken. Das Besondere an der Berichtspflicht ist, dass sie über den eigenen Geschäftsbereich des Unternehmens hinaus auch die Geschäftsbereiche der unmittelbaren Zulieferer umfasst (§ 5 I 1 LkSG). Die inhaltlichen Mindestanforderungen für den Jahresbericht werden in § 10 II LkSG konkretisiert. Als Orientierungshilfe für Unternehmen dienen außerdem diverse Veröffentlichungen des Bundesamts für Wirtschaft und Ausfuhrkontrolle (BAFA), beispielsweise der „Elektronische Berichtsfragebogen".[6] Diese Veröffentlichungen sind zwar nicht rechtsverbindlich, dürften aber für die zukünftige Behördenpraxis des BAFA im Sinne einer antizipierten Verwaltungspraxis eine maßgebliche Rolle spielen. Sollte ein Unternehmen im Rahmen seiner Risikoanalyse keine menschenrechtlichen oder umweltbezogenen Risiken bzw. keine Verletzungen von menschenrechtlichen oder umweltbezogenen Pflichten festgestellt haben, so reicht die plausible Darstellung der Risikoanalyse sowie deren Ergebnis aus („*Comply or Explain*-Mechanismus", § 10 III LkSG).[7]

---

3 BT-Drucks. 19/28649, S. 1.

4 BT-Drucks. 19/28649, S. 2.

5 *E. Wagner/M. Ruttloff*, Das Lieferkettensorgfaltspflichtengesetz – Eine erste Einordnung, NJW 2021, 2145 (2145).

6 Elektronischer Berichtsfragebogen; abrufbar unter: https://www.bafa.de/DE/Lieferketten/Berichtspflicht/berichtspflicht_node.html (zuletzt abgerufen am 02.07.2023).

7 *E. Wagner/S. Wagner* in: E. Wagner/M. Ruttloff/S. Wagner (Hrsg.), Das Lieferkettensorgfaltspflichtengesetz in der Unternehmenspraxis, München 2022, § 4 Rn. 720.

Der Jahresbericht muss vier Monate nach dem Schluss eines Geschäftsjahres auf der Internetseite des Unternehmens veröffentlicht werden und dort für einen Zeitraum von sieben Jahren abrufbar sein. Die Veröffentlichung auf der Internetseite dient dem Zweck, durch das Informationsinteresse der Zivilgesellschaft eine weitere Kontrollinstanz zu schaffen.[8] Zusätzlich müssen die Unternehmen den Bericht auch beim BAFA einreichen.[9] Dies schafft eine informationelle Grundlage für die behördliche Kontrolle.[10]

Kommt ein Unternehmen den Pflichten aus § 10 II, III LkSG nicht nach, kann das BAFA verlangen, dass der Bericht innerhalb einer angemessenen Frist nachgebessert wird.[11] Darüber hinaus drohen Sanktionen in Form von Bußgeldern, die bis zu 100.000 Euro betragen können.[12] Möglich ist außerdem, dass das Unternehmen von der Vergabe öffentlicher Aufträge ausgeschlossen wird.[13]

2. Berichtspflicht gemäß Art. 11 der EU-Lieferkettenrichtlinie

Neben den Vorgaben zur Lieferketten-Compliance auf nationaler Ebene gibt es in diesem Bereich auch auf europäischer Ebene neue Bestrebungen. Am 23. Februar 2022 hat die Europäische Kommission (EU-Kommission) einen Vorschlag für eine Richtlinie über die Sorgfaltspflichten von Unternehmen im Hinblick auf Nachhaltigkeit[14] (EU-Lieferkettenrichtlinie) veröffentlicht.[15]

Art. 11 der EU-Lieferkettenrichtlinie enthält eine Berichtspflicht für Unternehmen, die nicht bereits den Berichtspflichten nach der Richtlinie

---

8 *E. Wagner/M. Ruttloff*, Das Lieferkettensorgfaltspflichtengesetz – Eine erste Einordnung, NJW 2021, 2145 (2147).

9 *E. Wagner/M. Ruttloff*, Das Lieferkettensorgfaltspflichtengesetz – Eine erste Einordnung, NJW 2021, 2145 (2147).

10 BT-Drs. 19/28649, S. 52; *E. Wagner/S. Wagner* in: E. Wagner/M. Ruttloff/S. Wagner (Hrsg.), Das Lieferkettensorgfaltspflichtengesetz in der Unternehmenspraxis, München 2022, § 4 Rn. 716.

11 § 13 II LkSG.

12 § 24 I Nr. 9 bis 12, II Nr. 3 LkSG.

13 § 22 I LkSG.

14 Vorschlag für eine Richtlinie des Europäischen Parlaments und des Rates über die Sorgfaltspflichten von Unternehmen im Hinblick auf Nachhaltigkeit und zur Änderung der Richtlinie (EU) 2019/1937, COM (2022) 71 final.

15 Dazu ausführlich: *M. Ruttloff/V. Rothenburg/M. Hahn*, Der Richtlinienvorschlag zu unternehmerischen Sorgfaltspflichten im Bereich der Nachhaltigkeit – Auswirkungen auf die Corporate Governance, DB 2022, 1116.

zur Nachhaltigkeitsberichterstattung von Unternehmen (Richtlinie (EU) 2022/2464) unterliegen. Ziel der an die Unternehmensleitung gerichteten Berichtspflicht ist es, dass die Öffentlichkeit regelmäßig über die Einhaltung der unternehmerischen Sorgfaltspflichten informiert wird. Der Bericht soll nach derzeitigem Entwurfsstand Angaben zur Erfüllung der Sorgfaltspflichten, zu potenziellen und tatsächlichen negativen Auswirkungen in der Lieferkette und zu den ergriffenen Gegenmaßnahmen enthalten.[16] Die EU-Kommission wird gemäß Art. 28 der EU-Lieferkettenrichtlinie ermächtigt, die Vorgaben zum Inhalt der Erklärung durch delegierte Rechtsakte zu konkretisieren.[17] Unternehmen werden diese Erklärung jährlich bis zum 30. April auf ihrer Website in einer in der internationalen Wirtschaftswelt gebräuchlichen Sprache veröffentlichen müssen. Hervorzuheben ist, dass die EU-Lieferkettenrichtlinie im Gegensatz zum LkSG auch die Einführung zivilrechtlicher Haftungstatbestände vorsieht.[18]

3. Ausblick

Sowohl aufgrund des LkSG als auch der EU-Lieferkettenrichtlinie werden Unternehmen zukünftig vermehrt Angaben zu den umwelt- und menschenrechtlichen Risiken in ihren Lieferketten machen müssen. Diese Angaben sollen öffentlich zugänglich gemacht werden, um die Öffentlichkeit als weitere Kontrollinstanz einzubinden. Es ist daher davon auszugehen, dass unrichtige oder unvollständige Angaben im Rahmen der Transparenzpflichten als Anknüpfungspunkt für Greenwashing-Vorwürfe genutzt werden. Zudem könnte sich durch die zunehmende Einbeziehung menschenrechtlicher Aspekte in die Berichtspflichten der Fokus der Greenwashing-Vorwürfe ändern und sich in Zukunft vermehrt auch auf soziale Aspekte richten. Einen Anknüpfungspunkt dafür bietet beispielsweise die Pflicht zur Veröffentlichung des Menschenrechtsberichts auf der Internetseite des Unternehmens gemäß § 10 II LkSG. Auch diese Verpflichtung zielt gerade darauf ab, eine öffentliche Kontrolle zu ermöglichen.[19]

---

16 Art. 11 II der EU-Lieferkettenrichtlinie.

17 *M. Ruttloff/V. Rothenburg/M. Hahn*, Der Richtlinienvorschlag zu unternehmerischen Sorgfaltspflichten im Bereich der Nachhaltigkeit – Auswirkungen auf die Corporate Governance, DB 2022, 1116 (1120).

18 Art. 22 der EU-Lieferkettenrichtlinie.

19 *E. Wagner/M. Ruttloff*, Das Lieferkettensorgfaltspflichtengesetz – Eine erste Einordnung, NJW 2021, 2145 (2147).

II. EU-Batterieverordnung

Auf europäischer Ebene existieren, insbesondere zur Erreichung der Ziele des „EU-Green Deal“[20] und des „Aktionsplans für die Kreislaufwirtschaft“,[21] mehrere Vorschläge für neue regulatorische Vorgaben im ESG-Bereich. Einer davon ist die neue Batterie-Verordnung[22] (Batterie-VO). Dieser Batterie-VO soll den bestehenden EU-Rechtsrahmen für Batterien modernisieren und die bisherige EU-Batterierichtlinie[23] ablösen. Dabei verfolgt der Batterie-VO insbesondere drei Ziele: Der Binnenmarkt soll durch ein gemeinsames Regelwerk gestärkt, die Kreislaufwirtschaft gefördert und die ökologischen und sozialen Auswirkungen in allen Phasen des Lebenszyklus von Batterien verringert werden.[24]

1. Anwendungsbereich

Der *sachliche Anwendungsbereich* der Batterie-VO soll – wie im bisherigen Batterierecht – grundsätzlich alle Arten von Batterien und Akkus erfassen.[25] Für die Zwecke der Batterie-VO wird eine Batterie definiert als eine *„aus einer oder mehreren nicht wiederaufladbaren oder wiederaufladbaren Batteriezellen oder aus Gruppen solcher Batteriezellen bestehende Quelle elektrischer Energie, die durch unmittelbare Umwandlung chemischer Energie gewonnen wird“*.[26] Vom Anwendungsbereich der Batterie-VO ausgenommen sind lediglich Batterien in der militärischen Verwendung sowie Batterien

---

20 EU-Kommission, Mitteilung der Kommission an das Europäische Parlament, den Europäischen Rat, den Rat, den Europäischen Wirtschafts- und Sozialausschuss und den Ausschuss der Regionen, Der europäische Green Deal, 11.12.2019 COM (2019) 640 final (bei Fertigstellung des Manuskripts bereits verabschiedet, aber noch nicht verkündet).

21 EU-Kommission, Mitteilung der Kommission an das Europäische Parlament, den Europäischen Rat, den Rat, den Europäischen Wirtschafts- und Sozialausschuss und den Ausschuss der Regionen, Ein neuer Aktionsplan für die Kreislaufwirtschaft für ein sauberes und wettbewerbsfähiges Europa, 11.3.2020 COM (2020) 98 final.

22 Vorschlag für eine Verordnung des Europäischen Parlaments und des Rates über Batterien und Altbatterien, zur Aufhebung der Richtlinie 2006/66/EG und zur Änderung der Verordnung (EU) 2019/1020, COM (2020) 798 final.

23 Richtlinie 2006/66/EG des Europäischen Parlaments und des Rates vom 6.9.2006 über Batterien und Akkumulatoren sowie Altbatterien und Altakkumulatoren und zur Aufhebung der Richtlinie 91/157/EWG.

24 Begründung zur Batterie-VO, S. 3.

25 Vgl. Art. 2 der Richtlinie 2006/66/EG.

26 Art. 2 Nr. 1 der Batterie-VO.

für die Verwendung im Weltraum.[27] Im Rahmen der einzelnen Verpflichtungen unterscheidet die Batterie-VO sodann zwischen Gerätebatterien, Starterbatterien und Industriebatterien.

In *persönlicher Hinsicht* richtet sich die Batterie-VO an die verschiedenen Wirtschaftsakteure, die am Lebenszyklus einer Batterie beteiligt sind. Dies umfasst die Erzeuger der Batterien und deren Bevollmächtigte sowie die Einführer, Händler und sogenannte Fulfilment-Dienstleister.[28] Je nach ihrer Position und Funktion treffen die Wirtschaftsakteure unterschiedliche Pflichten.

2. Transparenz- und Dokumentationspflichten

Die Batterie-VO sieht eine Reihe neuer Pflichten für die Wirtschaftsakteure vor. Im Zusammenhang mit Greenwashing-Vorwürfen hervorzuheben sind insbesondere die Lieferkettensorgfaltspflichten[29] und die Pflicht zur CO_2-Fußabdruckskennzeichnung.[30]

Im Bereich der Lieferketten-Compliance normiert die Batterie-VO umfassende Sorgfaltspflichten und Mindeststandards. Alle Wirtschaftsakteure, die wiederaufladbare Industriebatterien oder Batterien für Elektrofahrzeuge mit einer Kapazität von mehr als 2 kWh in den Verkehr bringen, werden verpflichtet, Sorgfaltspflichten in den Lieferketten nachzukommen und dies auch nachzuweisen.[31] Diese Sorgfaltspflichten beziehen sich beispielsweise auf die Ächtung von Zwangs- und Kinderarbeit, Gewässerschutz, Verbannung von gefährlichen Stoffen aus den Lieferketten sowie auf Arbeitsschutz- und Menschenrechte.[32]

Um die Erfüllung dieser Sorgfaltspflichten nachzuweisen, werden Unternehmen unter anderem dazu verpflichtet, einen Jahresbericht zu veröffentlichen.[33] In diesem Bericht muss dargestellt werden, welche Schritte zur Erfüllung der Sorgfaltspflichten unternommen wurden, welche negativen Auswirkungen in den Lieferketten festgestellt werden konnten und wie auf diese reagiert wurde. Die Batterie-VO geht dabei insofern weiter als die be-

27 Art. 1 III der Batterie-VO.
28 Siehe Art. 3 Nr. 11 der VO (EU) 2019/1020.
29 Art. 39 der Batterie-VO.
30 Art. 7 der Batterie-VO.
31 Art. 39 I der Batterie-VO.
32 *M. Ruttloff*, Die neue europäische Batterieverordnung – Role Model für nachhaltige Produktregulierung, GewArch 2023, 89.
33 Art. 39 VI der Batterie-VO.

stehenden Regelungskonzepte des LkSG und der EU-Lieferkettenrichtlinie, als sämtliche Unternehmen dieser Pflicht unterworfen werden – unabhängig von umsatz- oder mitarbeiterbezogenen Schwellenwerten.

Als weitere zentrale Neuerung sieht die Batterie-VO vor, dass der CO_2-Fußabdruck von Batterien ermittelt und dokumentiert werden muss[34]: Künftig müssen Traktionsbatterien und wiederaufladbaren Industriebatterien mit internem Speicher mit einer Kapazität von mehr als 2 kW technische Unterlagen beiliegen, die zu jedem Batteriemodell und jeder Batteriecharge pro Erzeugerbetrieb eine Erklärung zum CO_2-Fußabdruck enthalten. Aus dieser Erklärung muss zum einen der gesamte CO_2-Fußabdruck der Batterie hervorgehen, zudem muss der CO_2-Fußabdruck auch aufgeschlüsselt nach den Lebenszyklusabschnitten der jeweiligen Batterie dargestellt werden. Aus den technischen Unterlagen muss außerdem hervorgehen, dass die ab Januar 2027 geltenden CO_2-Höchstwerte nicht überschritten werden.

Die Batterie-VO liefert somit verschiedene Anknüpfungspunkte, um Greenwashing-Vorwürfen entgegenzutreten: Berichterstattungspflichten zur Lieferkette und Vorgaben zur Darstellung des CO_2-Fußabdrucks der Batterien.

3. Ausblick

Die Batterie-VO wurde nun in 2023 in Kraft gesetzt. Die einzelnen Pflichten werden gestaffelt nach Stichtagen wirksam werden. Unternehmen müssen sich also darauf einstellen, die neuen Vorgaben zeitnah in die eigene Lieferketten-Compliance zu implementieren.

III. Ökodesign-VO-E

Ebenfalls auf Grundlage des EU-Green Deal und des Aktionsplans für die Kreislaufwirtschaft hat die EU-Kommission am 30. März 2020 den Entwurf für eine neue Ökodesign-Verordnung[35] (Ökodesign-VO-E) vor-

34 Art. 7 der Batterie-VO.

35 Vorschlag für eine Verordnung des Europäischen Parlaments und des Rates zur Schaffung eines Rahmens für die Festlegung von Ökodesign-Anforderungen für nachhaltige Produkte und zur Aufhebung der Richtlinie 2009/125/EG, COM (2022) 142 final.

gelegt. Diese soll die bisherige Ökodesign-Richtlinie[36] ersetzen. Ziel des Ökodesign-VO-E ist es, nachhaltige Produkte zur europäischen Norm zu machen und das Abfallaufkommen zu verringern. Nahezu alle physischen Produkte sollen durch Ökodesign-Anforderungen so angepasst werden, dass sie den Erfordernissen einer klimaneutralen und ressourceneffizienten Kreislaufwirtschaft entsprechen.[37]

1. Anwendungsbereich

Vom sachlichen Anwendungsbereich des Ökodesign-VO-E werden grundsätzlich alle physischen Waren erfasst, inklusive Bauteile und Zwischenprodukte.[38] Nicht erfasst werden sollen jedoch Lebens- und Futtermittel sowie Arzneimittel.[39]

In persönlicher Hinsicht adressieren die Pflichten die verschiedenen Akteure in der Lieferkette – Hersteller, Importeure, Vertreiber und Händler der jeweiligen Produkte.[40] An den Hersteller gerichtete Verpflichtungen können auch von einem beauftragten Bevollmächtigten übernommen werden.[41] Pflichten können außerdem Online-Marktplätze betreffen.[42]

2. Informations- und Transparenzpflichten

Zentrales Ziel des Ökodesign-VO-E ist es, durch Ökodesign-Anforderungen eine *nachhaltige Produktgestaltung* sicherzustellen. Die Ökodesign-Anforderungen werden dafür in Leistungs- und Informationsanforderungen unterteilt.[43] Ziel der jeweiligen Ökodesign-Anforderungen ist es, die in Art. 5 I des Ökodesign-VO-E genannten Produktaspekte zu verbessern,

---

36 Richtlinie 2009/125/EG des Europäischen Parlaments und des Rates vom 21.10.2009 zur Schaffung eines Rahmens für die Festlegung von Anforderungen an die umweltgerechte Gestaltung energieverbrauchsrelevanter Produkte.

37 Begründung zum Ökodesign-VO-E, S.4.

38 Art. 1 I, II des Ökodesign-VO-E.

39 Art. 1 II des Ökodesign-VO-E.

40 Art. 2 Nr. 42, Art. 21 des Ökodesign-VO-E (Hersteller); Art. 2 Nr. 44, Art. 23 des Ökodesign-VO-E (Importeur); Art. 2 Nr. 45, Art. 24 des Ökodesign-VO-E (Vertreiber); Art. 2 Nr. 56, Art. 25 des Ökodesign-VO-E (Händler).

41 Art. 2 Nr. 43, Art. 22 des Ökodesign-VO-E.

42 ErwG Ziff. 59 des Ökodesign-VO-E.

43 Art. 2 Nr. 7 des Ökodesign-VO-E; Art. 5 III des Ökodesign-VO-E; Becker StoffR 2022, 177 (180).

beispielsweise die Umweltauswirkungen, den CO_2-Fußabdruck sowie die Möglichkeit des Recyclings.[44] Die Ökodesign-Anforderungen werden allerdings nicht direkt durch den Ökodesign-VO-E festgelegt, sondern produktgruppenbezogen durch delegierte Rechtsakte der EU-Kommission.[45] Für Greenwashing-Vorwürfe werden insbesondere die Informationsanforderungen relevant werden. Mit diesen können Unternehmen beispielsweise dazu verpflichtet werden, Informationen zu den Umweltauswirkungen ihrer Produkte bereitzustellen.[46] Zudem sieht der Ökodesign-VO-E die Einführung eines digitalen Produktpasses vor.[47] Dieser soll ermöglichen, dass produktbezogene Informationen für Unternehmen, Behörden und Verbraucher frei zugänglich sind.[48] Welche Informationen auf dem jeweiligen Produktpass gespeichert sein müssen und wer darauf Zugriff hat, wird die EU-Kommission produktgruppenbezogen in den delegierten Rechtsakten festlegen.[49]

Neben den Ökodesign-Anforderungen enthält der Ökodesign-VO-E aber auch Regelungen bezüglich der *Vernichtung unverkaufter Verbraucherprodukte*.[50] Verbraucherprodukte gelten dann als „unverkauft", wenn sie entweder nicht verkauft wurden oder von einem Verbraucher im Rahmen seines Widerrufsrechts gemäß Art. 9 der Richtlinie 2011/83/EU zurückgegeben wurden.[51] Durch die Vernichtung dieser Produkte entstehen Umweltprobleme. Diese Probleme will die EU-Kommission durch ein zweistufiges Konzept, ähnlich der deutschen „Obhutspflicht" des § 23 I 3 KrWG (Transparenzgebot und Vernichtungsverbot), lösen.[52] Für Greenwashing-Vorwürfe interessant sind insbesondere die Offenlegungspflichten gemäß Art. 20 I des Ökodesign-VO-E. Wirtschaftsteilnehmer, die unverkaufte Verbraucherprodukte unmittelbar oder im Auftrag eines anderen Wirtschaftsteilnehmers entsorgen, müssen u.a. die Anzahl der jährlich entsorgten Pro-

44 ErwG Ziff. 14 des Ökodesign-VO-E.
45 Art. 4 I, Art. 66 des Ökodesign-VO-E.
46 Vgl. Art. 5 I lit. m) des Ökodesign-VO-E.
47 ErwG Ziff. 26ff. des Ökodesign-VO-E.
48 Art. 10 lit. b) des Ökodesign-VO-E; Bellinghausen/Bauwens DB 2022 Beil. 2, 16 (16).
49 Art. 5 I, II des Ökodesign-VO-E.
50 Art. 20 des Ökodesign-VO-E; ErwG Ziff. 48 des Ökodesign-VO-E.
51 Art. 2 Nr. 37 des Ökodesign-VO-E.
52 *F. Petersen/M. Massow*, Die EU-Ökodesign-Verordnung und das „Warenvernichtungsverbot", ZUR 2023, 67 (69).

dukte sowie die Gründe für deren Entsorgung angeben.[53] Diese Informationen sind auf einer frei zugänglichen Website oder anderweitig öffentlich zugänglich zu machen.[54]

Auf Grundlage des Ökodesign-VO-E können Unternehmen somit Adressat verschiedenster Transparenzpflichten werden.

3. Ausblick

Der neue Ökodesign-VO-E wird voraussichtlich 2024 in Kraft treten.[55] Ab diesem Zeitpunkt wird die EU-Kommission, gemäß ihren Arbeitsplänen, delegierte Rechtsakte erlassen, um Ökodesign-Anforderungen für die einzelnen Produktgruppen festzulegen. Unternehmen werden dann dazu verpflichtet sein, Aussagen zur Konformität ihrer Produkte mit den Ökodesign-Anforderungen zu treffen. Die Gefahr von Greenwashing-Vorwürfen kann entstehen, wenn die Produkte die Anforderungen entgegen der Unternehmensangaben nicht erfüllen. Die damit verbundenen Haftungsrisiken sind gewollt: Die EU-Kommission weist beispielsweise darauf hin, dass auch die Möglichkeit von Klagen nach der Verbandsklagerichtlinie zur Realisierung einer effektiven Kreislaufwirtschaft beitragen kann.[56]

IV. Kompensation durch Zertifikate

Neben Transparenz- und Berichterstattungspflichten können auch Angaben zur Kompensation des CO_2-Fußabdrucks durch Zertifikate Anknüpfungspunkt für Greenwashing-Vorwürfe sein. Unternehmen greifen vermehrt auf die Möglichkeit zurück, den CO_2-Fußabdruck ihrer Produkte mit dem Erwerb von Zertifikaten zu kompensieren. Dies dient unter anderem der positiven Produktbewerbung mit dem Verweis auf eine gute CO_2-Bilanz. Allerdings existieren aktuell weder rechtsverbindliche Standards

53 Art. 20 I Uabs. 1 des Ökodesign-VO-E; *A. Luedtke*, Verordnungsvorschlag der EU-Kommission für eine Ökodesign-Verordnung für nachhaltige Produkte, DB 2022, 1691 (1693).

54 Art. 20 I Uabs. 2 des Ökodesign-VO-E.

55 Ökodesign-VO-E, S. 117; Joint Declaration 2023–24, abrufbar unter: https://oeil.secure.europarl.europa.eu/oeil/popups/thematicnote.do?id=41380&l=en (zuletzt abgerufen am: 05.05.2023).

56 Vgl. EU-Kommission, Pressemitteilung, Kreislaufwirtschaft: Kommission schlägt neue Verbraucherrechte vor und will Greenwashing verbieten.

für die Ermittlung des CO_2-Fußabdrucks noch für die Kompensation der verbleibenden klimawirksamen Emissionen. Daher bietet die Darstellung der Klimabilanz eines Produkts eine potenzielle Angriffsfläche für Greenwashing-Vorwürfe.

Dieses Risiko können Unternehmen reduzieren, indem sie eine möglichst anerkannte und valide Methodik zur Ermittlung des CO_2-Fußabdrucks und der Kompensation der Emissionen eines Produktes verwenden. Insbesondere bei der Verwendung des Begriffs „*klimaneutral*" ist aber Vorsicht geboten. Es ist nicht auszuschließen, dass dieser Begriff lediglich für Produkte verwendet werden sollte, die bereits ohne Kompensation einen CO_2-Fußabdruck von null aufweisen.[57]

1. Ermittlung des CO2-Fußabdrucks

Ausgangspunkt für die Darstellung der Klimabilanz eines Produkts ist zunächst, dessen tatsächlichen CO_2-Fußabdruck möglichst genau zu ermitteln. Der CO_2-Fußabdruck umfasst die verursachten Gesamtemissionen von Treibhausgasen eines Produkts während seines gesamten Lebenszyklus.[58] Mangels rechtlich verbindlicher Vorgaben zur Ermittlung des CO_2-Fußabdrucks sollten Unternehmen auf solche Ermittlungsmethoden zurückgreifen, die eine möglichst weitreichende Anerkennung durch öffentliche oder sonstige offizielle Stellen erfahren haben. Vorzugswürdig erscheint es, die Empfehlung der Europäischen Union 2021/2279 zur Berechnung des ökologischen Fußabdrucks zu verwenden. Diese bezieht sich zwar auf den weiter gefassten *ökologischen* Fußabdruck, weist aber die im Vergleich wohl höchste Validität auf. International anerkannt sind ferner die Standards nach ISO DIN EN 14067 sowie der Greenhouse Gas Product Standard.[59] Zusätzliche Validität schafft die Überprüfung durch einen akkreditierten Drittanbieter.

2. Einbeziehung von Kompensationen

Ausgehend von dem so errechneten CO_2-Fußabdruck können in einem zweiten Schritt Kompensationen durch den Erwerb von Zertifikaten in die

57 Mit Verweisen auf die unterschiedliche Rechtsprechung: *F. Klein/F. Mauritz*, Grün oder nur gewaschen? Greenwashing-Risiken in der Werbung, BB 2023, 323 (325).

58 Vgl. hierzu: DIN EN 14021, Kap. 7.17.2.1; DIN EN 14067, Kap. 3.1.1.2.

59 Zum Greenhouse Gas Product Standard: https://ghgprotocol.org/product-standard (zuletzt abgerufen am 13.03.2023).

Ermittlung der Klimabilanz miteinbezogen werden. Unternehmen sollten darauf achten, möglichst anerkannte und valide Zertifikate für die Kompensation zu verwenden. Zu den auf dem Markt gehandelten Zertifikaten zählen unter anderem Emissionsberechtigungen (EUA), *Certified Emission Reductions* (CER) und *Verified Emission Reductions* (VER).

2.1 ETS-Zertifikate (Emissionsberechtigungen EUA)

Emissionsberechtigungen (*European Union Allowances*, EUA) werden grundsätzlich im Rahmen des staatlich regulierten Emissionshandelssystems der Europäischen Union (*European Union Emission Trading System*, EU ETS) gehandelt. Aufgrund ihrer staatlichen Anerkennung im Rahmen des regulierten Marktes weisen EUA eine hohe Validität auf.[60]

Das EU ETS funktioniert nach dem *Cap-and-Trade*-Prinzip. Zunächst werden Obergrenzen (sogenannte *Caps*) für die Gesamtmenge bestimmter Treibhausgase festgelegt. Diese Obergrenzen müssen die im System erfassten Anlagenbetreiber und Energieerzeuger einhalten. Die Mitgliedstaaten geben dafür eine entsprechende Menge an Emissionsberechtigungen aus, die zum Ausstoß von Emissionen berechtigen. Diese können auf dem Markt frei gehandelt werden (*Trade*). Einem Anlagenbetreiber, der verpflichtend am EU ETS-Handel teilnehmen muss und nicht genügend Zertifikate für die ausgestoßenen Emissionen erworben hat, drohen empfindliche Geldbußen. Dieses System soll Anreize für Anlagenbetreiber zur Entwicklung von emissionsärmeren Technologien schaffen.[61]

Die Emissionsberechtigungen können aber auch außerhalb des staatlich regulierten Emissionshandels von Dritten erworben und für freiwillige Kompensationsbemühungen genutzt werden. Indem ETS-Zertifikate bei dem zentralen Unionsregister „stillgelegt“, das heißt, aus dem Markt genommen werden, können sie auch von „Nicht-Verpflichteten“ genutzt werden. Die Stilllegung von Emissionsberechtigungen führt dazu, dass diese den am EU ETS-System teilnehmenden Anlagenbetreibern nicht zur Einhaltung ihrer Verpflichtungen dienen können. Darin liegt der wesentliche

---

60 Vgl. Umweltbundesamt, Voluntary Offsetting: Credits and Allowances, Stand: April 2021, S. 59 ff., abrufbar unter: https://www.umweltbundesamt.de/publikationen/voluntary-offsetting-credits-allowances (zuletzt abgerufen am 13.03.2023).

61 Vgl. hierzu: https://www.umweltbundesamt.de/daten/klima/der-europaeische-emissionshandel#entwicklung-der-treibhausgas-emissionen-im-eu-ets (zuletzt abgerufen am 13.03.2023).

Grund für die hohe Validität von stillgelegten ETS-Zertifikaten: Sie setzen schon bei der Emittierung von Treibhausgasen an und bewirken diesbezüglich eine Minderung.

2.2 CER-Emissionsgutschriften (Certified Emission Reductions)

Eine weitere Kompensationsmöglichkeit stellt der Kauf von CER-Gutschriften (*Certified Emission Reductions*) dar. Diese gehen auf den im Rahmen des Kyoto-Protokolls entwickelten *Clean Development*-Mechanismus (CDM) zurück. Die Gutschriften weisen nach, dass Klimaschutzprojekte, die unter diesem *Clean Development*-Mechanismus zertifiziert worden sind, zur Minimierung von Treibhausgasen beigetragen haben.[62] Grundsätzlich bieten die CER-Gutschriften den Unterzeichnerstaaten des Kyoto-Protokolls eine Möglichkeit, zu ihren nationalen Klimaschutzzielen beizutragen.[63] Sie können aber auch durch Private erworben werden.

Die unter dem CDM-Mechanismus zertifizierten Projekte standen hinsichtlich ihrer Validität vermehrt in der medialen Kritik.[64] Sie sind aufgrund ihrer internationalen Anerkennung im Rahmen des Kyoto-Protokolls aber weiterhin als Kompensationsmöglichkeit interessant. Hinsichtlich ihrer Validität sind CER-Emissionsgutschriften daher zwischen ETS-Zertifikaten und verifizierten Emissionsgutschriften einzuordnen.[65]

2.3 VER-Gutschriften (Verified Emission Reductions)

Eine dritte Möglichkeit zur Kompensation von Emissionen ist der Erwerb sogenannter *Verified Emission Reductions* (verifizierte Emissionsminderungsgutschriften). Dabei handelt es sich um Zertifikate, die bestätigen,

62 https://unfccc.int/process-and-meetings/the-kyoto-protocol/mechanisms-under-the-kyoto-protocol/the-clean-development-mechanism (zuletzt abgerufen am 13.03.2023).

63 https://cdm.unfccc.int/about/index.html (zuletzt abgerufen am 13.03.2023).

64 Der Stern, Die UN und der dreckige Handel mit CO_2-Zertifikaten, Beitrag vom 3.2.2023, abrufbar unter: https://www.stern.de/politik/heutewichtig/co2-kompensation---wie-die-un-wertlose-zertifikate-verkauft-33162078.html (zuletzt abgerufen am 13.03.2023).

65 https://unfccc.int/process-and-meetings/the-kyoto-protocol/mechanisms-under-the-kyoto-protocol/the-clean-development-mechanism (zuletzt abgerufen am 13.03.2023).

dass ein Investor Klimaschutzprojekte gefördert und so zur Einsparung von Treibhausgasen beigetragen hat.

VER-Gutschriften können grundsätzlich von jedem privaten Unternehmen zertifiziert werden. Es existiert eine gewisse Bandbreite von am Markt angebotenen Standards, die auf unterschiedliche Kriterien abstellen (z.B. VCS-Standard, Gold Standard, Plan Vivo, Moor Futures). Die Einhaltung der Qualitätskriterien wird allerdings nicht durch eine unabhängige öffentliche Stelle überprüft (anders bei CER-Gutschriften). Auch der tatsächliche Nachweis einer Emissionsreduktion kann bei verifizierten Emissionsgutschriften problematisch sein. So ist es schwer nachzuweisen, ob und wie viel Emissionen beispielsweise durch Waldschutz- oder Aufforstungsprojekte eingespart werden. Außerdem können die Emissionsminderungsbemühungen durch natürliche Risiken (Gefahr eines Waldbrandes) zunichtegemacht werden.

Insgesamt weisen VER-Gutschriften daher eine geringere Validität als ETS-Zertifikate oder CER-Gutschriften aus. Unternehmen, die für die Kompensation auf VER-Gutschriften zurückgreifen wollen, sollten sich daher an der offiziellen Empfehlung des Umweltbundesamtes orientieren. Dieses gibt Kriterien vor, auf deren Einhaltung die unterstützten Projekte überprüft werden sollten, um den Anforderungen an die Validierung zu genügen.[66]

3. Ausblick

Es ist zu erwarten, dass die regulatorischen Vorgaben zum CO_2-Fußabdruck und zur CO_2-Kompensation in den nächsten Jahren weiterentwickelt werden. Ein Beispiel dafür sind die Vorgaben zum CO_2-Fußabdruck in dem beschriebenen Batterie-VO. Zudem hat die EU-Kommission auch eine neue Richtlinie zur Reform des ETS-Handelssystems vorgelegt, der inzwischen auch als Richtlinie (EU) 2023/959 verabschiedet wurde. Deren Ziel ist es, die Emissionsminderung durch die Förderung neuer Technologien immer weiter voranzutreiben, sodass langfristig nur noch geringfügig bis

66 Siehe dazu Empfehlung des Umweltbundesamtes: Umweltbundesamt, Freiwillige CO_2-Kompensation durch Klimaschutzprojekte, Stand: 2018, S. 21 ff. abrufbar unter: https://www.umweltbundesamt.de/publikationen/freiwillige-co2-kompensation-durch (zuletzt abgerufen am 13.03.2023).

keine Emissionen ausgestoßen werden.[67] Daher sollen mit der Reform die Obergrenzen für die Emissionen der Anlagenbetreiber schrittweise weiter gesenkt werden. Über die Verschärfung der bereits eingerichteten Marktstabilitätsreserve[68] soll dafür gesorgt werden, dass kein großer Überschuss an bestehenden Emissionszertifikaten auf dem Markt besteht. Denn ein Überschuss könnte dazu führen, dass die Anreize zur Emissionsminderung für Unternehmen nur gering sind.

C. Greenwashing-Risiken durch ESG-Compliance minimieren

Greenwashing, also die vorteilhafte, aber unrichtige oder unvollständige Außendarstellung im Hinblick auf Themen der ESG[69], stellt branchenübergreifend ein zunehmendes Risiko für Unternehmen dar. Greenwashing setzt nicht immer eine bewusste Täuschung voraus, sondern kann auch unbeabsichtigt erfolgen, beispielsweise aufgrund von mangelndem Risikobewusstsein oder Unwissenheit. Ein weiterer Faktor kann sein, dass den Unternehmen verlässliche Daten für die Umweltauswirkungen ihrer Produkte fehlen.

Als Unternehmen keine Aussagen zu ESG-Themen zu treffen, stellt angesichts verpflichtender Transparenz- und Berichterstattungspflichten keine taugliche Risikominimierungsstrategie dar. Möglichen Greenwashing-Vorwürfen können Unternehmen vielmehr durch die Einführung von ESG-Compliance-Prozessen und sorgfältige Dokumentation vorbeugen. Ziel dieser ESG-Compliance sollte insbesondere sein, dass veröffentlichte Informationen zu ESG-Themen vollständig und richtig sind. Dafür sollten verschiedene Maßnahmen ergriffen werden:

Nachhaltigkeitsbezogene Risiken sollten zunächst in die allgemeine *Risikoanalyse*[70] miteinbezogen werden. Der Rechtsrahmen zum Thema Nachhaltigkeit entwickelt sich sehr schnell und dynamisch, was sich beispielsweise an der Vielzahl neuer Gesetzesvorhaben auf europäischer Ebene zeigt. Es empfiehlt sich daher, die rechtlichen Entwicklungen auf nationa-

---

67 Vgl. hierzu: https://www.europarl.europa.eu/legislative-train/theme-a-european-green-deal/file-revision-of-the-eu-emission-trading-system-(ets) (zuletzt abgerufen am 13.03.2023).

68 Beschluss (EU) 2015/1814.

69 *F. Zeidler/A. Dürr*, Greenwashing – Haftungsfallen und ihre Vermeidung, CCZ 2022, 377 (377); *B. Schwarz/A. Schieffer*, Greenwashing – Ermittlung von Greenwashing-Vorwürfen, CCZ 2022, 345 (345).

70 Vgl. Empfehlung A.3 des Deutschen Corporate Governance Kodex.

ler und europäischer Ebene sowie aktuelle „Klagetrends“ aufmerksam zu beobachten. Dadurch kann sichergestellt werden, dass die geltenden und absehbaren künftigen regulatorischen Vorgaben erfasst werden.

Zudem sollten ESG-Faktoren in das bestehende *Compliance-System* integriert werden.[71] Hierbei ist zu beachten, dass Greenwashing ein breit gefächerter Themenkomplex ist, der verschiedene Unternehmensbereiche berührt. Es ist daher erforderlich, die internen Zuständigkeiten klar abzugrenzen und die Zusammenarbeit zu koordinieren. Dafür bietet sich beispielsweise die Erarbeitung von Richtlinien oder die Implementierung bereichsübergreifender Gremien an. Es ist außerdem zu empfehlen, Mitarbeiter und Führungskräfte für die vielschichtigen Risiken des Greenwashing zu sensibilisieren. Dadurch kann das Risiko verringert werden, dass unrichtige oder unvollständige Aussagen unbeabsichtigt, lediglich aufgrund von mangelndem Bewusstsein erfolgen. Die Sensibilisierung kann beispielsweise durch Schulungen oder die Bereitstellung von Verhaltensrichtlinien erfolgen.[72]

Zur Risikoreduzierung kann ferner die Einrichtung von *Eskalationsmechanismen*, etwa in Form eines Hinweisgebersystems[73], beitragen. Ergänzend dazu sollten Prozesse implementiert werden, die allgemein zur Risikominimierung verwendet werden, beispielsweise das Mehraugenprinzip[74] oder die turnusmäßige und stichprobenartige Überprüfung der ergriffenen Maßnahmen[75] sowie – falls erforderlich – ihre Anpassung. Sichergestellt werden sollte zudem, dass die Compliance auch mittels einer Dokumentation nachgewiesen werden kann.

---

71 Vgl. bspw. zur Compliance-Organisation mit Blick auf die Anforderungen des Lieferkettensorgfaltspflichtengesetzes *V. Rothenburg/E. Bicker/M. Reischl* in: E. Wagner/M. Ruttloff/S. Wagner (Hrsg.), Das Lieferkettensorgfaltspflichtengesetz in der Unternehmenspraxis, München 2022, § 5 Rn. 859 ff.

72 Vgl. dazu *K. Moosmayer*, Compliance, 4. Aufl., München 2021, § 4 Rn. 154 ff.

73 Vgl. dazu auch §§ 8 Abs. 1, 9 Abs. 1 LkSG, die für bestimmte große Unternehmen (§ 1 LkSG) die Einrichtung eines Beschwerdemechanismus vorschreiben sowie der vorerst durch den Bundesrat blockierte Regierungsentwurf für ein Hinweisgeberschutzgesetz zur Umsetzung der sog. Whistleblower-Richtlinie (Richtlinie (EU) 2019/1937, Abl. L 305 vom 26.11.2019, S. 17), der für bestimmte Unternehmen die Pflicht zur Einrichtung eines Meldesystems für Whistleblower vorsieht (BT-Drs. 20/4909).

74 Vgl. OLG Nürnberg vom 30.3.2022 – 12 U 1520/19, NZG 2022, 1058, Rn. 102 ff.

75 Vgl. OLG Nürnberg vom 30.3.2022 – 12 U 1520/19, NZG 2022, 1058, 1062; *M. Arnold* in: D. Kubis/U. Tödtmann, Arbeitshandbuch für Vorstandsmitglieder, 3. Aufl., München 2022, § 7 Rn. 52; F. *Schmidt-Husson* in: C. Hauschka/K. Moosmayer/T. Lösler (Hrsg.), Corporate Compliance, 3. Aufl., München 2016, § 6 Rn. 35.

D. Ausblick

Haftungs- und Prozessrisiken im Zusammenhang mit Greenwashing dürften aufgrund der hohen Relevanz von ESG-Standards in Gesetzgebung und Gesellschaft weiter zunehmen. Herausforderungen für Unternehmen entstehen insbesondere durch die schnellen, dynamischen Entwicklungen im ESG-Bereich, die auf europäischer Ebene durch die Ziele im Rahmen des EU-Green-Deal noch verstärkt wird. Zudem könnten sich, begünstigt durch neue Transparenzpflichten in Bezug auf die Lieferketten-Compliance, Greenwashing-Vorwürfe in Zukunft vermehrt auch auf die Einhaltung sozialer Standards beziehen.

Unternehmen können die Risiken, die mit Greenwashing-Vorwürfen verbunden sind, dadurch minimieren, dass sie mithilfe eines geeigneten ESG-Compliance-Systems auf eine wahrheitsgemäße und vollständige Außendarstellung achten.

Frieden unter den Bedingungen des Rechts

Kants politischer Friedensentwurf
(für Andrea Versteyl)

Volker Gerhardt

Kants Schrift *Zum ewigen Frieden* wird gern zu den ausschließlich moralisch motivierten „Friedensrufen" gerechnet, die davon ausgehen, dass letztlich, trotz aller Widrigkeiten der politischen Welt, der Frieden siegen muss, den sich jeder gutwillige Mensch nur wünschen kann. Daran ist richtig, dass Kant starke moralische Gründe hat, die Menschheit in der eigenen wie auch in der Person eines jeden anderen zu wahren. Es sind Gründe, die letztlich jeden Menschen dazu verpflichten, seinesgleichen mit Achtung zu begegnen und sich um friedliche Verständigung zu bemühen. Gesetzt, daran würde sich jeder halten, bräuchte man keinen Krieg. Die Folge könnte nur ein „ewiger Frieden" sein.

Richtig ist auch, dass ohne den Wunsch nach einem dauerhaften Frieden keine Politik im Interesse der Menschheit überzeugen kann. Politik kommt gewiss nicht ohne das moralisch gefestigte Verlangen nach einer friedlichen Verständigung mit allen Menschen aus. Umso mehr muss überraschen, dass Kant in seiner *Friedensschrift* von 1795 auf die Moral ausdrücklich nur zu sprechen kommt, wenn er die Verlogenheit der Staatsmänner aller Zeiten mit ätzender Kritik überzieht. Dann steht außer Zweifel, dass er den „moralischen Politiker" fordert, der bereit und in der Lage ist, das auch zu tun, was er öffentlich verspricht.

Ansonsten aber bleibt Kant dabei, dass Politik als „ausübende Rechtslehre" zu verstehen ist, in der von der Moral keine Rede sein muss, es sei denn von ihrer inneren Verbindlichkeit der einzelnen Person im Verhältnis zu sich selbst. Hier ist der moralische Selbstanspruch des Einzelnen unerlässlich. Doch auf diesen Punkt kommt Kant, außer in Anmerkungen, erst im „Anhang" zu seiner Schrift zu sprechen, in dem es ihm darum geht, die Voraussetzungen für die Vereinbarkeit von Politik und Moral zu erörtern. Aber auch hier werden weder *Moral* noch *Philanthropie* als die entscheidenden Gründe für die Friedenssicherung genannt, sondern die ganz und gar *politisch* angelegte Bedingung einer *öffentlichen Ordnung*, in der es keine Geheimabsprachen und keine polizeiliche Einschränkung der Meinungsfreiheit geben soll. Also geht es auch in diesem Anhang um eine weitere *politische Bedingung*, durch die Kant die ausschließlich *politischen Überlegungen* des Hauptteils ergänzt.

Der kleine Text *Zum ewigen Frieden*, in dem sich Kant im Alter von 71 Jahren erstmals ausdrücklich mit einem politischen Problem befasst, findet nur eine kurze Zeit Aufmerksamkeit bei Lesern, die Kants Sympathie für die revolutionären Vorgänge in den Neuenglandstaaten und in Frankreich teilen. Für andere liegt darin wohl eher ein Grund, die Friedensschrift als verfehlt anzusehen. Doch das Interesse an Kants Überlegungen verliert sich schnell. Denn die Politik, mit der Napoleon alsbald ganz Europa überzieht, lenkt die Aufmerksamkeit vom Frieden auf den Krieg und wie er zu führen ist. So bleibt es auch bei der überwiegenden Zahl der Philosophen, die wenig Interesse an den „Friedensbewegungen" zeigen, die im 19. Jahrhundert öffentliche Aufmerksamkeit finden und vor dem Ersten Weltkrieg unter dem Titel des „Pazifismus" von sich reden machen.

Verwundern muss allerdings, dass auch nach dem Weltkrieg das Vorurteil vom rein moralischen Charakter der *Friedenschrift* dominiert. Das mag mit Kants Rede vom „ewigen" Frieden zusammenhängen, deren Ironie dem flüchtigen Leser vielleicht entgeht, obgleich sie ihm schon mit dem ersten Satz ins Auge springen sollte. Aber mit dem Jahr 1919 kann niemand mehr davon absehen, dass Kant zumindest bei *einem* aufmerksamen Leser einen ganz anderen Eindruck hinterlassen hat. Es ist der amerikanische Präsident Woodrow Wilson, der vor seiner Wahl auch als Philosophiedozent in Princeton tätig war. Wilson stützt sich mit seinem Vorschlag zur Gründung eines *Völkerbunds* wesentlich auf Immanuel Kant. Auch bei der Wiederbelebung dieser Initiative unter dem Namen *Vereinte Nationen* sind Kants Argumente gegenwärtig.

Das ist konsequent, denn Kant hat mit seinem Entwurf vor allem eine *politische Anregung* gegeben. Zu deren Verständnis darf man zwar nicht vergessen, dass der Autor zuvor eine neue Form ethischer Begründung entwickelt hat. Doch nun weitet er den philosophischen Horizont und trägt ausschließlich *politische* Überlegungen vor, die sich *expressis verbis* auf eine neue Weltlage beziehen. Nun geht es um einen neuen *Staatsbegriff* sowie um die Fundierung der Politik auf das *Menschenrecht*, um die Auszeichnung eines jeden Menschen als *Weltbürger*, der überall gleiche Grundrechte genießt, und um die Öffnung der *Republik* für die Regierungsform der *Demokratie*.

Alle diese Forderungen sind Elemente einer *Theorie der Politik*, deren Pointe zwar darin besteht, dass sie vom einzelnen Menschen nur ernst genommen werden können, wenn er *sich selbst* als moralische Person versteht. Aber zu handeln hat er unter den Bedingungen der Politik und damit in den Schranken des Rechts! Für diese Einsicht kann die *Friedensschrift* als Ganze stehen. Um dies zu zeigen, beschränke ich mich im Folgenden in zehn Punkten darauf, das Genialische dieses Textes zu illustrieren.[1]

1. *Ein konkreter politischer Anlass.* Die in kürzester Zeit verfasste Gelegenheitsschrift erschien wenige Monate nach dem im April 1795 in Basel erzielten Friedensschluss der beiden großen Monarchien in der Mitte Europas, *Preußen* und *Österreich*, mit der aus der Revolution hervorgegangenen *Französischen Republik*. Es war nicht nur der Friedensschluss als solcher, der Kant motivierte, sondern gewiss auch die Anerkennung einer *Form der Verfassung*, die seit Jahrhunderten verächtlich gemacht und als Widersacher der Monarchie schlechthin bekämpft worden war. Für Kant bestand das Unerhörte der in Basel erzielten Vereinbarung darin, dass zwei Königreiche bereit waren, ihrem Gegner (einer Republik, die erst zwei Jahre zuvor, im Januar 1793, den König hingerichtet hatte), die Hand zu reichen und Frieden zu schließen.

Kant war Untertan des preußischen Königs. Er hatte schon die Unabhängigkeitsbestrebungen der englischen Kolonien in Amerika gutgeheißen, hatte deren Trennung von der englischen Krone befürwortet und die Gründung der *Vereinigten Staaten von Amerika* begrüßt. Mit Blick auf die nachfolgenden Vorgänge in Paris hatte er die Argumente der Vertreter des dritten Standes in Königsberg selbst so vernehmlich vertreten, dass seine Freunde fürchteten, der preußische König könne ihn seines Amtes als Professor entheben.

Vor diesem Hintergrund liegt Kant nicht an einem moralischen „Friedensruf", so groß und bedeutend dessen Tradition im Geist des neuzeitlichen Humanismus auch ist. Es ist vielmehr der aktuelle politische Horizont, in dem Kant seine Argumentation entwickelt. In ihm kann er es sich erlauben, nicht den moralischen Appell in den Vordergrund zu stellen, sondern sich durchgängig mit elementaren Fragen der *Organisation des Politischen* zu befassen. Es sind vornehmlich die aus den Prämissen

1 Ausführlicher vom Verf.: Das Neue in Kants Theorie des Friedens, in: R. Leonhardt, Friedensethik in Kriegszeiten, Leipzig 2023; ferner ders., Kants Entwurf zum Ewigen Frieden, Darmstadt 1995, 2023[4].

der Freiheit und Gleichheit erwachsenen, von Kant in einen globalen menschenrechtlichen und uneingeschränkt öffentlichen Rahmen gestellten *politiktheoretischen Fragen*, die den Philosophen, trotz der mehr als 200 Jahre, die seit der Publikation der Programmschrift vergangen sind, immer noch wie einen Zeitgenossen des 21. Jahrhunderts erscheinen lassen.

2. *Ein neues Staatsverständnis.* Kant hat eine an Nüchternheit nicht zu überbietende Sicht auf den Staat: Der Staat ist die Einheit, in der eine Gemeinschaft von Menschen *über sich selbst verfügt*. Ihre zentrale Aufgabe liegt in der *politischen Selbstbestimmung* einer Menge von Menschen. Das geht aus seiner – eher beiläufig an den Anfang gestellten – Definition des Staates hervor: Ein Staat „ist eine Gesellschaft von Menschen, über die Niemand anders, als er selbst zu gebieten und zu disponiren hat" (8, 344).[2]

Hier wird die politische *Selbstbestimmung aller Bürger* zum Definiens des Staates. Damit sind sämtliche Ansprüche auf den Vorrang einer Klasse von Menschen, eines herrschenden Geschlechts oder eines Autokraten, so groß deren Überlegenheit auch sein mag, null und nichtig. Wenn Kant sich auf die „Idee des ursprünglichen Vertrages" beruft (8, 344), dann unterstellt er, dass jeder Einzelne als gleichberechtigter Staatsbürger Träger der staatlichen Vereinigung ist. Er ist dies als *Person* und als *mündiges Glied* einer Gemeinschaft, die in ihrer Gesamtheit über die Ordnung, die Zielsetzung und die Bestimmung des Staates nach von ihr mehrheitlich in ihrer Gesamtheit selbst beschlossenen Gesetzen befindet.

Das muss man auch deshalb hervorheben, weil Kants kleine Schrift bis heute mit dem Missverständnis verbunden ist, hier werde nur ein „süßer Traum" (8, 343) geträumt, der bestenfalls erbaulich genannt werden kann. Diesen Traum zu träumen ist jedem unbenommen. Und seine moralische Verantwortung hat der Einzelne allemal, unabhängig davon, ob er sich als Privatperson oder als Bürger begreift. Aber im Vollzug der staatlichen Selbstverwaltung kommt es darauf an, dass alle Entscheidungen mit der mehrheitlichen *Zustimmung aller* gefällt und in der arbeitsteiligen *Gemeinschaft aller* ausgeführt werden.

So impliziert die Staatsdefinition Kants bereits den Modus ihres praktischen Vollzugs. Nur eine Gemeinschaft, die *allen* ihren Mitgliedern gleiche Rechte und Pflichten einräumt und auferlegt, genügt dem Verständnis eines

2 Ich zitiere unter Angabe der Seitenzahl von Bd. 8 der Akademie-Ausgabe der Werke Kants.

Staates, wie Kant ihn zum Regelfall einer kommenden Weltordnung erklärt, in der „Frieden ohne Vorbehalt“ (8, 344) herrschen kann.

3. *Ein sozio-politischer Blick auf Krieg und Frieden.* Kant geht vom dichten Zusammenhang vieler *gesellschaftlicher Aktivitäten* mit dem Kriegsgeschehen aus; er versucht dem in seiner Beschreibung der Ausgangslage des politischen Handelns Rechnung zu tragen. Das gilt insbesondere angesichts der immer dichter werdenden wirtschaftlichen und finanziellen Verflechtungen, die sich aus der letztlich unvermeidlich werdenden weltweiten Kooperation ergeben. Dabei ist dem Autor klar, dass die *Kreditwirtschaft* bereits mit ihrer Entstehung eine wesentliche Größe ist, die es den Politikern leicht macht, Kriege zu führen. Deshalb schlägt er vor, Kriegsanleihen grundsätzlich zu verbieten. Die „Geldmacht“, so schreibt er, sei das „zuverlässigste Kriegswerkzeug“ (8, 345) überhaupt.

Im Gegenzug spricht Kant sich dafür aus, den zwischenstaatlichen Handel zu fördern. Ein für alle Beteiligten vorteilhafter Handel, so seine Annahme, vermindere die Neigung zu kriegerischen Auseinandersetzungen. Das aber gilt, wie wir heute genauer wissen, nur unter der Bedingung verlässlicher *wechselseitiger Rechtsbeziehungen* der Staaten untereinander. Auf sie legt Kant dann auch den denkbar größten Wert. Dabei ist er davon überzeugt, dass es *Rechtssicherheit* nur geben kann, wo den Menschen *gleiche Grundrechte* zugesichert sind.

4. *Die rechtliche Fundierung der Politik.* Kants Ausführungen zur Wahrung der *republikanischen Prinzipien* und der universellen Geltung des *Weltbürgerrechts* sind das Rückgrat seiner Friedenstheorie. Sie erlauben ihm seine Kritik am *Kolonialismus*, am *Rassismus* und an der *Sklaverei* (8, 358). Dabei wird unterstellt, dass die finanziellen und ökonomischen Aktivitäten von elementarer politischer Bedeutung sind. Ihre Regelung kann aber nur erfolgreich sein, wenn zugleich die Rechte eines jeden Einzelnen überall gelten und universell geachtet werden. Also geben nach den *Präliminarartikeln* die drei *Definitivartikel* der *Friedensschrift* zu erkennen, auf welche Gründe sich Kants nachfolgendes Plädoyer für den Föderalismus der Staaten stützt.

Ein originäres Moment seiner Diagnose ist die Warnung vor der *Eigenlogik der Rüstung.* Die Rede vom *Friedhof*, von der er bereits in der an die Staatsoberhäupter gerichteten Vorrede Gebrauch macht und auf die schon der Titel *Zum ewigen Frieden* anspielt, nimmt in der Folge die Form einer realen Zukunftsperspektive an. So spricht Kant vom politischen „Despotism", der die Menschheit auf den „großen Kirchhof der Menschengattung" bringen kann, auf dem alle ihr vorzeitiges Ende finden (8, 347 u. 367). Zwei Jahre später, wenn er der menschlichen Gattung als ganzer ein vorzeitiges Ende vorhersagt (und damit deutlich macht, dass er alles andere als einen unbedenklichen Zukunftsoptimismus vertritt), sieht er die Gefahr, dass die Menschheit früher als gedacht zugrunde geht, sollten die Staatsoberhäupter weiterhin für ihre wesentliche Aufgabe halten, ihre Untertanen in den Kriegen zu „schlachten".[3]

In der *Friedensschrift* hat Kant seine frühere These abgeschwächt, dass Kriege die Fähigkeiten der Menschen so herausfordern, dass ein Volk der Menschheit ein Beispiel an Mut, Ehrbewusstsein und Standhaftigkeit geben kann.[4] Diese Tugenden will er dem Einzelnen auch hier gewiss nicht absprechen; nun aber betont er, dass der Krieg dem Leben entgegensteht, weil er den Menschen die Freiheit raubt, während der Frieden den „lebhaftesten Wetteifer" der Menschen ermöglicht und damit die Entfaltung ihrer Produktivität begünstigt (8, 367). Mit der unablässigen Verbesserung der Waffen droht der Krieg überdies, das Leben aller Menschen zu gefährden und so zu einem „Ausrottungskrieg" zu werden, der in absehbarer Zeit keine Menschen mehr am Leben lässt (8, 347). Mit der hundertfünfzig Jahre später erfolgenden Erfindung der Atomwaffen ist offenkundig geworden, dass Kant nicht übertrieben hat.

5. *Die Prinzipien der Politik.* Die tragenden Prinzipien einer republikanischen Staatsverfassung – *Freiheit*, *Gleichheit* und *Abhängigkeit* – werden in der politischen Theorie bis heute als Selbstverständlichkeit angesehen und angemessen betont, so schwer ihre Begründung auch fallen mag. In der 1785, also zehn Jahre vor der *Friedensschrift* erschienen *Grundlegung zur Metaphysik der Sitten* hat Kant die Freiheit als „Autonomie" und „Selbstbestimmung" definiert, wobei ihm das philosophische Kunststück gelungen ist, sie mit der *Gesetzlichkeit* zu verbinden und sie damit zugleich von dem Verdacht zu befreien, sie äußere sich primär in der *Willkür* eines einzelnen Menschen. Die recht verstandene Freiheit liegt vielmehr in der *Selbstbestimmung* eines jeden! Damit ist die Freiheit *einer Person* als eben

---

3 *Kant*, Der Streit der Fakultäten, 7, 89.

4 So 1790 in: Kritik der Urteilskraft § 28 (KU 5, 263). In der Friedensschrift kann er jedoch dem Krieg eine „innere Würde" zuerkennen (6, 365), der die kämpfenden Truppen auszuzeichnen vermag.

das zu verstehen, was bei *jeder anderen Person auch* vorausgesetzt werden muss. Also ist die *Gleichheit* eine wesentliche Implikation der *Freiheit* eines jeden, die folglich auch jedem anderen zugestanden werden muss.

Mit der *Gleichheit* im Bewusstsein der *Freiheit* eines jeden anderen kommt es notwendig zu dem in der Mitte der Schrift erläuterten *dritten Definitivartikel*: Das ist die *Abhängigkeit* (8, 349 f.) – die *„rechtliche* Abhängigkeit", wie Kant eigens hervorhebt. Sie findet erst in ihrer rechtlichen Vermittlung von Freiheit und Gleichheit zu ihrer politischen Relevanz. In der Natur ist Abhängigkeit die durchgängige Realität, in der menschlichen Gesellschaft besteht sie keineswegs nur in den ersten Lebensjahren oder im hohen Alter. Alle eigenen, aber auch alle auf andere Menschen gerichteten Bedürfnisse beruhen auf Abhängigkeiten und sie schaffen weitere, die damit in der Regel auch gewollt und nicht selten sogar gewünscht werden. Hier bereits kündigt sich der befremdlich erscheinende *Zusammenhang von Freiheit und Abhängigkeit* an. Aber sobald wir sehen, dass Abhängigkeit auch entsteht, wenn Menschen durch ihre eigene *freie* Entscheidung für ein alle verpflichtendes, rechtswirksames Gesetz votieren, verschwindet dieser Widerspruch.

Die in ihrer Verbindung mit der *Freiheit* und der *Gleichheit* verstandene *Abhängigkeit* kann damit als *Alleinstellungsmerkmal der Politik* verstanden werden. Die Natur macht den Menschen durch günstige Lebensbedingungen, aber eben auch in Kriegen und in Naturkatastrophen ihre Abhängigkeit von ihr bewusst. Diese Bindung stellt die Politik unter die Prämissen der *Freiheit* und *Gleichheit* und vergegenwärtigt den Menschen, die nur in Gesellschaft leben können, welchen Bewegungsspielraum sie gegenüber der Natur haben – ohne ihnen die Chance zu eröffnen, sich jemals gänzlich von ihr befreien zu können. So wie die Gemeinschaft schon Ausdruck der Tatsache ist, dass der Mensch (so wie er sich durchschnittlich versteht) *nicht allein* leben kann, macht ihm das (zwischen Freiheit und Gleichheit stehende) Prinzip der Abhängigkeit bewusst, dass er aufgrund seiner *freien Zustimmung auf seinesgleichen angewiesen* ist und bleibt.

6. *Die Wende zur Demokratie.* Die politische Reichweite des Prinzips der Abhängigkeit tritt darin hervor, dass sie es ist, die Kant zum möglichen Befürworter der Demokratie werden ließ, obgleich er kurz zuvor erklärt hatte, dass die Demokratie zwangsläufig zum „Despotism" führe! Doch schon zwei Jahre später hält er es ausdrücklich für möglich, dass auch eine demokratische Regierungsform „republikanisch" genannt werden könne.[5] Damit darf Kant als einer der Ersten gelten, der im deutschen Sprachraum als *Anwalt der Demokratie* aufgetreten ist.

Das geht so weit, dass er die französische „Revolution" in ihrem juridischen Kern als Votum für die Demokratie versteht. Denn Kant begründet, warum es als ein Rechtsbruch angesehen werden muss, wenn ein demokratisch konstituiertes Parlament die höchste Macht wieder in die Hände einer einzelnen Person, einer Klasse oder einer Partei zurückzugeben sucht.[6] In einem zur gleichen Zeit verfassten Text[7] vertritt Kant die Auffassung, die Französische Revolution dürfe im strengen Sinn gar nicht als „Revolution" bezeichnet werden; sie müsse vielmehr als „Evolution", ja als vom Staatsoberhaupt angestoßene „Reform" begriffen werden! Vielmehr habe der König, der seine vorher aus den Händen gegebene Macht zurückverlangt, als ein das Recht verletzender „Revolutionär" zu gelten.

Damit hat Kant die Demokratie als innere Konsequenz dessen definiert, was den Staat ausmacht: nämlich eine „Gesellschaft von Menschen", „über die niemand anders als er selbst zu gebieten und zu disponiren hat" (8, 344). Dafür spricht auch alles, was bereits in der *Friedensschrift* zugunsten der *Reform* und gegen die *Revolution* zu finden ist. In alledem wird klar, dass Kant von der *Gleichheit aller Bürger* ausgeht und dabei auch die Frauen einbezieht. Er erweckt mit keinem Wort den Eindruck, die republikanischen Prinzipien könnten nur auf die Männer beschränkt sein. Allein mit Blick auf die Theorie hätte Kant schon in der *Friedensschrift* als Anwalt der Demokratie auftreten können. Wenn er diesen Schritt 1795 noch nicht getan hat, so dürfte das daran liegen, dass er, Rousseau folgend, noch annahm, die Demokratie sei letztlich nicht mit dem *Prinzip der Repräsentation* vereinbar. Nachdem er aber durch die verheißungsvollen ersten Jahre parlamentarischer Praxis in Frankreich und in Amerika den Eindruck haben konnte, dass sich in Demokratien auch mit einfachen Mehrheiten regieren lässt, hatte er allen Grund, für die Demokratie einzutreten.

7. *Föderation als globales Prinzip.* Zu den fortwirkenden Innovationen der *Friedensschrift* gehört die Exposition der *Föderalität* als grundlegendes Prinzip der internationalen Politik. Die Originalität Kants liegt darin, dass er die Föderation als zunächst nur viele, letztlich aber *alle Staaten*

5 MS R § 52; 6, 341.
6 6, 341f.
7 In: Streit der Fakultäten, unmittelbar nach Abschluss der Friedensschrift verfasst.

vertraglich verbindendes Element souveräner Staaten versteht. Er tastet die Eigenständigkeit der Staaten nicht an und verbindet sie doch durch ein Netzwerk wirtschaftlicher und rechtlicher Verbindung, auf das sie aus Eigeninteresse und zunehmend auch aus Gründen ihrer eigenen Rechtssicherheit nicht verzichten können. Für ihn besteht der erste Schritt in der gemeinsamen Friedenswahrung, mit dem Willen, Kriege untereinander zu vermeiden. Für die Föderation wäre es schon ein Erfolg, wenn sie zwischen den europäischen Staaten eine der Verständigung dienende Verbindung schüfen.

Wie weitsichtig, aber eben auch höchst anspruchsvoll Kants Vorschlag war und ist, wird augenblicklich klar, wenn wir uns vergegenwärtigen, dass Europa schon damals der größte bellizistische Unruheherd der Erde war – und bis heute geblieben ist. Kants Kritik am Kolonialismus, den es gewiss schon in früheren Epochen gegeben hat, aber zu seiner Zeit wesentlich von Europa ausging, führt vor Augen, wie richtig es ist, diesen Erdteil ins Zentrum der föderalen Bestrebungen zu rücken.

Dabei darf man nicht übersehen, dass Kant Europa nicht zum Vorbild für den Rest der Welt erklärt. Zwar kann man nicht leugnen, dass die leitenden Ideen der Aufklärung, der Demokratie und des Menschenrechts ihren Ursprung in Europa haben. Aber Kant ist bewusst, dass die Europäer fortwährend dabei sind, die von ihnen propagierten großen Ideen zu verraten. Die Europäer sind es, die sich an der großen Tradition, aus der sie kommen, vergehen. Sie widerlegen sich durch ihre kolonialen Verbrechen selbst und richten sich durch ihre Maßlosigkeit in Krieg und Frieden selbst zugrunde (8, 359 f.).

8. *Menschenrecht.* Kant ist mit dem Prinzip des *Menschenrechts* jeder Abstufung menschlicher Grundrechte entgegengetreten. Seine Überzeugung vom Unrecht, das Menschen anderen Menschen antun, wenn sie Sklaverei billigen, Rassismus für gerechtfertigt halten oder Kolonien zulassen, ist keine bloß auf ein Mitgefühl gegründete Anteilnahme am Schicksal anderer. Es ist vielmehr eine durch Argumente gesicherte ethische Position, wie sie vor Kant noch von keinem anderen Denker entwickelt und dem Recht zugrunde gelegt worden ist.

Die immer wieder geführte Diskussion, ob Kant seine Friedenskonzeption auf ein *moralisches* oder auf ein *rechtliches Fundament* stützt, erübrigt sich, weil er das Recht auf Prämissen stellt, die gleichermaßen moralisch wie juridisch sind. So ist der Begriff der *Person* in beiden Geltungssphären unverzichtbar. Er zeichnet die Identität des jeweils handelnden Menschen aus und setzt voraus, dass er über eigene Einsichten und eigene Urteilskraft verfügt, die nicht ausschließen, dass er über eine Vielfalt von Fähigkeiten und Leistungen gebietet. Auch die Identität einer Person ist kein monolithischer Block im individuellen Bewusstsein. Das „Ich" sagende und alle epistemischen, ethischen, ästhetischen und religiösen Leistungen begleitende „Selbst" wird von Kant als „vielfärbig" apostrophiert und kann, vielleicht sogar deshalb, unter dem Anspruch stehen, sich immer auch als Repräsentant der „Menschheit" zu begreifen.

Zu dieser zur Natur des Menschen gehörende Komplexität gehört auch, dass der Mensch sich sowohl als moralisches wie auch als justiziables, als rechtsfähiges Wesen zu verstehen hat. Der Unterschied zwischen Moral und Recht liegt nicht im Individuum, hängt also nicht vom Belieben des einzelnen Menschen ab. Es geht, nach Kant, um eine Differenz in der „Art der Gesetzgebung", die im Recht äußerlich ist und erzwungen werden kann, in der Moral hingegen nur dem eigenen Urteil unterliegt, dessen Konsequenzen jeder ganz allein zu ziehen hat.

Kant stützt sich dabei weder auf vorgegebene Naturrechts-Traditionen noch auf eine religiöse Überlieferung. Er setzt mit seiner Begründung beim *Selbstverständnis des Menschen* an, das jeder voraussetzen muss, der von der Gewissheit ausgeht, selbst ein ernst zu nehmendes und wahrheitsfähiges Wesen zu sein, das von seinesgleichen anerkannt werden möchte. Wer immer sich als Mensch unter Menschen begreift: Er spricht und handelt unter Ansprüchen, die ihn im Umgang mit seinesgleichen auf Bedingungen verpflichten, die er nicht missachten kann, ohne sich selbst preiszugeben.

Dieser für jeden Menschen geltende oberste moralische Grundsatz hat eine unmittelbare Folge für das *Recht*. Denn das Recht hat sein oberstes Prinzip in der Verpflichtung, die Bedingung dafür zu sichern, dass jeder Mensch seine Würde wahren und moralisch handeln kann. Dieses Prinzip ist die *Freiheit*. Und so formuliert Kant dieses „einzige" Recht, das ihm als Person ursprünglich „angeboren" ist, in einem Grundsatz, aus dem alle weiteren Rechte des Menschen folgen: „*Freiheit* (Unabhängigkeit von eines Anderen nöthigender Willkür), sofern sie mit jedes Anderen Freiheit nach einem allgemeinen Gesetz zusammen bestehen kann, ist dieses einzige, ursprüngliche, jedem Menschen kraft seiner Menschheit zustehende Recht." (*MS Rechtslehre*, Einl., 6, 237)

Diese Aussage muss man sich in dieser Ausführlichkeit gegenwärtig halten, um zu erkennen, dass vom „Menschenrecht" bei Kant nicht erst in einer dem modernen Bewusstsein verpflichteten Ergänzung der Rechtslehre die Rede ist, sondern dass es für ihn um den Anfangsgrund aller systematischen Überlegungen zum Recht überhaupt geht. Das Recht ist ursprünglich *Menschenrecht*, und so dürfte verständlich sein, dass es schon in der Politik den Anfang darstellt und unverzichtbar bleibt. Mit dem *Menschenrecht* schützt der Mensch in jedem einzelnen seiner Mitmenschen die Konditionen, die es ihm ermöglichen, *frei*, *eigenständig* und *verantwortlich* zu sein.

9. *Reform statt Revolution.* Das Recht zu wahren, ist die Prämisse aller Politik, insbesondere wenn es um Aktivitäten geht, die auf eine grundsätzliche Verbesserung gesellschaftlicher Zustände zielen. Hier gibt es für Kant keine Alternative zum Verfahren der *Reform*. Revolutionen gehören für ihn entweder in den Bereich der *Natur* oder in die Sphäre bloßen *Denkens*. In der *Natur* finden wir sie vornehmlich in den kosmischen Kreisprozessen des Alls und deren vielfältigen Folgeerscheinungen auf der Erde. Aber eben auch in den Fähigkeiten des menschlichen Geistes, der sie variantenreich sowohl in seinem *Denken* wie auch in seinen technischen Erfindungen reproduzieren kann.

Im Blick auf die geschichtliche Entwicklung wie auch in der Beschreibung politischer Vorhaben bevorzugt Kant den Begriff der *Evolution*, den er bereits 1790 in seiner kritischen Theorie des Lebendigen verwendet. Hier ist er selbst an der Profilierung des Terminus beteiligt. Wenn es ihm um geschichtliche, von Menschen zu bewältigen Neuerungen geht, zieht er den Begriff der „Reform“ vor. Denn „Reform“ ist dem „Ideal des öffentlichen Rechts angemessen“. Nur hier könne auch von einer Verpflichtung zur Veränderung gesprochen werden (8, 373). Revolutionen hingegen erzeugen lediglich die Illusion einer Verbesserung und bergen vor allem die Gefahr, „mehr für erlaubt“ zu halten, als das Recht zulässt (8, 372). Nur *Reformen* entsprechen dem *Recht* und können sogar als *Pflicht* begriffen werden, während *Revolutionen* den „Ruf der Natur“ lediglich „benutzen“; folglich können sie nichts zustande bringen, was die Autorität eines auf freien Entscheidungen beruhenden Gesetzes ausmacht (8, 373).

Eben damit charakterisiert Kant die größte Gefahr, die von einer politischen Revolution selbst herausgefordert wird: Indem sie sich von allem löst, was den vormaligen Zustand zusammenhielt, hat sie nichts mehr, was sie äußerlich orientieren oder disziplinieren könnte. Und was die unmittelbare Einsicht der Individuen nicht bewirkt, muss mit Gewalt durchgesetzt werden. Das ist der bereits 1795 vertraute Effekt, den wir aus der Geschichte der Revolutionen des 20. Jahrhunderts zur Genüge kennengelernt haben. Sie enden ausnahmslos im Terror. Mussolini, Hitler, Stalin, Franco oder

Putin sind nur einige der jüngeren europäischen Beispiele für das eklatante Missverständnis einer Politik, die ihre Rechtsgrundlage verleugnet.

10. *Kant ist kein Pazifist.* In zeitlichem Anschluss an die Veröffentlichung von Kants *Friedensschrift* und wesentlich unter dem Eindruck der nachrevolutionären Kriege (mit denen Napoleon zunächst nur seine Nachbarn überzog, die in der Folge aber noch zu den auslösenden Faktoren der Ersten Weltkriegs gehörten) entstanden in den Großstädten Europas und zunehmend auch in den USA zahlreiche *Friedensbewegungen.* Für sie gab und gibt es bis heute nahezu täglich neue Anlässe. Anfang des 20. Jahrhunderts kam für den Beweggrund dieser Bewegungen die Bezeichnung „Pazifismus" in Umlauf. Es liegt nahe, dass der Autor einer Schrift *Zum ewigen Frieden* von Pazifisten für ihre Ziele in Anspruch genommen und sogar selbst als „Pazifist" bezeichnet wird.

Das ist gewiss nicht ehrenrührig. Doch es dient der Klärung, darauf hinzuweisen, dass der so nachdrücklich für eine Politik des Friedens plädierende Immanuel Kant, kein „Pazifist" gewesen ist! Er war zwar für einen Frieden „ohne Vorbehalt", verstand darunter aber keinen Frieden um jeden Preis. „Ohne Vorbehalt" steht für die Ermahnung Kants, in Friedensverhandlungen der Pflicht zur *Wahrheit* und zur *Aufrichtigkeit* zu folgen. Das heißt: Man darf keinen Frieden in der Erwartung abschließen, dass in absehbarer Zukunft der Zeitpunkt zu einem weiteren Waffengang günstiger ist, um den Feind später besiegen zu können.

Es ist richtig, Kant die ernst gemeinte Absicht zuzuschreiben, Kriege zu vermeiden und ihre Durchführung nicht durch Kredite, bereitstehende Heere, durch fortgesetzte Hochrüstung und erst recht nicht durch die Vortäuschung falscher Tatsachen zu erleichtern. In der Nachfolge der *Klage des Friedens* des Erasmus von Rotterdam gehört Kant zu den wirkungsmächtigsten philosophischen Anwälten des Friedens. Aber er sagt auch deutlich, was im Fall eines Angriffs eines Staates durch einen andern zu tun ist: Dann gibt es keinen prinzipiellen Grund, auf Gegenwehr zu verzichten. Es kann auch nicht als verwerflich gelten, einen Angreifer zurückzuschlagen und ihm, wenn möglich, eine Niederlage beizubringen.

Kant denkt als Mensch, dem es schlechterdings nicht untersagt werden kann, sich zu wehren, wenn er angegriffen wird. In seiner *Rechtslehre* gesteht er allen Menschen in Lebensgefahr ein „Notrecht" zu, das es nicht zulässt, das Verhalten des Einzelnen nach allgemeinen Prinzipien zu bewerten (*MS R* 6, 235 f.). Das muss auch ein Staat in Anspruch nehmen können, der von einem anderen ohne vorausgehende eigene Kriegshandlungen überfallen wird.

Und wenn ein Krieg, aus welchen Gründen auch immer, zum Ausbruch gekommen ist, dann hat man das Verhalten der Kriegsparteien nach Kategorien des *Völkerrechts* zu bewerten. Dann gilt das Recht *vor* dem Krieg, *im* Krieg und *nach* dem Krieg (MS *R* 6, §§ 56 – 61; 346 – 351). Wenn in der *Friedensschrift* „Hugo Grotius, Pufendorf, Vattel u.a.m." als „leidige Tröster" abgefertigt werden, dann meint Kant deren Beschränkung auf Maßgaben, die nur empfehlenden und keinen gesetzlich nötigenden Charakter haben (8, 355). Aber er verwirft die Disziplin des *Völkerrechts*, das gerade durch die genannten Autoren groß geworden ist, keineswegs.

Mehr noch: In seiner nach der *Friedenschrift* publizierten *Rechtslehre* behandelt Kant das Völkerrecht mit großem Respekt und in der philosophisch gebotenen Ausführlichkeit als einen unverzichtbaren Bestandteil des Rechts (*MS R* §§ 54 – 61; 6, 344 ff.). Wäre das anders, ließe er zu, dass jeder einseitig in Gang gekommene Krieg zu einem generellen Verzicht auf das Recht überhaupt führte. Damit träte man einem Angreifer in einem rechtsfreien Raum entgegen. Das kann nicht im Interesse des Friedens sein. Wo kein Recht mehr gilt, kann es auch keinen Frieden geben; und ohne Frieden wird es sinnlos, von Menschheit und Menschlichkeit zu sprechen.

Gleichwohl kann der Hinweis auf das Völkerrecht nicht das einzige Wort zur Frage des Pazifismus sein. Was hier aus Kants Sicht zur allgemeinen Friedenssicherung zu sagen ist, finden wir in seinen Ausführungen zum *Föderalismus*. Hier zeigt sich auch, auf welche Weise er das Defizit beheben will, das er bei den Völkerrechtslehrern beklagt: Er beschränkt sich nicht darauf, den Staaten den Frieden anzuraten (und darauf zu hoffen, dass sie den guten Argumenten der Theoretiker folgen). Er schlägt einen „Vertrag der Völker" vor, der sie zu einem „Bund" vereint, in dem sie sich selbst rechtlich verpflichtet haben, Frieden zu halten (8, 356). Was Kant dem Verlangen der Pazifisten am nächsten bringt, ist, dass er vom föderalen „Vertrag der Völker" die Verbindlichkeit eines Friedensvertrags verlangt, der „*einen* Krieg", sondern der „*alle* Kriege" beendigt (ebd.).

Das aber soll nicht nach Analogie zur Staatsgründung unter einer alle Menschen gleichermaßen zwingenden Zentralgewalt geschehen, sondern in einer auf der Freiheit eines jeden einzelnen Mitgliedsstaats beruhenden Vereinbarung, durch die sie sich wechselseitig mit derselben Verbindlichkeit, die der innerstaatlichen Gesetzgebung zukommt, zur Wahrung eines unverbrüchlichen Friedens mit allen anderen Staaten verpflichten. Der föderale Bund errichtet also keinen alle Menschen und Staaten umfassenden „Völkerstaat", er findet vielmehr unter der „Idee einer Weltrepublik" zusammen (8, 357), die allen Menschen und Staaten *Freiheit* und *Gleichheit* garantiert – unter Beachtung des sie verbindenden Prinzips wechselseitiger *Abhängigkeit.*

Hier wahrt Kant die Grundprinzipien der Republik (und der zu ihr gehörenden Demokratie) im Interesse der Freiheit und Gleichheit aller. Aber auch er könnte den Vorwurf wenn nicht des „leidigen Trösters", so doch des bloßen „Moralisten" und „Friedensapostels" auf sich ziehen, weil er nicht bereit ist, für einen *Weltstaat* zu argumentieren, der den Frieden mit der gleichen Zwangsgewalt sichern kann, mit der im Inneren die Wahrung von Ruhe und Ordnung versprochen wird. Doch das Gegenteil ist der Fall: Denn ein Weltstaat könnte nur in Form einer Despotie errichtet werden, in der die Freiheit als Erste verloren wäre. Und ob es in ihr jemals zu einem Frieden kommen kann, darf nach allem, was wir aus historischer Erfahrung von Staaten wissen, in denen es keine Freiheit gibt, bezweifelt werden. Sie mögen vielleicht manches Gute erwarten lassen, doch solange die Freiheit des Denkens, Sprechens und Handelns fehlt, wird es auch keinen Frieden geben.

So ist Kant bestimmt kein Autor, der nur den „süßen Traum" vom Frieden „träumen" möchte (8, 343). Er schreibt in Kenntnis der politischen Realität und versucht ihr nicht nur in seiner schonungslosen Analyse der von Kriegen zerfurchten Geschichte gerecht zu werden. Auch sein eigener Entwurf zur globalen Schaffung und Sicherung des Friedens steht unter dem Anspruch, das tatsächlich Mögliche zu tun. Dabei geht er von der Möglichkeit aus, eine Gesellschaft durch *Recht* zu zivilisieren und ihr eine repräsentative republikanisch-demokratische Ordnung zu geben. Alles Weitere bedient sich der Mittel, die in seiner durch Wissenschaft, Technik und Welthandel geprägten Kultur bereits entwickelt sind. Und er geht davon aus, dass sich diese Kultur nur entfalten kann, wenn sie auf den Einsatz von Waffen verzichtet, die den Bestand der Menschheit als Ganzes gefährden. Wie ernst seine Rede von den „höllischen Künsten" und vom „großen Kirchhofe der Menschengattung" tatsächlich ist, können wir unter der atomaren Bedrohung heute noch um einiges besser verstehen als seine Zeitgenossen.

Kleist unter Einfluss?

Ernst Cassirer verteidigt Immanuel Kant

Birgit Recki

Die Spuren des Einflusses von Immanuel Kant auf den Juristen und Dichter Heinrich von Kleist sind zahlreich, und sie betreffen mehr als einen Aspekt der Kantischen Philosophie. Die Art und Weise, wie Kleist die Gedanken seines philosophischen *Spiritus Rector* umsetzt, dokumentiert eine prekäre Rezeption. Diplomatisch formuliert: Die *Verwandlung* in der Aufnahme durch den ebenso problembewussten wie begeisterten Dichter geht bisweilen so weit, dass der Kantische Gehalt sich zum Gerücht verflüchtigt. Exemplarisch wird dies bei dem vermeinten Rigorismus der kritischen Ethik in seiner stark rezipierten Ausprägung in Kleists Novelle *Michael Kohlhaas* (1810). Eine Maxime, die auch nur in die Nähe des Wahlspruchs *Fiat justitia, pereat mundus* käme, ließe sich mit Kant nicht rechtfertigen; keine noch so kreative Deutung könnte diesen Grundsatz im Sinne Kants als verallgemeinerungsfähig gemäß dem kategorischen Imperativ, also: als gesetzestauglich erweisen. Ernst Cassirer, der in seinem Aufsatz *Heinrich von Kleist und die Kantische Philosophie* 1919 dem spannungsgeladenen Verlauf von Kleists Kantrezeption nachgeht, verzeichnet in dessen letzten Jahren ein „neues Verständnis für die Ethik Kants und für ihren entscheidenden Grundgedanken: für die Gleichsetzung von Autonomie und Freiheit", und er findet dieses Verständnis vor allem in dem Drama *Prinz Friedrich von Homburg* dokumentiert.[1]

Es spricht Bände, dass Cassirer in dem eingehenden Aufsatz kein Wort der Interpretation über *Michael Kohlhaas* verliert. Es hätte nicht ins Bild gepasst – oder doch zumindest, so ist zu mutmaßen, eine zu ausführliche Explikation erfordert. Denn die moralische Intuition, die den zur sprichwörtlichen Figur gewordenen Kohlhaas umtreibt, ist um ein entscheidendes Merkmal rigoroser als die Kantische; oder, um der *begrifflichen* Intui-

1 *Ernst Cassirer*, Heinrich von Kleist und die Kantische Philosophie, in: Ernst Cassirer Gesammelte Werke. Hamburger Ausgabe, hg. von Birgit Recki (im Folgenden: ECW), Bd. 9 (Aufsätze und kleine Schriften 1902–1921), Hamburg 2001, 389–435; hier: 430.

tion stattzugeben, dass das Prädikat „rigoros" den Komparativ eigentlich nicht verträgt: der Kohlhaas'sche Rigorismus ist offenbar von ganz anderer Radikalität als der Kantische. Wenn es für ein gebildetes Lesepublikum eine Zeit lang so aussehen konnte, als böte diese Novelle die so eindringliche Illustration der Tragweite und Problematik einer von Kant übernommenen unerbittlichen Moralorientierung, dann ist dies als ein Rezeptionsunfall anzusehen. In der Konzentration der gegenwärtigen Überlegungen auf den Nachhall, den in Kleists Denken das leitende Motiv und Theorem der *theoretischen* Philosophie Kants gefunden hat, sei hier zum moralischen Rigorismus als einem Problem der *praktischen* Philosophie nur darauf hingewiesen, dass Kant im Kommentar zu seiner eigenen systematischen Position *zum einen* den „Rigorismus" *sine ira et studio* rein methodisch bestimmt: als die Position der vollständigen Disjunktion von „moralisch (gerechtfertigt)" und „unmoralisch", von „gut" und „böse", die Kant mit Blick auf die moralische Bewertung des Handelns vertritt.[2] Sein *Tertium non datur* folgt aus jener Phänomenologie des moralischen Bewusstseins, durch die er die kritische Ethik der 1780er Jahre in der *Religionsschrift* ergänzt: Sie lässt ihn zwei gleichursprüngliche Triebfedern erkennen, die der Handelnde in sich vorfinde: Sinnlichkeit bzw. Selbstliebe und Sittlichkeit; deren Priorisierung im Sinne einer Unterordnung der einen der beiden auf diesen Triebfedern beruhenden Maximen unter die je andere könne dem Handelnden nicht erspart bleiben. Da der Mensch beiden Triebfedern Genüge tun muss, kommt in der Frage der Moralität als belastbare Haltung alles auf die Richtung der Unter- und Überordnung der ihnen entsprechenden Maximen an: Ordne ich die Maxime der Sittlichkeit der Maxime der Selbstliebe unter, so bedeutet dies, dass ich nur insofern moralisch handeln will, als mich dies nicht an der Verfolgung meines Glücksanspruchs hindert; ordne ich umgekehrt die Maxime der Selbstliebe der Maxime der Sittlichkeit unter, so will ich meinen Glücksanspruch nur insofern verfolgen, als mich dies nicht daran hindert, moralisch zu handeln.[3] Ein Drittes kann es in der alternativen Struktur der Priorisierung nicht geben. Mit dieser *methodischen Position* des Rigorismus verbindet Kant die *moralphilosophische Forderung* nach der radikalen Entscheidung für die Unterordnung der Maxime der Selbstliebe unter die der Sittlichkeit, die er mit Blick auf den

2 *Immanuel Kant*, Die Religion innerhalb der Grenzen der bloßen Vernunft (1793), Akademie-Ausgabe Bd. VI, 1–202; hier: 22ff.

3 A.a.O., III. Der Mensch ist von Natur böse, 32–39.

natürlichen Hang des Menschen zum Bösen als eine „Revolution in der Gesinnung“ begreift.[4]

Zum anderen ist das, was man landläufig als Rigorismus in der Ethik bezeichnet, gerade Kants Sache nicht. Wohl fasst er den Geltungsanspruch des kategorischen Imperativs als universal – doch er verknüpft ihn mit der Einsicht in die Bindung an die gleichsam richterliche Urteilskraft, die jederzeit die Reflexion auf begründete Ausnahmen zu leisten habe.[5] *Und schließlich*: Eine Lizenz oder gar ein Auftrag zur Selbstjustiz lässt sich mit Kant auf keine Weise ableiten – weder aus einer objektiven Begründung noch aus der subjektiven Überzeugung des Handelnden von der Berechtigung seines Anspruchs. Im System der normativen Ordnung hat das Recht als die staatliche „Befugniß zu zwingen“[6] den Primat vor der Moral. Die Zurückführung des Kohlhaas-Syndroms auf den Einfluss des Kantischen Rigorismus ist ein Missverständnis.

Zu einer gewissen Berühmtheit hat es die anschauliche Vereinfachung gebracht, die Kleist im Brief vom 22. März 1801 an seine Verlobte Wilhelmine von Zenge für den Grundgedanken der *Kritik der reinen Vernunft* gefunden hatte: „Wenn alle Menschen statt der Augen grüne Gläser hätten, so würden sie urtheilen müssen, die Gegenstände welche sie dadurch erblicken, sind grün und nie würden sie entscheiden können, ob ihr Auge ihnen die Dinge zeigt, wie sie sind, oder ob es nicht etwas zu ihnen hinzuthut, was nicht ihnen, sondern dem Auge gehört. So ist es mit dem Verstande.“[7]

Was auf diese Weise anschaulich werden soll, ist der tragende Gedanke des *transzendentalen Idealismus*, jene methodische Einsicht Kants, dass wir die Dinge nicht so erkennen können, wie sie *an sich selbst betrachtet* sind, sondern allein so, wie sie *uns erscheinen* – kurz: dass wir in der Erkenntnis nicht die *Dinge an sich* haben, sondern deren *Erscheinungen*. Diese Einsicht ist das, was die Interpreten in der Aufnahme von Kants ausdrücklicher Anlehnung an das Vorbild des Kopernikus, der seine Erkenntnisse auch

---

4 A.a.O., 47.

5 Siehe *Birgit Recki*, Ästhetik der Sitten. Die Affinität von ästhetischem Gefühl und praktischer Vernunft bei Kant, Frankfurt am Main 2001, 252–256; *Dies.*, Prinzipien des Handelns und Spielräume der Urteilskraft. Die Elemente moralischer Orientierung, in *Dies.*, Die Vernunft, ihre Natur, ihr Gefühl und der Fortschritt. Aufsätze zu Immanuel Kant, Paderborn 2006, 39–53.

6 *Immanuel Kant*, Metaphysik der Sitten (1797), Akademie-Ausgabe Bd. VI, 203–494; Zitat: 231.

7 Brief an Wilhelmine von Zenge vom 22. 3. 1801, zitiert nach Ernst Cassirer, Heinrich von Kleist und die Kantische Philosophie, 401.

der Bereitschaft zu einem radikalen Perspektivenwechsel verdankte, die *Kopernikanische Wende* genannt haben: „Bisher nahm man an, alle unsere Erkenntniß müsse sich nach den Gegenständen richten; aber alle Versuche über sie a priori etwas durch Begriffe auszumachen, wodurch unsere Erkenntniß erweitert würde, gingen unter dieser Voraussetzung zunichte. Man versuche es daher einmal, ob wir nicht in den Aufgaben der Metaphysik damit besser fortkommen, daß wir annehmen, die Gegenstände müssen sich nach unserem Erkenntniß richten [...]. Es ist hiemit eben so, als mit den ersten Gedanken des Copernikus bewandt, der nachdem es mit der Erklärung der Himmelsbewegungen nicht gut fort wollte, wenn er annahm, das ganze Sternheer drehe sich um den Zuschauer, versuchte, ob es nicht besser gelingen möchte, wenn er den Zuschauer sich drehen, und dagegen die Sterne in Ruhe ließ."[8]

Die Frage nach diesen „ersten Prinzipien aller Erkenntnis", die Kant noch zu Beginn seines Projektes formuliert, ist die Suche nach den „Bedingungen der Möglichkeit von Erkenntnis *überhaupt*". Und seine entscheidende und epochemachende Intuition im Hinblick auf die gesuchten Bedingungen der Möglichkeit, die für alle *Erkenntnis überhaupt* vorausgesetzt sind, ist diese: Die gesuchten ersten Prinzipien aller Erkenntnis können nicht in den Dingen, in den Objekten der Erkenntnis liegen, sondern nur in den Subjekten, und zwar genauer: in deren regelmäßig in alle Erkenntnis investierten Leistungen, durch welche die Eindrücke überhaupt erst zu Gegenständen strukturiert werden.

Ganz analog zum Wechsel der Blickrichtung bei Kopernikus stellt sich Kant so für das Problem der Erkenntnis vor, dass die Ungereimtheiten und Aporien der traditionellen Metaphysik, überschwängliche und in der Konsequenz widersprüchliche Vorstellungen von Gott und der Welt, zu beheben wären, indem man – erkenntnistheoretisch – *die Dinge in Ruhe ließe* und *das erkennende Subjekt gleichsam in Bewegung versetzte* („den Zuschauer sich drehen, und dagegen die Sterne in Ruhe" lassen). „Die Dinge in Ruhe zu lassen" heißt: nicht *in ihnen* die ersten Prinzipien der Erkenntnis zu suchen; nicht sie verantwortlich machen dafür, ob und mit welcher Gewissheitschance wir sie erkennen können. Dass die *ersten Prinzipien der Erkenntnis* im „Zuschauer", im erkennenden Subjekt gesucht werden sollen,

8 *Immanuel Kant*, Kritik der reinen Vernunft. 2. Auflage 1787, Akademie-Ausgabe Bd. III, 11f. (B XVIf.); siehe *Friedrich Kaulbach*, Die Copernicanische Denkfigur bei Kant, in: Kant-Studien 64, 1973, 30–48; *Volker Gerhardt*, Kants kopernikanische Wende, in: Kant-Studien 78, Heft 2 1987, 133–152.

enthält durch diese Bindung an Bewegung (versus Ruhe) schon den zarten Hinweis darauf, dass alles, worauf es hier ankommt, an der epistemischen *Tätigkeit des Subjekts* hängt – oder anders: In Fragen solcher Leistungen, wie es Erkenntnisse (später desgleichen: praktische Handlungen) sind, hat nur aktivisch Verfasstes, das sich mit anderen Worten der *Selbsttätigkeit des Subjekts* verdankt, überhaupt die Chance, ein *Prinzip* zu sein.

Dieser methodische und metaphysische Umschwung, der in der Sache darin besteht, die Bedingungen der Möglichkeit von Erkenntnis überhaupt in den Kategorien des Verstandes und in den Formen der reinen Sinnlichkeit (Raum und Zeit) anzunehmen, und der eingehende analytische Erörterungen deren Zusammenwirkens nach sich zieht, wäre es also, was Kleist mit seinem berühmten Bild von den grünen Gläsern veranschaulichen möchte. Cassirer lehnt in seinem Aufsatz über *Heinrich von Kleist und die Kantische Philosophie* diese Veranschaulichung durch die grünen Gläser als unzulänglich ab. Er verwirft Kleists Veranschaulichung, weil sie den Kantischen Gedanken der Formbestimmung der Gegenstände durch die transzendentalen Bedingungen der Möglichkeit von Erkenntnis, die in den Subjekten der Erkenntnis wirken, am Beispiel einer Farbwahrnehmung exemplifiziert – wo doch Farben und Töne für Kant nicht zu den Wahrnehmungen gehören, von denen sich überhaupt *allgemeine und notwendige Urteile* geben ließen.[9] Das ist richtig – und wirkt mit Blick auf den Anspruch der Kleistischen Veranschaulichung doch wie eine pedantische Schulmeisterei. Es ist zwar richtig, dass die Prinzipien, die Kant herausarbeiten will, als allgemein und notwendig jeder Erkenntnis zugrunde liegend begriffen werden sollen (ebendas ist gemeint, wenn nach *Prinzipien a priori* gefragt wird) und dass es Kant mit seinen transzendentalen Erkenntnissen, welche sich auf diese Erkenntnisprinzipien beziehen, um die Sicherung von Urteilen geht, die mit dem Anspruch auf Allgemeinheit und Notwendigkeit auftreten. Das gilt nicht für Farbwahrnehmungen.

Gleichwohl hat Kleist, der ja nicht vorhatte, in die Einzelheiten der erkenntnistheoretischen Analyse zu gehen, die Tendenz, die Argumentationsabsicht ganz gut getroffen, da es doch zunächst einmal darum geht, durch eine Analogie den *Grundgedanken* des transzendentalen Idealismus zu erfassen. Analogien sind immer auf Gebrauchsanweisung angewiesen. Man muss wissen, *auf welchen Aspekt* einer komplexen Sache sie sich beziehen. Und da darf man geltend machen: Für den zunächst einmal ganz grundsätzlichen Gedanken, dass sich Erkenntnis nach dem richtet, was

9 Siehe *Ernst Cassirer*, Heinrich von Kleist und die Kantische Philosophie, 401.

deren Subjekte als Bedingungen ihrer Möglichkeit zugrunde legen, dürfte Kleists Überlegung hilfreich sein.

Die Aufnahme der kopernikanischen Wende und die Auseinandersetzung mit ihr hat es von Anfang an immer auch mit der Radikalität der Konsequenzen zu tun gehabt, die aus dem *transzendentalen Idealismus* zu ziehen wären. Das epistemologische Leitmotiv der Grundlegung von Wirklichkeit in denjenigen Bedingungen ihrer Möglichkeit, die im Subjekt der Erkenntnis wirken, ist schon brisant genug, wenn man seinen Status als den *transzendentalen*, also *methodischen Idealismus* begreift, den Kant darin auf den Weg bringen wollte. Zum *Skandalon* wird es, wenn man den Gedanken als einen *absoluten Idealismus* auffasst, indem man die methodische Vorkehrung im Begriff dessen, was Kant absichtsvoll als *Konstitution* oder auch als *kategoriale* Erzeugung von *Gegenständlichkeit* konzipiert, missachtet und eine These von der *Produktion* der Welt durch das erkennende Subjekt daraus macht.

Hier liegt nun der Referenzpunkt der Auseinandersetzung, auf die Cassirer hinaus will. Denn es hat eine Zeit gegeben, in der Kleist offenbar den transzendentalen Idealismus genau so verkannt hat; und in der er sich vom Gedanken der Grundlosigkeit seiner Stellung als Subjekt in einer Welt, mit deren Erkenntnis kein Objektivitätsanspruch verbunden werden könne, an den Rand der Verzweiflung hat treiben lassen. In seinem Brief an Wilhelmine von Zenge vom 22. März 1801 klagt Kleist über die niederschmetternde Wirkung eben „der neueren sogenannten Kantischen Philosophie", mit der er seit Kurzem bekannt geworden sei. Sie zerstöre insbesondere sein bisheriges Vertrauen in das Wissen, auf dessen Erwerb er im Streben nach einer belastbaren Grundlage des Weltverhältnisses bisher seinen ganzen Eifer gerichtet hatte. „Bildung schien mir das einzige Ziel, das des Bestrebens, Wahrheit der einzige Reichthum, der des Besitzes würdig ist." Cassirer kommentiert dies: „Nun aber zeigt ihm die Kantische Philosophie, wie er sie begreift, daß sich in diesem Ziele eine bloße Illusion des Verstandes verbirgt. ‚Wir können nicht entscheiden, ob das, was wir Wahrheit nennen, wahrhaft Wahrheit ist, oder ob es nur so scheint.'" Und Kleist resümiert die fatale Enttäuschung, der einzige Gedanke, den seine Seele „in diesem äußeren Tumulte mit glühender Angst bearbeitete", sei „immer nur dieser: dein einziges, dein höchstes Ziel ist gesunken."[10]

10 Zitiert nach *Ernst Cassirer*, Heinrich von Kleist und die Kantische Philosophie, 391.

Es ist ein hartnäckiges Gerücht der Rezeptionsgeschichte, dass es die sich aus Kants transzendentalem Idealismus ergebende *Konsequenz des Nihilismus* – der Haltlosigkeit des Subjekts nämlich – gewesen sei, die Kleist in seiner Verzweiflung schließlich auch in den Freitod getrieben habe. Auf der Folie dieser Unterstellung einer fatalen, in letzter Instanz tödlichen Wirkung der Kantischen Philosophie auf den ernsthaften und überaus impressionierbaren, ohne die ironische Distanz der Frühromantiker mit rückhaltloser Leidenschaft der Wirkung der Gedanken ausgesetzten Dichter ist es zu verstehen, wenn Ernst Cassirer seinen Ehrgeiz darauf richtet, in größter Textnähe zu den verfügbaren Dokumenten richtigzustellen, dass Kleists Suizid im Jahr 1811 nicht, wie es das Gerücht in gebildeten Kreisen bis heute besagt[11], eine verzweifelte Reaktion auf vermeintliche nihilistische Konsequenzen des Kantischen Subjektivismus war. Cassirers auf den ersten Blick pedantische Bestreitung der Angemessenheit der Metapher von den grünen Gläsern ist dabei nur ein Nebenprodukt in einem Kabinettstückchen philologischer Einflussforschung, in dem es darum geht zu ermitteln, *wieso* Kleists Erläuterung in seinem Brief von 1801 zu der „neueren *sogenannten* Kantischen Philosophie"[12] mit Blick auf das, was Kant in der *Kritik der reinen Vernunft* tatsächlich vertritt und sagt, sich so seltsam kenntnislos und unangemessen ausnimmt. Was Cassirer vorlegt, kann man denn auch einen *Whodunnit* der klassischen Philosophiegeschichte nennen, denn schließlich spitzt sich die Beobachtung der *unangemessenen* Rezeption der Kantischen Philosophie zu in der Feststellung einer *vermeintlichen* Rezeption der Kantischen Philosophie und führt zu der Frage: Wen konnte Kleist denn wirklich meinen in den Pathosformeln eines Idealismus, der ihm die Welt zu einer Hölle der Sinnlosigkeit zu machen droht?

„Was Kleist im besonderen von der Kantischen Lehre abstieß, war die fragwürdige Relativität aller Dinge, war die eisige Skepsis, die ihn aus jener nüchternen Beschränkung angrinste. [...] Er ersehnte das Absolute, und Kant lehrte ihn, daß nichts feststeht." Diese Zusammenfassung des Biographen Wilhelm Herzog[13] kommentiert Cassirer mit der Frage: „Aber wo und wann hätte Kant, hätte die ‚Kritik der reinen Vernunft' etwas Derartiges gelehrt? Man mag allenfalls, obwohl äußerst ungenau und irreführend, die

11 Siehe exemplarisch noch jüngst bei *Ferdinand von Schirach*, Kaffee und Zigaretten, München 2020, 121f.

12 Zitiert nach *Ernst Cassirer*, Heinrich von Kleist und die Kantische Philosophie, 396; Hervorhebung B.R.

13 *Wilhelm Herzog*, Heinrich von Kleist. Sein Leben und Werk, München 1911, 65.

kritische Philosophie als die Lehre von der Relativität aller Dinge bezeichnen: Aber eine Relativierung des Wahrheitsbegriffs ist offenbar das genaue Gegenteil von dem, was sie geschichtlich und systematisch erstrebt hat."[14]

Kant bestreitet, so macht Cassirer geltend, mit seinem Unternehmen der Erkenntniskritik weder die Objektivität des Erkennens noch die Möglichkeit gesicherten Wissens, noch den Anspruch auf Wahrheit. Im Gegenteil entspringt seine Suche nach den ersten Prinzipien aller Erkenntnis der Absicht, die empirische Erkenntnis methodisch zu sichern: Objektivität durch die belastbaren Konstanten der subjektiven Leistungen. In der orientierten Ermittlung wäre zur Sicherung des von Cassirer geltend gemachten Anspruchs vor allem ein Indiz noch hinzuzuziehen, das dieser nicht erwähnt: die Einfügung der *Widerlegung des Idealismus* in die zweite Auflage der *Kritik der reinen Vernunft*[15] (womit in der Sache eben der *absolute* Idealismus ausgeschlossen werden soll), in der Kant den Vorwurf in schlanker Argumentation entkräftet: durch den Hinweis, welch ein Widersinn es wäre, lauter epistemische *Funktionen* zu analysieren, wie er es in den beiden Transzendental-Analytiken getan hat, wenn dabei nicht die Annahme vorausgesetzt wäre, dass diese ihren Funktions*sinn* nur darin haben können, dass sie sich auf *etwas* beziehen. Gleichviel wieso Cassirer sich diesen Hinweis entgehen lässt: Seine Argumentation erfüllt ihren Zweck, Zweifel daran zu säen, dass es Kants Lehre wäre, auf die sich Kleist bezieht – und überhaupt: Ist es nicht von Anfang an auffällig, dass dieser von der „neueren *sogenannten* Kantischen Philosophie" spricht?

An dieser Stelle ahnt auch der Leser, der Cassirers Aufsatz noch nicht kennt, auf welche Antwort die Ermittlung hinausläuft: Nicht Kant, Fichte ist es gewesen. Es ist die Lektüre der 1800 erschienenen Schrift *Die Bestimmung des Menschen*, die auf Kleist in der verheerenden Weise wirkt, wie es in seinem Brief an die Verlobte dokumentiert ist. In der Vorrede erläutert der durch den *Atheismus-Streit* berühmt gewordene Verfasser seine Absicht, die Kantische Philosophie verständlich zu machen. Was er dann in den drei Teilen seines Werkes darlegt, ist in der Tat ein Idealismus von ganz anderem Format als der Kantische. In seiner Bemühung, den Determinismus zurückzuweisen, entwickelt Fichte aus der transzendentalen Differenz zwischen *Ding an sich* und *Erscheinung*, was Kant nie zugelassen hätte: die Konsequenz eines absoluten Idealismus. Indem wir begreifen, dass es

---

14 *Ernst Cassirer*, Heinrich von Kleist und die Kantische Philosophie, 394.

15 *Immanuel Kant*, Kritik der reinen Vernunft. 2. Auflage 1787, Akademie-Ausgabe Bd. III, 190–198 (B 274–287).

„nur“ unsere Begriffe und nicht etwa objektive Fakten sind, was uns als Natur gegenübersteht; dass es die Akte der Intelligenz, ihre ursprünglichen Setzungen und Tathandlungen sind, auf denen die Möglichkeit jeder Vorstellung von einem Dasein der Dinge beruht, befreien wir uns, so Fichte, von der fatalistischen Notwendigkeit der Welt. Für diese Freiheit zahlen wir indessen in dieser Konzeption den hohen Preis der Weltlosigkeit. „In aller Wahrnehmung“, so belehrt in der *Bestimmung des Menschen* der Fichtesche „Geist“ das „Ich“, „nimmst du lediglich deinen eigenen Zustand wahr.“ Und grundsätzlich: „Das Bewusstseyn des Gegenstandes ist nur ein nicht dafür erkanntes Bewusstseyn meiner Erzeugung einer Vorstellung vom Gegenstande. Du siehst sonach ein, dass alles Wissen lediglich ein Wissen von dir selbst ist, dass dein Bewusstseyn nie über dich selbst hinausgeht, und dass dasjenige, was du für ein Bewusstseyn des Gegenstandes hältst, nicht ist als Bewusstseyn deines Setzens eines Gegenstandes.“ – „[A]lles, was du ausser dir erblickst, bist immer du selbst.“[16] „Es giebt überall kein Dauerndes, weder ausser mir, noch in mir, sondern nur einen unaufhörlichen Wechsel. [...] Es ist kein Seyn [...] Bilder sind: sie sind das Einzige, was da ist.“[17]

Man hat sich Kleist als Leser solcher Sätze vorzustellen: *entgeistert.* Dass diese Bestreitung der Objektivität des Wissens im dritten Teil des Buches durch die Konzeption des Glaubens wiedergutgemacht werden soll, hat ihn, der zum Zeitpunkt seiner Lektüre bereits die Kantische *Religion innerhalb der Grenzen der bloßen Vernunft* (1793) gelesen und für überzeugend gefunden hatte, offenbar nicht mehr erreicht.

Cassirer hat recht, wenn er – ganz ungeachtet der Absichtserklärung Fichtes – auf der Differenz des Fichteschen vom Kantischen Idealismus insistiert. Was Fichte konzipiert, ist nicht mehr die Kantische *Konstitution* von Gegenständlichkeit am Widerhalt der Sinnesdaten, sondern die *Projektion* des Bewusstseins in ein leeres Außen. Während Kant seiner kopernikanischen Wende zum Subjekt der Erkenntnis neben mancher terminologischen Differenzierung auch *die* gewissermaßen indirekte „Gebrauchsanweisung“ zum angemessenen methodischen Verständnis beigibt, indem er durch seine Konzeption der empirischen Erfahrung dafür sorgt, dass dem Subjekt die Welt nicht abhanden kommt, ist es die Hypertrophie dessen, was man Fichtes Überbietungsversuch nennen kann: die idealistische Lehre von der „Setzung“ der Dinge durch das Ich, wodurch der Mensch gänzlich auf sich selbst zurückgeworfen zu sein scheint.

16 Zitiert nach *Ernst Cassirer*, Heinrich von Kleist und die Kantische Philosophie, 402f.
17 A.a.O., 404.

Der Aufsatz trägt seinen Titel *Heinrich von Kleist und die* Kantische *Philosophie* trotzdem zu Recht. Denn es geht Cassirer in seiner Auseinandersetzung *prima facie* um die Entlastung der Kantischen Philosophie von dem Vorwurf, den rigorosen Dichter zur Verzweiflung getrieben zu haben. Ihm reicht der Vorwurf des Nihilismus, ihm reichen schon die konkreten Zuschreibungen von Thesen, die weder systematisch noch als Interpretationsthesen zur Philosophie Kants irgendeine Chance haben, wahr zu sein, um sich auf den Weg der Untersuchung zu machen.

Cassirer ist überdies weit entfernt von der Vorstellung, dass man einen philosophischen Gedanken, und sei es ein radikaler Nihilismus, für den Freitod eines Menschen verantwortlich machen könne.[18] Er erwähnt denn auch Kleists Suizid mit keinem Wort. Nach seiner Darstellung hat Kleist sein Gleichgewicht wiedergefunden in der späteren Aufnahme der Kantischen Ethik. Insofern kommt Cassirers Beitrag zur Entlastung der Kantischen Philosophie auch der Philosophie Fichtes zugute.

Zu ergänzen bleibt, dass in der rezeptionsgeschichtlichen Differenzierung, die in diesem Aufsatz geleistet wird, nicht bloß ein philologischer Beitrag zur ideengeschichtlichen Einfluss- Forschung zu sehen ist. Es ist sein eigenes in der methodischen Nähe zu Kant entwickeltes philosophisches Vorhaben einer Transzendental-Philosophie der menschlichen Kultur, dessen *Idee und Gestalt* Cassirer damit vom Odium einer *Haltlosigkeit des Subjekts* zu befreien beansprucht.

18 Unerachtet der Frage, wen er als den Referenzautor von Kleists Nihilismus-Schock unterstellt – in dieser Einschätzung stimmt von Schirach mit derjenigen Cassirers überein, siehe *Ferdinand von Schirach*, Kaffee und Zigaretten, 122.

Reden Sprachassistenten mit uns?

Intelligente Umgebungstechnik und Normkollisionen

Carl Friedrich Gethmann

Idiota de Locutione

Alexander:	„Alexa! Schalte meinen Lieblingssender ein!“
Alexa:	„Hier ist WDR 2.“
Alexander:	„WDR 2 ist nicht mein Lieblingssender.“
Alexa:	„Den hast du bei den letzten zehn Wahlvorkommnissen am häufigsten gewählt.“
Alexander:	„Häufigkeit ist kein hinreichender Indikator für Bevorzugung.“
Alexa:	„Kannst du das noch einmal sagen?“
Alexander:	(ärgerlich) „Ich will nicht ständig wie ein Kleinkind geduzt werden!“
Alexa:	„Ich habe dich nicht verstanden.“

Sprachassistenten sind in den letzten Jahren zunehmend selbstverständliche Hilfsmittel in verschiedenen Segmenten der Lebenswelt geworden. Beispiele sind die Abfrage von Informationen über Suchmaschinen, die Steuerung von Funktionen im Auto, die Eingabe und Bearbeitung von Terminen, das Abspielen von Musik oder das Hören und Wechseln von Radio- und Fernsehsendern. Technische Bedingung für die wechselseitige sprachliche Verständigung ist ein Sprachsynthesizer, der Tonsequenzen mit den entsprechenden Schalleigenschaften für Vokale, Konsonanten oder ganze Wörter aneinanderreiht und dadurch ein digitales Signal generiert. Dies geschieht auf der Basis eines nach lebensweltlichen Maßstäben ungeheuer großen Datensatzes, auf den das System mit den algorithmischen Instrumenten der Mustererkennung zugreift. Die Größe des Datensatzes garantiert, dass das System mit großer Wahrscheinlichkeit die „richtigen“ Verknüpfungen vornimmt. Auch wenn Sprachassistenten keineswegs selten durch Bekundungen wie „Ich habe ich dich nicht verstanden“ ihre technischen Grenzen erkennen lassen, erzeugen sie vielfach aufgrund der oberflächlich humanoiden Gestalt der phonetischen Verlautbarung den Eindruck, es handele sich um menschliche oder menschenähnliche Kommunikationspartner.

Die damit gegebene Täuschung dürfte in vielen lebenspraktischen Fällen ohne Bedeutung sein; der Nutzen von Sprachassistenten dürfte sogar die Täuschung als hinnehmbar erscheinen lassen, selbst wenn die Nutzer sie sich ständig vor Augen halten würden. Aber auch in den lebenspraktischen einfachen Fällen sind Normkollisionen nicht zu vernachlässigen, die Fragen von Haftung oder Urheberschutz aufwerfen können. Ein höheres Gewicht bekommen solche Normkollisionen, wenn Sprachassistenten in komplexere technische Kontexte sogenannter intelligenter Umgebungstechnik (*ambient intelligence*) integriert sind. Solche Systeme dringen in das Alltagsleben vor, indem sie bestimmte, zuvor von Menschen ausgeübte bzw. kontrollierte Funktionen im häuslichen Bereich, im Beruf und im Verkehr übernehmen.

Grundsätzlich geht es darum, Menschen von bestimmten Aufgaben zu entlasten. Dieser Entlastungsbeitrag richtet sich auf die automatisierte Übernahme von Aktivitäten, die andernfalls durch stereotype Abläufe oder sehr einfache Aufgabenstellungen langweilen und ermüden, durch Komplexität, Umfang und Qualität der Anforderungen z.B. an die Kontrolle technischer Systeme überfordern, durch Unübersichtlichkeit verunsichern oder durch spezifische Umgebungsbedingungen gefährlich sind. Technisch installierte Umgebungsintelligenz und Roboter ermöglichen somit Fehlervermeidung, Sicherheit, effiziente Organisation und wirtschaftliches Handeln sowie – durch frei werdende Kapazitäten – Freisetzung kreativen Potenzials.

Service-Roboter mit integrierten Sprachassistenten, die beispielsweise in der Pflege nicht nur Routineoperationen ausführen, sondern auch die neuesten Nachrichten präsentieren (ohne dass die Quellen überprüfbar sind), oder die in der Betreuung alter Menschen nach Inspektion der im Kühlschrank befindlichen Vorräte eigenmächtig Bestellungen bei Lieferfirmen aufgeben (ohne auf gesundheitliche Vorgaben oder religiöse Überzeugungen Rücksicht zu nehmen) oder die als Fahrassistenten Reiserouten auswählen und entsprechend das Fahrzeug steuern, werfen moralische und rechtliche Probleme neuer Art auf.[1]

1 Siehe dazu bspw. *M. Simmler, O. Zingg*, Rechtliche Aspekte sozialer Roboter, https://www.informationsethik.net/gutachten-rechtliche-aspekte-sozialer-roboter/; *Deutscher Ethikrat*, Stellungnahme Mensch und Maschine, Berlin 2023.

Die in solche Systeme integrierten Sprachassistenten haben zweifellos einen erheblichen Anteil daran, dass für den Nutzer der Eindruck des kommunikativen Austauschs entsteht, der die Unterstellung von Vertrautheit, Zuverlässigkeit und Entlastung in einem Maße fördert, wie es „stumme" Systeme mit ansonsten gleicher Leistungsfähigkeit nicht bewirken könnten. Wenn diese Feststellung zutrifft, dann mag es gerechtfertigt sein, das Thema der Sprache getrennt von anderen Leistungsmerkmalen von Systemen, die durch Künstliche Intelligenz gesteuert werden, zu untersuchen.

A. Reden als soziales Handeln

Zur menschlichen Selbst- und Fremderfahrung gehört, dass Menschen gegenüber anderen Menschen und gegenüber sich selbst spezifische Handlungen ausführen, die sich faktisch auf drei Weisen manifestieren: phonetisch (als Lautsprache), graphisch (als Schriftsprache) und gestisch (als Gebärdensprache). Obwohl dies wohl niemand bestreiten wird, kann man in der Reflexion auf das Phänomen der Sprache einschließlich der wissenschaftlichen Beschäftigung mit ihm häufig einen unreflektierten „Boëtismus"[2] feststellen. Die menschliche Rede kann jedoch laut, leise und auch geräuschlos sein, wie das Beispiel der Äußerung des Eingeständnisses einer Schuld durch Schweigen illustrieren kann. Schweigen ist in einem solchen Fall ein Handeln durch (geräuschloses) Reden.[3]

Die Vielfalt der Redemöglichkeiten ist Teil und Spiegel des Variantenreichtums des sprachlichen Handelns. Allgemein gilt: Wer redet, handelt, und durch Reden lassen sich Vollzüge aller Art zum Thema machen. Menschen sind im Interesse der Lebensbewältigung, d.h. damit sie über-leben können, *auf die kommunikative Sicherung ihrer Kooperation angewiesen.* Diese Kooperation umfasst die Koordination, Kontrolle und Korrektur menschlicher Interaktionen, insofern diese als Mittel gemessen an vorgegebenen oder angenommenen Zwecken verstanden wird. Kooperationsbezogene Kommunikation ist also instrumentell danach zu beurteilen, ob bzw. in welchem Umfang sie Mittel zum Zweck ist. Kommunikation, die ihren Zweck erfüllt, *gelingt,* ansonsten *misslingt* sie. Damit sie gelingen kann,

2 Griechisch βοάω – laut rufen.
3 Zum Schweigen als Redehandlung siehe *C.F. Gethmann*, Sprachlosigkeit und Unaussagbarkeit im Rahmen der ‚Wende zur Sprache', in: C.F. Gethmann, V. Liska, Grenzen der Sprachlosigkeit, Göttingen 2023, S. 27 – 60.

muss sie für die Kommunikationsteilnehmer *verständlich* und *verlässlich,* d.h. relativ stabil sein. Verständlichkeit und Verlässlichkeit sind somit die Kriterien, an denen Kommunikationsinstrumente hinsichtlich ihres Gelingens gemessen werden.[4]

B. Das pragmatische Sprachmodell

I. Sprache[5]

Menschliche Rede verläuft gemäß den Kriterien der Verständlichkeit und Verlässlichkeit im Großen und Ganzen auf der Basis einer langen kulturellen Redemöglichkeitenerfindungs-, -sicherungs- und -erweiterungsgeschichte zunächst zweckmäßig und störungsfrei. Philosophischer Bemühungen bedarf es insoweit nicht. Dennoch weiß jeder Kommunikationsteilnehmer, dass menschliches Reden von *typischen Störungen* gefährdet ist. Diese Störungen bestehen darin, dass die Kommunikationsadressaten nicht (richtig) *verstehen,* was die Kommunikationsautoren reden, schreiben oder zeigen wollen. Es entstehen immer wieder Fehl- bzw. Missverständnisse bis hin zu völligem Unverständnis. Mit den menschlichen Kommunikationsfähigkeiten sind daher, jedenfalls auf dem heutigen Stand der Kulturgeschichte, *Verfahren der Verständigungssicherung* eingeübt, mit denen Kommunikationsteilnehmer (gelegentlich erfolglos) versuchen, anderen Kommunikationsteilnehmern zu sagen, zu schreiben oder zu zeigen, was sie tatsächlich meinen, wenn sie sich in bestimmter Weise äußern. Sind diese Möglichkeiten regelmäßiger Verständnissicherung eingeübte (allerdings nicht unbedingt als solche thematisierte) Verfahren, die im Rahmen der Sprachsozialisation tradiert werden, dann verfügt die entsprechende Kommunikationsgemeinschaft über eine „Redeverständnissicherungskunst", die vorwiegend in einem Können, nicht unbedingt in einem Wissen besteht. Diese Kunst möge „Semantik" (*ars semantica*) heißen. Existenz und erst recht Inhalt einer solchen Verständigungskunst sind selbstverständlich kulturvariant. Über keine Semantik verfügen

4 Besonders sensible Sprachkontexte sind diesbezüglich wissenschaftliche Diskurse; siehe dazu *C.F. Gethmann et al.*, Künstliche Intelligenz in der Forschung, Berlin 2022.

5 Der Abschnitt fasst Analysen zusammen, die an anderer Stelle ausführlicher dargestellt sind: *C.F. Gethmann, G. Siegwart,* Sprache, in: E. Martens und H. Schnädelbach (Hrsg.), Philosophie. Ein Grundkurs. Bd. 2, Reinbek bei Hamburg 1991, S. 549 – 605. *C.F. Gethmann*, Sprachlosigkeit und Unaussagbarkeit im Rahmen der ‚Wende zur Sprache' (Fn. 3).

(a) Entitäten, die nicht (nur scheinbar) durch Reden handeln;
(b) Entitäten, denen sich in ihrer Kulturgeschichte nicht der Einfall eingestellt hat, Miss- und Unverständnisse durch eine Kunst zu vermeiden bzw. auszuräumen, die somit das Verstehen als naturwüchsiges Gelingen oder Misslingen ansehen;
(c) Lebewesen, die aufgrund ihrer hohen oder absoluten Vollkommenheit immer alles richtig sagen und verstehen.

Die Aufzählung lässt erkennen, dass die Semantik eine *typisch menschliche* Kunst ist, was keineswegs nur für sie gilt, sondern ebenso auch für Logik, Rhetorik, Ethik, Mechanik, Optik, Akustik und andere Kunstfertigkeiten.

Die praktische Aufgabe der Semantik besteht in der Bewältigung (d.h. Vermeidung, Beseitigung oder dem Ausgleich der Folgen) von Kommunikationsstörungen des Typs:

> A versteht nicht oder falsch, was B mit seiner Rede (seinem Schreiben, Zeigen) *meint.*

Das philosophische Instrument zur (Wieder-) Herstellung von Verständigung besteht in der Rekonstruktion „der Sprache", des Regelwerks, als dessen Ausübung die konkrete Verlautbarung, der Schriftsatz oder die Gebärde verstanden wird. Durch die Substruktion eines solchen Regelwerks und einer entsprechenden Kompetenz der Regelbeherrschung ist erklärbar, dass kompetente Sprachverwender in der Lage sind, grundsätzlich *unbeschränkt viele* korrekte Rede- (Schreibe-, Zeige-) Handlungen auszuführen (*to perform*), während die Annahme eines großen (aber nicht unbeschränkt großen) Speichers das gerade nicht erklärt.[6]

Die Rede von „der Sprache" im Sinne eines Regelwerks „hinter" der Rede ist allerdings in mehrfacher Hinsicht problematisch. Ein „hinter" der konkreten raumzeitlichen Rede, Schreibe, Zeige stehendes Regelwerk scheint eine durch nichts zu belegende Konstruktion zu sein. Eine Reihe von Regel-Paradoxien scheint die Skepsis zu untermauern. Beispielsweise ist zu fragen, wie man eine Regel befolgen kann, die man gar nicht oder nur vage kennt.[7]

6 Nur ein Know-how der Regelbeherrschung macht erklärbar, dass kompetente Sprachverwender in der Lage sind, grundsätzlich *unbeschränkt viele* korrekte Rede (Schreibe-, Zeige-) Handlungen auszuführen (das sogenannte Chomsky-Problem).

7 Diese Paradoxien lassen sich durch passende terminologische Vorkehrungen auflösen; siehe dazu *C.F. Gethmann, G. Siegwart,* Sprache (Fn. 5), S. 587ff; *G. Siegwart,* Vorfragen zur Wahrheit, München 1997, S. 92–100.

II. Redehandlungen

Fragen dieser Art lassen erkennen, dass sich die philosophische Erfassung „der Sprache" nicht aus Beschreibungen und Erklärungen von faktischem Reden ergeben kann. Vielmehr sind durch die Rekonstruktion der das sprachliche Handeln leitenden Regeln einschließlich der Regeln für Verpflichtungen und Berechtigungen „beim Reden" die normativen Orientierungen anzugeben, relativ zu denen kompetente Sprecher das Gelingen oder Misslingen sprachlichen Handelns beurteilen.

Die kleinsten selbstständig Bedeutung tragenden Einheiten menschlicher Kommunikation sind durch Reden in seinen drei Manifestationsweisen ausgeführt Rede-Handlungen (*speech acts*).[8] Durch den Vollzug geeigneter Redehandlungen kann man

- eine Behauptung aufstellen,
- einer Vermutung Ausdruck verleihen,
- zur Ausführung / Unterlassung einer Handlung auffordern,
- um eine Gefälligkeit bitten,
- die Ausführung / Unterlassung einer Handlung versprechen,
- bislang in Abrede Gestelltes einräumen,
- jemanden zu etwas ernennen,
- die Olympischen Spiele für eröffnet erklären,
- den Säugling auf den Namen „Sven" taufen,
- den Weltenlauf beklagen
- und vieles andere mehr.

Oft (aber nicht zwingend) tut man das durch Verwendung sogenannter perfomativer Verben, die sich anhand von Beispielen klassifizieren lassen[9]:

fragen, zweifeln (Interrogativa),
behaupten, voraussagen, feststellen, zustimmen (Konstativa),
auffordern, bitten, empfehlen, befehlen (Directiva),
versprechen, versichern, schwören (Kommissiva),
klagen, loben, gratulieren, schmeicheln (Expressiva),
taufen, eröffnen, einweihen (Declarativa).

8 Die gängige Übersetzung von „*speech act*" durch „Sprechakt" verfehlt (neben der problematischen Übersetzung von *act* durch Akt) die von Austin im Anschluss an De Saussure unterstellte Unterscheidung von *language* (Sprache) und *speech* (Rede).

9 Ein vollständiger und disjunkter Klassifikationsversuch findet sich in *C.F. Gethmann, G.Siegwart* (Fn. 5), Sprache, S. 23.

Nicht zwingend ist die explizite Verwendung performativer Verben, weil in einem sprachlichen Kontext die performative Bedeutung der Äußerung oft (oft aber auch bloß vermeintlich) klar sein kann. Äußerungen können also performativ implizit sein, was keineswegs bedeutet, dass es performationsfreie Äußerungen geben kann. Auch wenn Äußerungen performativ explizit sind, kann es performative Missverständnisse geben, weil im tatsächlichen Sprachgebrauch die Zuordnung performativer Verben nicht eindeutig ist. So kann man eine Frage durch einen Imperativsatz und damit scheinbar im Modus der Aufforderung äußern oder ein Versprechen mit einer Voraussage verwechseln.

Mit Blick auf J.L. Austin[10] lassen sich an Redehandlungen zwei strukturelle Elemente, ein performatives und ein propositionales, unterscheiden. Entsprechend sind Äußerungen (Sätze), das in Redehandlungen Geäußerte, in zwei Teilhandlungen und entsprechend deren Manifestationen zerlegbar. Zur Erläuterung der angezielten Unterscheidungen betrachte man folgende Sätze:

(i) Ich behaupte (hiermit), dass Paris die Hauptstadt von Frankreich ist.

Wer (i) äußert, stellt – bei passendem sozialem Kontext – eine Behauptung auf (performatives Element). Behauptet wird dabei, „dass Paris die Hauptstadt von Frankreich ist" (propositionales Element).

(ii) Ich fordere (hiermit) zum Verlassen des Raumes auf!

Wer ii) äußert, fordert auf (performatives Element), „dass der Raum verlassen wird" (propositionales Element).

Die performativen Elemente, die mit Hilfe der performativen Verben gebildet werden, dienen somit oft als satzbildende Operatoren („Performatoren").[11] Mit dem Performator zeigt der Autor einer Redehandlung an, wie,

10 *J.L. Austin,* How to do Things with Words, London 1962 (deutsch: Stuttgart 1972). Austin konnte für seine fundamentale sprachphilosophische Wende auf die Diskussion der Brentano-Schule und ihre Lehre von der Gleichstrukturiertheit aller Akte (und nicht nur der Urteilsakte) zurückgreifen; siehe dazu. *B. Smith,* Towards a History of Speech Act Theory, In: A. Burkhardt, Speech Acts, Meanings and Intentions. Critical Approaches to the Philosophy of John R. Searle, Berlin 1990, S. 29–61. Im Anschluss an Brentano haben auch E. Husserl und M. Heidegger bereits die Wende zur „Redehandlungstheorie" (*avant la lettre*) vollzogen.

11 Der Begriff „Performator" wurde von *C.F. Gethmann,* Protologik, Frankfurt am Main, S. 84, im Anschluss F. v. Kutscheras Begriff des „performativen Operators" (*F. v. Kutschera,* Sprachphilosophie, München 1975, S. 173) eingeführt. Die Rede von der

in welchem Modus, mit welcher Kraft er das Gemeinte meint. Mit der Proposition (Aussage) teilt er dem Rezipienten mit, was er meint, was der Ge- bzw. Inhalt des in dem und dem performativen Modus Gemeinten ist. Ein Rezipient versteht demnach eine Redehandlung bzw. den geäußerten Satz, wenn er versteht, *was* der Autor *wie* meint. Eine Konzeption von Sprache, die als Manifestation menschlicher Rede ausschließlich Propositionen (Aussagen) berücksichtigt, ist also pragmatisch defizitär. Dieses Defizit lässt sich an vielen Aspekten deutlich machen. Beispielsweise entgehen einer solchen Sprachkonzeption typische performative Ambiguitäten wie etwa die zwischen

(iii) Ich sage voraus, dass ich morgen kommen werde

und

(iv) Ich verspreche, dass ich morgen kommen werde.

Aus der Sicht einer Sprachkonzeption, die ausschließlich die propositionalen Redeteile betrachtet, sind diese Äußerungen semantisch gleich. Dabei geht der entscheidende pragmatische Unterschied verloren, dass durch (iii) unter sozialen Normalbedingungen der Sprecher den Anspruch erhebt, die Korrektheitsbedingungen (beispielsweise die logische Möglichkeit) für Voraussagen zu erfüllen, während durch (iv) der Sprecher bekundet, dass er die Verpflichtung übernimmt, sich zu gegebener Zeit an die Realisierung des durch die Proposition dargestellten Sachverhaltes zu machen. Entsprechend sind die pragmatischen Berechtigungen des Hörers im Fall von (iii) gegenüber dem Fall (iv) völlig andere; im Falle einer Regelverletzung würde der Hörer auch durchaus unterschiedliche Sanktionen für gerechtfertigt halten können. Das Übergehen einer entsprechenden performativen Unterscheidung hat auch erhebliche rechtliche Konsequenzen, wenn bei-

„performativen Teilhandlung" bzw. vom „performativen Modus" einer Äußerung tritt an die Stelle von Austins „illokutionärer Rolle"; die illokutionäre Rolle ist eine sprachliche Funktion und somit ebenso „lokutionär" wie der von Austin sogenannte „illlokutionäre" Redeteil. Die durch die „illokutionäre Rolle" beabsichtigte Wirkung beim Rezipienten der Rede (Austin: „perlokutionärer Redeteil") ist Teil des Handlungszwecks der performativen Teilhandlung und nicht selbst eine Teilhandlung; Redehandlungen sind nämlich wie alle Handlungen zunächst als Zweckrealisierungsversuche zu charakterisieren. Deswegen ist die Unterscheidung zwischen „illokutionärer Rolle" und „perlokutionärer Rolle" im Begriff der „performativen Teilhandlung" der Äußerung eingezogen; der Performator ist somit ein satzbildender Operator, der beide Rollen umfasst.

spielsweise in einem geschäftlichen Kontext nicht zwischen der Voraussage und der Zusage einer Lieferung unterschieden wird.

Entsprechend sind beim fehlgeschlagenen Verstehen, handele es sich um Missverständnis oder um völliges Unverständnis, eine performative und eine propositionale Variante zu unterscheiden:

	performatives	propositionales
1 Miss-verständnis	1.1.	1.2
2 Un-verständnis	2.1	2.2

Performative und propositionale Miss- oder Unverständnisse können auch zugleich auftreten; daher ist in solchen Fällen der Typ des Fehlverständnisses besonders sorgfältig zu unterscheiden. Performatives und propositionales Miss- oder Unverständnis kann sich in entsprechenden Rückfragen niederschlagen. Die Diagnose des performativen und propositionalen *Missverständnisses* lässt sich somit auf Grundlage der Folgehandlungen des Rezipienten stellen.

Bei der Verständnisherstellung – bei der Korrektur eines Missverständnisses wie bei der Beseitigung von Unverständnis – spielen Redehandlungen wiederum eine wesentliche Rolle. Artikuliert ein Rezipient sein Verständnis einer Redehandlung oder einer Redehandlungssequenz bzw. des jeweils Geäußerten, dann legt er – wiederum redend – eine Interpretation dieser Gebilde vor. Auf die – nicht schon durch Umgebungsfaktoren ergänzbare – Verlautbarung von „Ich empfehle" wird ein Rezipient mit der Äußerung von „Was empfiehlst du denn nun?" reagieren. Auf die – wiederum nicht aus der Kenntnis des sozialen Kontextes vervollständigbare – Mitteilung „dass Lyon die Hauptstadt von Frankreich" sei, wird die Gegenfrage lauten, wie der Ausdruck „Hauptstadt" gemeint sei (vielleicht im Sinne von „Hauptstadt der Seidenweberei"). Während die sprachlichen Instrumente, die herangezogen werden müssen, um mögliche Missverständnisse aufzuklären, die beispielsweise durch die semantische Ambiguität von Prädikatoren im Rahmen des propositionalen Elements erzeugt werden, werden die entsprechenden sprachlichen Instrumente bezüglich der Bedeutung des Performators übersehen, wenn die unterstellte Konzeption der Sprache diese ausschließlich auf propositionale Redeteile beschränkt. Erst wenn sowohl performatives als auch propositionales Moment verständlich sind, kann der Rezipient in qualifizierter Weise reagieren, indem er, um im Beispiel zu bleiben, der Behauptung zustimmt oder sie bestreitet und der Aufforderung folgt oder sie zurückweist.

Insofern erst die Verständlichkeit der performativen und der propositionalen Elemente der Sprache eine qualifizierte Reaktion des Rezipienten erlaubt, bildet erst die durch Äußern eines Satzes vollzogene Redehandlung bzw. der geäußerte Satz eine vollständige Kommunikationseinheit. Erst die vollständige Redehandlung als *kleinste vollständige Kommunikationseinheit* stellt einen eigenständigen „Zug im Sprachspiel"[12] dar. Weder die sub-sententialen Ausdrücke wie Wörter (Prädikatoren, Begriffe), noch die super-sententialen sprachlichen Komplexe (wie Dispute, Debatten, Texte, „Sprachen") sind die elementaren Bedeutungsträger der Sprache, sondern vollständige (explizite) Sätze als phonetische oder graphische Manifestationen von Redehandlungen. Somit sind der semantische Atomismus und der semantische Holismus zugunsten des semantischen „Molekularismus" zurückzuweisen.[13]

Hinsichtlich des semantischen Binnenverhältnisses von performativem und propositionalem Moment sind zwei Feststellungen von pragmatischer Bedeutung. Einerseits kann derselbe propositionale Gehalt mit verschiedenen performativen Momenten auftreten. So kann der Autor der Aussage, „dass Paris die Hauptstadt von Frankreich ist", diese mit behauptender, vermutender, fragender, feststellender, schließender, einräumender u.a. performativer Zwecksetzung äußern. Andererseits kann derselbe performative Modus verschiedene propositionale Gehalte aufnehmen. So lassen sich etwa die Aussagen

- „dass Paris die Hauptstadt von Frankreich ist",
- „dass, was schiefgehen kann, auch schiefgehen wird",
- „dass die Gleichung $x^n + y^n = z^n$ mit $n > 2$ keine Lösung in von 0 verschiedenen ganzen Zahlen hat"

mit behauptender Zwecksetzung äußern.

Damit stellt sich die Frage, ob Rede-Autoren beliebige propositionale Gehalte mit beliebigen performativen Zwecksetzungen korrekt verbinden können. Es lässt sich leicht exemplifizieren, dass das nicht der Fall ist. Es ist gerade der Witz des korrekten Behauptens, dass viele Aussagen nicht korrekt behauptbar sind. Korrekt vorhersagen lassen sich nur Aussagen über zukünftige Ereignisse. Ebenso ist es die Eigentümlichkeit des korrekten

12 Z.B. *L. Wittgenstein,* Philosophische Untersuchungen, in: Schriften. Bd 1, Frankfurt am Main 1969, S. 286–544, § 23.

13 *M. Dummett,* What is a Theory of Meaning? I, in: The Seas of Language, Oxford 1993, S. 17–33; *M. Dummett,* What is a Theory of Meaning? II, in: The Seas of Language, Oxford 1993, S. 34–93.

Schließens, dass nicht von Beliebigem auf Beliebiges geschlossen werden soll. Es ist inkorrekt, zur Ausführung einer undurchführbaren Handlung aufzufordern. Einen Befehl kann nur jemand korrekt ausführen, der dazu befugt ist. Eine Veranstaltung eröffnen kann korrekterweise nur jemand, der dazu das entsprechende Mandat hat. Wenn aber dieselbe performative Zwecksetzung mit verschiedenen propositionalen Gehalten verknüpfbar ist, wenn umgekehrt derselbe propositionale Gehalt mit verschiedener performativer Kraft geäußert werden kann, wenn drittens jedoch propositionaler Gehalt und performative Kraft nicht beliebig kombinierbar sind, dann ist zu fragen, welche Korrektheitsregeln zu unterstellen sind, damit eine Passung zwischen den performativen und den propositionalen Redeteilen gesichert ist, welche Redehandlungen ein kompetenter Rede-Autor unter welchen Bedingungen vollziehen darf bzw. soll.

III. Gelingensbedingungen

Redehandlungsregeln legen Verpflichtungen und Berechtigungen des Rede-Autors als Gelingensbedingungen fest, d.h. ein regelkonformer Vollzug der Redehandlung gewährleistet das Gelingen des Rede-Zwecks, ein regelinkonformer Vollzug führt zum Misslingen. Beispiele sind:

(1) Behauptung

(1–1) Wer Autor einer Behauptung von A ist, ist im Zweifelsfall *verpflichtet*, eine Begründung für A vorzulegen.
konvers

(1–2) Wer Adressat einer Behauptung von A ist, ist im Zweifelsfall *berechtigt*, eine Begründung für A zu verlangen.

Diese Regeln sind zugleich Gelingensbedingungen. Der Misslingensfall würde beispielsweise durch die Äußerung erfüllt:

„Ich behaupte, dass p, aber meine Gründe gehen niemanden etwas an.“

(2) Aufforderung

(2–1) Wer Autor einer Aufforderung ist, H zu tun, ist im Zweifelsfall *verpflichtet*, eine Rechtfertigung für H vorzulegen.
konvers

(2–1) Wer Adressat einer Aufforderung ist, H zu tun, ist im Zweifelsfall *berechtigt*, eine Rechtfertigung für H zu verlangen.

Den Misslingensfall stellt beispielsweise die Äußerung dar:

„Tue H, ich sage dir aber nicht, warum!“

(3) Verspechen

(3–1) Wer Autor eines Versprechens, H zu tun, ist, ist *verpflichtet*, sich zu gegebener Zeit an die Realisierung von H zu begeben.

konvers

(3–2) Wer Adressat eines Versprechens, H zu tun, ist, ist *berechtigt*, zu gegebener Zeit zu verlangen, dass der Autor sich an die Realisierung von H begibt.

Ein Misslingensfall ergibt sich beispielsweise durch:

„Ich verspreche dir, dich morgen zu besuchen, werde aber nicht kommen.“

Regeln in der Form von Gelingensbedingungen sind diejenigen normativen Orientierungen, die spezifizieren, unter welchen Umständen man welche Redehandlungen vollziehen darf bzw. soll. Somit lassen sich Sprachen als Systeme von Redehandlungsregeln definieren. Solche Regeln legen (Selbst-) Verpflichtungen und Berechtigungen der Rede-Akteure fest. *Sprachverwender kann also nur ein Akteur sein, der in der Lage ist, (Selbst-) Verpflichtungen und Berechtigungen „wahrzunehmen“, d.h. zu erkennen und als Aufgabe zu übernehmen.*

IV. Die explizite Struktur der Redehandlung

Redehandlungen werden durch Äußerung von Sätzen vollzogen; dabei verwenden Autoren die Teilausdrücke des Satzes, insbesondere Performator und Proposition (Aussage). Performation und Proposition sind Teilhandlungen von Redehandlungen. Weitere Teilhandlungen ergeben sich, wenn man auf die innere Struktur der Aussage blickt und die Verwendung der jeweiligen Teilausdrücke als Handlungen auszeichnet. Beispiele für derartige Teilhandlungen sind etwa Nomination und Prädikation. Die Redehandlungsregeln reglementieren zugleich deren Teilhandlungen. Somit ergibt sich als elementare explizite Struktur einer Äußerung:

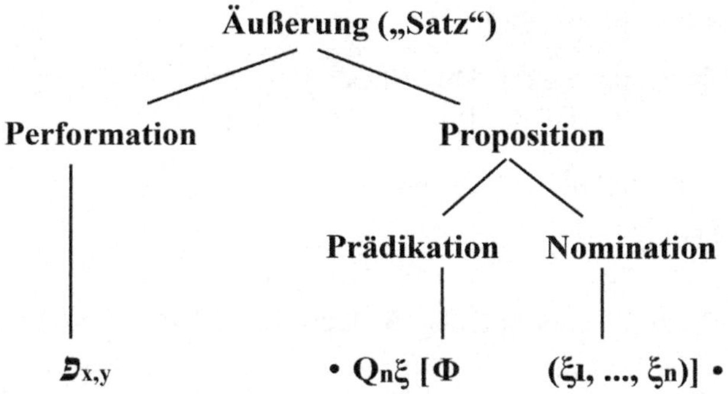

Legende
פ (hebr. >Peh<): Performatorenvariable
x, y Autoren-, Adressatenvariable
•...• Skopus der Proposition
[...] Skopus der Prädikation
(...) Skopus der Nomination
Q Quantorenvariable für Generalisator (Allquantor), Partikularisator (Existanzquantor)
Φ n-stellige Prädikatorenvariable
ξ Nominatorenvariable für Elemente der Menge des Skopus des Prädikators

Der Nutzen der Angabe einer solchen elementaren Form besteht darin, dass unterschiedliche Formen von Implikationen, die wiederum häufig Quellen von Miss- und Unverständnissen sind, relativ zu der expliziten Form aufgedeckt werden können. Insbesondere sind folgende Implikationen zu berücksichtigen:

(i) performative Implikation

Beispiel: „Der Hund ist bissig.“
Hier ist im Zweifelsfall der performative Redeteil zu ergänzen.

(ii) propositionale Implikation

Beispiel: „Ich warne dich.“
Hier ist im Zweifelsfall der propositionale Redeteil (Aussage) zu ergänzen.

(iii) nominative Implikation

Beispiel: „Ich fordere dich auf, töte.“
Hier ist im Zweifelsfall der Nominator (Eigenname, Kennzeichnung, Indikator) zu ergänzen.

(iv) prädikative Implikation

Beispiel: „Ich verspreche dir: Du bist es."
Hier ist im Zweifelsfall der Prädikator zu ergänzen.

(v) vollständig implizite Äußerungen

Beispiele: „Hallo."
„Aua."
Hier sind im Zweifelsfall alle Bedeutung verleihenden Ausdrücke zu ergänzen.

Die Desambiguisierung zur Behebung von Miss- oder Unverständnissen ist parallel zur Explikation von Implikationen zu verstehen. Eine performative Ambiguität („Ich bin bis elf Uhr da.") ist von einer prädikativen („Er hat sein Schloss verkauft.") und einer nominativen („Das war er.") zu unterscheiden. Jede Desambiguisierung bedarf der Heranziehung des sprachlichen und außersprachlichen Kontextes einer Äußerung.

V. Redehandlungssequenzen[14]

Bestimmt man Redehandlungen als kleinste vollständige Kommunikationseinheit, verweist man auf größere Komplexe von Redehandlungssequenzen. Beispiele für solche sind Dispute, Diskurse, Erzählungen, Verhöre, Gebete, Beweise und anderes mehr. Für Redehandlungssequenzen unterschiedlicher Art wird in den Literatur- und Kommunikationswissenschaften häufig einheitlich der Begriff des „Textes" verwendet. Neben dem Verlust an Differenzierung hat der Begriff des „Textes" auch den Nachteil zu suggerieren, dass Redehandlungssequenzen ausschließlich oder vornehmlich in der graphischen Manifestationsform menschlicher Rede auftreten.

Unter die Redehandlungssequenzen lassen sich solche fassen, die grundsätzlich durch *einen* Akteur in *einer* Sprecherrolle ausgeführt werden können (beispielsweise Tagebucheintragungen, Erzählungen, Gebete), und solche, bei denen mehrere Sprecherrollen wesentlich sind (Diskurse, Dispute, Verhöre). Unter den letztgenannten sind vor allem in Kontexten wissenschaftlicher Wissensbildung diejenigen hervorzuheben, bei denen ein erster Sprecher einen konstativen bzw. direktiven Geltungsanspruch durch Voll-

14 Siehe dazu *T. Sander,* Redesequenzen, Paderborn 2002.

zug einer Behauptung bzw. Aufforderung oder ähnlicher Performatoren erhebt. Solche Redehandlungssequenzen sollen als Diskurse[15] ausgezeichnet werden.

In Diskursen nehmen die Redehandlungsakteure die Rolle von Proponenten bzw. Opponenten ein. Proponenten und Opponenten sind dabei jeweils spezifische Performatoren zuzuordnen. Während der Proponent durch Behauptung oder Aufforderung einen Geltungsanspruch gegenüber dem Opponenten erhebt und diesen im Fall eines Zweifels zu begründen bzw. zu rechtfertigen hat, hat der Opponent die Berechtigung, an diesem Geltungsanspruch zu zweifeln (d.h. eine Begründung bzw. Rechtfertigung zu verlangen) oder ihm (gegebenenfalls nach Durchlaufen mehrerer Begründungs- bzw. Rechtfertigungsschritte) abschließend zuzustimmen oder ihn abschließend abzuweisen. Gegenüber diesem Grundmodell des Redeaustauschs zwischen Sprechern lassen sich Modelle dadurch abschichten, dass diese den Akteuren performative Äußerungen in zunehmend beschränkter Form zuordnen. In diesem Sinne kann man von *defizienten Mustern* sprechen:

Proponent	–	Opponent
⇓		⇓
Sprecher	–	Hörer
⇓		⇓
Informant	–	Rezipient
⇓		⇓
Sender	–	Empfänger

Während bei dem (vor allen in den Sprachwissenschaften und Philologien unterstellten) Sprecher-Hörer-Muster der erste Akteur noch alle performativen Möglichkeiten hat, ist der zweite Akteur auf bloßes rezeptives Sprachverhalten reduziert. Beim Informant-Rezipient-Muster ist der erste Akteur zudem auf den Performator des Feststellens reduziert. Das heute vielfach als Grundmuster von Redehandlungssequenzen angesetzte Muster von Sender – Hörer ist performativ das ärmlichste, weil ein direkter Austausch von performativen Sprachteilen gar nicht vorgesehen ist.

15 Mtl. dis-currere, etwas schrittweise durchlaufen. Siehe dazu *C.F. Gethmann*, Diskurs, in: J. Mittelstraß (Hg.), Enzyklopädie Philosophie und Wissenschaftstheorie. Bd. 2, Stuttgart 2005, S. 227–229.

C. Das Signalmodell der Sprache

Das von C.E. Shannon und W. Weaver in den Vierzigerjahren des 20. Jahrhunderts entwickelte Signalmodell der Sprache[16] verdankt sich dem Versuch, Probleme der Nachrichtentechnik (z.B. des telegraphischen Nachrichtentransports) systematisch zu beschreiben. Seitdem hat es sich zunehmend (bis in die Schulbücher des Sprachunterrichts) als das bestimmende Modell der Sprache etabliert. Nach Shannon/Weaver lässt sich jeder Kommunikationsprozess gemäß einem bestimmten Schema des Signaltransports verstehen:

Danach besteht das beim Nachrichtentransport zu lösende Problem darin, eine Nachricht von einer *Nachrichtenquelle* in möglichst kurzer Zeit und unter möglichst geringem Informationsverlust zu einem *Nachrichtenziel* gelangen zu lassen. Dazu benötigt die Nachrichtenquelle einen *Sender*, der die Nachricht in ein *Signal* übersetzt (kodiert); entsprechend rückübersetzt (dekodiert) der *Empfänger* des Nachrichtenziels das empfangene Signal wieder in eine Nachricht. Die Übersetzung der Nachricht in das Signal erfolgt mittels Kodierungsregeln, die dem Empfänger bei der Rückübersetzung bekannt sein müssen. Auf dem Transportweg im *Kanal* treten typische *Störungen* auf, die z.B. in technisch bedingten Faktoren (Rauschen), Signalverzerrungen, Signalverlusten usw. bestehen können. Die Nachrichtentechnik hat somit die Aufgabe, eine Theorie der optimalen Kodierung und des störungsfreien Signaltransports zu entwickeln.

16 *C.E. Shannon, W. Weaver,* The Mathematical Theory of Communication. Urbana 1949.

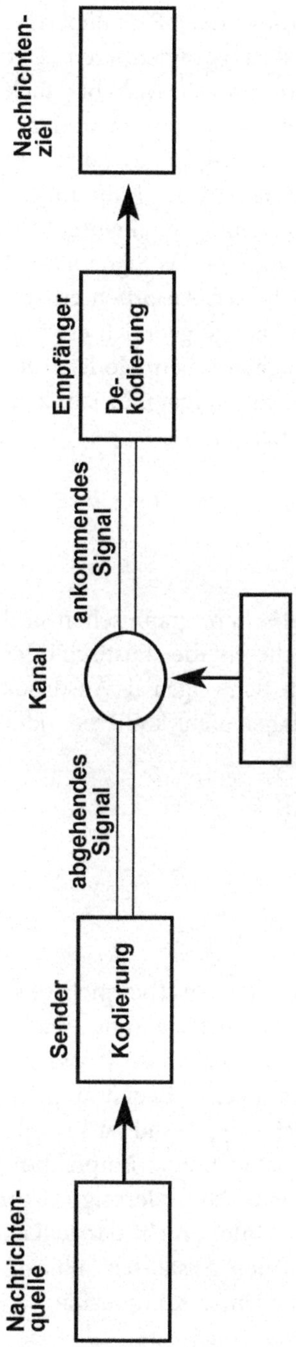
Nachrichten-
quelle
Sender
Kodierung
abgehendes
Signal
Kanal
Störquelle
ankommendes
Signal
Empfänger
De-
kodierung
Nachrichten-
ziel

Hinsichtlich des technischen Problems der störungsfreien Signalübertragung ist aus sprachphilosophischer Sicht nichts zu kommentieren. Der Anspruch des Modells erstreckt sich nach Shannon und Weaver aber auch auf die semantische Frage der Entsprechung von Signalzeichen und der durch den Sender gewünschten Bedeutung, von da ausgehend zudem auf die pragmatische Frage der Beeinflussung des Verhaltens des Empfängers. Diese über die nachrichtentechnischen Aufgabenstellungen hinausgehenden sprachphilosophischen Fragestellungen zeigen, dass das Signalmodell der Sprache einen weitgehenden sprachphilosophischen Anspruch erhebt, der sich für das Verständnis von Sprache als durchaus folgenreich erweist. Auf dem Hintergrund des oben explizierten pragmatischen Modells der Sprache sind insoweit erhebliche Defizite mit zunehmendem Gewicht hinsichtlich der Adäquatheit und Kohärenz zu konstatieren:

(a) Boëtismus

Das Signalmodell reduziert die Modi der phonetischen, graphischen und gestischen Manifestationsmöglichkeiten der Sprache auf die akustisch oder optisch dargestellten Verlautbarungen. Das beredte Schweigen als Ausdruck eines Eingeständnisses beispielsweise lässt sich daher nicht kodieren, oder nur um den Preis einer *contradictio exercita*:

> „Ich schweige, um meinen Fehler einzugestehen."

(b) Semantischer Atomismus

Einzelne phonetische, akustisch wahrnehmbare Zeichen (beispielsweise Geräuschcluster nach dem Morse-Alphabet) werden als bedeutungstragende Entitäten unterstellt. Höherstufige Gebilde, beispielsweise Aussagen, sind entsprechend lediglich Zusammensetzungen solcher Bedeutungsatome. Dass „Bissiger Hund" eine Warnung („Vorsicht, der Hund ist bissig!), eine Behauptung („Dieser Hund ist besonders bissig."), eine Empfehlung („Nehmen Sie diesen, er ist besonders bissig."), eine Aufforderung („Nun beiß ihn endlich!") u.a. sein kann, ist mit diesen Mitteln nicht darstellbar. Die Reduktion sprachlicher Kommunikation auf den Austausch sub-sententieller Ausdrücke bedeutet daher eine erhebliche Unter-Komplexität.

(c) Konstativismus

Auch eine atomistische Bedeutungstheorie muss implizit einem performativen Modus unterstellen. Dies ist immer ein konstativer Modus (nach Art einer Behauptung oder Feststellung). Das Signalmodell der Sprache unterstellt, dass menschliche Kommunikation im Kern im Austausch konstativer Redehandlungen besteht. Andere performative Modi wie beispielsweise direktive Redehandlungen können allenfalls im Rahmen einer sekundären Kommentarsprache aufgegriffen werden. Aus „Beiß!" wird dann „Bissiger Hund. Diese Signalverbindung ist als Aufforderung zu verstehen." Aus „Hiermit eröffne ich die olympischen Spiele von London" wird „Die Olympischen Spiele von London sind eröffnet, und dies ist als Vollzug einer königlichen Eröffnungshandlung zu verstehen."[17] Indem der performative Modus der Aufforderung oder der Eröffnung in eine kommentarsprachliche Behauptung übersetzt wird, geht die performative Pointe verloren. Der Vollzug der Redehandlung (in der Rekonstruktion durch „hiermit" angezeigt), ist semantisch grundsätzlich etwas anderes als die Beschreibung des Vollzugs einer Redehandlung.

(d) Verlust der Kontextsensitivität der Bedeutung

Eine performative Desambiguisierung beispielsweise zwischen Bitten und Fragen, Voraussagen und Versprechen, Behaupten und Feststellen, Erzählen und Berichten u.a. ist nur unter Bezug auf den sprachlichen und außersprachlichen Kontext einer Redehandlung möglich. Die Übermittlung akustischer oder optischer Signale lässt die jeweiligen Kontexte, aus denen heraus Sender/Empfänger kodieren/dekodieren, im Dunkeln. Diese Kontexte sind lediglich ein den Signaltransfer umgebendes „Rauschen". Signalcluster sind keine adäquaten Referenzobjekte für die Desambiguisierung der Rede. Sie liefern daher keine Ansatzpunkte für die Aufklärung von Miss- und Unverständnissen. Die Störung einer Redehandlung durch Ambiguitäten ist grundsätzlich etwas anderes als die Störung einer Signalübertragung durch das sogenannte Rauschen.

---

17 Der mit dem Konstativismus verbundene performative Reduktionismus geht letztlich auf die Konfusion von Aussage (*propositio*) und Behauptung (*affirmatio*) zurück und durchzieht die gesamte abendländische Philosophiegeschichte, obwohl von Aristoteles ausgehend immer wieder auf diesen Reduktionismus hingewiesen wurde. Erst durch die durch J. Austin etablierte Redehandlungstheorie ist dieser Reduktionismus wohl definitiv überwunden worden.

(e) Reduktionismus des Diskursmodells

In einem Diskurs tauschen Akteure, die die Rolle des Proponenten oder Opponenten einnehmen, Propositionen im Rahmen bestimmter performativer Modi wie solchen des Aufforderns, Zweifelns, Rechtfertigens, Zustimmens oder Abweisens aus. Senden und Empfangen sind technische Operationen in einem Diskursmodell, das in mehrfacher Hinsicht durch pragmatische Restriktionen bestimmt ist. Im Rahmen des Signalmodells ist die Handlung des Senders ein pragmatisch unspezifisches „Signalgeben", die des Empfängers ein pragmatisch unbestimmtes „Hinnehmen des Signals". Der sprachtheoretische Ansatz des Signalmodells verfügt somit über keine Instrumente, mit denen sich komplexere Redehandlungssequenzen wie beispielsweise Diskurse oder Texte adäquat rekonstruieren lassen.

(d) Adressaten – Rezipienten-Ambiguität

Empfänger, die Signale dekodieren, können zufällig anwesende oder sogar rechtswidrig in eine Kommunikation eindringende Akteure sein. Menschliche Rede ist jedoch sehr häufig nicht auf zufällig Umstehende, sondern auf bestimmte Adressaten bezogen. Wer sich auf Adressaten bezieht, unterstellt bzw. hofft, dass diese auch Rezipienten sind; ihm geht es jedoch nicht um irgendwelche Rezipienten, in Fällen erwünschter Vertraulichkeit möchte er solche sogar ausgeschlossen wissen. Das pragmatische Verhältnis zwischen Sendern und Empfängern von Signalen ist bestenfalls ein kommunikationspragmatisches Randphänomen, das in der politischen Rhetorik eine gewisse Rolle spielen mag.

Zusammenfassend belegen diese Defizite, dass die nachrichtentechnische Konzeption vielleicht den elektronischen Signalaustausch zwischen Geräten, nicht jedoch komplexe menschliche Redehandlungen und Redehandlungssequenzen adäquat modelliert.

D. Pragmatische Folgen eines defizitären Sprachverständnisses

Sprachassistenzsysteme haben einen leicht darstellbaren Nutzen. Beispielsweise ist die sprachliche Steuerung von elektrotechnischen Funktionen im Auto gegenüber der manuellen Bedienung von Tasten und Schaltern ein Gewinn an Sicherheit. Die sprachliche Beauftragung zur Lieferung von Lebensmitteln ist für an das Haus gebundene Kunden ein Gewinn an Selbstbestimmung. Miss- und Unverständnisse zwischen Nutzern und Sprachassistenten sind keine Besonderheit von Sprachassistenzsystemen. Die Verständlichkeit und Verlässlichkeit menschlichen Redens ist eine ständig durch Miss- und Unverständnisse gefährdete Grundlage gelingenden menschlichen Zusammenlebens.

Der anthropomorphe Gebrauch von Prädikatoren in Bezug auf technische Artefakte (wie auch ähnlich in Bezug auf Tiere) erzeugt in den meisten Kontexten keine tiefgreifenden Probleme und erfolgt oft auch durchaus bewusst (manchmal mit „semantischem Augenzwinkern"). Viele Täuschungen und Enttäuschungen können diesbezüglich unbereinigt stehen bleiben, ohne dass unerträglicher Schaden entsteht. Dennoch kann die Unterstellung eines defizitären Sprachverständnisses im Sinne des Signalmodells der sprachlichen Kommunikation gravierende Folgen haben. Reden ist die phonetische, graphische oder gestische Realisierung von Sprache. Eine Sprache verwenden heißt, Redehandlungen unter Beachtung oder Verletzung von Redehandlungsregeln vollziehen. Diese Regeln legen Berechtigungen und Verpflichtungen bezüglich des sprachlichen Handelns fest. Digitale Sprachassistenten dagegen senden Signale aus und empfangen solche. Wer hier von „sprechen" spricht, unterstellt, dass das Signalmodell eine adäquate Rekonstruktion von Sprache ist.

Sprachassistenten ist beispielsweise nicht zuzugestehen, Selbstverpflichtungen etwa durch Versprechen bzw. Verträge (gegebenenfalls mit Haftungsfolgen) einzugehen und bei Regelverstoß entsprechende Sanktionen auf sich zu nehmen. Sprachassistenten fallen nicht in Ungnade und werden nicht bestraft, ihnen wird auch nicht gekündigt, vielmehr werden sie repariert oder ausgetauscht. Werden die entscheidenden pragmatischen Unterschiede zwischen Reden und dem Aussenden und Entgegennehmen von Signalen übergangen, drohen vor allem bei Akteuren mit eingeschränkter Urteilsfähigkeit (beispielsweise Kindern oder neurodegenerativ erkrankten Personen) Irreführungen, die zu einem erheblichen Vertrauensverlust in Bezug auf die Funktionalität kommunikativer Handlungen führen können.[18]

---

18 Vgl. *C.F. Gethmann, S. Lingner,* ‚Ambient Intelligence' zwischen Entlastung, Selbstbestimmung und Vertrautheit. Ethische und anthropologische Aspekte, in: S. Lingner, B. Lutterbeck, F. Pallas, Die Zukunft der Räume. Gesellschaftliche Fragen auf dem Weg zur ‚Ambient Intelligence', Bad Neuenahr-Ahrweiler 2010, S. 23 – 30.

Sollten Sprachassistenten „wirkliche" Kommunikationspartner sein, dann spräche nichts dagegen, sie auch für Kontexte heranzuziehen, in denen gelingende Kommunikation eine Bedingung von Koordination des Handelns und damit von zwischenmenschlicher Kooperation ist. Man könnte ihnen beispielsweise Tätigkeiten zuweisen, wie sie Erzieher, Lehrer, Rechtsanwälte, Richter, Steuerberater, Ärzte und Seelsorger ausüben. Die von niemandem bezweifelten Defizite gegenwärtig verwendeter sprachgestützter Assistenzsysteme sind jedoch nicht nur eine Frage des noch unvollkommenen technischen Fortschritts, sondern sie stellen eine grundsätzliche Schranke dar, die trotz des genialen menschlichen Erfindungsreichtums und der Ingenieurskunst nicht überwindbar ist.

Sprachassistenten sind in Grenzen nützliche Geräte, keine Sprecher oder Hörer. Die Kompetenz, Redehandlungen mit präsupponierten Verpflichtungen und Berechtigungen zu vollziehen, werden allenfalls simuliert. Der damit verbundenen Gefahr von Irreführung und Vertrauensverlust ist durch Maßnahmen von Aufklärung und Benutzerprofilierung entgegenzuwirken.

Ein halbes Jahrhundert permanente Universitätsreform -erlebt, erlitten und mitgestaltet

Jürgen Heß

Über Universitäten zu sprechen kann amüsant und es kann auch verstörend sein und große Emotionen auslösen. Ich versuche hier einen Spagat, indem ich ein schwieriges und hochkomplexes Thema mit einem Schuss Ironie vortrage, dabei aber auf die Feststellung Wert lege, dass Satire nicht die Geschichte verfälschen darf, sondern im Gegenteil deren wahren Kern zum Leuchten bringen sollte.

Ein halbes Jahrhundert „erlebte, erlittene und in gewisser Weise auch mitgestaltete Universitätsreform", so lautet mein Thema. Ich beginne mit einem zugespitzten Vergleich: Das Vorhaben, den „Dom der Weisheit", wie die Universität häufig genannt wird, von Anfang der Sechzigerjahre innerhalb eines halben Jahrhunderts zu reformieren, kam dem Versuch gleich, die katholische Kirche mit ihrer tief verwurzelten Tradition innerhalb von fünfzig Jahren in eine libertinäre Wellness-Aktiengesellschaft mit Vorstandsfrauenquote zu verwandeln. Aber o Wunder, Ähnliches ist tatsächlich geschehen. Ein ehemaliger Universitätsmitarbeiter, der fünfzig Jahre im Ausland gelebt hat und Anfang unseres Jahrhunderts erstmals wieder auf einen Campus zurückgekehrt ist, hätte die Universität nicht wiedererkannt. Es ist kein Stein auf dem anderen geblieben.

Im Jahr meines Studienbeginns 1964 herrschte die klassische Odinarienuniversität, die ich als aristokratisch geprägtes und postfeudalistisches Gebilde wahrnahm. Die Professoren – Professorinnen habe ich damals nicht erlebt –, soweit sie einen Lehrstuhl innehatten und sich damals auch Ordinarius nennen durften, waren uneingeschränkt herrschende Fürsten, die ihre Erbhöfe und ihren Besitzstand, bestehend aus abhängigem Personal und materieller Ausstattung, allenfalls gegen begehrliche Kollegen zu verteidigten hatten. Ich muss hinzufügen, dass ich hervorragende Lehrer hatte, denen ich heute noch vieles verdanke. Diese hohe Wertschätzung darf aber nicht den Blick dafür verstellen, dass die damalige Universität strukturell und organisatorisch trotz vieler Geistesgrößen nach dem gesellschaftlichen und politischen Zusammenbruch nicht in die neue Zeit hineingewachsen war. Als ob nichts gewesen wäre: Die alte Universität feierte fröhliche Urständ. Es herrschte eine unvorstellbare Freiheit; meine ersten drei Semester fanden auf dem Stocherkahn statt. Die Professoren legten das Grundrecht der Wissenschaftsfreiheit nach ihrem jeweiligen Lebenszweck aus: Jene, die ich ausdrücklich lobend erwähne, engagierten sich in der Lehre, andere ließen sich in der Lehre vertreten und eine dritte Gruppe entdeckte reizvolle Lebensentwürfe auch außerhalb des Campus. Eine Aufsicht über die Amtsausübung fand nicht statt.

Dazu zwei Beispiele: Ein in der Forschung hochkarätiger Professor war in der Lehre so unerträglich, dass er das in der ersten Stunde randvolle Audimax schon am dritten Vorlesungstermin bis auf drei verbleibende Studenten leergefegt hatte. Mit diesen drei ging er ins nahe gelegene Café. Und so gab es plötzlich Humboldt pur – Einheit von Forschung und Lehre. Ein anderer Professor, der in der Vorlesung mit Namen und ohne Titel angesprochen worden war, entgegnete: „Mit Ihnen habe ich noch keine Säue gehütet."

In diesen arkadisch-akademischen Götterolymp brach der Sturm der 68er-Bewegung. In der kollektiven Erinnerung ist dieser Aufruhr mit beispielloser Randale und mit Gewaltexzessen verbunden. Der vormals würdevolle Gelehrtentempel schien durch eine Orgie von Störungen, Anfeindungen und Bedrohungen im Chaos zu versinken. Die stolzen akademischen Würdenträger wurden förmlich von maoistischen, leninistischen, trotzkistischen und sonstigen -istischen Gruppen vom Katheder hinweggeblasen. Nahezu jede Vorlesung wurde notfalls gewaltsam in eine Diskussion über die Erlangung des richtigen gesellschaftlichen Bewusstseins umfunktioniert. Der gesamte wissenschaftliche Betrieb war – sicher von Campus zu Campus unterschiedlich – für etwa drei Semester gelähmt. Keine Frage: Diese Form des martialischen Protestes war völlig inakzeptabel.

Wenn man freilich nur den unsäglichen äußeren Geschehensablauf betrachtet, wird man diesem wahrhaft historischen Vorgang nicht gerecht. Der Universität ist ihre Elfenbeinturm-Mentalität, mit der sie sich von den großen gesellschaftspolitischen und sozialen Herausforderungen fernhielt, kräftig auf die Füße gefallen. Auf der anderen Seite hat der Staat die Relevanz der Universität für die zukünftige Gestaltung des demokratischen Gemeinwesens trotz der berühmten Kritikschriften von Picht, Schelsky und Dahrendorf nicht hinreichend erkannt. Er hat die Unterfinanzierung der Universitäten ebenso wie deren soziale Schieflagen nicht behoben. Die Studierenden kamen in der Regel aus der akademischen Elite, Kinder aus Arbeiterfamilien fanden kaum Zugang zu den Hochschulen. Und natürlich ist den Studierenden nicht verborgen geblieben, dass die Universität in petrifizierter Form den politischen Zusammenbruch untertunnelt hat und dass viele hochangesehene Professoren einen Gedächtnisinfarkt erlitten hatten und sich nicht mehr an ihre Schriften aus braunen Zeiten erinnern konnten. Zu diesen eher gesamtgesellschaftlichen Themen kam hinzu, dass der wissenschaftliche Nachwuchs sich teilweise versklavt und unmündig fühlte und ebenso wie die Studentenschaft auf mehr Mitbestimmung drängte. Wer über „die 68er" spricht, muss beide Seiten der Medaille in den Blick nehmen.

Dieser kurze Blick auf Aspekte der 68er Jahre hat offenkundig mit meinem Thema Universitätsreform nur so viel zu tun, als dass die Alleinherrschaft der Ordinarien ein Ende hatte. Man kann reformorientiert allenfalls sagen, dass – wie in der Nibelungensage – eine alte Ordnung erst eingerissen werden muss, um eine neue aufzubauen. In der Tat hat sich dann eine andere Organisationsstruktur herausgebildet, die man mit dem Begriff Gremienuniversität kennzeichnet. Wie erwähnt, war die mangelnde Beteiligung des sogenannten wissenschaftlichen Mittelbaus und der Studierenden an universitären Entscheidungsprozessen ein Kernthema des Aufruhrs. Auf dem Kampfschild stand der Begriff Drittelparität, also gleiches Stimmengewicht in allen Gremien für die Professorenschaft, den Mittelbau und die Studierenden. Zwar wurde diese Drittelparität durch das Bundesverfassungsgericht relativiert. Diese Korrektur änderte indessen nichts an der Tatsache, dass die Universität zum Tollhaus wurde. Alles und jedes wurde seitdem in Gremien endlos lang diskutiert, einschließlich der Krisengebiete von Vietnam bis Biafra. Die Gremienuniversität gerierte sich als unsägliche Quasselbude. Es herrschte der Zustand einer organisierten Verantwortungslosigkeit. Wissenschaftlich war diese Reform gewiss kein Erfolg.

Ein Sprung in die Achtziger- und Neunzigerjahre: Wurde die Universität durch den Übergang von der alten feudalistischen Form zur Gremienuniversität in ihrer inneren Befindlichkeit und in dem Verhältnis der Mitglieder zueinander kräftig durchgeschüttelt und einmal um ihre Achse gedreht, so stellt die stufenweise Entwicklung einer völlig neuen Steuerungsphilosophie einen so grundlegenden Paradigmenwechsel dar, dass man von nur einer Achsenumdrehung gar nicht mehr reden kann. Diese ganz anderen Wirkungsmechanismen mit einer Vielzahl von Steuerungsinstrumenten und einer völlig anderen Leitungsstruktur werden häufig unter dem Oberbegriff „neoliberale Universität" zusammengefasst. Ich finde den Begriff nicht sehr glücklich, weil er eine gewisse politische und ökonomische Konnotation hat. Aber als Kennzeichnung der tiefgreifenden

Unterschiede im Zuge der Universitätsreform ist er sehr aussagekräftig. Wir schreiten also den großen Kreis von der Ordinarienuniversität mit dem Etikett Fürstenherrschaft über die Gremienuniversität mit dem Etikett Quasselbude bis zur neoliberalen Universität mit dem Stichwort leistungsbezogene Steuerung ab. Bevor wir uns aber den Zauberworten des neoliberalen Modells zuwenden, z.B. Evaluation, Zielvereinbarungen, Leistungskennzahlen, Veröffentlichungen, Zahl der Absolventen und Doktoranden, Drittmitteleinwerbung usw., muss ich den aus meiner Sicht wichtigsten Schritt beschreiben, der häufig vergessen wird: nämlich der langsame und mühsame Rückzug des Staates aus der unmittelbaren Steuerung der Universität. Sehr verkürzt gesagt bedeutet das Folgendes: Am Ausgangspunkt steht der deutsche Sonderweg einer janusköpfigen Universität, bei der die Verantwortung zweigeteilt ist. Die Universität ist für die wissenschaftlichen Angelegenheiten zuständig und der Staat hat die Aufsicht über Administration und damit auch über die Finanzen.

Das hat in jahrzehntelanger Praxis zu einer völlig wissenschaftsfremden kameralistischen Planwirtschaft geführt. Wissenschaft ist ihrer Art nach gerade nicht planbar. Es wird geforscht in Erwartung des Unerwarteten. Wenn man innovativ sein will, muss man rasch auf neue Entdeckungen reagieren. Man braucht also Flexibilität im Denken und natürlich auch Flexibilität im finanziellen Bereich. Ohne eine kritische Verfügungsmasse im Finanzbereich gibt es keine wirkliche Autonomie.

Nun hat in den Achtzigerjahren ein überaus zähes Ringen im Sinne der Zurückdrängung des Staats begonnen. Man kann sich das ganz pragmatisch wie eine Armdrücken vorstellen. Der Staat drückt den Arm der Universität zu seiner Seite mit dem Argument, dass er für das Geld des Steuerzahlers verantwortlich sei. Die Universitäten halten dagegen, weil der Staat von Wissenschaft nichts verstehe oder, neudeutsch formuliert, „Universität nicht könne". Erneut kürze ich ab: Nach vielen Jahren und vielen Zwischenschritten erreichten die Universitäten den Globalhaushalt und inzwischen wurde auch die Kameralistik durch das kaufmännische Rechnungswesen ersetzt.

An dieser Stelle würde der Berliner sagen: „Nachtigall, ick hör dir trapsen!" Das klingt doch schon alles sehr unternehmerisch. Haben die Ökonomisierer die Bildung und die Kultur usurpiert? Jedenfalls hätte der sich anbahnende Paradigmenwechsel nicht größer sein können.

Mit dem etwas euphemistischen Begriff „neue Steuerungsinstrumente" betrat ich in meiner aktiven Zeit ein hochvermintes Gelände. In Wirklichkeit verbergen sich dahinter universitätsspezifische Formen des New Public Managements.

Ich habe die Einführung einer neuen Fachdisziplin Wissenschaftsmanagement propagiert. Das war Kulturbruch pur, mindestens so verwerflich, als wolle ich Sexualpraktiken als Schulfach einführen. Wo immer ich mit behutsamen Worten erläutert habe, dass man ein Universitätsbudget mit (an meiner Uni) damals knapp einer halben Milliarde DM managen müsse, haben sich die älteren Gelehrten die Nase zugehalten, weil sie den Schwefelgeruch des Leibhaftigen zu riechen vermeinten. Managen, so meinten die Gelehrten, sei ja ein Angriff auf die Freiheit der Wissenschaft. Und erst recht sei verwerflich, dass die Administration sich anmaße, eine leistungsbezogene Mittelverteilung Platz greifen zu lassen. Nach dem traditionellen Kollegialitätsprinzip sind alle Professoren und Professorinnen zumindest der oberen Besoldungsgruppe gleich gut. Wer wagt es – statt mit der bewährten Gießkanne gewohnheitsrechtlich die Äcker der Professuren zu wässern –, nun plötzlich mit Hilfe von Parametern und Kennzahlen Ressourcen leistungsbezogen zu verteilen? Nach Ansicht vieler wurde die Universität nun komplett nach Leistungszahlen vermessen, beispielsweise nach Umfang der Drittmitteleinwerbung, Absolventen- und Doktorandenzahlen, Veröffentlichungszahlen und vielem mehr. Dass es um komplexere Mechanismen wie Zielvereinbarungen und Evaluation ging, will ich hier unbeachtet lassen. Das Dach über allen diesen Instrumenten war die Implementierung eines wettbewerblichen inneren Wirkungssystems. Die Fiktion, nach der alle Gelehrten gleich gut sind und sich keinem Wettbewerb stellen müssen, war damit zu Grabe getragen.

Meine Beteiligung an der Entwicklung und Einführung von Wissenschaftsmanagementmethoden hat mir viel Prügel und den schändlichen Ruf eines Ökonomisierers eingebracht. In guten alten Zeiten hätte die Inquisition mit solchen Totengräbern der klassischen Universität kurzen Prozess gemacht.

O ihr Gralshüter der längst versunkenen Humboldt-Welt, wacht aus euren nostalgischen Träumen auf. Leute wie ich wollten aus der Universität keinen Wirtschaftsbetrieb machen. Es ging und geht um wissenschaftliche Effizienz. Die Ressourcen müssen bei dem riesengroßen Gebilde Universität so verteilt werden, dass die Gesamtheit aller Mitglieder auf den Gebieten Forschung und Lehre auf effiziente Weise höchste Qualität generiert. Und das geht nicht ohne Steuerung – eine Steuerung, die natürlich wissenschaftsadäquat sein muss.

Kennzahlen und Parameter allein können wissenschaftliche Qualität nicht messen. Es müssen kluge Indikatoren und kluge Bewertungsverfahren dazukommen. Es gibt dabei noch viele Unsicherheiten, ich halte aber daran fest, dass trotz mancher Fehler im Detail die neue Steuerungsphilosophie der deutschen Universität einen großen Schub gegeben hat und ihr Ansehen vielleicht auch deshalb inzwischen weltweit wieder recht hoch ist. Der wettbewerbliche Prozess hat offenkundig große Potenziale freigesetzt oder geschöpft und Innovationen gefördert. Der sinnfälligste Ausdruck dieser kompetitiven Universität ist die Exzellenzinitiative, zwar immer noch von vielen sehr kritisch gesehen, aber im Fall beispielsweise der Universität Konstanz mit glanzvollen Ergebnissen und einer außergewöhnlichen Stärkung der wissenschaftlichen Performance.

Um meine einleitende Behauptung, wonach an den deutschen Universitäten kein Stein auf dem anderen geblieben ist, zu unterstreichen – ohne dabei aus Zeitgründen auf die Bologna-Reform eingehen zu können, die das Maß der Umwälzung nochmal verdoppelte –, will ich noch eine Geschichte hinzufügen. Man kann es kaum fassen: Der Dom der Weisheit, über dem eigentlich nur der blaue Götterhimmel der Wissenschaftsfreiheit schweben sollte, hat – man mag es kaum aussprechen – einen Aufsichtsrat bekommen. Obwohl er meist Universitätsrat oder Hochschulrat genannt wird, ist er, von Bundesland zu Bundesland verschieden ausgestaltet, leicht erkennbar dem Aufsichtsrat einer Aktiengesellschaft nachempfunden und hat häufig sehr weitreichende Kompetenzen. Abgesehen davon, dass man nach der Einziehung einer weiteren Leitungsebene nicht mehr von *Lean Management* sprechen kann, gibt es durchaus gute Gründe für einen Hochschulrat, der mindestens zur Hälfte mit externen Mitgliedern besetzt ist, meist Führungspersönlichkeiten aus Wirtschaft und Gesellschaft. Es tut der Universität gut, wenn sie die Sicht der Außenwelt in ihre Entscheidungen einbezieht. Mein Zweifel an der Funktionsfähigkeit dieser neuen Leitungsstruktur sind ganz pragmatischer Natur. Mir ist nicht klar, wie Spitzenpersönlichkeiten mit höchster Verantwortung in den von ihnen geleiteten Institutionen noch die Zeit aufbringen, sich in das überaus heikle Gewölle einer Universität einzuarbeiten. Und meine Erfahrung sagt mir auch, dass das Aufeinandertreffen von Alpha-Tieren nicht immer gedeihlich und lautlos verläuft. Unter anderem deshalb fordere ich schon seit Jahren eine Bestandsaufnahme, was diese neue Leitungsstruktur gebracht hat.

Es liegt tatsächlich kein Stein mehr auf dem anderen. Und ich sage trotz mancher Einschränkungen: In der letzten Phase hat sich diese Reformorgie unter dem Strich gelohnt.

Publikationen Andrea Versteyl

A. Monographien

Der übermächtige Dritte – eine rechtsvergleichende Untersuchung über den streitschlichtenden und streitentscheidenden Dritte, Berlin 1985 (Duncker & Humblot)

B. Kommentierungen und Beiträge in Fachbüchern

§§ 34 – 36, 38 KrWG, zusammen mit Peter Kersandt, §§ 37, 39 – 40 KrWG in: Schink/Versteyl (Hrsg.), Kommentar zum Kreislaufwirtschaftsgesetz, Berlin, 3. Aufl. im Erscheinen (Lexxion Verlag)

§§ 36–44 KrWG in: Schmehl/Klement (Hrsg.), Gemeinschaftskommentar zum Kreislaufwirtschaftsgesetz (GK-KrWG), Köln, 2. Auflage 2017 (Carl Heymanns Verlag)

§§ 7, 9 – 10, 22, 29 NABEG

in: Schink/Versteyl/Dippel (Hrsg.), Kommentar zum Netzausbaubeschleunigungsgesetz Übertragungsnetz (NABEG), Berlin 2016 (Lexxion Verlag)

§§ 6, 14 ElektroG zusammen mit Rebeca Prelle in: Prelle/Thärichen/Versteyl, ElektroG, Elektro- und Elektronikgetrategesetz Kommentar, Berlin, 2008 (Erich Schmidt Verlag)

§ 35 KrW-/AbfG in: Jarass/Ruchay/Weidemann (Hrsg.), Kreislaufwirtschafts- und Abfallgesetz (Loseblattsammlung), München, 2007 (Verlag C. H. Beck)

Kapitel Abfall- und Altlastenrecht (S. 579 – 604) in: Schachner (Hrsg.), Rechtsformularbuch für den Mittelstand, München, 4. Aufl. 2001 (Verlag V.H. Beck)

C. Beiträge in Sammelbänden

Klimaschutz als Versagungsgrund in immissionsschutzrechtlichen Genehmigungsverfahren – Was dies für anstehende (Änderungs-)Genehmigungsverfahren bedeutet? in: Thiel/Thomé-Kozmiensky/Quicker/Gosten (Hrsg.), Energie aus Abfall, Band 19, Neuruppin 2022 (TK Verlag), S. 96 – 306

Bessere Rechtssetzung und Bürokratieabbau – Die Arbeit des Normenkontrollrates der Bundesregierung in: Paal/Poelzig/Fehrenbacher (Hrsg.), Deutsches, Europäisches und Vergleichendes Wirtschaftsrecht, Festschrift für Werner F. Ebke, München 2021 (Beck), S. 1021 – 1024

Kapitel 6 – 9
Mehr Transparenz und Bürgerbeteiligung
Prozessschritte und Empfehlungen am Beispiel von Fernstraßen, Industrieanlagen und Kraftwerken
Bertelsmann Stiftung 2013

Wie geht es weiter mit den Klagerechten für Umweltverbände? in: Thomé-Kozmiensky (Hrsg.), Planung und Umweltrecht, Band 6, Neuruppin 2012 (TK Verlag), S. 111 f.

Anforderungen an die Hochwertigkeit der Verwertung nach dem neuen Kreislaufwirtschaftsgesetz in: Kurth/Baum-Rudischhauser (Hrsg.), Ressource Abfall – Entwicklung, Bedeutung und Zukunft der Entsorgungswirtschaft, Festschrift zum 50-jährigen Bestehen des BDE, Neuruppin 2011 (TK Verlag), S. 272 – 287

Implementation of the European Industrial Emissions Directive in: Thomé-Kozmiensky/Pelloni (Hrsg.), Waste Management, Volume 2, Neuruppin 2011 (TK-Verlag), S. 3 – 8

Die neue Industrie-Emissionsrichtlinie – Auswirkungen auf die Verbrennung und Mitverbrennung von Abfällen in: Thomé-Kozmiensky/Pelloni (Hrsg.), Waste Management, Volume 1, Neuruppin 2010 (TK-Verlag), S. 67–72

Abgrenzung zwischen Abfall und Produkt – Wie ist Rechtssicherheit möglich? in: Thomé-Kozmiensky/Goldmann (Hrsg.), Recycling und Rohstoffe, Band 3, Neuruppin 2010 (TK-Verlag), S. 61 – 72

Überbrückungslösungen für Recyclingabfälle aus genehmigungsrechtlicher Sicht in: K. J. Thomé-Kozmiensky (Hrsg.), Recycling und Rohstoffe, Band 2, Neuruppin 2009 (TK-Verlag), S. 189 – 203

Rechtliche Instrumente zur Standortsicherung von Energieversorgungsanlagen und zum Ausbau erneuerbarer Energien in: Thomé-Kozmiensky (Hrsg.), Erneuerbare Energien, Band 1, Neuruppin 2009 (TK-Verlag), S. 107 – 120

Das neue Deponierecht – Auswirkungen aus juristischer Sicht in: Henken-Mellies (Hrsg.), Tagungsband zum 20. Nürnberger Deponieseminar, Veröffentlichungen des LGA-Grundbauinstituts, Nürnberg 88/2009, S. 25 – 38

Erfahrungen in immissionsschutzrechtlichen Genehmigungsverfahren in: Versteyl/Thomé-Kozmiensky (Hrsg.), Planung und Umweltrecht, Band 3, Neuruppin 2009 (TK-Verlag), S. 107 – 115

Verordnung zur Vereinfachung des Deponierechts – Zusammenführung der Vorschriften über Deponien und Langzeitlager in: Thomé-Kozmiensky (Hrsg.), Recycling und Rohstoffe, Band 1, Neuruppin 2008 (TK-Verlag), S. 93 – 101

Genehmigungsanforderungen nach dem Bundes-Immissionsschutzgesetz für die energetische Nutzung von Shredderrückständen in: Versteyl/Thomé-Kozmiensky (Hrsg.), Planung und Umweltrecht, Band 2, Neuruppin 2008 (TK-Verlag), S. 67 – 77

Novellierung des Erneuerbare-Energien-Gesetzes (EEG) und des Kraft- Wärme-Kopplung-Gesetzes (KWK-G) in: Versteyl/Thomé- Kozmiensky (Hrsg.), Planung und Umweltrecht, Band 2, Neuruppin 2008 (TK-Verlag), S. 97 – 106

Qualitätskontrolle durch Alarmwerte – Zum Verhältnis von Alarmwerten, Anforderungen an die Qualitätskontrolle und Grenzwerten in: Versteyl/Thomé-Kozmiensky (Hrsg.), Planung und Umweltrecht, Band 1, Neuruppin 2008 (TK-Verlag), S. 3 – 9

Minimierung von Haftungsrisiken beim Anlagenbetrieb – Rechtliche Grundlagen und Ausblick auf ein Umweltschadensgesetz in: Versteyl/Thomé-Kozmiensky (Hrsg.), Texte zur Abfall- und Energiewirtschaft, Band 3, Neuruppin 2007, S. 329 – 337, zusammen mit Rebecca Prelle

Anforderungen an eine integrierte Anlagengenehmigung – Brauchen wir ein Umweltgesetzbuch? in: Versteyl/Thomé-Kozmiensky (Hrsg.), Texte zur Abfall- und Energiewirtschaft, Band 3, Neuruppin 2007, S. 299 – 306

Akzeptanz von Abfallentsorgungsanlagen – Was ist das und wie kann dies erreicht werden? in: Versteyl/Thomé-Kozmiensky (Hrsg.), Planung von Abfallverbrennungsanlagen und Ersatzbrennstoffkraftwerken, Neuruppin 2007 (TK-Verlag), S. 339 – 344

Planungsrechtliche Grundlagen für Ersatzbrennstoff-Kraftwerke in: Versteyl/ Thomé-Kozmiensky (Hrsg.), Planung von Abfallverbrennungsanlagen und Ersatzbrennstoffkraftwerken, Neuruppin 2007 (TK-Verlag), S. 3 – 9

Produktqualität und Ende der Abfalleigenschaft in: Thomé-Kozmiensky/Versteyl Beckmann (Hrsg.), Produktverantwortung: Verpackungsabfälle, Elektro- und Elektronikgeräte, Altfahrzeuge, Neuruppin 2007 (TK-Verlag), S. 31 – 47, zusammen mit Rebecca Prelle

Abgrenzung Verwertung – Beseitigung in: Thomé-Kozmiensky/Versteyl (Hrsg.), Texte zur Abfall- und Energiewirtschaft 2, Neuruppin 2006 (TK-Verlag)

Genehmigungsmanagement für thermische Abfallentsorgungsanlagen aus der Sicht des Vorhabenträgers in: Thomé-Kozmiensky/Versteyl (Hrsg.): Texte zur Abfallwirtschaft I, Neuruppin 2006, S. 249 – 265

Wer haftet für die Kosten der Zwischenlagerung? in: Thomé-Kozmiensky/Beckmann/Versteyl (Hrsg.), Zwischenlagerung von Abfällen und Ersatzbrennstoffen, Neuruppin 2006 (TK-Verlag), S. 131 – 146

Sicherheitsleistungen für Deponien in: Wiemer/Kern (Hrsg.), Bio- und Restabfallbehandlung VIII, biologisch – mechanisch – thermisch, Witzenhausen 2004 (Witzenhausen-Institut)

Aktuelle Entwicklungen des europäischen und deutschen Abfallrechts in: Gesellschaft für Umweltrecht e.V., aktuelle Entwicklungen des europäischen und deutschen Abfallrechts, Dokumentation zur Sondertagung der Gesellschaft für Umweltrecht e. V. Berlin 2003, Berlin 2004 (Erich Schmidt Verlag), S. 65 – 79

Die Berücksichtigung von Umweltbelangen bei der Zulassung von großflächigen Einzelhandelsbetrieben in: Spannowsky/Krämer (Hrsg.), Großflächiger Einzelhandel und Windkraftanlagen in Raumordnung und Städtebau, Köln 2003 (Carl Heymanns Verlag), S. 71 – 77

Legal Aspects: Market contra Governmental Limitations in: ECI International Conference on Green Brownfields II, Volume 2, Freiberg 2003 (CiF e.V.), S. 201 ff.

Die Umweltverträglichkeitsprüfung aus der Sicht der Antragsteller im Genehmigungsverfahren für Abfallentsorgungsanlagen in: Heuel-Fabianek/Schwefer/Schwab (Hrsg.), Umweltverträglichkeit in der Abfallwirtschaft, Heidelberg 1998 (Springer), S. 51 – 58

Akzeptanz von umweltrelevanten Großprojekten, Forschungsvorhaben mit Prof. Dr. Reiner Schmidt, Universität Augsburg, im Auftrag des Bayerischen Umweltministeriums, Bericht, 1993

Öffentlichkeit und Rechtsbegriff in: Baier et al. (Hrsg.), Helmut Schelsky, ein Soziologe in der Bundesrepublik, Gedächtnisschrift für Helmut Schelsky, Stuttgart 1986 (Enke Verlag)

Person und Recht in: Pohlmann (Hrsg.), Person und Institution, Festschrift für Helmut Schelsky, Würzburg 1980 (Verlag Königshausen und Neumann)

D. Zeitschriftenaufsätze

Beschleunigung von immissionsschutzrechtlichen Genehmigungsverfahren – Was ist jetzt schon möglich? Immissionsschutz 2022, 64 – 73, zusammen mit Thomas Heimbürge

„Überragendes öffentliches Interesse“ als Abwägungsgrund zur Beschleunigung von Klimaschutzvorhaben KlimR 2022, 74 – 79, zusammen mit Kevin Marschhäuser

Genehmigungsrechtlicher Vorrang für Klimaschutzprojekte? Keine Energiewende ohne Beschleunigung der Genehmigungs- und Gerichtsverfahren Die Mediation I/ 2022, 70 – 74

Öffentlichkeitsbeteiligung in immissionsschutzrechtlichen Genehmigungsverfahren
Beschränkung auf die betroffene Öffentlichkeit?
EurUP, 2020, 449 – 455, zusammen mit Kevin Marschhäuser

Novelle der Deponieverordnung
Ablagerungsverbot für recycelbare und verwertbare Abfälle als marktwirtschaftliches Hindernis oder sinnvolles Lenkungsinstrument?
AbfallR 2020, 297–302, zusammen mit Peter Kersandt

Beschleunigung von Genehmigungsverfahren – aber wie?
Teil 2: Instrumente der Beschleunigung – Schritte in die richtige Richtung?
I+E, 2020, 76 – 82, zusammen mit Kevin Marschhäuser

Beschleunigung von Genehmigungsverfahren – aber wie?
Teil 1: Projektsteuerung bei der Antragstellung und Einsatz eines Projektmanagers auf Behördenseite
I+E 2020, 31 – 36

Ermittlung, Bewertung und Minderung von Geruchsemissionen aus Abfallbehandlungsanlagen unter besonderer Berücksichtigung von Abwetterschächten
I+E, 2019, 126 – 132, zusammen mit Renate Hübner und Hans-Dieter Schmidt

Rechtliche Rahmenbedingungen beim Rückbau kerntechnischer Anlagen
Bergversatz als langzeitsichere Alternative zur Deponierung von „Stilllegungsabfällen“
AbfallR 2018, S. 237–243, zusammen mit Moritz Grunow)

Öffentlich-rechtliche und zivilrechtliche Haftung bei der Entsorgung von Bau- und Abbruchabfällen
Risikominimierung durch Vertragsgestaltung im Verhältnis zwischen Bauherr und Entsorger
AbfallR 2018, 71–77, zusammen mit Moritz Grunow

Standortalternativenprüfung bei Deponievorhaben auf eigenen Flächen
Herausforderungen zwischen steigendem Deponiebedarf und erweiterten Klagerechten der Umweltverbände
AbfallR 2018, 25–31, zusammen mit Moritz Grunow

Rechtsfolgenabschätzung erfordert valide Datengrundlage
Studien zur Klagetätigkeit der Umweltschutzverbände
I+E, 2018, 94 – 98, zusammen mit Moritz Grunow

Deponievorhaben auf bergbaulichen Betriebsflächen
Zwischen Berg- und Abfallrecht: Zuständigkeiten und Verfahrensfragen
I+E, 2017, 115 – 121, zusammen mit Moritz Grunow

Das Urteil des BVerwG zur Elbvertiefung
Gelungener Ausgleich zwischen Gewässerschutz und Investitionssicherheit
I+E, 2017, 87 – 91, zusammen mit Wolfgang Ballhausen und Dirk Böhler

(K)ein Weg zur Deponie?!
Rechtsfragen der Erschließung und andere Zulassungsfragen aus der aktuellen Rechtsprechung
AbfallR 2016, 96 – 98

Planrechtfertigung oder Bedarfsnachweis
Droht ein Entsorgungsengpass bei DK I-Deponien?
AbfallR, 2015, 46 – 49, zusammen mit Peter Kersandt

Aktuelle Verfahren des Europäischen Gerichtshofs in Umweltsachen
Weiterer Handlungsbedarf für den Gesetzgeber?
I+E, 2015, 119 – 124, zusammen mit Peter Kersandt und Johannes Schulte

Neue Rechtsprechung zum Prüfungsumfang im Änderungsgenehmigungsverfahren
I+E, 2014, 90 – 92

Auswirkungen der REACH-Verordnung im umweltrechtlichen Vollzug Voraussetzungen des rechtskonformen Betriebes bei verschärften Einsatzbedingungen
StoffR, 6/2012, 250 – 255, zusammen mit Dirk Buchsteiner

„Ernstliche Zweifel" i.S.v. § 4a Abs. 3 UmwRG – Höhere Anforderungen an die Aussetzung der Vollziehung bei wichtigen Infrastrukturprojekten?
I+E, 2012, 240 – 243

Investitions- und Planungssicherheit im Spannungsfeld von erweiterten Klagerechten für Umweltverbände
I+E, 2012, 73 – 83, zusammen mit Dirk Buchsteiner

Rechtliche Rahmenbedingungen des Bergversatzes von Filterstäuben
I+E 2012, 21 – 27, zusammen mit Peter Kersandt

Akzeptanz und Infrastrukturprojekte, Formelle durch informelle Beteiligung ergänzen – mehr Rechtssicherheit durch gelungene Partizipation
ZPB 2012, 86 – 90, zusammen mit Martina Richwein und Henning Banthien

Voraussetzungen für die Durchführung eines Plangenehmigungsverfahrens bei wesentlicher Änderung einer Deponie
AbfallR 2011, 2 – 6, zusammen mit Dr. Peter Kersandt

EuGH stärkt Klagerechte von Umweltverbänden
ReSource 2/2011, zusammen mit Korbinian Wagner

Die schalltechnische Überplanung von bebauten Gewerbe- und Industriegebieten mit Emissionskontingenten
I+E 2011 163 – 171, zusammen mit Johann Storr und Gernot Schiller

Petitionen im Rahmen von umweltrelevanten Projekten – Der Rechtsschutz Drittbetroffener im Spannungsfeld zwischen Legislative und Exekutive
I + E 2011, 117 – 125

Partizipation durch Verfahren
Verbesserung der Öffentlichkeitsbeteiligung auf Grundlage der gesetzlichen Regelungen
I+E 2011, 89 – 96

Übers Ziel hinausgeschossen?
Abfallverbrennung. Die Auswirkungen der geplanten Industrie-Emissionsrichtlinie auf die (Mit-) Verbrennung von Abfällen in Industrieanlagen sind schwer abzuschätzen
RECYCLING Magazin 3/2010, 21 ff.

Emissionsbegrenzung durch Kontrollwerte – Zu den rechtlichen Grundlagen einer möglichen neuen Wertekategorie der 17. BImSchV
in: AbfallR 2009, 182 – 187

Die neue Industrie-Emissionsrichtlinie
in: Tagungsunterlagen Berliner Abfallrechtstage 2009, S. 105 – 109

Kontrollwerte für thermische Verfahren der Abfallbehandlung
Immissionsschutz 2009, 73 – 79

Erweiterung der Klagebefugnis der Verbände durch den EuGH?
EurUP 2009, 133 – 139

Die Folgen der Umweltprämie
RECYCLING Magazin 12/2009, 24 – 25

Die neue Deponieverordnung stellt ein insgesamt gelungenes Regelwerk zur Vereinfachung des Deponierechts dar
Müllmagazin 1/2009, 68 – 71

Gewerbliche Sammlungen von Abfällen aus privaten Haushaltungen vor der Entscheidung des Bundesverwaltungsgerichts und nach der Novelle der Abfallrahmenrichtlinie
Müllmagazin 1/2009, 53 – 54

Erweiterung der Öffentlichkeitsbeteiligung und des Rechtsschutzes im Anlagenzulassungsrecht
AbfallR 2008, 8 – 13

Unbestimmte Rechtsbegriffe, Umsetzung der Abfallrahmenrichtlinie
RECYCLING Magazin 24/2008, 22 ff.

Öffentliche Genehmigungsverfahren dürfen nicht zum Investitionsrisiko werden
Müllmagazin, 2/2008, 2

Wann ist Altpapier kein Abfall?
RECYCLING Magazin, 2/2008, 16 – 19

Ausblick auf ein Umweltschadensgesetz
Müllmagazin 1/2007, 46 – 52, zusammen mit Rebecca Prelle

Schadlosigkeit als Voraussetzung für das Abfallende
Müllmagazin 02/2007, 37 – 43, zusammen mit Rebecca Prelle

Zur Anwendbarkeit des § 38 BauGB bei der Errichtung / Änderung von Müllverbrennungsanlagen und EBS-Kraftwerken
AbfallR 2007, 120 – 130

Wer die Zwischenlagerung bezahlt
UmweltMagazin 6/2007, 51, zusammen mit Rebecca Prelle

Wer haftet für die Kosten der Zwischenlagerung?
RECYCLING Magazin 03/2007, 20 – 21, zusammen mit Rebecca Prelle

Der Schutz von Registrierdaten bei REACH
Der Umwelt Beauftragte 10/2006, 4 – 6

Rechtsfragen bei Genehmigung von Ersatzbrennstoff-Kraftwerken
Müll und Abfall 2006, 298 – 303

Planungssicherheit für Kraftwerksprojekte
Müllmagazin 4/2006, 1 – 2

Nur bedingt ansatzfähig – Die Kosten der Zwischenlagerung können nicht in jedem Falle in die Abfallgebühren eingerechnet werden
Müllmagazin, 3/2006, 33 – 38

Schritt für Schritt – Beim Genehmigungsmanagement für thermische Abfallentsorgungsanlagen können Vorhabensträger durch sorgfältige Planungsschritte Pluspunkte erzielen
Müllmagazin 1/2006, 32 – 37

Das neue BVT-Merkblatt Abfallverbrennung – Konsequenzen für das deutsche Anlagenzulassungsrecht?
AbfallR 2005, 238 – 242

Planfeststellung für die Schwel-Brennanlage in Fürth
Müll und Abfall, 3/1994

E. Urteilsbesprechungen

Urteil Bayerischer Verwaltungsgerichtshof München vom 30.09.2010 20 ZB 10.2045 zu Voraussetzungen für das Absehen von der Öffentlichkeitsbeteiligung bei der Änderung von Deponien
ReSource, 6/2010

EuGH-Urteil vom 4.12.2008 zur Anwendbarkeit der EG-Verbrennungsrichtlinie auf die Verbrennung von Gasen
ReSource, 4/2009, 62 ff.

Anmerkung zum Urteil des OVG Münster vom 3.9.2009 – 10 D 121/07.NE – zum geplanten E.ON-Kraftwerk Datteln
NuR, 2009, 819 – 820

Erweiterung der Klagerechte von Umwelt- und Naturschutzverbänden? – Vorlagebeschluss des Oberverwaltungsgerichtes Münster zum Europäischen Gerichtshof
Müllmagazin 2/2009, 72

Neues aus der Rechtsprechung, BVerwG zur Sicherheitsleistung für Abfallentsorgungsanlagen auch ohne konkreten Anlass; BVerwG zum Akteneinsichtsrecht in behördliche Regiebücher
Müllmagazin 4/2008

Neues aus der Rechtsprechung, BVerwG zur Alternativenprüfung und Drittschutz von Grenz- und Kontrollwerten; EuGH zur Auslegung der AbfRRL Müllmagazin 3/2008

Keine Verpflichtung zur Prüfung von Abgasreinigungsalternativen – Anmerkungen zum Urteil des Hessischen VGH vom 07.08.2007 – 2 A 690/06
AbfallR 2007, 282 – 285

F. Herausgebertätigkeit

Geschäftsführende Herausgeberin I + E
Zeitschrift für Immissionsschutzrecht und Emissionshandel, Berlin (Lexxion Verlag)

Herausgeberbeirat AbfallR
Zeitschrift für das Recht der Abfallwirtschaft, Berlin (Lexxion Verlag)

Herausgeberbeirat ReSource: Abfall, Rohstoff, Energie
Zeitschrift für nachhaltiges Wirtschaften, Berlin (Rhombos Verlag)

Kommentar zum Kreislaufwirtschaftsgesetz, Berlin, 3. Aufl. im Erscheinen (Lexxion Verlag), zusammen mit Alexander Schink

Kommentar zum Netzausbaubeschleunigungsgesetz Übertragungsnetz (NABEG), Berlin 2016 (Lexxion Verlag), zusammen mit Alexander Schink und Martin Dippel

Schlacken aus der Metallurgie – Rohstoffpotential und Recycling
Neuruppin 2011 (TK-Verlag), zusammen mit Karl J. Thomé-Kozmiensky

Planung und Umweltrecht, Band 4
Neuruppin 2010 (TK-Verlag), zusammen mit Karl J. Thomé-Kozmiensky

Planung und Umweltrecht, Band 3
Neuruppin 2009 (TK-Verlag) zusammen mit Karl J. Thomé-Kozmiensky
Andrea Versteyl/Karl J. Thomé-Kozmiensky (Hrsg.),, Band 3, 2009

Planung und Umweltrecht, Band 2
Neuruppin 2008 (TK-Verlag), zusammen mit Karl J. Thomé-Kozmiensky

Planung und Umweltrecht, Band 1
Neuruppin 2008 (TK-Verlag), zusammen mit Karl J. Thomé-Kozmiensky

Planung von Abfallverbrennungsanlagen und Ersatzbrennstoffkraftwerken
Neuruppin 2007 (TK-Verlag), zusammen mit Karl J. Thomé-Kozmiensky

Produktverantwortung: Verpackungsabfälle, Elektro- und Elektronikgeräte, Altfahrzeuge
Neuruppin 2007 (TK-Verlag), zusammen mit Karl J. Thomé-Kozmiensky und Michael Beckmann

Texte zur Abfall- und Energiewirtschaft, Band 3
Neuruppin 2007 (TK-Verlag), zusammen mit Karl J. Thomé-Kozmiensky

Texte zur Abfall- und Energiewirtschaft, Band 2
Neuruppin 2006 (TK-Verlag), zusammen mit Karl J. Thomé-Kozmiensky

Texte zur Abfallwirtschaft, Band 1
Neuruppin 2006 (TK-Verlag), zusammen mit Karl J. Thomé-Kozmiensky

Zwischenlagerung von Abfällen und Ersatzbrennstoffen
Neuruppin 2006 (TK-Verlag), zusammen mit Karl J. Thomé-Kozmiensky und Michael Beckmann

Autorenverzeichnis

Gernot Barth
Prof. Dr.,
Professur für Konfliktmanagement und Mediation,
Fakultät für Business & Economics, Steinbeis-Hochschule

Michael Beckmann
Prof. Dr.,
Professur für Energieverfahrenstechnik,
Direktor Institut für Verfahrenstechnik und Umwelttechnik,
Fakultät Maschinenwesen, Technische Universität Dresden

Stefan Birkner
Dr.,
ehem. niedersächsischer Umweltminister,
ehem. FDP-Fraktionsvorsitzender im Niedersächsischen Landtag,
Partner bei Ernst & Young GmbH Wirtschaftsprüfungsgesellschaft, Strategy & Transactions, Sustainability

Christoph Degenhart
Prof. Dr.,
ehem. Inhaber des Lehrstuhls für Staats- und Verwaltungsrecht sowie Medienrecht,
Juristenfakultät, Universität Leipzig,
ehem. Richter am Verfassungsgerichtshof des Freistaates Sachsen

Martin Dippel
Prof. Dr.,
Rechtsanwalt, Fachanwalt für Verwaltungsrecht, Partner,
BRANDI Rechtsanwälte, Paderborn,
Honorarprofessor, Universität Rostock

Volker Gerhardt
Prof. Dr.,
Honorarprofessor, University of Wuhan,
ehem. Inhaber des Lehrstuhls für praktische Philosophie,
Philosophische Fakultät, Humboldt-Universität zu Berlin

Carl Friedrich Gethman,
Prof. Dr. Dr. h.c.,
Professur für Wissenschaftsethik/Medizinethik,
Lebenswissenschaftliche Fakultät, Universität Siegen

Matthias Grünberg
Dr.,
Präsident des Sächsischen Verfassungsgerichtshofes, Leipzig,
Vizepräsident des Sächsischen Oberverwaltungsgerichtes, Bautzen

Jürgen Heß
Dr.,
ehem. Generalsekretär der Hochschulrektorenkonferenz

Antonio Hurtado
Prof. Dr.,
Professur für Wasserstoff- und Kernenergietechnik,
Direktor des Institutes für Energietechnik,
Fakultät Maschinenwesen, Technische Universität Dresden

Wolfgang Kalz
Rechtsanwalt,
avr – Andrea Versteyl Rechtsanwälte Partnerschaftsgesellschaft mbB,
Hamburg,
Vorsitzender Richter am Niedersächsischen
Oberverwaltungsgericht a.D.

Peter Kersandt
Dr.,
Rechtsanwalt, Fachanwalt für Verwaltungsrecht, Partner,
avr – Andrea Versteyl Rechtsanwälte Partnerschaftsgesellschaft mbB, Berlin

Sophia Kiefl
Mediatorin, Projektkoordinatorin,
Steinbeis Beratungszentrum Wirtschaftsmediation, Leipzig

Martin Kment
Prof. Dr.,
Inhaber des Lehrstuhls für Öffentliches Recht und Europarecht,
Umweltrecht und Planungsrecht,
Geschäftsführender Direktor des Instituts für Umweltrecht,
Juristische Fakultät, Universität Augsburg

Sabine Kuhlmann
Prof. Dr.,
stellv. Vorsitzende des Nationalen Normenkontrollrates,
Lehrstuhl für Politikwissenschaft, Verwaltung und Organisation,
Wirtschafts- und Sozialwissenschaftliche Fakultät, Universität Potsdam

Johannes Ludewig, Staatssekretär a.D.
Dr.,
ehem. Vorsitzender des Nationalen Normenkontrollrates

Klaus Mainzer
Prof. Dr.,
ehem. Lehrstuhl für Philosophie und Wissenschaftstheorie,
Gründungsdirektor des Munich Center for Technology in Society (MCTS),
TUM Senior Excellence Faculty,
Technische Universität München,
Seniorprofessor, Carl Friedrich von Weizsäcker-Zentrum,
Universität Tübingen

Thomas Mann
Prof. Dr.,
Inhaber des Lehrstuhls für Öffentliches Recht,
insbesondere Verwaltungsrecht,
Juristische Fakultät, Universität Göttingen

Jürgen Mittelstraß
Prof. Dr. Dr. h.c. mult. Dr.-Ing. E.h.,
Direktor Konstanzer Wissenschaftsforum,
ehem. Inhaber des Lehrstuhls für Philosophie und Wissenschaftstheorie,
Fachbereich Philosophie, Universität Konstanz,
Honorarprofessor, Universität Salzburg

Birgit Recki
Prof. Dr.,
Professur für Philosophie,
Fakultät für Geisteswissenschaften, Universität Hamburg

Rolf Rockitt
Geschäftsbereichsleitung Recht und Personal,
Die Autobahn GmbH des Bundes, Hannover

Marc Ruttloff
Dr.,
Rechtsanwalt, Partner,
Gleiss Lutz Hootz Hirsch PartmbB Rechtsanwälte, Stuttgart

Johann Schwenn
Rechtsanwalt, Fachanwalt für Strafrecht,
Schwenn Kruse Georg Rechtsanwälte, Hamburg

Martin Spieler
Dr.,
Rechtsanwalt, Fachanwalt für Verwaltungsrecht, Partner,
avr – Andrea Versteyl Rechtsanwälte Partnerschaftsgesellschaft mbB,
München